2021 年交通运输职业资格考试辅导丛书
（注册道路工程师）

勘察设计注册土木工程师（道路工程）
执业资格考试习题精练与解析

专业基础知识

汪海年　等　主编

人民交通出版社股份有限公司
北　京

内 容 提 要

本书为勘察设计注册土木工程师(道路工程)执业资格考试辅导用书,全书紧扣《专业基础知识》考试相关要求,主要设置有复习提示和大量的练习题,并附有详细解析。全书共六章,分别为:建筑材料、土质学与土力学、工程地质、工程勘测、结构设计原理、职业法规。为便于考生进行模拟测试,书末设有三套模拟试卷。

本书可作为勘察设计注册土木工程师(道路工程)《专业基础知识》考试复习备考用书。

图书在版编目(CIP)数据

勘察设计注册土木工程师(道路工程)执业资格考试习题精练与解析. 专业基础知识 / 汪海年等主编. — 北京:人民交通出版社股份有限公司, 2021.6

ISBN 978-7-114-17421-6

Ⅰ.①勘…　Ⅱ.①汪…　Ⅲ.①道路工程—资格考试—题解　Ⅳ.①U41-44

中国版本图书馆 CIP 数据核字(2021)第 123796 号

Kancha Sheji Zhuce Tumu Gongchengshi (Daolu Gongcheng) Zhiye Zige Kaoshi Xiti Jinglian yu Jiexi　Zhuanye Jichu Zhishi

书　　名:勘察设计注册土木工程师(道路工程)执业资格考试习题精练与解析　专业基础知识
著 作 者:汪海年　等
责任编辑:刘　彤　杨　明
责任校对:孙国靖　魏佳宁
责任印制:张　凯
出版发行:人民交通出版社股份有限公司
地　　址:(100011)北京市朝阳区安定门外外馆斜街 3 号
网　　址:http://www.ccpcl.com.cn
销售电话:(010)59757973
总 经 销:人民交通出版社股份有限公司发行部
经　　销:各地新华书店
印　　刷:北京市密东印刷有限公司
开　　本:787 × 1092　1/16
印　　张:21
字　　数:500 千
版　　次:2021 年 6 月　第 1 版
印　　次:2021 年 6 月　第 1 次印刷
书　　号:ISBN 978-7-114-17421-6
定　　价:100.00 元

《勘察设计注册土木工程师(道路工程)执业资格考试
习题精练与解析　专业基础知识》

编写委员会

(按编写章节排序)

汪海年　张　琛　李　哲　杜秦文　李治平　许娅娅
周勇超　王　蒂　王　春

前　言

勘察设计是公路建设的灵魂。在公路勘察设计过程中,以科学发展观为指导,坚持以人为本,坚持“资源节约、环境友好”的公路勘察设计理念,是实现我国公路建设可持续发展的关键所在,更是公路勘察设计人员所面临的重要课题。为了规范道路工程勘察设计人员管理,提高道路工程勘察设计人员综合素质,提升道路工程勘察设计整体水平,打造一支高素质的道路工程勘察设计队伍,原交通部会同原人事部和原建设部建立了勘察设计注册土木工程师(道路工程)制度,并于2007年4月1日起正式实施。

2021年度全国勘察设计注册土木工程师(道路工程)执业资格考试将于10月23、24日进行。为帮助广大考生复习备考,人民交通出版社股份有限公司组织长安大学相关专家,根据考试有关资料及文件精神,结合自身对考试的深度理解,精心编写了《勘察设计注册土木工程师(道路工程)执业资格考试习题精练与解析》辅导用书。本辅导用书分为《专业基础知识》和《专业知识》两册,本书为《专业基础知识》分册,共6章和1个附录,包括:建筑材料、土质学与土力学、工程地质、工程勘测、结构设计原理、职业法规以及《专业基础知识》模拟试卷。

本书主要设置了考试纲要、复习提示(包括复习要点和规范提示)及大量的练习题,并附有参考答案及详细解析。

(1)复习提示——如何有效地备考复习,是绝大多数考生共同关注的问题。为减少复习的盲目性,少走弯路,特设置此栏目。其中,“复习要点”是站在考生复习的角度,系统梳理了各章节的主要知识点,同时对重难点进行了分析提炼,力求为考生指明方向,使考生复习时能够有的放矢;“规范提示”是针对勘察设计注册土木工程师(道路工程)执业资格考试涉及的相关标准、规范,尤其对新旧规范的变化做了明确提示并进行精要解读,以帮助考生更好地理解规范。

(2)习题及解析——为避免考生在复习看书过程中感到枯燥,根据考试大纲相关要求,本书各章设置了大量练习题,并附有参考答案及详细解析。习题讲究精练,力求将知识点融入题目,并通过解析让考生能够举一反三,进一步巩固掌握知识点,提高复习效率。

(3)模拟试卷——本书末特意设置了3套模拟试卷,供考生进行模拟测试用。

本书的编写分工如下:汪海年、张琛(第一章);李哲、杜秦文(第二章);李治平(第三章、

第六章)；许娅娅(第四章)；周勇超、王蒂(第五章)。本书最终统稿由汪海年、张琛和王春完成。

本书难免有疏漏和不当之处，请各位考生提出宝贵意见和建议，以便修订时参考。

作　者

2021 年 4 月

目　录

第一章 建筑材料

第一节 砂石材料

【考试纲要】

(1)矿质混合料组成设计方法;

(2)砂石材料的技术性质要求;

(3)砂石材料的检测方法;

(4)矿质混合料的级配要求。

【复习提示】

1. 复习要点

考生应掌握粗细集料的重要路用性质(如粗集料的力学性质、物理性质,细集料筛分概念),集料级配概念、级配设计理论和设计方法;熟悉粗细集料分类方法,集料筛分结果计算,级配设计方法中的试算法和图解法;了解石料的分类和主要性质,针对集料主要性能的试验操作原理。

重点:

(1)粗集料的力学性质;

(2)矿质混合料的级配设计理论及设计方法。

难点:

级配设计理论及设计方法。

2. 规范提示

《公路工程岩石试验规程》(JTG E41—2005),主要规定了岩石固有的物理力学性质测试方法,一方面为公路勘测设计阶段的工程地质评价和各类工程的地基基础设计提供参数和资料,另一方面为施工阶段的实体工程选用符合质量要求的石料提供依据。

《公路工程集料试验规程》(JTG E42—2005),针对原规程中水泥混凝土和沥青混合料对集料的测试方法和要求不同这一点,本着尽可能统一的原则进行了修订。统一了方孔筛规格,统一了粗集料压碎值与洛杉矶磨耗试验方法,删去了不再适用的试验方法,修订完善并增补了一些试验方法。其中,岩石或集料的试验方法或试验条件为考核的重要内容,所测岩石或集料的技术指标则应满足《公路水泥混凝土路面施工技术细则》(JTG/T F30—2014)、《公路沥青路面施工技术规范》(JTG F40—2004)的相应技术要求。

习题精练

1. 粗集料的压碎值较小,说明该粗集料有(　　)。

A. 较好的耐磨性　　B. 较差的耐磨性

C. 较好的承载能力　　D. 较差的承载能力

2. 砂石级配曲线中靠近级配范围上限的含义是(　　)。

A. 颗粒整体偏粗　　B. 颗粒整体偏细

C. 属于间断级配　　D. 比表面积偏小

3.【2019 年真题】确定混凝土拌合物工作性的主要依据是(　　)。

A. 水灰比和砂率　　B. 水灰比和捣实方式

C. 集料性质、最大粒径和级配　　D. 构件的截面尺寸、钢筋疏密和捣实方式

4. 在道路工程中,通常按照(　　)含量,将石料分为酸性集料、中性集料与碱性集料。

A. SiO_2　　B. CaO　　C. MgO　　D. Fe_2O_3

5. 划分岩石等级的单轴抗压强度一般是在(　　)状态下测定的。

A. 干燥　　B. 潮湿　　C. 吸水饱和　　D. 冻结

6. 划分岩石等级的强度测试方法采用(　　)。

A. 抗折强度　　B. 疲劳强度　　C. 抗冻强度　　D. 抗压强度

7. 岩石的吸水率、含水率、饱和吸水率三者在数值上有如下关系(　　)。

A. 吸水率 > 含水率 > 饱和吸水率　　B. 吸水率 > 含水率 > 饱和吸水率

C. 含水率 > 吸水率 > 饱和吸水率　　D. 饱和吸水率 > 吸水率 > 含水率

8. 路用石料单轴抗压强度试验标准试件的边长为(　　)mm。

A. 200　　B. 150　　C. 100　　D. 50

9. 硫酸钠浸蚀法用于评价石料的(　　)性能。

A. 抗压　　B. 抗冻　　C. 抗折　　D. 抗疲劳

10.【2019 年真题】同一岩石强度最大的是(　　)。

A. 抗压强度　　B. 抗剪强度　　C. 抗弯强度　　D. 抗拉强度

11. 集料的表观密度是指集料表干质量与(　　)的比值。

A. 集料实体体积

B. 集料实体体积 + 开口空隙体积

C. 集料实体体积 + 开口空隙体积 + 闭口空隙体积

D. 集料实体体积 + 闭口空隙体积

12. 集料的堆积密度是指集料矿质实体质量与(　　)的比值。

A. 集料实体体积 + 闭口空隙体积

B. 集料实体体积 + 开口空隙体积

C. 集料实体体积 + 开口空隙体积 + 闭口空隙体积

D. 集料实体体积 + 开口空隙体积 + 闭口空隙体积 + 集料间空隙体积

13. 粗集料的以下性质中,仅对面层用沥青混合料的集料有要求的指标是(　　)。

A. 密度 B. 压碎值 C. 磨光值 D. 磨耗率

14. 水泥混凝土用集料粗细分界的粒径尺寸为(　　)mm。

A. 1.18 B. 2.36 C. 4.75 D. 9.5

15. 一般而言,沥青混凝土用集料粗细分界的粒径尺寸为(　　)mm。

A. 1.18 B. 2.36 C. 4.75 D. 9.5

16. 用累计筛余百分率绘制级配曲线表示砂颗粒级配情况时,按(　　)划分为三个级配区。

A. 细度模数 B. 0.6mm 筛孔的累计筛余百分率

C. 0.6mm 筛孔的通过百分率 D. 0.6mm 筛孔的分计百分率

17. 含水率为 4% 的砂 520g,所含的水分的质量为(　　)g。

A. 20.8 B. 20 C. 2.08 D. 0.2

18. 以下指标中不属于路用集料外观要求的是(　　)。

A. 形状 B. 颗粒粒径 C. 表面的棱角性 D. 级配

19. 沥青混合料用砂子细度模数计算中,不应包括在内的颗粒粒径为(　　)mm。

A. 4.75 B. 2.36 C. 1.18 D. 0.6

20. 以下指标中,不属于评价沥青与集料黏附性的试验方法是(　　)。

A. 水煮法 B. 水浸法

C. 光电分光光度法 D. 亚甲蓝法

21. 决定砂石筛分试验每次试样用量的因素是(　　)。

A. 砂石材料的化学组成 B. 砂石材料的公称粒径

C. 砂石材料的含水率 D. 筛分结果精度要求

22. 下列有关砂石材料试验结果越高表示该砂石材料性能品质越差的指标是(　　)。

A. 集料与沥青的黏附等级 B. 洛杉矶磨耗值

C. 磨光值 D. 细集料的细度模数

23. 下列有关砂石材料试验结果越高表示该砂石材料性能品质越好的指标是(　　)。

A. 集料与沥青的黏附等级 B. 洛杉矶磨耗值

C. 冲击值 D. 吸水率

24. 通过采用集料表干质量计算得到的密度是(　　)。

A. 表观密度 B. 表干密度 C. 真密度 D. 堆积密度

25. 粗集料密度试验中,测定水温的原因是(　　)。

A. 修正不同温度下石料热胀冷缩的影响

B. 修正不同温度下水密度变化产生的影响

C. 不同水温下密度的计算公式不同

D. 在规定的温度条件下试验相对简单

26. 为了提高沥青路面表面层的抗滑能力,碎石必须选用(　　)。

A. 酸性石料 B. 磨光值大于 42 的石料

C. 碱性石料 D. 压碎值符合标准的石料

27. 下列岩类中,与沥青黏附性相对较差的是(　　)。

A. 玄武岩　B. 花岗岩　C. 片麻岩　D. 石灰岩

28. 现有 A、B、C 三种颗粒分布不同的矿料,其级配特点如下图。其中属于间断级配的是(　　)。

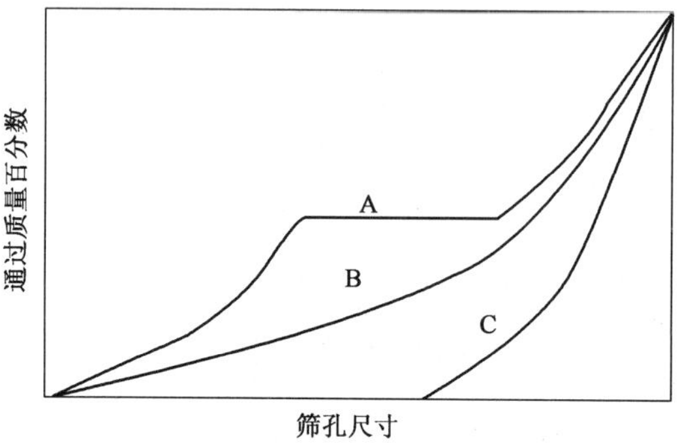

A. A　B. B　C. C　D. 以上均不对

29. 粗集料的以下性质中,不属于面层用沥青混合料的集料专门要求的指标是(　　)。

A. 冲击值　B. 压碎值　C. 磨光值　D. 道瑞磨耗率

30. 粗集料的以下性质中,测试结果值越大表明集料性能越好的是(　　)。

A. 冲击值　B. 压碎值　C. 磨光值　D. 磨耗率

31. 水泥混凝土用碎石的针片状颗粒含量采用(　　)法检测,沥青混合料用碎石的针片状颗粒含量采用(　　)法检测。

A. 规准仪,规准仪　B. 规准仪,游标卡尺

C. 游标卡尺,规准仪　D. 游标卡尺,游标卡尺

32. 两种砂子的细度模数 M_x 相同时,它们的级配(　　)。

A. 一定相同　B. 一定不同

C. 不一定相同　D. 以上说法均不对

33. 材料的孔隙率增大时,其性质保持不变的是(　　)。

A. 表观密度　B. 堆积密度　C. 真密度　D. 强度

34. 集料的以下级配中,(　　)级配的空隙率最小。

A. 连续　B. 间断　C. 单粒　D. 没有一种

习题参考答案及解析

1. C

【解析】集料压碎值是集料在连续增加的荷载下抵抗压碎的能力,是评价集料承载能力的一个力学指标。压碎值越小,表明集料承载能力越好。

2. B

【解析】在以通过率表示的级配范围中,靠近级配范围下限的矿料颗粒总体偏粗,靠近

上限总体偏细。

3. D

【解析】混凝土拌合物的流动性,要根据构件截面尺寸大小、钢筋疏密和捣实方法来确定。

4. A

【解析】一般情况下,集料按 SiO_2 的含量可分为酸性(SiO_2 含量 >65%)、中性(SiO_2 含量为 52% ~65%)、碱性(SiO_2 含量 <52%)。

5. C

【解析】石料的单轴抗压强度是将石料制备成规定的标准试件,经饱水处理后在单轴受压并按规定的加载条件下,达到极限破坏时单位承压面积的强度。

6. D

【解析】岩石按其物理-力学性质(主要为饱水状态下的抗压强度和磨耗率)可分为四个等级:1 级-最坚强岩石,2 级-坚强岩石,3 级-中等强度岩石,4 级-较软岩石。

7. D

【解析】岩石的含水率指岩石在天然状态下所含水分占其烘干质量的百分比;吸水率是指在规定条件下,试件最大吸水质量占烘干石料试件质量的百分比;饱和吸水率是指在强制条件下(煮沸法或真空抽气法),石料试件的最大吸水质量占烘干试件质量的百分比。

8. D

【解析】在道路工程中,石料的单轴抗压强度标准试件为边长 50mm ±2mm 的正方体试件(或直径和高度均为 50mm ±2mm 的圆柱体);在桥梁工程中,则为边长 70mm ±2mm 的正方体试件。

9. B

【解析】硫酸钠浸蚀法又称石料的坚固性试验,将石料试样经饱和硫酸钠溶液多次浸泡与烘干循环后,模拟强化冻融状态,评价其强度降低的性能,因而是评价石料抗冻性能的一种方法。

10. A

【解析】抗拉强度一般为抗压强度的 3% ~30%,抗弯强度一般为抗压强度的 7% ~15%。

11. D

【解析】集料表观密度为矿质集料实体的质量与集料实体体积 + 闭口空隙体积的比值。

12. D

【解析】集料堆积密度为矿质集料实体的质量与集料实体体积 + 开口空隙体积 + 闭口空隙体积 + 集料间的间隙体积的比值。

13. C

【解析】磨光值是反映石料抵抗车辆轮胎磨光作用能力的指标。使用高磨光值的集料铺筑道路表面层,可提高路表的抗滑能力,保障车辆的安全行驶。

14. C

【解析】在水泥混凝土中,粗集料是指粒径大于4.75mm的碎石、砾石和破碎砾石等。

15. B

【解析】在沥青混合料中,粗集料是指粒径大于2.36mm的碎石、破碎砾石、筛选砾石和矿渣等。

16. A

【解析】细集料粗细程度评价通常采用细度模数(μ_f)。细度模数是各级筛孔尺寸的累计筛余百分率之和与100的比值,细度模数越大,表示细集料越粗。细集料的粗细程度按细度模数可分为粗砂($\mu_f=3.1\sim3.7$)、中砂($\mu_f=2.3\sim3.0$)和细砂($\mu_f=1.6\sim2.2$)。

17. B

【解析】砂的含水率是指砂在天然状态下所含的水分与其干燥质量的百分比,故所含水分质量为520/(100+4)×4=20g。

18. D

【解析】集料的外观是指集料的颗粒形状、颗粒大小、表面棱角性等,而级配是指集料中各组成颗粒的分级和搭配,与集料颗粒粒径大小和不同粒径颗粒含量有关,与集料外观无关。

19. A

【解析】细度模数是评价细集料粗细程度的一种指标,而沥青混合料中的细集料是指粒径小于2.36mm的集料颗粒。

20. D

【解析】《公路工程沥青及沥青混合料试验规程》(JTG E20—2011)T 0616—1993中规定的测定沥青与石料黏附性的方法是水煮法或水浸法,但都是定性测量,结果往往因人而异;目前研究中也有人采用光电分光光度法,这是一种定量测试,但测试过程较复杂。亚甲蓝法是用于确定集料中是否存在膨胀性黏土矿物,并测定其含量的一种试验方法,用以评定集料的洁净程度。

21. B

【解析】《公路工程集料试验规程》(JTG E42—2005)T 0302—2005中对于不同公称最大粒径集料筛分时所用试样质量有明确规定。

22. B

【解析】集料与沥青的黏附等级、磨光值越高,说明集料与沥青的黏附性越好,集料的抗磨光能力越强;细集料的细度模数是评价细集料粗细程度的一个指标,与集料品质无关。而洛杉矶磨耗值越高,则说明集料的耐磨耗性能越差,即集料品质越差。

23. A

【解析】集料与沥青的黏附等级越高,说明集料与沥青的黏附性越好,即集料的品质越好。而洛杉矶磨耗值、冲击值越高,则说明集料的耐磨耗性能与抗冲击性能越差;吸水率越高,则说明集料内的空隙和缺陷越多,集料的强度也就越低。

24. B

【解析】集料真密度、表观密度、堆积密度、毛体积密度均是以集料烘干质量为分子进行计算的,而仅有表干密度是以表干质量为分子进行计算的。

25. B

【解析】根据现行规范规定的集料密度测试方法，直接测试得到的均为集料与水的相对密度，而水在不同温度时密度也是不相同的，因此需要测定水温以确定试验时水的密度，从而换算得到准确的集料密度。

26. B

【解析】磨光值是反映集料抵抗车辆轮胎磨光作用能力的指标。集料的磨光值越大，表明集料在磨光试验后，其摩擦系数越大，即表面越粗糙，抗滑性能越好。

27. B

【解析】与沥青的黏附性和集料的酸碱性相关，而集料的酸碱性是由 SiO_2 含量决定的，SiO_2 含量越低，集料碱性越强，则其与沥青的黏附性越好。通常 SiO_2 含量为：石灰岩 < 玄武岩 < 片麻岩 < 花岗岩。

28. A

【解析】连续级配是指矿质混合料由大到小逐级粒径都有，且按比例相互搭配组成，如 B 曲线；间断级配是指矿质混合料中剔除一个或几个粒径级别形成的一种不连续混合料，如 A 曲线；开级配是指主要由粗集料嵌挤组成的矿质混合料，细集料及填料较少，如 C 曲线。

29. B

【解析】磨光值是反映集料抵抗轮胎磨光作用能力的指标；冲击值反映了集料抵抗多次连续重复冲击荷载作用的能力，对于路面表面层也是一项重要的检测指标；磨耗值反映了集料抵抗车轮撞击及磨耗的能力，用于抗滑表层集料的磨耗值通常采用道瑞磨耗试验测试。因此这三项指标都是道路面层混合料专门要求的指标。而压碎值是集料在连续增加的荷载作用下抵抗压碎的能力，反映集料承受荷载的能力。

30. C

【解析】集料的磨光值越大，表明集料在磨光试验后，其摩擦系数越大，表面越粗糙，石料的抗滑性能越好。冲击值、压碎值与磨耗率均表示集料经过试验后，集料被破坏的部分的多少，其值越小表明石料的路用性能越好。

31. B

【解析】根据现行集料试验规程规定，水泥混凝土用粗集料针片状颗粒含量采用规准仪法测定，沥青混合料用粗集料针片状颗粒含量采用游标卡尺法测定。

32. C

【解析】细集料的细度模数是指各级筛孔尺寸的累计筛余百分率之和与 100 的比值，即使不同级配的细集料，其各筛孔累积筛余百分率之和也可以相同，即具有相同的细度模数。

33. C

【解析】即使材料的孔隙率增大，其实体质量与实体体积也不会变化，因此其真密度（实体质量与实体体积之比）也会保持不变。

34. B

【解析】连续级配由于各级筛孔尺寸粒径具有连续不间断的性质，在次一级颗粒填充上一级颗粒之间的空隙时，就会出现大粒子间的空隙不能完全被小粒子填充，或小粒子粒径大于大粒子间空隙等情况,从而发生粒子干涉现象,以致混合料不能达到最密实的状态;间断级配由于缺少了一个或几个粒径级别,在大小粒子相互填充时就很难出现互相干涉的情况,从而能够使混合料达到更密实的状态;单粒径集料由于颗粒之间的空隙没有小粒子的填充,会形成较大的空隙。由此可见,间断级配矿质混合料空隙率更小。

第二节 水泥和石灰

【考试纲要】

(1)水泥、石灰的技术性质要求;

(2)石灰及水泥的质量检定方法;

(3)硅酸盐水泥熟料各矿物成分特性、凝结硬化;

(4)石灰的消化、硬化过程。

【复习提示】

1. 复习要点

考生应掌握水泥的技术性质(包括物理性质——细度、标准稠度、凝结时间和安定性,力学性质——抗折和抗压强度)所涉及的概念、定义;熟悉水泥质量评定内容(如何判定水泥为合格品、不合格品及废品等)、品质评定方法所涉及的原理及力学性能评定计算方法、石灰核心质量指标——有效钙镁含量;了解水泥主要品种分类、矿物组成及其对水泥性能的影响、石灰使用效果的原理。

重点:

(1)石灰的消化和硬化,质量鉴定指标;

(2)硅酸盐水泥熟料矿物组成、凝结硬化机理、技术性质。

难点:

硅酸盐水泥的技术性质。

2. 规范提示

《公路工程水泥及水泥混凝土试验规程》(JTG E30—2005)是在国家标准和其他通用行业标准变化的情况下,对原规程中有关试验条件、仪器设备乃至整个试验方法进行相应的修订后编制的。修订时,在试验方法的选取上,基本保持现行试验规程的格局,根据相关标准的修订情况,综合考虑本行业的需求和一般试验室仪器设备的可行性选取;试验方法中凡是已有国家标准的,以其为基础进行修订,尚无国家标准或国家标准不能适应行业要求的,积极采用国外或其他行业的先进标准;在主要内容上与通用标准保持一致。

《公路工程无机结合料稳定材料试验规程》(JTG E51—2009)在原规程的基础上,开展全面的调研和相关的试验工作,在参考国内外相关标准、规范及其他技术资料并广泛征求有关单位意见的基础上,经过反复修改完成。其中,水泥和石灰的相应技术指标测试方法为主要考核内容,所测指标应满足《公路水泥混凝土路面施工技术细则》(JTG/T F30—2014)、《公路路面基层施工技术细则》(JTG/T F20—2015)的相关要求。

习题精练

1. 水泥现已成为道路工程中重要的建筑材料，按组成成分划分使用最多的水泥为（　　）。

A. 矿渣水泥　　B. 火山灰水泥

C. 粉煤灰水泥　　D. 普通硅酸盐水泥

2. 要使水泥具有硬化快的性能，必须提高（　　）的含量。

A. C_3S　　B. C_2S　　C. C_3A　　D. C_4AF

3.【2020 年真题】水泥熟料中掺加适量石膏的目的是（　　）。

A. 降低发热量　　B. 增加产量

C. 减少收缩　　D. 调节水泥凝结速度

4. 为了提高水泥混凝土的抗折强度，必须提高（　　）含量。

A. C_3S　　B. C_2S　　C. C_3A　　D. C_4AF

5. GB 175—2007 中对硅酸盐水泥的技术指标未作要求的是（　　）。

A. 密度　　B. 凝结时间　　C. 体积安定性　　D. 强度

6. 石灰膏在储灰坑中陈伏的主要目的是（　　）。

A. 充分熟化　　B. 增加产浆量　　C. 减少收缩　　D. 降低发热量

7. 石灰是在（　　）中硬化的。

A. 干燥空气　　B. 水蒸气　　C. 水　　D. 与空气隔绝的环境

8. 矿渣水泥较普通水泥耐腐蚀性强的主要原因是矿渣水泥硬化后，其水泥石中（　　）。

A. $Ca(OH)_2$含量少　　B. C-S-H 凝胶多

C. C_3AH_6含量少　　D. 以上均不对

9. 如果水泥初凝时间测试值不符合国家标准，则按（　　）处理。

A. 合格品　　B. 不合格品　　C. 废品　　D. 以上均不对

10. 用煮沸法检验水泥安定性，只能检查出由（　　）所引起的安定性不良。

A. 游离 CaO　　B. 游离 MgO　　C. 碱　　D. SO_3

11.【2019 年真题】水泥为获得较低的水化热，应降低（　　）的含量。

A. C_3S　　B. C_2S　　C. C_3A　　D. C_4AF

12. 按国家标准规定，由硅酸盐水泥熟料，再掺入粒化高炉矿渣、适量石膏磨细而成的水硬性胶凝材料，称为（　　）。

A. 硅酸盐水泥　　B. 普通硅酸盐水泥

C. 矿渣硅酸盐水泥　　D. 火山灰质硅酸盐水泥

13. 水泥的物理力学性质技术要求包括细度、凝结时间、安定性和（　　）等。

A. 烧失量　　B. 强度　　C. 碱含量　　D. 三氧化硫含量

14. 硅酸盐类水泥不适宜用作（　　）。

A. 道路混凝土　　B. 大体积混凝土

C. 早强混凝土　　D. 耐久性要求高的混凝土

15. 不会引起水泥安定性问题的成分是(　　)。

A. 三氧化硫　B. 游离氧化钙　C. 游离氧化镁　D. 二氧化硅

16. 确定石灰等级的有效成分为氧化钙及(　　)。

A. 三氧化硫　B. 二氧化硅　C. 氧化镁　D. 三氧化二铁

17. 用雷氏夹法测水泥的安定性,若煮前两针尖间距离为 A,煮后两针尖间距离为 C,当 $C-A$(　　)时,水泥安定性不良。

A. <5mm　B. >5mm　C. $\leqslant 5$mm　D. $\geqslant 5$mm

18. 下列各项水泥指标中,当(　　)不满足技术标准要求时,可判定水泥为废品。

A. 细度　B. 强度　C. 终凝时间　D. 三氧化硫

19. 若(　　)指标不符合要求,水泥被判为不合格品。

A. 安定性　B. 氧化镁　C. 初凝时间　D. 烧失量

20. 石灰浆硬化时,内部以(　　)为主。

A. 结晶作用　B. 碳化作用　C. 消化作用　D. 水化作用

21. 根据石灰中(　　)有效含量,确定石灰等级。

A. 氧化钙　B. 二氧化硅　C. 氧化镁　D. 氧化钙 + 氧化镁

22. 不会对水泥胶砂强度试验结果带来影响的试验条件是(　　)。

A. 试验材料的配合比　B. 养护方式

C. 所用水泥品种　D. 压力机的量程范围

23. 水泥(　　)指标不合格时,在工程中仍然可以酌情使用。

A. 氧化镁　B. 初凝时间　C. 终凝时间　D. 安定性

24. 水泥净浆稠度用水量的不一致将影响水泥的(　　)。

A. 抗压和抗折强度的高低　B. 凝结时间和安定性的可比性

C. 水化热释放量的多少　D. 强度等级的确定

25. 某批硅酸盐水泥,经检验其体积安定性不良,则该水泥(　　)。

A. 不得使用　B. 可用于次要工程

C. 可降低强度等级使用　D. 可用于工程,但必须提高用量

26. 测定水泥凝结时间时,当试针沉至距底板(　　)时,即为水泥达到初凝状态。

A. 4mm ± 1mm　B. 5mm ± 1mm　C. 3mm ± 1mm　D. 6mm ± 1mm

27. 水泥熟料中游离 CaO 过多将影响水泥的(　　)。

A. 凝结时间　B. 强度　C. 安定性　D. 收缩性能

28. 采用筛析法测定水泥细度时,要求 80μm 方孔筛上的筛余量(　　)。

A. $\geqslant$10%　B. $\geqslant$15%　C. $\leqslant$10%　D. $\leqslant$15%

29. GB 175—2007 规定硅酸盐水泥的终凝时间为(　　)。

A. $\geqslant$390min　B. $\geqslant$600min　C. $\leqslant$390min　D. $\leqslant$600min

30. 在确定水泥标准稠度用水量时,当标准杆沉入净浆距底板(　　)时,其稠度为标准稠度。

A. 4mm ± 1mm　B. 5mm ± 1mm　C. 3mm ± 1mm　D. 6mm ± 1mm

31. 在测定水泥凝结时间时,若水泥浆体含水率高于标准试验规定值,则凝结时间

将(　　)。

A. 缩短　　B. 延长　　C. 不变化　　D. 以上均不对

32. 为了消除过火石灰的危害而采取的措施是(　　)。

A. 消化　　B. 硬化　　C. 煅烧　　D. 陈伏

33. 道路硅酸盐水泥与普通硅酸盐水泥在成分上的主要区别在于(　　)。

A. 减小了 C_3A　　B. 增加了 C_4AF　　C. 减小了 C_3S　　D. 选项 A + B

习题参考答案及解析

1. D

【解析】按矿物组成成分,水泥可分为硅酸盐水泥、铝酸盐水泥、硫酸盐水泥、磷酸盐水泥等,其中应用最多的就是普通硅酸盐水泥,而矿渣水泥、火山灰水泥、粉煤灰水泥其实质也都是硅酸盐水泥,只不过是添加了一些可以改善水泥性能的活性材料。

2. C

【解析】C_3A 是水泥矿物组成四组分中遇水反应速度最快、水化热最高的组分。C_3A 的含量决定水泥的凝结速度和释热量,因此要使水泥硬化快,就应提高 C_3A 的含量。

3. D

【解析】石膏延缓 C_3A 水化机理,石膏的加入可控制水泥水化速率,调节凝结时间。

4. D

【解析】C_4AF 对提高水泥混凝土的抗折强度起到重要作用,为了提高水泥混凝土的抗折强度,应提高其在水泥中的含量。道路硅酸盐水泥对其 C_4AF 的最低含量有一定的要求。

5. A

【解析】《通用硅酸盐水泥》(GB 175—2007)对水泥的物理性质、化学性质、强度等 10 个方面提出了相关技术要求,没有密度。

6. A

【解析】对于过火石灰,可将其在储灰坑中陈伏一段时间后再使用,让其充分熟化,从而减少其在工程使用后的体积膨胀。

7. A

【解析】石灰是气硬性胶凝材料,只能在空气中硬化、保持或继续提高强度。

8. A

【解析】矿渣与硅酸盐水泥熟料的水化产物氢氧化钙反应,会生成水化硅酸钙等水化产物,从而使水泥石中的氢氧化钙含量大为降低,而氢氧化钙的耐腐蚀性较差。另一方面,矿渣水泥水化过程中会形成较多的水化产物,使水泥石的结构更为致密,亦提高了水泥石的抗腐蚀能力。

9. C

【解析】《通用硅酸盐水泥》(GB 175—2007)规定,凡氧化镁、三氧化硫、初凝时间、安定性中任一项不合格的水泥为废品水泥。

10. A

【解析】水泥安定性不良一般是由水泥中含有过量的游离氧化钙、游离氧化镁或掺入的石膏过量所致。其中，因游离氧化钙引起的安定性不良，由煮沸法（现行规范为雷士夹法或试饼法）检验；因游离氧化镁引起的安定性不良，由压蒸法检验。

11. C

【解析】要制得低水化热的水泥，可降低 C_3A 含量，提高 C_2S 含量。

12. C

【解析】矿渣硅酸盐水泥是指由硅酸盐水泥熟料、粒化高炉矿渣和适量石膏磨细制成的水硬性胶凝材料。

13. B

【解析】烧失量、碱含量、三氧化硫含量属于水泥的化学性质；细度、稠度、凝结时间、安定性、强度属于水泥的物理力学性质。

14. B

【解析】硅酸盐水泥的硅酸三钙和铝酸三钙含量高，水化快，发热量大。若在大体积混凝土中使用，则在混凝土内部会形成大量热量，无法很快扩散，使大体积混凝土热量不均，导致混凝土开裂。大体积混凝土一般采用硅酸三钙和铝酸三钙含量少、低发热量的大坝水泥。

15. D

【解析】影响水泥安定性的主要因素是，水泥中含有过量的游离氧化钙、游离氧化镁、三氧化硫，或掺入的石膏过量。

16. C

【解析】石灰根据其氧化镁含量可分为钙质石灰和镁质石灰两类，然后再按有效氧化钙+氧化镁含量等指标分为优等品、一等品和合格品三个等级。

17. B

【解析】当采用雷氏夹法测试水泥的安定性时，沸煮后雷氏夹指针尖端之间的距离增大值若不超过5.0mm时，即认为该水泥安定性合格。

18. D

【解析】《通用硅酸盐水泥》(GB 175—2007)规定，凡氧化镁、三氧化硫、初凝时间、安定性中的任何一项不符合标准规定的水泥均为废品。

19. D

【解析】《通用硅酸盐水泥》(GB 175—2007)规定，凡细度、烧失量、终凝时间和混合材料掺量超过最大限量或强度低于商品强度的等级时，均为不合格品（水泥包装标志中水泥品种、强度等级、企业名称和出厂编号不全的也属于不合格品）。

20. A

【解析】石灰浆硬化是石灰浆体由塑性状态转化为固态并形成强度的过程，表层以碳化作用为主，内部以结晶作用为主，两种作用同时进行。

21. D

【解析】同本节第17题。

22. D

【解析】水泥的强度除了与水泥自身的性质(如熟料矿物组成、细度等)有关外,还与水灰比、试件制作方法、养护条件和时间等有关。

23. C

【解析】当氧化镁、初凝时间、安定性不合格时,该水泥为废品,严禁在工程中使用;当终凝时间不合格时,该水泥为不合格品,由于其仅影响混凝土工程的施工进度,故在工程不受时间限制的时候可以酌情使用。

24. B

【解析】用水量的多少对水泥一些技术性质(凝结时间和安定性)的测定值影响很大,因此在测定这些性质时,必须在一个规定的稠度下进行,这个规定的稠度称为标准稠度,而水泥净浆达到标准稠度时,所需的拌和水量占水泥质量的百分率称为标准稠度用水量。为了使水泥技术性质(凝结时间和安定性)的测定结果具有可比性,在测定时必须采用标准稠度的水泥净浆。

25. A

【解析】同本节第 19 题,废品水泥严禁在工程中使用。

26. A

【解析】水泥的凝结时间采用标准法维卡仪测定,具体是将标准稠度用水量制成的水泥净浆装在试模中,在标准法维卡仪上,以标准针测试。从加水时起,至试针沉入净浆中距底板为 4mm ± 1mm 时所经历的时间称为“初凝时间”;从加水时起,至试针沉入净浆不超过0.5 ~ 1.0mm 时所经历的时间称为“终凝时间”。

27. C

【解析】同本节第 16 题。

28. C

【解析】《通用硅酸盐水泥》(GB 175—2007)规定,矿渣水泥、火山灰水泥、粉煤灰水泥和复合硅酸盐水泥的细度以筛余量表示,其 80μm 方孔筛筛余量不大于 10% 或 45μm 方孔筛筛余不大于 30%。

29. C

【解析】《通用硅酸盐水泥》(GB 175—2007)规定,硅酸盐水泥初凝时间不得早于 45min,终凝时间不大于 390min;普通硅酸盐水泥初凝时间不得早于 45min,终凝时间不大于 600min。

30. D

【解析】水泥净浆稠度采用标准法维卡仪测定,以试杆沉入净浆距底板 6mm ± 1mm 时的稠度为“标准稠度”,此时的用水量为标准稠度用水量。

31. B

【解析】在测定水泥凝结时间时,按规定应采用标准稠度的水泥净浆,如果水泥净浆含水率超过了标准稠度用水量,则会延缓水泥的水化反应,延长凝结时间。

32. D

【解析】石灰消化时,为了消除“过火石灰”的危害,可以消化后“陈伏”半月左右再使用。“陈伏”期间,石灰表面应保有一层水分,使之与空气隔绝,以免碳化。

33. D

【解析】道路硅酸盐水泥是由道路硅酸盐水泥熟料、0～10%活性混合材料和适量石膏磨细制成的水硬性胶凝材料。其中，道路硅酸盐水泥熟料是指以适当成分的生料烧至部分熔融，所得的以硅酸钙为主要成分和较多量铁铝酸钙的硅酸盐熟料，其矿物组成要求为：铝酸三钙（C_3A）含量不得大于5%（普通硅酸盐水泥 C_3A 含量为0～15%），铁铝酸四钙（C_4AF）含量不得小于16%（普通硅酸盐水泥 C_4AF 含量为5%～15%）。

第三节　无机结合料稳定材料

【考试纲要】

（1）石灰稳定粒料、水泥稳定粒料、石灰粉煤灰稳定粒料的技术性质；

（2）无机稳定材料配合比设计方法；

（3）石灰粉煤灰稳定粒料的强度形成机理。

【复习提示】

1. 复习要点

考生应掌握常用无机结合料稳定材料的类型和材料组成特点，了解不同材料性能特征；熟悉无机结合料稳定材料配合比设计方法，了解不同无机稳定材料的强度形成机理。

重点：

（1）无机结合料稳定材料的性能特征；

（2）无机稳定材料配合比设计方法。

难点：

无机稳定材料的强度形成机理。

2. 规范提示

《公路工程无机结合料稳定材料试验规程》（JTG E51—2009）是在原规程的基础上，开展了全面的调研和相关的试验工作，在参考国内外相关标准、规范及其他技术资料并广泛征求有关单位意见的基础上，经过反复修改完成。主要修订内容有：采用方孔筛，明确了无机结合料稳定材料粗、中、细粒土的分界，提高了相关试验的精度要求，修订了含水率、水泥或石灰剂量测定方法等试验，增加了石灰细度、石灰未消化残渣含量测定等试验方法。其中，以无机结合料稳定材料的相关技术指标测试方法或试验条件为主要考核内容，所测技术指标应满足《公路路面基层施工技术细则》（JTG/T F20—2015）的相应技术要求。

习题精练

1. 以下材料中，不属于无机结合料稳定类材料的是（　　）。

A. 石灰土　　B. 二灰砂砾　　C. 级配碎石　　D. 二灰碎石

2.【2020年真题】下列因素中，不属于影响石灰稳定土强度的因素是（　　）。

A. 土质　　B. 灰质　　C. 含水率　　D. 水泥凝结速度

3. 无机结合料稳定土标准重型击实试验分 3 层击实,每层击实次数是(　　)次。

A. 27　　B. 59　　C. 98　　D. 120

4. 无机结合料稳定土间接拉伸试验(劈裂试验)时,试件的径高比(直径:高度)是(　　)。

A. 1:0.5　　B. 1:1　　C. 1:1.5　　D. 1:2

5.【2020 年真题】无机结合料稳定土无侧限抗压强度试验时,试件的养护方法是(　　)。

A. 在潮湿空气中养护 7d　　B. 在潮湿空气中养护 14d

C. 在潮湿空气中养护 6d,浸水 1d　　D. 在潮湿空气中养护 13d,浸水 1d

6. 随着黏土矿物含量的增多,石灰稳定土的强度(　　)。

A. 增大　　B. 减小　　C. 无变化　　D. 先变大后减小

7. 随着击实功的增加,石灰稳定土的最佳含水率(　　)。

A. 增大　　B. 减小　　C. 无变化　　D. 先变大后减小

8. 石灰稳定土强度形成机理不包括(　　)。

A. 离子交换作用　　B. 碳酸化作用　　C. 结晶作用　　D. 水化作用

9. 随着砂砾含量的增加,石灰稳定砂砾的干缩系数将(　　)。

A. 增大　　B. 减小　　C. 无变化　　D. 先变大后减小

10. 在工程中,二灰稳定土的二灰通常是指(　　)。

A. 石灰、水泥　　B. 石灰、粉煤灰　　C. 水泥、粉煤灰　　D. 以上均不对

11. 当石灰剂量不变时,二灰稳定土的干缩系数和温缩系数随着粉煤灰用量的增加而(　　)。

A. 增大　　B. 减小　　C. 无变化　　D. 先变大后减小

12. 当粉煤灰剂量不变时,二灰稳定土的干缩系数和温缩系数随着石灰用量的增加而(　　)。

A. 增大　　B. 减小　　C. 无变化　　D. 先变大后减小

13. 随着水泥剂量的增加,水泥稳定土的最佳含水率将(　　)。

A. 增大　　B. 减小　　C. 无变化　　D. 先变大后减小

14.【2019 年真题】下列说法中,不属于水泥稳定土混合料组成设计目的的是(　　)。

A. 确定水泥剂量　　B. 确定最佳含水率

C. 确定抗压强度　　D. 确定最大干密度

15. 随着水泥剂量的增加,水泥稳定土的干缩系数将(　　)。

A. 增大　　B. 减小　　C. 无变化　　D. 先变大后减小

16. 随着水泥稳定粒料里砂砾的增加,其干缩系数将(　　)。

A. 增大　　B. 减小　　C. 无变化　　D. 先变大后减小

17. 随着水泥稳定土中黏粒含量的增加,其干缩系数将(　　)。

A. 增大　　B. 减小　　C. 无变化　　D. 先变大后减小

18. 随着水泥稳定土含水率的增加,其干缩系数将(　　)。

A. 增大　　B. 减小　　C. 无变化　　D. 先变大后减小

19. EDTA 二钠的真实名称为(　　)。

A. 氯化钠　　B. 乙二胺四乙酸二钠

C. 草酸二钠　　D. 酒石酸钾钠

20. 下列说法中，不属于石灰稳定土混合料组成设计目的的是(　　)。

A. 确定石灰剂量　B. 确定最佳含水率　C. 确定抗压强度　D. 确定最大干密度

习题参考答案及解析

1. C

【解析】无机结合料稳定材料是指将一定剂量的水泥、石灰等无机结合料或其他固化剂掺入各种经过粉碎、原来松散的土或碎(砾)石中，加水拌和后得到的混合料。常用的无机结合料稳定类材料主要包括水泥稳定类、石灰稳定类、石灰粉煤灰(二灰)稳定类。

2. D

【解析】石灰稳定土强度的影响因素包括土质、含水率、灰质。

3. C

【解析】根据现行规范规定，无机结合料稳定材料的击实试验按击实功大小不同分成两种方法，一种是重型击实，另一种是轻型击实，两种方法击实筒大小、击实锤重量与落距都不相同，不过击实时材料都是分三层填装依次击实，不同的是重型每层击实 98 次，轻型每层击实 27 次。

4. B

【解析】现行试验规程规定，无机结合料稳定土间接拉伸试验试件采用高径比为 1∶1 的圆柱体。细粒土为 ϕ50mm×50mm，中粒土为 ϕ100mm×100mm，粗粒土为 ϕ150mm×150mm。

5. C

【解析】根据《公路工程无机结合料稳定材料试验规程》(JTG E51—2009) T 0805—1994，试件脱模后应立即放到养护室内保湿养护，养护时间通常取 7d，养护期的最后一天应将试件浸泡在水中。

6. A

【解析】石灰土的强度随土中黏土矿物含量的增多而增大。

7. B

【解析】水分在石灰稳定土中起润滑与帮助石灰水化的作用，随着击实功的增大，石灰土颗粒克服相互间摩擦所需要的起润滑作用的水量减小，故随着击实功的增加，石灰稳定土的最佳含水率减小，最大干密度增加。

8. D

【解析】石灰稳定土的强度形成，主要是石灰与细粒土相互作用的结果。在土中掺入石灰、水，经拌和均匀后，石灰与土之间会发生强烈的离子交换、碳酸化、结晶及火山灰作用，使黏土胶粒絮凝，生成晶体 $Ca(OH)_2$、$CaCO_3$ 和含水硅、铝酸钙的胶结物，这些胶结物逐渐由胶凝状态向晶体状态转化，致使石灰土的刚度不断增大、强度与稳定性不断提高。

9. B

【解析】石灰稳定材料的干燥收缩，主要是由于水分蒸发而产生的。石灰稳定类材料中粒料增加时，将降低整体材料的比表面积和需水量，并对水化凝胶物的收缩产生一定的抑制作用，从而可较大幅度降低干燥收缩性。

10. B

【解析】石灰、粉煤灰简称二灰，用石灰、粉煤灰作为胶结料制成的稳定土，简称二灰稳定土。

11. B

【解析】二灰稳定材料的干缩和温缩机理及影响因素与石灰稳定类材料相同，其收缩程度主要取决于混合料的含水率、材料组成等。由于粉煤灰颗粒对混合料的收缩起着约束作用，因此，当石灰剂量不变时，二灰稳定材料的干缩系数和温缩系数随着粉煤灰用量的增加而减少；当粉煤灰用量不变时，二灰稳定材料的干缩系数和温缩系数随着粉煤灰用量的增加而增大。

12. A

【解析】同本节第 11 题。

13. A

【解析】水泥稳定土的最佳含水率为素土的最佳含水率、拌和过程中蒸发所需的水量与水泥水化过程所需的水量三者之和。其中，素土的最佳含水率由土质(塑性指数)决定，水泥水化所需水量则由水泥剂量确定，水泥剂量越大，所需水量越大，则水泥稳定土的最佳含水率就越大。

14. C

【解析】水泥稳定土混合料组成设计目的是确定水泥剂量、确定混合料的最佳含水率和最大干密度。

15. A

【解析】水泥稳定类材料的干燥收缩主要因水分变化而引起，其干缩系数受粒料含量及矿物成分的影响。混合料中的黏性成分越多，土的塑性指数越大，混合料的干缩现象越严重。因此，水泥用量越多，干缩系数也越大。

16. B

【解析】水泥稳定类材料的干燥收缩主要因水分变化而引起，其干缩系数受粒料含量及矿物成分的影响。其中，粗颗粒粒料的比表面积小，活性低，与水的相互作用极其微弱，对水泥稳定类材料的干缩有抑制作用。因此，粒料用量越多，干缩系数就越小。

17. A

【解析】水泥稳定类材料的干燥收缩主要因水分变化而引起，其干缩系数受粒料含量及矿物成分的影响。混合料中的黏性成分越高，土的塑性指数越大，混合料的干缩现象越严重。因此，混合料中黏粒含量增加时，其干缩系数必然越大。

18. A

【解析】水泥稳定类材料的干燥收缩主要因水分变化而引起。在混合料内部水泥水化过程中，混合料的水分会不断减少，从而导致发生毛细管作用、吸附作用等使混合料产生体积收缩。因此，如果混合料含水率增加，则由于水分减少而发生的收缩就会更多。

19. B

【解析】现行试验规程规定，水泥或石灰稳定类材料中水泥或石灰剂量测定采用EDTA滴定法，试验采用的滴定溶液即为EDTA二钠标准溶液，其中，EDTA二钠全称为乙二胺四乙酸二钠。

20. C

【解析】石灰土是由土、石灰和水组成的。混合料的组成设计包括：根据强度标准，通过试验选取合适的土，确定必需的或最佳的石灰剂量和混合料的最佳含水率、最大干密度。

第四节 水泥混凝土和砂浆

【考试纲要】

(1)普通水泥混凝土的主要技术性质及其影响因素、配合比设计方法、质量评定；

(2)砂浆和水泥混凝土的特性；

(3)水泥混凝土强度测定方法；

(4)混凝土常用外加剂的作用和品种。

【复习提示】

1. 复习要点

考生应掌握水泥混凝土工作性定义及其检测方法、影响水泥混凝土工作性和力学性质的主要因素；熟悉水泥混凝土配合比设计中涉及的计算内容和方法、构成混凝土原材料的主要性能要求，熟悉砂浆的技术性质(施工和易性与强度指标)、砂浆配合比设计方法；了解普通水泥混凝土变形性能和路用混凝土性能特点、力学性质(抗压和抗折强度)评定方法和强度计算方法。

重点：

(1)水泥混凝土的工作性或施工和易性及其影响因素和改善措施；

(2)水泥混凝土的技术性质及其影响因素和改善措施；

(3)水泥混凝土组成材料的技术要求、设计方法。

难点：

水泥混凝土的配合比设计及其力学性质。

2. 规范提示

《公路工程水泥及水泥混凝土试验规程》(JTG E30—2005)是在国家标准和其他通用行业标准变化的情况下，对原规程中有关试验条件、仪器设备乃至整个试验方法进行相应的修订后编制的。修订时，在试验方法的选取上，基本保持现行试验规程的格局，根据相关标准的修订情况，综合考虑本行业的需求和一般试验室仪器设备的可行性选取；试验方法中凡是已有国家标准的，以其为基础进行修订，尚无国家标准或国家标准不能适应行业要求的，积极采用国外或其他行业的先进标准；在主要内容上与通用标准保持一致。

《公路水泥混凝土路面施工技术细则》(JTG/T F30—2014)、《公路水泥混凝土路面设计规范》(JTG D40—2011)则规定了水泥混凝土路面对水泥混凝土材料的技术要求。其中,水泥混凝土的材料组成特点、配合比设计方法、技术性质及其指标测定方法等均为考核的主要内容。

习题精练

1. 对于水泥混凝土的粗集料,采用连续级配与间断级配相比,其最明显的缺点是(　　)。

A. 单位用水量大　　B. 拌合物流动性差

C. 拌合物易离析　　D. 单位水泥用量大

2. 道路混凝土配合比设计与普通混凝土相比,其最明显的差别是(　　)。

A. 设计指标　　B. 设计步骤　　C. 设计过程　　D. 设计思路

3. 在确定水泥混凝土的砂率时,未予考虑的因素是(　　)。

A. 耐久性　　B. 水灰比

C. 集料最大粒径　　D. 集料的品种(碎石、卵石)

4. 水泥混凝土工作性试验中得到的定量结果是(　　)。

A. 黏聚性　　B. 坍落度　　C. 保水性　　D. 易捣实性

5. 在计算水泥混凝土初步配合比时,混凝土的耐久性通过限制(　　)来保证。

A. 单位用水量　　B. 砂率

C. 最小水泥用量与最大水灰比　　D. 浆集比

6. 对水泥混凝土力学强度试验结果不会产生影响的因素是(　　)。

A. 混凝土强度等级　　B. 混凝土试件的龄期

C. 加载方式　　D. 混凝土试件的养护温度和湿度

7. 配制水泥混凝土首选(　　)的砂。

A. 比表面积大且密实度高　　B. 比表面积小且密实度低

C. 比表面积大但密实度低　　D. 比表面积小但密实度高

8.【2020 年真题】路面水泥混凝土配合比设计中,经过工作性调整的配合比称为(　　)。

A. 初步配合比　　B. 基准配合比　　C. 试验室配合比　　D. 施工配合比

9. 水泥混凝土配合比设计时,实际单位用水量最终是在(　　)阶段确定的。

A. 基准配合比　　B. 初步配合比　　C. 试验室配合比　　D. 施工配合比

10. 混凝土中的水泥浆,在混凝土硬化前和硬化后起(　　)作用。

A. 胶结　　B. 润滑和填充并胶结

C. 润滑　　D. 填充

11. 规范规定,普通水泥混凝土的抗弯拉强度是以(　　)方式来测定的。

A. 小简支梁模型　　B. 三分点单点加载

C. 三分点双点加载　　D. 劈裂试验

12. 粗集料中针片状颗粒含量的大小将会影响到(　　)。

A. 混凝土的抗冻性　　B. 集料与水泥的黏结效果
C. 混凝土的力学性能　　D. 集料的级配

13. 规范规定，水泥胶砂的抗折强度是以（　　）方式来测定的。
A. 小简支梁模型　B. 三分点单点加载　C. 三分点双点加载　D. 纯拉

14. 普通水泥混凝土的强度等级是以具有95%保证率（　　）立方体抗压强度的代表值来确定的。
A. 3d　B. 7d　C. 28d　D. 90d

15. 水泥混凝土对工作性的调整采用（　　）方法进行。
A. 理论计算　B. 经验判断　C. 实际试验检测　D. 设计文件指定

16. 混凝土的坍落度试验不能检测混凝土的（　　）。
A. 黏聚性　B. 保水性　C. 含砂情况　D. 耐久性

17. 采用间断级配配制的水泥混凝土具有（　　）的特点。
A. 节省水泥　B. 工作性好　C. 保水性好　D. 易于施工

18. 水泥混凝土配合比设计时，对强度的检验是在（　　）阶段进行。
A. 基准配合比　B. 初步配合比　C. 试验室配合比　D. 工地配合比

19. 水泥混凝土抗折强度试验，试件断裂面在规定范围之外时，该试件试验结果作废。是否在规定范围内，其判断依据是以（　　）为准。
A. 两加荷点界限　　B. 两加荷点与底面中轴线交点范围
C. 两加荷点与顶面中轴线交点范围　　D. 两加荷点与侧面中轴线交点范围

20. 从混凝土组成材料的质量和比例而言，不会显著影响混凝土强度的因素是（　　）。
A. 水灰比　B. 粗集料岩性　C. 水泥品种　D. 水泥强度

21. 当采用同一种水泥时，决定混凝土强度的主要因素是（　　）。
A. 水泥用量　B. 砂率　C. 用水量　D. 水灰比

22. 在混凝土中加入引气剂的主要目的是提高混凝土的（　　）。
A. 抗冻性　B. 耐水性　C. 早期强度　D. 抗蚀性

23. 选择混凝土集料时，应使其（　　）。
A. 总表面积大，空隙率大　　B. 总表面积小，空隙率大
C. 总表面积小，空隙率小　　D. 总表面积大，空隙率小

24. 水泥混凝土抗压强度的试件标准尺寸是（　　）。
A. 40mm × 40mm × 160mm　　B. 100mm × 100mm × 100mm
C. 150mm × 150mm × 150mm　　D. 200mm × 200mm × 200mm

25. 水泥混凝土抗弯拉强度的试件标准尺寸是（　　）。
A. 120mm × 120mm × 460mm　　B. 100mm × 100mm × 400mm
C. 150mm × 150mm × 550mm　　D. 200mm × 200mm × 650mm

26. 某组三块混凝土试件抗压强度测定结果分别为34.7MPa、41.6MPa、43.2MPa，则该组试件抗压强度代表值为（　　）MPa。
A. 40.0　B. 38.2　C. 41.6　D. 42.4

27.【2020年真题】建筑砂浆在硬化前应具有良好的和易性，和易性包括流动性

与(　　)。

A. 保水性　　B. 维勃稠度　　C. 坍落度　　D. 捣实性

28. 下列关于混凝土强度的描述,不正确的是(　　)。

A. 混凝土强度等级是按立方体极限抗压强度来划分的

B. 在配合比相同的条件下,水泥强度等级越高,混凝土强度越高

C. 水泥与集料表面的黏结强度将影响到混凝土的强度

D. 水灰比越大,混凝土强度越高

29. 为便于混凝土施工过程中拌和、振捣,要求混凝土有良好的(　　)。

A. 耐久性　　B. 抗侵蚀性　　C. 抗渗性　　D. 和易性

30.【2020 年真题】路面水泥混凝土配合比设计的强度指标是(　　)。

A. 抗压强度　　B. 抗劈裂强度　　C. 抗弯强度　　D. 抗弯拉强度

31. 以下措施中不能提高水泥混凝土强度的是(　　)。

A. 加大水灰比　　B. 提高水泥强度

C. 选用碎石集料　　D. 养护时温度提高并使湿度适当

32. 当水泥混凝土所用的水泥用量小于规定最低要求或水灰比超出规定最高要求时,所造成的问题是(　　)。

A. 强度无法保证　　B. 工作性不佳　　C. 不经济　　D. 耐久性不好

33. 试拌调整混凝土时,发现拌合物的保水性较差,应采用(　　)的措施来改善。

A. 增加砂率　　B. 减小砂率　　C. 增加水泥　　D. 减小水灰比

34. 水泥胶砂强度试验三个试件 28d 抗折强度分别为 7.0MPa、9.0MPa、7.0MPa,则抗折强度试验结果为(　　)MPa。

A. 7.0　　B. 7.7　　C. 9.0　　D. 8.0

35. 某钢筋混凝土结构的截面最小尺寸为 300mm,钢筋直径为 30mm,钢筋的中心间距为 70mm,则该混凝土中集料最大公称粒径是(　　)mm。

A. 10　　B. 20　　C. 30　　D. 40

36. 坍落度试验适用于集料公称最大粒径及坍落度值的范围是(　　)。

A. 公称最大粒径≤31.5mm,坍落度值≥15mm

B. 公称最大粒径≤26.5mm,坍落度值≥10mm

C. 公称最大粒径≤31.5mm,坍落度值≥10mm

D. 公称最大粒径≤26.5mm,坍落度值≥15mm

37. 在设计坍落度相同条件下,一般而言,水泥混凝土中粗集料粒径越大,则混凝土的单位用水量(　　)。

A. 越大　　B. 越小　　C. 无变化　　D. 以上说法均不对

38. 水泥混凝土抗压强度测试时,若试件尺寸大于标准尺寸,则抗压强度的测试结果较标准件(　　)。

A. 偏大　　B. 偏小　　C. 无变化　　D. 以上说法均不对

39. 当水泥混凝土流动性小时,可采用(　　)。

A. 增加用水量

B. 增加水泥用量

C. 在 W/C 不变的条件下，增加水泥浆的用量

D. 增加砂用量

40. 以下因素中，不会对水泥混凝土工作性试验有显著影响的是（　　）。

A. 水灰比　B. 砂率　C. 单位用水量　D. 水泥强度

41. 在水泥、集料用量一定的情况下，水灰比增大，则水泥混凝土的流动性（　　）。

A. 增加　B. 降低　C. 先增加后降低　D. 先降低后增加

42. 在水泥浆数量不变的情况下，随着砂率的增大，水泥混凝土的流动性（　　）。

A. 增加　B. 降低　C. 先增加后降低　D. 先降低后增加

43. 在水泥强度相同的情况下，随着水灰比增大，水泥混凝土的强度（　　）。

A. 增加　B. 降低　C. 先增加后降低　D. 先降低后增加

44. 水泥混凝土配合比设计过程中，在选用砂率时，以下说法错误的是（　　）。

A. 随着水灰比的增加，砂率应增加

B. 同等条件下，粗集料为碎石时，其砂率应大于卵石

C. 随着粗集料粒径的增大，砂率应减小

D. 随着水泥混凝土流动性要求的提高，砂率应减小

45. 关于减水剂的功能，以下说法错误的是（　　）。

A. 在水泥用量不变的情况下，减少水用量从而提高水泥混凝土的强度

B. 在用水量及水泥用量不变的情况下，提高水泥混凝土拌合物的流动性

C. 其目的主要是减少水用量

D. 在流动性及水灰比不变的情况下，减少水泥用量，经济性好

46. 道路混凝土的强度等级划分指标是（　　）。

A. 抗压强度　B. 抗弯拉强度　C. 抗劈裂强度　D. 疲劳强度

47. 在进行水泥混凝土配合比设计时，若砂比较细，则采用的砂率应（　　）。

A. 大些　B. 小些　C. 不变　D. 以上说法均不对

48. 建筑砂浆的施工和易性包括保水性与（　　）。

A. 坍落度　B. VB 稠度　C. 流动性　D. 捣实性

49. 建筑砂浆的保水性采用（　　）进行评价。

A. 坍落度　B. VB 稠度　C. 稠度　D. 分层度

50. 建筑砂浆抗压强度试验时试件的尺寸是（　　）。

A. 100mm × 100mm × 100mm

B. 150mm × 150mm × 150mm

C. 120mm × 120mm × 120mm

D. 70.7mm × 70.7mm × 70.7mm

51. 建筑砂浆抗压强度试验时试件的养护龄期是（　　）。

A. 3d　B. 7d　C. 14d　D. 28d

52. 建筑砂浆的强度等级采用（　　）进行划分。

A. 抗压强度　B. 抗折强度　C. 抗劈裂强度　D. 抗拉强度

53. 水泥胶砂强度试件在抗压试验时,以(　　)的速率均匀加载直至破坏。

A. 240N/s ±20N/s　　B. 2400N/s ±200N/s

C. 50N/s ±10N/s　　D. 50N/s ±5N/s

习题参考答案及解析

1. D

【解析】水泥混凝土用的粗集料,采用连续级配或间断级配均可,但是由于连续级配集料的比表面积较大,故配置相同的水泥混凝土,比间断级配单位水泥用量较大。

2. A

【解析】普通水泥混凝土配合比设计时以配制强度为指标,而道路水泥混凝土配合比设计时以抗弯拉强度为指标。

3. A

【解析】水泥混凝土的砂率由集料品种、最大粒径及水灰比共同确定,故与耐久性无关。

4. B

【解析】水泥混凝土工作性测试常用的试验方法有坍落度试验和维勃稠度试验,这两种方法都是定量评价方法。其中,坍落度试验得到的结果用坍落度值表示,维勃稠度试验得到的结果以维勃时间表示。

5. C

【解析】水泥混凝土的耐久性很大程度上取决于它的密实程度;而就材料方面而言,混凝土的密实程度主要取决于混凝土的水灰比和水泥用量。因此,在混凝土配合比设计时,须对最大水灰比和最小水泥用量进行限制,以保证混凝土的耐久性。

6. A

【解析】水泥混凝土的力学强度试验结果主要受混凝土组成材料、制备条件、养护条件(温度和湿度)、龄期以及试验条件(试件形状与尺寸、试件湿度、试件温度、支承条件和加载方式等)的影响。

7. D

【解析】优质的水泥混凝土用砂希望具有高的密度和小的比表面积,这样才能达到既保证新拌混凝土有适宜的工作性和硬化后混凝土有一定的强度、耐久性,同时又达到节约水泥的目的。

8. B

【解析】经过校核工作性调整的配合比为基准配合比。

9. D

【解析】水泥混凝土配合比设计的主要内容包括:根据经验公式和试验参数确定各组成材料的比例,得出初步配合比;以初步配合比在试验室进行试拌,观察混凝土拌和的和易性是否满足要求,调整后提出基准配合比;对混凝土进行强度复核,如有其他要求,也应做出相应的检验复核，以便确定出满足施工、强度和耐久性要求且经济合理的设计配合比（或试验室配合比）；在施工现场，依据现场砂石材料的含水率对配合比进行修正，得出施工配合比。

10. B

【解析】当水泥浆用量不足时，会使砂浆黏聚性变差，施工时易出现离析现象，硬化后混凝土强度低，耐久性差，耐磨性差，易起粉、翻砂；集料间的水泥浆润滑不够，施工流动性差，混凝土难于密实成型。当水泥浆用量过多时，会使混凝土成本提高，混凝土硬化后收缩增大，易引起干缩裂缝。

11. C

【解析】根据《公路工程水泥及水泥混凝土试验规程》（JTG 3420—2020）T 0552—2005，水泥混凝土的抗弯拉强度采用标准方法制备成的150mm×150mm×550mm的梁型试件，在标准条件下养护28d后，按三分点双点加荷方式进行试验。

12. C

【解析】粗集料的形状接近正立方体者为佳，不宜含有较多针状颗粒和片状颗粒，否则将显著降低水泥混凝土的抗折强度，同时影响新拌混凝土的和易性。

13. B

【解析】根据《公路工程水泥及水泥混凝土试验规程》（JTG 3420—2020）T 0506—2005规定，水泥胶砂抗折强度试验采用棱柱体试件三分点单点加载模式。

14. C

【解析】水泥混凝土的强度等级是根据立方体抗压强度标准值确定的。混凝土立方体抗压强度标准值是按照标准方法制作和养护的边长为150mm的立方体试件，在28d龄期用标准试验方法测定的抗压强度总体分布中的一个值，用$f_{cu,k}$表示，强度低于该值的百分比不超过5%（即具有95%保证率的抗压强度），以MPa计。

15. C

【解析】在混凝土的初步配合比确定后，应以初步配合比在试验室进行试拌，观察混凝土拌和的施工和易性是否满足要求，不满足时应进行调整，调整后再提出基准配合比。

16. D

【解析】在做混凝土的坍落度试验时，可用目测方法评定混凝土拌合物的黏聚性、保水性、棍度和含砂情况。

17. A

【解析】水泥混凝土用的粗集料，采用连续级配或间断级配均可，但是由于连续级配集料的比表面积较大，故配置相同的水泥混凝土，采用间断级配更节约水泥。

18. C

【解析】同本节第8题。

19. B

【解析】水泥混凝土抗折强度试验，所测试件中如果断裂面位于两加荷点外侧（断面位置在试件断块短边一侧的底面中轴线上量得），则此试件测试结果作废。

20. B

【解析】材料组成是水泥混凝土形成强度的内因,主要取决于水泥、水、砂、石及外加剂等的质量和配合比。其中,水泥强度和水灰比是最主要的影响因素,而影响混凝土强度的集料特性则包括集料的强度、粒形及粒径。

21. D

【解析】水泥混凝土的强度主要取决于起内部起胶结作用的水泥石的质量,水泥石的质量则取决于水泥的强度和水灰比。因此,当水泥的强度及其他特性一定时,混凝土的强度取决于水灰比。

22. A

【解析】引气剂是指掺入混凝土拌合物后,经搅拌能在混凝土拌合物中引入大量均匀分布稳定而封闭的微小气泡以改善工作性,并在混凝土硬化后保留微小气泡以改善其抗冻融耐久性的物质。

23. C

【解析】水泥混凝土在选择粗集料(骨料)时,应使混凝土具有较好的工作性及较高的密实性,且在较小的水泥用量下保证混凝土拌合物的和易性及强度,这就要求粗集料具有较小的比表面积,这样包裹集料所需的水泥浆数量减少,就节约了水泥;而要保证较高的密实度,则粗集料还应具有良好的级配,以减小空隙率。

24. C

【解析】根据《公路工程水泥及水泥混凝土试验规程》(JTG 3420—2020)T 0553—2005,水泥混凝土抗压强度标准值是采用 150mm 的立方体试件,在标准养护条件下养护至 28d 龄期,按标准方法测定其受压极限破坏荷载再计算得到。

25. C

【解析】同本节第 11 题。

26. C

【解析】水泥混凝土抗压强度,以三个试件测值的平均值为测定值。如任一个测值与中值的差值超过中值的 15% 时,则取中值为测定值;如有两个测值与中值的差值均超过上述规定时,则该组试验结果无效。

27. A

【解析】和易性是一项综合的技术性质,包括流动性、黏聚性和保水性三个方面。

28. D

【解析】在水泥强度相同的情况下,水灰比越小,水泥石的强度越高,与集料的黏结力越大,混凝土的强度越高。

29. D

【解析】新拌混凝土的施工和易性,是指混凝土拌合物在现有施工条件下,易于施工操作(搅拌、运输、浇筑、振捣和表面处理)并获得质量均匀、成型密实的混凝土结构物的性能。

30. D

【解析】水泥路面配合比设计以抗弯拉强度为主要强度指标。

31. A

【解析】在水泥强度相同的情况下,水灰比越小,水泥石的强度越高,与集料的黏结力越大，混凝土的强度越高。

32. D

【解析】同本节第5题。

33. A

【解析】如果砂率过小，砂浆数量不足会导致混凝土拌合物黏聚性和保水性降低，产生离析和流浆现象。

34. A

【解析】水泥胶砂的抗折强度试验结果取三个试件的平均值。当三个强度值中有超过平均值 ±10% 的，应剔除后再平均，以平均值作为抗折强度试验结果。

35. C

【解析】为保证混凝土的施工质量，保证混凝土构件的完整性和密实性，最大粒径不得超过结构截面最小尺寸的1/4和钢筋间最小净距的3/4。

36. C

【解析】坍落度试验适用于集料公称最大粒径不大于31.5mm，坍落度值不小于10mm的混凝土拌合物，且该试验只对富水泥浆的新拌混凝土才敏感。

37. B

【解析】集料在混凝土中所占体积最大，它的特性对混凝土拌合物和易性的影响较大。混凝土拌合物的和易性主要与集料的最大粒径、级配、颗粒形状、表面粗糙度和吸水性有关。一定质量的集料，其最大粒径增大会使比表面积减小。比表面积减小就需要更少的水泥浆来润滑，因此，用水量也就更小了。

38. B

【解析】水泥混凝土的抗压强度试验，标准尺寸试件为边长150mm的立方体试件，抗压强度为极限破坏荷载与试件承压面积的比值，若试件非标准尺寸，则计算结果要乘以尺寸换算系数。当试件尺寸大于标准尺寸时，抗压强度计算值会偏小，因此要乘以一个大于1的换算系数；当试件尺寸小于标准尺寸时，抗压强度计算值会偏大，因此要乘以一个小于1的换算系数。

39. C

【解析】在组成材料确定的情况下，水泥混凝土拌合物的流动性随单位用水量的增加而增大，而单位用水量实际上决定了混凝土拌合物中的水泥浆数量。当水灰比一定时，若单位用水量过小，则水泥浆数量过少，集料颗粒间缺少足够的黏结材料，混凝土拌合物的流动性和黏结性都较差。但若单位用水量过多，在混凝土拌合物流动性增加的同时，黏聚性和保水性也将随之恶化。

40. D

【解析】影响新拌混凝土和易性的主要因素分内因和外因。内因是指组成材料的影响，如水灰比、单位用水量、砂率、水泥的品种和细度、集料的性质、外加剂；外因是指外界因素的影响，如环境因素（温度、湿度、风速）、时间因素。

41. A

【解析】在水泥、集料用量一定的情况下，水灰比的变化实际上是水泥浆稠度的变化，水灰比小则水泥浆稠度大,混凝土拌合物的流动性小;水灰比大则水泥浆稠度小,混凝土拌合物的流动性大。

42. C

【解析】在水泥浆数量一定的情况下,随着砂率的增加,砂浆在粗集料间形成的润滑作用更明显,混凝土拌合物的流动性得以提高,而当砂率持续增大并超过一定范围时,集料的总表面积随之增大,此时需要润滑的水分增多,拌合物流动性随之又开始降低。

43. B

【解析】在水泥强度相同的情况下,水灰比越小,水泥石的强度越高,与集料的黏结力越大,混凝土的强度越高。

44. D

【解析】在水泥浆数量一定的情况下,随着砂率的增加,砂浆在粗集料间形成的润滑作用更明显,混凝土拌合物的流动性得以提高,而当砂率持续增大并超过一定范围时,集料的总表面积随之增大,此时需要润滑的水分增多,拌合物流动性随之又开始降低。

45. C

【解析】减水剂的主要功能:在保证混凝土工作性及强度不变的条件下,可节约水泥用量;在保证混凝土工作性及水泥用量不变的条件下,可减少用水量,提高混凝土的强度;在保证混凝土用水量及水泥用量不变的条件下,可增大混凝土的流动性。

46. B

【解析】道路路面或机场道面用水泥混凝土,以抗弯拉强度(或称抗折强度)作为主要强度指标,以抗压强度作为参考指标。

47. B

【解析】水泥混凝土配合比设计时,若采用的砂比较细,则配制成的混凝土黏性略大,比较绵软,易插捣成型,而且由于级配细、比表面积大,对新拌混凝土工作性影响较为敏感,因此应采用较小的砂率。

48. C

【解析】新拌砂浆在硬化前应具有良好的和易性,和易性包括流动性和保水性。

49. D

【解析】建筑砂浆的保水性采用分层度表示,分层度采用分层度仪测定。

50. D

【解析】建筑砂浆抗压强度等级是以 70.7mm × 70.7mm × 70.7mm 的正方体试件,在标准温度(20℃ ±3℃)和规定湿度(水泥混合砂浆相对湿度为 60% ~80%,水泥砂浆和微沫砂浆相对湿度为 90% 以上)条件下,养护 28d 龄期的平均极限抗压强度而确定的。

51. D

【解析】建筑砂浆抗压强度等级是以 70.7mm × 70.7mm × 70.7mm 的正方体试件,在标准温度(20℃ ±3℃)和规定湿度(水泥混合砂浆相对湿度为 60% ~80%,水泥砂浆和微沫砂浆相对湿度为 90% 以上)条件下,养护 28d 龄期的平均极限抗压强度而确定的。

52. A

【解析】建筑砂浆抗压强度是确定其强度等级的重要依据。

53. B

【解析】水泥胶砂强度试验，试件加载时，压力机加荷速度应控制在2400N/s ±200N/s速率范围内，在接近破坏时更应严格掌握。

第五节　沥青材料

【考试纲要】

(1)石油沥青包括改性沥青、乳化沥青技术性质要求及应用；

(2)石油沥青的基本技术性质测定方法；

(3)石油沥青的组成结构。

【复习提示】

1. 复习要点

考生应掌握沥青重要路用性质(例如黏滞性、感温性、高低温性、黏附性和耐久性等)；熟悉沥青不同胶体结构类型及各类型的特点和划分方法；了解沥青组分概念和沥青重要性能试验操作方法，以及改性沥青、乳化沥青的基本概念和技术性质。

重点：

(1)沥青的技术性质和评价方法；

(2)改性沥青的改性工艺、技术性质以及技术标准；

(3)乳化沥青的技术标准和技术性质。

难点：

不同沥青的路用性能特点。

2. 规范提示

《公路工程沥青及沥青混合料试验规程》(JTG E20—2011)是在原规程基础上总结了多年来我国在沥青及沥青混合料方面的研究成果和应用经验，参阅了大量国内外相关标准规范和技术资料，并广泛征求了有关单位意见，经过反复修改完成修订的。JTG E20—2011 修改完善了部分沥青试验方法的适用范围、仪具与材料技术要求、方法与步骤等，增补了沥青弯曲蠕变劲度试验、流变性质试验、断裂性能试验等。其中，沥青材料主要技术指标测试方法及其性能特点是主要考核内容，所测指标应满足《公路沥青路面施工技术规范》(JTG F40—2004)的相应技术要求。

习题精练

1. 评价沥青老化性能的试验方法是(　　)。

A. 闪点试验　　B. 薄膜烘箱试验

C. 软化点试验　　D. 溶解度试验

2. 如果已知某沥青标号为90,则在针入度试验中3次平行试验的最大值和最小值间的允许偏差为( )(0.1mm)。

A. 4 B. 3 C. 2 D. 6

3. 沥青的针入度越高,说明该沥青( )。

A. 黏稠程度越大 B. 标号越低

C. 更适应环境温度较高的要求 D. 更适应环境温度较低的要求

4. 以下指标中,不属于沥青三大指标的是( )。

A. 黏度 B. 针入度 C. 软化点 D. 延度

5. 我国现行规范中,沥青的分级指标是( )。

A. 黏度 B. 针入度 C. 软化点 D. 延度

6. 某地区夏季气候凉爽,冬季寒冷,且年降雨量较少,则该地区气候分区可能是( )。

A. 3-4-1 B. 3-2-3 C. 4-2-2 D. 1-2-4

7.【2019年真题】用来评价沥青胶体结构类型和感温度的指标是( )。

A. 软化度 B. 针入度 C. 延度 D. 针入度指数

8. 沥青黏稠性较高,说明沥青( )。

A. 标号较低 B. 高温时易软化 C. 针入度较大 D. 更适应我国北方地区

9. 广东地区修建某高速公路,应该优先选用的沥青标号是( )。

A. 110 B. 70 C. 100 D. 80

10. 石油沥青老化后,其黏度将( )。

A. 保持不变 B. 变小 C. 变大 D. 先变小后变大

11. 沥青黏滞性越大,其相应的( )。

A. 针入度越大 B. 高温稳定性越差 C. 抗车辙能力越弱 D. 稠度越高

12. 软化点试验,若升温速度过慢,则软化点测值( )。

A. 偏大 B. 偏小 C. 无影响 D. 以上说法均不对

13. 沥青溶解度试验最后的不溶物属于( )。

A. 有机物 B. 无机物 C. 残留物 D. 沥青质

14. 表征沥青材料使用安全性的指标是( )。

A. 闪点 B. 软化点 C. 脆点 D. 针入度

15. 在沥青的三种胶体结构中,( )较好地兼顾高温与低温性能。

A. 凝胶型结构 B. 溶凝胶型结构 C. 溶胶型结构 D. 以上均不对

16. 道路石油沥青的黏性是用( )来表示的。

A. 针入度 B. 脆点 C. 软化点 D. 延伸度

17. 石油沥青以下技术指标中,( )与沥青混合料的低温性能有关。

A. 针入度 B. 延度 C. 软化点 D. 黏度

18. 石油沥青的软化点反映其( )性能。

A. 高温 B. 低温 C. 疲劳 D. 施工

19. 石油沥青的化学组分可按四组分方法划分,不属于四组分的是( )。

A. 沥青质 B. 蜡分 C. 胶质 D. 饱和分

20. 以下试验方法中,属于评价石油沥青耐久性的试验是(   )。

A. 水煮法　　B. 压力老化试验

C. 旋转薄膜烘箱试验　　D. 薄膜烘箱试验

21. 在沥青针入度试验中,若水温高于标准试验温度,则针入度测值(   )。

A. 偏大　　B. 偏小　　C. 无影响　　D. 以上说法均不对

22. 采用环与球法自动软化点仪测试石油沥青的软化点,若水位低于标定水位,则软化点测值(   )。

A. 偏高　　B. 偏低　　C. 无影响　　D. 以上说法均不对

23. 现行规范中对石油沥青该指标范围未作要求,仅记录实测结果的是(   )。

A. 延度　　B. 密度　　C. 针入度　　D. 含蜡量

24. 石油沥青在薄膜加热试验后,对其残留物未作要求的指标是(   )。

A. 质量变化　　B. 密度　　C. 针入度　　D. 延度

25.【2020 年真题】评价沥青与集料黏附性的最常用方法是(   )。

A. 水煮法　　B. 拉拔法　　C. 马歇尔法　　D. 维姆法

26. 沥青以下试验方法中,仅对改性沥青作要求的试验是(   )。

A. 针入度　　B. 软化点　　C. 密度　　D. 弹性恢复

27. 以下沥青改性剂中,专门用于改善沥青低温性能的是(   )。

A. SBR　　B. SBS　　C. EVA　　D. PE

28. 我国现行规范中,针入度试验时针的插入时间为(   )s。

A. 4　　B. 5　　C. 6　　D. 7

29. 下列与沥青黏滞性无关的指标是(   )。

A. 黏稠性　　B. 软化性　　C. 针入度　　D. 黏附性

30. 在 15℃采用比重瓶测得的沥青密度是沥青的(   )。

A. 表观密度　　B. 实际密度　　C. 相对密度　　D. 毛体积密度

31. 沥青材料随温度变化而产生的软化或变脆的性能称为(   )。

A. 延性　　B. 温度稳定性　　C. 软化性　　D. 无正确答案

32. 石油沥青的塑性用延度来表示,延度越大,塑性越(   )。

A. 好　　B. 差　　C. 无影响　　D. 以上答案都不对

习题参考答案及解析

1. B

【解析】根据《公路工程沥青及沥青混合料试验规程》(JTG E20—2011)T 0609—2011 和 T 0610—2011,对道路石油沥青采用薄膜加热试验(TFOT)或旋转薄膜加热试验(RTFOT)测定其加热质量损失和加热后残留物性质。

2. A

【解析】进行沥青针入度试验时,同一试样 3 次平行试验结果在 50 ~ 149(0.1mm)范围内时,测得的最大值和最小值之差应不大于4(0.1mm)。

3. D

【解析】在我国现行黏稠沥青技术标准中,针入度是划分沥青标号的主要指标。针入度值越大,表明沥青越软,越适应低温地区。

4. A

【解析】沥青三大指标是指针入度、软化点、延度。

5. B

【解析】在我国现行黏稠沥青技术标准中,针入度是划分沥青标号的主要指标。

6. B

【解析】按《公路沥青路面施工技术规范》(JTG F40—2004)规定,夏凉冬寒降雨量较少(半干)属于3-2-3 气候分区。

7. D

【解析】沥青针入度指数是评价沥青感温性和胶体结构的指标。针入度指数越大,表示沥青的感温性越低。

8. A

【解析】在我国现行黏稠沥青技术标准中,针入度是划分沥青标号的主要指标。针入度值越大,表明沥青愈软,黏稠性越小,沥青标号越高。反之,沥青黏稠性高,说明其标号低。

9. B

【解析】沥青针入度值越小,表明沥青黏稠性越大,沥青标号越低,越适用于高温地区。因此,广东地区应优先选用低标号沥青。

10. C

【解析】沥青老化后,沥青中轻质组分变少,沥青黏稠性增大,黏度增加,针入度值减小,软化点升高,延度变差。

11. D

【解析】沥青的黏滞性是指沥青在外力作用下抵抗变形的能力,是反映沥青内部材料阻碍其相对流动的特性。沥青的黏滞性越大,表明沥青的稠度越大。

12. B

【解析】软化点测定,是将沥青试样装入规定尺寸的铜环内,试样上放置标准钢球在水或甘油中,以规定的升温速度加热,使沥青软化下垂至规定距离时的温度,以℃表示。如果试验中升温速度过慢,则沥青在钢球的重力作用下达不到标准方法下的温度时,即会下垂至规定距离,因此测定值会偏小。

13. B

【解析】沥青溶解度试验,通常采用的溶剂为三氯乙烯(有机溶剂),沥青中所有的有机成分都可以溶解,因此最后的不溶物只能是无机物。

14. A

【解析】沥青材料在使用时必须加热,当加热至一定温度时,沥青材料中挥发的油分蒸汽与周围空气组成混合气体,此混合气体遇火焰则发生闪火。若继续加热,油分蒸汽的饱和度增加,此种蒸汽与空气组成的混合气体遇火焰极易燃烧,从而引起火灾或导致沥青烧坏。为此，必须测定沥青的闪电与燃点。

15. B

【解析】溶凝胶型沥青对温度变化具有适中的敏感性，升温时有一定的抗变形能力，而低温时又表现出一定的变形能力。

16. A

【解析】针入度试验是国际上普遍采用的测定黏稠石油沥青黏结性的一种方法。

17. B

【解析】针入度和软化点既是反映沥青黏稠程度的指标，也是沥青黏度的一种量度。延度通常用来评价沥青的延性，用于评价沥青的低温塑性。

18. A

【解析】软化点越高，表明沥青的耐热性越好，即高温稳定性越好。

19. B

【解析】沥青的四组分包括沥青质、饱和分、芳香分、胶质。

20. B

【解析】沥青的耐久性主要是指其抗老化性能，因此其评价方法就是沥青的老化试验。

21. A

【解析】沥青的针入度值越大，表明沥青越软。因此，如果试验水温偏高，则沥青试样温度偏高，以致沥青比标准试验温度时偏软，所以针入度测值就会偏高。

22. A

【解析】采用环与球法自动软化点仪测试软化点试验时，若测试仪器内水位较少，会导致水温升温偏快，沥青具有一定的黏滞性，从而导致其软化点测试结果偏高。

23. B

【解析】沥青的延度、针入度、含蜡量都与沥青的性能直接相关，因此规范对其要有一定的限制。而密度对沥青的性能并无直接影响，因此未作要求。

24. B

【解析】沥青老化试验评价指标包括质量变化、针入度、延度。可见，对密度并未要求。

25. A

【解析】根据《公路工程沥青及沥青混合料试验规程》(JTG E20—2011)第65页，水煮法或者水浸法适用于检验沥青与粗集料表面的黏附性及评定粗集料的抗水剥离能力。

26. D

【解析】我国聚合物改性沥青性能评价方法基本沿用了道路石油沥青质量标准体系，增加了一些评价聚合物性能的指标，如弹性恢复、黏韧性和离析(软化点差)等。

27. A

【解析】SBR 属于橡胶类改性材料，它可以大幅提高沥青的低温延度，增强韧度和黏韧性，并不同程度地改善耐老化性能，常用于改善沥青的低温性能；SBS 属于热塑性橡胶类改性材料，在改善沥青温度敏感性、提高低温韧性方面具有显著效果，能显著提高沥青的黏度、韧度和韧性，常用于改善沥青的高温稳定性；PE、EVA 属于热塑性树脂类改性材料，可以使沥青结合料的常温黏度增大，高温稳定性增加，沥青的强度和劲度提高，常用于改善沥青的高温稳定性。

28. B

【解析】《公路工程沥青及沥青混合料试验规程》(JTG E20—2011) T 0604—2011 规定，针入度试验的标准针、针连杆与附加砝码的总质量为100g ±0.1g，试验温度为25℃，标准针贯入时间为5s，针的负重为100g。

29. D

【解析】沥青的黏滞性(黏性)通常用黏度(黏稠度)表示。而针入度、软化点都是沥青相对黏度的评价指标，而黏稠性则直接反映了沥青的黏滞性。黏附性则是评价沥青与集料黏附性的指标。

30. B

【解析】在已知水温(水的密度是确定的)的条件下，采用比重瓶法测得的沥青密度为沥青的实际密度；如果在水温不知的情况下，则测得的沥青密度只能为沥青的相对密度。

31. B

【解析】沥青是复杂的胶体结构，黏度会随温度的不同而产生明显变化。温度升高时，沥青会变软，温度降低时，沥青会变脆。如果沥青性能随温度变化波动较小，则说明具有良好的温度稳定性。

32. A

【解析】沥青的延性是指当其受到外力的拉伸作用时，所能承受的塑性变形的总能力，是沥青内聚力的衡量，通常用延度作为条件延性来表征。延度越大，表明沥青的塑性越大。

第六节 沥青混合料

【考试纲要】

(1)沥青混合料技术性质和技术标准；

(2)现行的沥青混合料配合比设计方法及相关试验；

(3)沥青混合料的结构类型、强度形成原理。

【复习提示】

1. 复习要点

考生应掌握沥青混合料三种结构类型特点、混合料主要性能(包括高低温稳定性、耐久性和抗疲劳性能等)及相应评价指标(包括稳定度和动稳定度、流值、孔隙率、饱和度、矿料间隙率等)；熟悉沥青混合料配合比设计基本方法和试验过程、混合料几项关键指标(如密度、孔隙率、矿料间隙率和饱和度等)计算公式、SMA 混合料技术性能特点；了解沥青路面使用性能气候分区、沥青混合料组成原材料的基本性能要求等。

重点：

(1)沥青混合料的强度形成原理；

(2)沥青混合料的技术性质和技术要求；

(3)沥青混合料的配合比设计方法。

难点：

沥青混合料的技术性能评价方法和技术标准。

2. 规范提示

《公路工程沥青及沥青混合料试验规程》(JTG E20—2011)是在原规程基础上总结了多年来我国在沥青及沥青混合料方面的研究成果和应用经验，参阅了大量国内外相关标准规范和技术资料，并广泛征求了有关单位意见，经过反复修改完成修订的。JTG E20—2011 修改完善了部分沥青混合料试验方法的适用范围、仪具与材料技术要求、方法与步骤等，增补了沥青混合料中沥青含量试验、沥青混合料旋转压实试件制作方法、沥青混合料旋转压实和剪切性能试验、沥青混合料单轴压缩动态模量试验、沥青混合料四点弯曲疲劳寿命试验等。其中，沥青混合料配合比设计方法及试验过程、高低温稳定性及水稳定性能等技术指标常规试验方法是主要考核内容，所测指标应满足《公路沥青路面施工技术规范》(JTG F40—2004)、《公路沥青路面设计规范》(JTG D50—2017)的相应技术要求。

习题精练

1. 评价沥青混合料高温稳定性的试验方法是(　　)。

A. 车辙试验　B. 间接拉伸试验　C. 小梁弯曲试验　D. 残留稳定度试验

2. 某一马歇尔试件的质量为1200g，高度为65.5mm，制作标准高度为63.5mm的试件，混合料的用量应为(　　)g。

A. 1152　B. 1182　C. 1171　D. 1163

3. 对沥青混合料生产配合比不会产生影响的因素是(　　)。

A. 目标配合比　B. 冷料上料速度　C. 集料加热温度　D. 除尘的方法

4. 残留稳定度表征沥青混合料的(　　)。

A. 高温稳定性　B. 低温抗裂性　C. 水稳定性　D. 疲劳性能

5. 以下试验中，(　　)用于评价沥青混合料水稳定性。

A. 车辙试验　B. 冻融劈裂试验　C. 弯曲试验　D. 蠕变试验

6.【2019年真题】沥青混合料抽提试验的目的是(　　)。

A. 确定沥青用量　B. 确定针入度

C. 确定沥青标号　D. 测定矿料与沥青的黏附性

7. 拌和现场进行沥青混合料抽检不是为了检验(　　)。

A. 沥青混合料拌和的均匀性　B. 沥青用量的多少

C. 马歇尔指标　D. 残留稳定度的高低

8. 若沥青混合料的矿料配合比例为：碎石60%，砂32%，石粉8%，一个马歇尔试件的矿料按1200g计，其碎石用量应为(　　)g。

A. 710　B. 700　C. 730　D. 720

9. 沥青混合料的结构类型不包括(　　)。

A. 悬浮-密实结构　　B. 悬浮-空隙结构

C. 骨架-密实结构　　D. 骨架-空隙结构

10. 通常情况下,在沥青混合料设计中,矿质混合料合成级配曲线宜尽量接近设计级配中限,下列哪个筛孔的控制要求相对不太严格(　　)mm。

A. 0.075　　B. 1.18　　C. 2.36　　D. 4.75

11. 不能够测得沥青混合料马歇尔试件的毛体积密度的试验方法是(　　)。

A. 表干法　　B. 水中重法　　C. 蜡封法　　D. 体积法

12. 评价沥青混合料低温性能的试验方法是(　　)。

A. 马歇尔稳定度试验　　B. 车辙试验

C. 小梁弯曲试验　　D. 单轴压缩蠕变试验

13. 在 SMA 混合料中,掺入纤维的作用不包括(　　)。

A. 稳定沥青　　B. 增加混合料抗裂性能力

C. 提高混合料抗剪强度　　D. 增加抗滑能力

14. 沥青混合料随沥青用量的增加而出现峰值的物理力学指标是(　　)。

A. 表观密度　　B. 流值　　C. 空隙率　　D. 饱和度

15. 在进行沥青混合料配合比设计时,确定最佳沥青用量初始值 OAC_1 时,(　　)指标不会用到。

A. 马歇尔稳定度最大值　　B. 目标流值范围中值

C. 目标空隙率范围中值　　D. 目标沥青饱和度范围中值

16. 沥青混合料类型可按其公称最大粒径进行分类,分类中不包括(　　)。

A. 细粒式　　B. 中粒式　　C. 粗粒式　　D. 巨粒式

17. (　　)的沥青混合料具有良好的低温抗裂性与耐久性,但高温性能较弱。

A. 悬浮-密实结构　　B. 骨架-空隙结构

C. 骨架-密实结构　　D. 悬浮-空隙结构

18. SMA 沥青混合料的结构特点属于(　　)。

A. 悬浮-密实结构　　B. 骨架-空隙结构

C. 骨架-密实结构　　D. 悬浮-空隙结构

19. 沥青路面产生车辙,其主要原因是(　　)不足。

A. 抗拉强度　　B. 抗剪强度　　C. 抗弯拉强度　　D. 抗疲劳强度

20. 从增加沥青混合料高温稳定性角度来看,关于结构沥青与自由沥青的数量,以下说法正确的是(　　)。

A. 结构沥青与自由沥青均应多些　　B. 结构沥青多些,自由沥青少些

C. 结构沥青少些,自由沥青多些　　D. 结构沥青与自由沥青均应少些

21. 一般而言,骨架型级配沥青混合料的高温稳定性较连续型级配(　　)。

A. 高　　B. 低　　C. 无变化　　D. 以上说法均不对

22. 我国现行沥青混合料配合比设计方法是基于(　　)。

A. 车辙试验　　B. 旋转压实试验　　C. 马歇尔试验　　D. 小梁弯曲试验

23. 马歇尔稳定度试验可直接测得的两个指标是(　　)。

A. 动稳定度,流值　　B. 动稳定度,劈裂强度

C. 稳定度,动稳定度　　D. 稳定度,流值

24. 车辙试验是评价沥青混合料高温稳定性的重要方法,其试验结果动稳定度是根据小轮行驶(　　)车辙板的变形量来进行计算的。

A. 30min 与 45min　　B. 30min 与 60min

C. 45min 与 60min　　D. 45min 与 65min

25. 对于高温易产生车辙路段,沥青混合料的空隙率应适当(　　)。

A. 增大　　B. 减小　　C. 无变化　　D. 以上说法均不对

26. 在进行车辙试验时,若环境箱温度控制不准,高于标准试验温度,则沥青混合料动稳定度测试结果(　　)。

A. 变大　　B. 变小　　C. 无变化　　D. 以上说法均不对

27. 在进行劈裂试验时,若加载速率快于规范标准,则沥青混合料的劈裂强度(　　)。

A. 变大　　B. 变小　　C. 无变化　　D. 以上说法均不对

28. 关于沥青路面气候分区,以下说法中错误的是(　　)。

A. 沥青路面气候分区考虑了最高气温、最低气温及降雨量 3 个因素

B. 根据工程所在地近 30 年最热月平均最高气温,分为 3 个区

C. 根据工程所在地近 30 年最冷月平均最低气温,分为 4 个区

D. 沥青路面气候分区中,分区的标号数字越小,表明气候越严酷

29.【2020 年真题】沥青路面混合料组成设计中,随着沥青用量的增加,沥青混合料的空隙率(　　)。

A. 减小　　B. 增大　　C. 先减小后增大　　D. 先增大后减小

30. 沥青混合料配合比设计三阶段中不包括(　　)。

A. 目标配合比设计阶段　　B. 生产配合比设计阶段

C. 生产配合比验证阶段　　D. 基准配合比设计阶段

31. 在干旱地区,沥青混合料的冻融劈裂强度比要求可适当(　　)。

A. 提高　　B. 降低　　C. 不变　　D. 以上说法均不对

32. 沥青混合料的油石比为 4.5%,则其沥青含量为(　　)。

A. 4.2%　　B. 4.3%　　C. 4.4%　　D. 4.7%

33. 以下特征中,不属于 SMA 沥青混合料的是(　　)。

A. 级配采用骨架-空隙结构　　B. 沥青用量大

C. 矿粉用量多　　D. 掺入纤维

34. SMA 沥青混合料采用(　　)来限定其最大沥青用量。

A. 车辙试验　　B. 马歇尔试验　　C. 析漏试验　　D. 飞散试验

35. 现行规范中,沥青混合料标准马歇尔试件的高度范围是(　　)。

A. (62.5 ± 1.3) mm　　B. (63.5 ± 1.3) mm

C. (62.5 ± 1.2) mm　　D. (63.5 ± 1.2) mm

36. 现行规范中,沥青混合料车辙试验中标准车辙板的尺寸是(　　)。

A. 350mm × 350mm × 50mm　　B. 300mm × 300mm × 50mm

C. 350mm × 350mm × 60mm　　D. 300mm × 300mm × 60mm

37. 现行规范中，沥青混合料车辙试验时的试验温度是(　　)℃。

A. 50　　B. 55　　C. 60　　D. 70

38. 沥青混合料马歇尔稳定度试验对试件加载速度是(　　)mm/min。

A. 10　　B. 0.5　　C. 1　　D. 50

39. 集料的公称最大粒径比其最大粒径(　　)。

A. 小一个粒级　　B. 大一个粒级　　C. 相等　　D. 以上说法均不对

40. 在沥青混合料 ATPB-30 中，ATPB 指的是(　　)。

A. 半开级配沥青碎石混合料　　B. 开级配沥青稳定碎石混合料

C. 密实式沥青混凝土混合料　　D. 密实式沥青稳定碎石混合料

41. 关于沥青混合料骨架-空隙结构的特点，下列说法有误的是(　　)。

A. 粗集料比较多　　B. 空隙率大　　C. 耐久性好　　D. 热稳定性好

42. 在沥青混合料 ATB-40 中，ATB 指的是(　　)。

A. 半开级配沥青碎石混合料　　B. 开级配沥青混合料

C. 密实式沥青混凝土混合料　　D. 密实式沥青稳定碎石混合料

43. 特粗式沥青混合料是指(　　)大于或等于 31.5mm 的沥青混合料。

A. 最大粒径　　B. 平均粒径　　C. 最小粒径　　D. 公称最大粒径

44. 在沥青混合料 OGFC-16 中，OGFC 指的是(　　)。

A. 半开级配沥青碎石混合料　　B. 开级配排水性磨耗层混合料

C. 密实式沥青混凝土混合料　　D. 密实式沥青稳定碎石混合料

45. 沥青混合料马歇尔稳定度试验中，FL 指的是(　　)。

A. 马歇尔稳定度　　B. 流值　　C. 沥青饱和度　　D. 马氏模量

46. 关于温度及形变速率对沥青混合料抗剪强度的影响，下列说法不正确的是(　　)。

A. 随温度升高，沥青黏聚力减小

B. 随温度升高，沥青变形能力增强

C. 加荷频率低，可使沥青混合料产生过大的应力和塑性变形，产生较大的不可恢复的永久变形

D. 温度降低，会使混合料黏聚性下降，强度降低

47. 关于沥青与矿粉用量比例，下列说法正确的是(　　)。

A. 沥青用量越大，沥青与矿料之间的黏结力越大

B. 沥青用量越小，沥青与矿料之间的黏结力越大

C. 矿粉用量越大，沥青与矿料之间的黏结力越大

D. 以上说法都不对

48. 在沥青混合料 AM-20 中，AM 指的是(　　)。

A. 半开级配沥青碎石混合料　　B. 开级配沥青混合料

C. 密实式沥青混凝土混合料　　D. 密实式沥青稳定碎石混合料

49. 在夏季炎热地区，沥青混合料的动稳定度要求应该适当(　　)。

A. 提高　　B. 降低　　C. 不变　　D. 以上说法均不对

50. 影响沥青混合料耐久性的因素是(　　)。

A. 矿料的级配　　B. 沥青混合料的空隙率

C. 沥青的标号　　D. 矿粉的细度

习题参考答案及解析

1. A

【解析】车辙试验是评价沥青混合料高温稳定性的重要试验方法。动稳定度(即车辙试验时45～60min内每产生1mm的车辙深度,试验轮行驶的次数)是评价沥青混合料抗车辙能力的指标。

2. D

【解析】马歇尔试件的体积与高度成正比,因此当密度不变时,试件的质量与高度也成正比。因此,标准高度马歇尔试件的质量为 $1200 \div 65.5 \times 63.5 = 1163$(g)。

3. B

【解析】沥青混合料配合比设计分三阶段,依次是目标配合比、生产配合比、生产配合比验证。生产配合比阶段的混合料级配由目标配合比设计阶段的级配来确定,而集料除尘的方法不同,集料中的粉尘含量就不同,这对混合料级配中的粉料含量会造成一定影响,集料加热温度不够则会影响混合料拌和与压实温度,从而影响到混合料的空隙率与油石比。冷料上料速度虽然也由目标配合比确定,但是其影响的仅是热料仓各档料的供给平衡,进而影响混合料的生产效率,而对生产配合比本身并无影响。

4. C

【解析】《公路工程沥青及沥青混合料试验规程》(JTG E20—2011)T 0709—2011、T 0729—2000中对于沥青混合料水稳定性评价,规定的试验方法为残留稳定度试验和冻融劈裂试验。

5. B

【解析】解析同本节第4题。

6. A

【解析】沥青混合料抽提试验一般用于热拌热铺沥青混合料路面施工时沥青用量检测,也适用于旧沥青混合料沥青用量检测、回收沥青评定。

7. D

【解析】在拌和现场,沥青混合料抽检的目的主要是检查混合料的均匀性、沥青用量以及密度、空隙率等马歇尔试件体积指标。残留稳定度是在配合比设计中检验混合料水稳定性能的指标。

8. D

【解析】沥青混合料中矿料质量为1200g,碎石：砂：石粉 = 60%：32%：8%,则碎石质量为 $1200 \times 60\% = 720$g。

9. B

【解析】按照沥青混合料的矿料级配组成特点,可将沥青混合料分为悬浮-密实结构、骨架-空隙结构和骨架-密实结构三种类型。

10. B

【解析】通常情况下,沥青混合料合成级配曲线宜尽量接近设计级配的中限,尤其应使0.075mm、2.36mm、4.75mm等筛孔的通过率尽量接近设计级配范围的中限。

11. B

【解析】在工程中,沥青混合料试件的毛体积密度,常根据试件空隙率的大小,选择用表干法、蜡封法或体积法测定。

12. C

【解析】《公路工程沥青及沥青混合料试验规程》(JTG E20—2011)T 0715—2011规定,采用低温弯曲试验的破坏应变作为评价沥青混合料低温抗裂性能的指标。

13. D

【解析】SMA混合料属于骨架密实结构,其粗集料、细集料与矿粉用量较高,中间粒径集料用量较少,沥青用量大,因此需添加纤维以稳定沥青,同时提高沥青混合料高温抗剪切能力及低温抗裂性能。SMA抗滑性能主要取决于构造深度,与纤维无关。

14. A

【解析】根据沥青混合料的材料组成特点,其表观密度随油石比的增加先增加后减小,空隙率随油石比增加逐渐减小,饱和度随油石比的增加而增加,流值随油石比的增加而增大。

15. B

【解析】采用马歇尔试验方法确定沥青混合料最佳沥青用量时,最佳沥青用量 OAC_1 为密度最大值、稳定度最大值、目标空隙率(或范围中值)、沥青饱和度范围中值所对应的沥青用量的平均值。

16. D

【解析】按照集料公称最大粒径,沥青混合料可分为特粗式、粗粒式、中粒式、细粒式和砂粒式。

17. A

【解析】沥青混合料按其组成结构分为悬浮-密实结构、骨架-空隙结构、骨架-密实结构。其中,悬浮-密实结构黏聚力较高,混合料的密实性和耐久性较好,低温抗裂性能也较好,但内摩阻力较小,高温稳定性较差;骨架-空隙结构内摩擦角较高,高温稳定性较好,但黏聚力较低,耐久性差;骨架-密实结构同时具有良好的高温稳定性和低温抗裂性,但是施工和易性较差。

18. C

【解析】沥青玛蹄脂碎石混合料(SMA)是典型的骨架-密实结构。我国传统的AC型沥青混合料属于典型的悬浮-密实结构。开级配排水式磨耗层沥青混合料(OGFC)属于典型的骨架-空隙结构。

19. B

【解析】沥青混合料是典型的黏弹塑性材料,在高温及长时间荷载作用下会产生显著的剪切变形,其中不可恢复的部分称为永久变形,即为车辙变形。可见车辙产生原因是沥青混合料抗剪性能不足。

20. B

【解析】在沥青混合料中,沥青与矿粉交互作用后,沥青在矿粉表面产生化学组分的重新排列,在矿粉表面形成一层厚度为δ_0的扩散溶剂化膜。在此膜厚度以内的沥青称为结构沥青,在此膜厚度以外的沥青称为自由沥青。如果矿粉颗粒之间的接触是由于结构沥青膜的联结,这样促成沥青具有更高的黏度和更大的扩散溶剂化膜的接触面积,因此可以获得更大的黏聚力。反之,如颗粒之间的接触是由于自由沥青的联结,则具有较小的黏聚力。

21. A

【解析】骨架型沥青混合料由于粗集料能够形成骨架,一般具有较高的内摩阻力,高温稳定性较好;连续型级配一般属于悬浮-密实结构,粗集料悬浮于沥青胶浆中,黏聚力较高,但内摩阻力较小,高温稳定性较差。

22. C

【解析】我国现行沥青混合料配合比设计方法为马歇尔试验方法。

23. D

【解析】马歇尔稳定度试验,是指在规定的温度和加荷速度下,对混合料试件施加压力直至破坏,测定稳定度和流值两项指标。

24. C

【解析】车辙试验采用动稳定度指标来评价沥青混合料的抗车辙能力。动稳定度是指试件在试验轮反复作用下产生1mm车辙变形所需要的行走次数,计算时采用45min和60min对应的车辙变形量进行计算。

25. B

【解析】在沥青混合料材料组成相同的情况下,适当减小混合料的空隙率,更有利于粗集料形成空间骨架结构,从而提高沥青混合料的内摩阻力,改善高温抗车辙性能。

26. B

【解析】《公路工程沥青及沥青混合料试验规程》(JTG E20—2011)T 0719—2011规定车辙试验温度为60℃,若试验时实际温度高于规定温度,则沥青混合料中的沥青黏度会较规定温度条件时低,同时沥青与集料的黏结力也会下降,相应地沥青混合料的高温抗变形能力也会减弱。

27. A

【解析】在沥青混合料试件劈裂试验时,如果加载速率大于标准速率,则由于沥青的黏滞性,沥青混合料的变形会滞后于实际受力状态,以至于所施加荷载达到标准速率的破坏荷载时,混合料变形还没有达到破坏程度,荷载只能继续增加直到试件完全破坏,因此测得的劈裂强度偏大。

28. C

【解析】沥青路面气候分区,高温指标为最近30年内年最热月的平均日最高气温的平均值,低温指标为最近30年内的极端最低气温,雨量指标为最近30年内的降水量的平均值。分区标号中,数字越小表示气候越严酷。

29. B

【解析】沥青饱和度是指压实沥青混合料试件矿料间隙率中扣除被集料吸收的沥青以外的有效沥青实体体积，在矿料间隙中所占的百分率，随沥青用量的增加而增大。

30. D

【解析】沥青混合料配合比设计包括三个阶段：目标配合比设计阶段、生产配合比设计阶段、生产配合比验证阶段。

31. B

【解析】沥青混合料的冻融劈裂强度是评价沥青混合料水稳定性的指标，在干旱地区，降水量较少，发生水损害的概率也较小。因此，在配合比设计时可适当降低沥青混合料的冻融劈裂强度比要求。

32. B

【解析】沥青混合料的油石比是指混合料中沥青质量和矿料质量的比值，而沥青含量（或沥青用量）是指混合料中沥青质量和沥青混合料总质量的比值，因此，当油石比为4.5%时，沥青含量就是4.5÷(100+4.5)/100=4.3%。

33. A

【解析】SMA属于典型的骨架-密实结构，其材料结构组成可概括为“三多一少”，即粗集料含量多、矿粉含量多、沥青含量多、细集料用量少，另外还有少量的纤维。

34. C

【解析】SMA沥青混合料配合比设计流程与普通沥青混合料相同，只是在确定沥青混合料最佳油石比之后的性能检验阶段，增加了谢伦堡沥青析漏试验和肯塔堡飞散试验，分别用于检验最佳油石比是否过大或过小。其中，谢伦堡沥青析漏试验用于限定其最大沥青用量。

35. B

【解析】《公路工程沥青及沥青混合料试验规程》(JTG E20—2011) T 0702—2011，沥青混合料标准马歇尔试件的高度是63.5mm±1.3mm。

36. B

【解析】《公路工程沥青及沥青混合料试验规程》(JTG E20—2011) T 0703—2011 规定，沥青混合料标准车辙板的尺寸是300mm×300mm×50mm。

37. C

【解析】《公路工程沥青及沥青混合料试验规程》(JTG E20—2011) T 0719—2011 规定，沥青混合料车辙试验标准温度为60℃。

38. D

【解析】《公路工程沥青及沥青混合料试验规程》(JTG E20—2011) T 0709—2011 规定，沥青混合料马歇尔稳定度试验标准加载速度为50mm/min，标准试验温度为60℃。

39. A

【解析】集料最大粒径是指集料100%都要求通过的最小的标准筛筛孔尺寸；而公称最大粒径则是指集料可能全部通过或允许有少量不通过（一般容许筛余不超过10%）的最小标准筛筛孔尺寸，通常比集料最大粒径小一个粒级。

40. B

【解析】在沥青混合料中，ATPB 指的是排水式沥青碎石基层，属于开级配沥青稳定碎石。

41. C

【解析】沥青混合料组成结构类型中，骨架-空隙结构的特点是粗集料所占比例较高、细集料很少、混合料空隙率较大、高温稳定性较好，但黏聚力低、耐久性差。

42. D

【解析】在沥青混合料中，ATB 是指连续密级配沥青稳定碎石。

43. D

【解析】特粗式沥青混合料是指集料公称最大粒径为 37.5mm、最大粒径为 53mm 的混合料。

44. B

【解析】在沥青混合料中，OGFC 指的是开级配排水式沥青磨耗层。

45. B

【解析】沥青混合料的马歇尔稳定度试验中，测定的两个指标分别是稳定度和流值，其中，稳定度用 MS 表示，流值用 FL 表示。

46. D

【解析】由于沥青混合料是一种黏弹塑性材料，其性能受温度影响较大，且变形有一定滞后性，因此在沥青混合料抗剪强度试验中，如果温度升高了，那沥青的黏聚力下降，混合料的抗剪强度降低，抗变形能力降低；如果加荷频率低，沥青混合料在相同的荷载作用下会有更充分的时间产生形变。

47. D

【解析】在沥青和矿料质量固定的条件下，沥青与矿料的比例（即沥青用量）是影响沥青混合料强度的重要因素。当沥青用量很少时，不足以形成结构沥青膜来黏结矿料颗粒。随着沥青用量增加，结构沥青薄膜逐渐形成，沥青与矿料之间的黏结力随沥青用量增加而增大。当沥青足够黏附在矿粉颗粒表面时，若沥青用量继续增加，过多的沥青会逐渐将矿料颗粒推开，产生在颗粒间不与矿粉发生交互作用的自由沥青，此时沥青胶浆的黏结力随自由沥青的增加而降低。而矿粉用量越大，相对沥青用量就会变少，即也不足以形成结构沥青膜来黏结矿料颗粒。

48. A

【解析】在沥青混合料中，AM 是指半开级配沥青稳定碎石。

49. A

【解析】沥青混合料是一种黏弹塑性材料，温度越高，混合料黏聚力越低，即其抗高温车辙能力越差，因此在气温较高地区，对沥青混合料的高温稳定性要求应该提高一些。

50. B

【解析】影响沥青混合料耐久性的因素很多，一个很重要的因素就是沥青混合料的空隙率，另外就是沥青含量的多少。

第七节 建筑钢材

【考试纲要】

(1)建筑钢材的主要技术性能和技术标准;

(2)建筑钢材的试验方法。

【复习提示】

1. 复习要点

考生应掌握钢材屈服强度、抗拉强度、屈强比等基本概念;了解主要建筑钢材类型、技术特点及其用途。

重点:

(1)钢材的分类及建筑钢材的类属;

(2)建筑钢材的技术性质。

难点:

建筑钢材的技术性能、指标及测试方法。

2. 规范提示

《公路钢筋混凝土及预应力混凝土桥涵设计规范》(JTG 3362—2018)、《公路钢结构桥梁设计规范》(JTG D64—2015)对公路桥梁建筑用钢和钢筋混凝土用钢筋的基本技术性质(抗拉强度等)作了具体规定,其技术指标测试方法则应按照相应的国家标准进行。其中,钢材(或钢筋)的技术性质或钢结构(或构件)的设计指标等是主要考核内容。

习题精练

1. 在低碳钢的应力应变图中,有线性关系的是(　　)。

A. 弹性阶段　B. 屈服阶段　C. 强化阶段　D. 颈缩阶段

2. 伸长率是衡量钢材的(　　)指标。

A. 弹性　B. 塑性　C. 脆性　D. 耐磨性

3. 钢材经过冷加工后(　　)。

A. 强度降低　B. 强度提高　C. 塑性提高　D. 韧性提高

4. 预应力钢筋混凝土构件充分地发挥了(　　)。

A. 混凝土的抗拉强度　B. 钢筋的抗拉强度

C. 混凝土的抗压强度　D. 钢筋的抗压强度

5. 碳素钢的含碳量越高,则(　　)越高。

A. 强度　B. 塑性　C. 韧性　D. 弹性

6. 钢材的含碳量高,则(　　)。

A. 强度、硬度、塑性都提高　B. 强度提高,塑性降低

C. 强度降低，塑性提高　　D. 强度、塑性都降低

7. 建筑钢材通常应属于(　　)。

A. 优质钢　　B. 低合金钢　　C. 结构钢　　D. 高碳钢

8.【2019 年真题】设计钢结构时，确定容许应力的主要依据是(　　)。

A. 屈服强度　　B. 抗拉强度　　C. 抗压强度　　D. 弹性模量

9. 钢材的冷弯性能可以反映钢材的(　　)。

A. 塑性　　B. 抗疲劳性能　　C. 低温性能　　D. 内部结构的缺陷状况

10. 中碳钢和高碳钢没有明显的屈服点，通常以残余变形(　　)的应力作为屈服强度。

A. 0.1%　　B. 0.2%　　C. 0.5%　　D. 1%

11. 碳素钢牌号中分 A、B、C、D 四个等级，其区别依据是根据(　　)含量确定的。

A. 碳　　B. 硫、磷　　C. 锰　　D. 硅

12. 钢与铁重要区别是其含碳量不同，含碳量的界限为(　　)，含碳量小于这个值时为钢，大于这个值时为铁。

A. 0.25%　　B. 0.60%　　C. 0.80%　　D. 2.0%

13. 钢材的屈强比是指(　　)的比值。

A. 屈服上限强度与极限抗拉强度　　B. 屈服下限强度与极限抗拉强度

C. 弹性极限强度与屈服下限强度　　D. 弹性极限强度与极限抗拉强度

14. 某标距为 10cm 长的钢筋做抗拉试验，拉断时试件拼合后标距长度为 11.5cm，则其伸长率为(　　)。

A. 13%　　B. 15%　　C. 14%　　D. 16%

15. 碳素结构钢牌号 Q235，表示这种钢的(　　)大于或等于 235MPa。

A. 屈服点　　B. 抗拉强度　　C. 抗压强度　　D. 屈强比

习题参考答案及解析

1. A

【解析】低碳钢受拉至拉断经历了四个阶段：弹性阶段、屈服阶段、强化阶段和颈缩阶段。其中，弹性阶段的应力-应变呈线性关系。

2. B

【解析】钢材的塑性指标通常用伸长率和断面收缩率来表示。

3. B

【解析】冷加工处理是指将钢材在常温下进行冷加工，使之产生塑性变形，从而提高屈服强度，但钢材的塑性、韧性及弹性模量则会降低，这个过程称为冷加工强化处理。

4. B

【解析】预应力钢筋混凝土是为了弥补混凝土过早出现裂缝的现象，在构件使用(加载)以前，预先给混凝土一个预压力，即在混凝土的受拉区内，用人工加力的方法，将钢筋进行张拉，利用钢筋的回缩力，使混凝土受拉区预先受压力。因此，预应力钢筋混凝土构件利用的

是钢筋的抗拉强度。

5. A

【解析】碳是决定钢材性能的最重要元素。碳素钢的含碳量越高,强度越高。

6. B

【解析】碳是决定钢材性能的最重要元素。在一定含碳量范围(<0.8%)内,钢材的含碳量越高,钢材的强度和硬度越高,塑性(延性)和冲击韧性越低。

7. C

【解析】钢材按用途不同可分为结构钢、工具钢、特殊钢。其中,用于建筑结构、机械制造等的均为结构钢。

8. A

【解析】钢材达到屈服极限后,已经进入破坏阶段,故在结构设计时,均以屈服极限强度作为其设计强度。屈服强度是确定钢结构允许应力的主要依据。

9. D

【解析】冷弯性能是指钢材在常温条件下承受弯曲变形的能力,是反映钢材内部结构缺陷的一种重要工艺性能。

10. B

【解析】中碳钢和高碳钢屈服现象不明显,难以测定屈服点,通常以残余变形0.2%的应力作为屈服强度。

11. B

【解析】碳素钢牌号中A、B、C、D的等级划分依据是钢材中的硫、磷含量。

12. D

【解析】炼钢的过程就是将生铁精炼,使碳的含量降低到一定的限度,同时把其他杂质的含量也降低到允许范围内。理论上,凡含碳量在2.0%以下,含有害杂质较少的铁碳合金均可称为钢。

13. B

【解析】钢材的屈强比是指屈服下限强度和极限抗拉强度之比。

14. B

【解析】钢材伸长率以试件拉断后标距长度的增量与原标距长度的百分比表征,则本题的伸长率为$(11.5-10)\div 10\times 100\%=15\%$。

15. A

【解析】通用结构钢采用代表屈服点的拼音字母Q、屈服点数值(单位为MPa)和质量等级(A、B、C、D、E)、脱氧方法(F、B、Z、TZ)等符号按顺序组成牌号。故Q235表示的就是屈服点值大于或等于235MPa的钢材。

第八节 其他建筑材料

【考试纲要】

(1)纤维、土工合成材料及木材的主要技术性能;

(2)土工合成材料的试验方法。

【复习提示】

1. 复习要点

考生应掌握纤维、土工合成材料及木材的主要技术性能、评价指标及试验方法等，了解不同材料在道路工程中的应用情况。

重点：

(1)纤维的技术性能；

(2)土工合成材料技术性能。

难点：

土工合成材料技术性能评价方法及指标。

2. 规范提示

《公路路基设计规范》(JTG D30—2015)、《公路沥青路面设计规范》(JTG D50—2017)、《公路路基施工技术规范》(JTG/T 3610—2019)、《公路路面基层施工技术细则》(JTG/T F20—2015)、《公路沥青路面施工技术规范》(JTG F40—2004)、《公路水泥混凝土路面施工技术细则》(JTG/T F30—2014)等分别对适用的纤维或土工合成材料种类及其技术要求作了明确规定，其有关技术指标的测试方法则应按照相应的国家标准规定进行。其中，适用于公路工程建筑的纤维与土工合成材料种类、技术性质、评价方法等为主要考核内容。

习题精练

1. 下列选项中，(　　)不属于合成纤维。

A. 聚酯纤维　　B. 木质素纤维　　C. 聚丙烯腈纤维　　D. 聚丙烯纤维

2. (　　)常用于沥青混合料中作为加筋材料，用来改善沥青混合料的抗裂性能。

A. 聚酯纤维　　B. 木质素纤维　　C. 聚丙烯腈纤维　　D. 玄武岩纤维

3. (　　)常用于水泥混凝土中来改善水泥混凝土的耐久性。

A. 聚酯纤维　　B. 木质素纤维　　C. 聚丙烯腈纤维　　D. 聚丙烯纤维

4. 相对于天然纤维和人造纤维，合成纤维具有(　　)等性能特点。

A. 强度高、密度小　　B. 强度小、密度高

C. 强度高、弹性小　　D. 强度高但不耐磨、不耐酸碱

5. (　　)不属于土工合成材料。

A. 聚乙烯土工膜　　B. 复合土工膜　　C. 土工格栅　　D. 石油沥青玻璃布油毡

6. 无纺土工织物通常具有(　　)等性能特点。

A. 较高的强度　　B. 断裂延伸率高　　C. 过滤性差　　D. 排水性差

7. 土工格栅常用作(　　)，对土起加固作用。

A. 过滤　　B. 排水

C. 流体或蒸汽的阻拦层　　D. 加筋材料

8. 厚度反映了土工合成材料的力学性能和水力性能，采用(　　)直接测量。

A. 直尺　　B. 游标卡尺　　C. 卷尺　　D. 千分尺

9. 下列选项中，(　　)试验不可以评价土工合成材料的拉伸性能。

A. 宽条拉伸试验　　B. 直接拉伸试验

C. 条带拉伸试验　　D. 接头/接缝宽条拉伸试验

10.【2019 年真题】下列不属于土工合成材料力学性质的是(　　)。

A. 拉伸强度　　B. 撕裂强度　　C. 顶/刺破强度　　D. 耐久性

11. 透水率是指垂直于土工织物平面流动的水，在水位差等于(　　)时的渗透流速。

A. 1　　B. 2　　C. 3　　D. 4

12. 土工合成材料工程结构稳定性评价指标是(　　)。

A. 拉伸性能　　B. 穿透性能　　C. 摩擦性能　　D. 渗透性能

13. 以下选项中，(　　)不属于土工合成材料的耐久性能。

A. 渗透性能　　B. 抗氧化性能　　C. 抗酸碱性能　　D. 抗紫外线性能

14. 纺织土工织物通常具有(　　)等性能特点。

A. 较高的强度和刚度　　B. 断裂延伸率高

C. 过滤性好　　D. 排水性好

15. 用于路面裂缝防治的土工合成材料宜采用(　　)。

A. 土工格栅　　B. 土工网　　C. 玻纤网　　D. 土工加筋带

习题参考答案及解析

1. B

【解析】合成纤维是指从一些本身并不含有纤维素或蛋白质的物质中，加工提炼出来的有机物质，再用化学合成与机械加工的方法制成的纤维。合成纤维主要有聚酰胺纤维、聚丙烯腈纤维、聚酯纤维、聚丙烯纤维、聚乙烯醇缩甲醛纤维以及特种纤维等。

2. A

【解析】聚酯纤维常用于沥青混合料中作为加筋材料，来改善沥青混合料的抗裂性能。

3. D

【解析】聚丙烯纤维常用于水泥混凝土中来改善水泥混凝土的耐久性。

4. A

【解析】相对于天然纤维和人造纤维，合成纤维具有强度高、密度小、弹性好、耐磨、耐酸碱和不霉不蛀等优越性能。

5. D

【解析】土工合成材料包括土工织物、土工膜(聚乙烯土工膜等)、土工复合材料(复合土工膜等)、土工特种材料(土工格栅等)。石油沥青玻璃布油毡属于防水卷材。

6. B

【解析】无纺土工织物过滤排水性能较好且断裂延伸率较高，但强度相对较低。

7. D

【解析】土工格栅质量轻且具有一定柔性，常用作加筋材料，对土起加固作用。

8. D

【解析】厚度是指土工合成材料在承受规定的压力下正反两面之间的距离。它反映了土工合成材料的力学性能和水力性能，采用千分尺直接测量。

9. B

【解析】拉伸性能是指材料抵抗拉伸断裂的能力。它是评价土工合成材料使用性能及工程设计计算时的最基本技术性能，主要包括宽条拉伸试验、接头/接缝宽条拉伸试验、条带拉伸试验。

10. D

【解析】土工合成材料的力学性能指标有抗拉强度、撕裂强度、顶破强度、刺破强度、握持强度等。

11. A

【解析】透水率是指垂直于土工织物平面流动的水，在水位差等于1时的渗透流速。

12. C

【解析】摩擦性能是评价土工合成材料工程结构稳定性的重要指标，测定方法包括直剪摩擦试验和拉拔摩擦试验。

13. A

【解析】耐久性能是指土工合成材料抵抗自然因素长期作用，而其技术性能不发生大幅度衰退的能力，主要包括抗氧化性能、抗酸碱性能、抗紫外线性能等。

14. A

【解析】纺织土工织物通常具有较高的强度和刚度，但过滤性和排水性较差。

15. C

【解析】用于路面裂缝防治的土工合成材料宜采用玻纤网和土工织物。

第二章　土质学与土力学

第一节　土的物理化学性质及工程分类

【考试纲要】

(1)土的工程分类;

(2)土的基本物理性质指标;

(3)黏性土的界限含水率;

(4)砂土的密实度;

(5)黏土颗粒与水的相互作用;

(6)土体工程性质的变化机理。

【复习提示】

1. 复习要点

考生应掌握土的组成与特性、物理性质、物理状态等基本概念,能够熟练运用三相比例指标之间的基本关系来研究土的工程力学性质,对土进行工程分类。

重点:

(1)三相比例指标及其相互换算。在土中应力计算、地基沉降计算等章节均会用到该知识点。

(2)黏性土的界限含水率及状态指标、可塑性指标——液限、塑限、液性指数、塑性指数及其用途。在土的工程分类、土中应力计算等章节会用到该知识点。

(3)砂土的密实度及评价方法——砂土密实度指标为孔隙比、相对密度和标准贯入击数。在土的压实特性、地基承载力等章节会用到该知识点。

(4)土的工程分类。在路基工程中会用到该知识点。

难点:

三相比例指标的相互换算。

2. 规范提示

《公路土工试验规程》(JTG 3430—2020)和原规范(JTG E40—2007)相比,涉及土的物理化学性质及土的工程分类方面做的修改如下:删除了土的含水率试验"比重法"、土的密度试验"电动取土器法"、粗粒土和巨粒土最大干密度试验"振动台法"等。

《岩土工程勘察规范》(GB 50021—2019)(2019 版)中砂土密实度、土的工程分类的相关内容与原规范基本一致。

习题精练

1. 对于粒径大于0.075mm的土粒常用(　　)。

A. 密度计法　　B. 沉降分析法　　C. 比重计法　　D. 筛分法

2. 在标准贯入试验时，每打入土层(　　)cm的锤击数为实测锤击数。

A. 15　　B. 20　　C. 30　　D. 35

3. 下列土的三相比例指标属于试验指标的是(　　)。

A. 孔隙比　　B. 孔隙率　　C. 含水率　　D. 饱和度

4. 下列能反映黏性土软硬状态的指标是(　　)。

A. w_P　　B. w_L　　C. I_P　　D. I_L

5. 当其他条件一定时，黏性土的液限增大时，液性指数(　　)。

A. 增大　　B. 减小　　C. 不变　　D. 不确定

6. 土中黏粒含量越多，塑性指数也相应(　　)。

A. 增大　　B. 减小　　C. 不变　　D. 不确定

7. 同一土样，其重度指标γ_d、γ'、γ、γ_{sat}的大小顺序为(　　)。

A. $\gamma_d < \gamma' < \gamma < \gamma_{sat}$　　B. $\gamma_d < \gamma < \gamma' < \gamma_{sat}$

C. $\gamma' < \gamma < \gamma_d < \gamma_{sat}$　　D. $\gamma' < \gamma_d < \gamma < \gamma_{sat}$

8. 已知黏性土的液限为40%，塑限为21%，含水率为38%，此黏性土的状态为(　　)。

A. 硬塑　　B. 可塑　　C. 软塑　　D. 流塑

9. 理论上评价砂土物理状态最合理的指标是(　　)。

A. 密度ρ　　B. 干密度ρ_d　　C. 相对密实度D_r　　D. 饱和密度ρ_{sat}

10. 测得某黏性土的塑限为24%，塑性指数为18，含水率为32%，则其相应的液性指数为(　　)。

A. 0.34　　B. 0.44　　C. 0.54　　D. 0.64

11. 在下列指标中，可能大于1的指标是(　　)。

A. 饱和度　　B. 相对密实度　　C. 孔隙率　　D. 孔隙比

12. 某砂土的最大孔隙比为0.98，最小孔隙比为0.52，天然状态下的孔隙比为0.78，则该砂土的状态为(　　)。

A. 密实　　B. 中密　　C. 松散　　D. 无法确定

13. 下列指标表达式不为体积比是(　　)。

A. e　　B. n　　C. S_r　　D. w

14. 现有甲、乙两种土样的颗粒，甲土样颗粒的限制粒径为0.24，有效粒径为0.01；乙土样颗粒的限制粒径为0.017，有效粒径为0.0021，哪种土的级配更好(　　)。

A. 甲　　B. 乙　　C. 一样好　　D. 不能确定

15. 某土样装满于环刀内，称得总质量为72.6g，经过110℃烘干至恒重为69g，已知环刀质量为33g，其含水率为(　　)。

A. 10%　　B. 20%　　C. 30%　　D. 40%

16. 一块2.6kg的土样，放置一段时间后，含水率由30%下降到24%，则土中的水减少了(　　)kg。

A. 0.11　　B. 0.12　　C. 0.13　　D. 0.14

17. 下列指标中，(　　)指标数值越大，密实度越小。

A. 相对密实度　　B. 孔隙比　　C. 标准贯入锤击数　　D. 轻便贯入锤击数

18. 黏性土由半固态转入可塑状态的界限含水率被称为(　　)。

A. 缩限　　B. 塑限　　C. 液限　　D. 塑性指数

19. 某土样的天然重度$\gamma = 18kN/m^3$，含水率$w = 20\%$，土粒比重$d_S = 2.7$，则土的干密度ρ_d为(　　)。

A. $15kN/m^3$　　B. $1.5g/m^3$　　C. $1.5g/cm^3$　　D. $1.5t/cm^3$

20. 已知粉质黏土的土粒相对密度为2.73，含水率为28%，土的密度为$1.84g/cm^3$，浸水饱和后，该土的水下有效重度为(　　)kN/m^3。

A. 9.07　　B. 8.65　　C. 9.11　　D. 10.13

21. 土粒不均匀，级配良好的砂土应满足的条件是(　　)。(C_u为不均匀系数，C_c为曲率系数)

A. $C_u < 5$　　B. $C_u > 10$

C. $C_u > 5$且$C_c = 1 \sim 3$　　D. $C_u < 5$且$C_c = 1 \sim 3$

22.【2019年真题】粒径大于0.075mm的颗粒含量不超过全重的50%，$I_P > 17$的土粒为(　　)。

A. 碎石土　　B. 砂土　　C. 粉土　　D. 黏土

23.【2019年真题】对于填土，要保证其具有足够密实度，需控制其(　　)。

A. 土粒密度　　B. 土的密度　　C. 干密度　　D. 饱和密度

24.【2019年真题】某原状土的液限$w_L = 46\%$，塑限$w_P = 24\%$，天然含水率$w = 40\%$，则该土的塑性指数为(　　)。

A. 22　　B. 22%　　C. 16　　D. 16%

25.【2019年真题】松砂受振时土颗粒在其跳动中会调整相互位置，土的结构趋于(　　)。

A. 松散　　B. 稳定和密实　　C. 液化　　D. 均匀

26.【2019年真题】土体具有压缩性的主要原因是(　　)。

A. 因为水被压缩引起的　　B. 由孔隙的减少引起的

C. 由土颗粒的压缩引起的　　D. 土体本身压缩模量较小引起的

27.【2019年真题】土的含水率是指(　　)。

A. 土中水的质量与土体总质量的比值

B. 土中水的质量与土粒质量的比值

C. 土中水的体积与孔隙的体积的比值

D. 土中水的体积与土颗粒体积的比值

28.【2019年真题】评价砂土的密实程度，最常用的指标是(　　)。

A. 相对密实度　　B. 表观密度

C. 孔隙率　　　　　　　　　　　　　D. 稠度

习题参考答案及解析

1. D

【解析】对于粒径大于0.075mm的土粒常用筛分法；对于粒径小于0.075mm土粒常用沉降分析法。

2. C

【解析】标准贯入试验是用规定的锤重(63.5kg)和落距(76cm)把标准贯入器(带有刃口的对开管，外径50mm，内径35mm)打入土中，记录贯入一定深度(30cm)所需的锤击数 N 值的原位测试方法。标准贯入试验多与钻探相配合使用，钻具钻至试验土层高程以上约15cm处，以避免下层土受扰动。贯入前，应检查触探杆的接头，不得松脱。贯入时，穿心锤落距为76cm，使其自由下落，将贯入器直打入土层中15cm。以后每打入土层30cm的锤击数，即为实测锤击数 N。因此，在标贯试验时，最初打入土层不计锤击数的土层厚度为15cm。

3. C

【解析】三相比例指标中通过试验测定的指标称为试验指标，包括土的密度、土粒密度和含水率；可由试验指标计算求得的指标，称为换算指标，包括土的干密度(干重度)、饱和密度(饱和重度)、有效重度、孔隙比、孔隙率和饱和度。

4. D

【解析】塑性指数 I_P 反映黏性土可塑性的大小，可作为黏性土分类的指标；液性指数 I_L 反映黏性土软硬状态，$I_L>1$，黏性土处于流动状态；$I_L \leqslant 0$，黏性土处于固态或者半固态；$0<I_L \leqslant 1$，黏性土处于可塑状态。

5. B

【解析】$I_P=w_L-w_P$，$I_L=\dfrac{w-w_P}{I_P}$，因此当其他条件一定时，黏性土的液限增大时，液性指数减小。

6. A

【解析】土中黏粒含量越多，土的可塑性就越大，塑性指数也相应增大。

7. D

【解析】土的重度指标，从小到大依次为：有效重度、干重度、天然重度、饱和重度。

8. C

【解析】根据液性指数的表达式 $I_L=\dfrac{w-w_P}{w_L-w_P}=\dfrac{38\%-21\%}{40\%-21\%}=0.89$，黏性土的状态根据液性指数 I_L 划分为：当 $I_L \leqslant 0$ 时，处于坚硬状态；当 $0<I_L \leqslant 0.25$ 时，处于硬塑状态；当 $0.25<I_L \leqslant 0.75$ 时，处于可塑状态；当 $0.75<I_L \leqslant 1$ 时，处于软塑状态；当 $I_L>1$ 时，处于流塑状态。

9. C

【解析】土的孔隙比一般可以用来描述土的密实程度，但砂土的密实程度并不单独取决于孔隙比,其在很大程度上还取决于土的级配情况。相对密实度同时考虑了孔隙比和级配的影响,因此,从理论上讲,用相对密实度划分砂土的密实度是比较合理的。

10. B

【解析】黏土的液性指数$I_L=\frac{w-w_P}{I_P}=\frac{32-24}{18}=0.44$。

11. D

【解析】根据定义,饱和度$S_r=\frac{V_W}{V_V}$,相对密实度$D_r=\frac{e_{max}-e}{e_{max}-e_{min}}$,孔隙率$n=\frac{V_V}{V}$,孔隙比$e=\frac{V_V}{V_S}$,可能大于1的只有孔隙比$e$。

12. B

【解析】根据定义,砂土的相对密实度:$D_r=\frac{e_{max}-e}{e_{max}-e_{min}}$,当$0.67\leqslant D_r<1$时,砂土处于密实状态;当$0.33\leqslant D_r<0.67$,砂土处于中密状态;当$0\leqslant D_r<0.33$,砂土处于松散状态。

13. D

【解析】根据各指标的基本定义可知,孔隙比$e=\frac{V_V}{V_S}$,孔隙率$n=\frac{V_V}{V}$,饱和度$S_r=\frac{V_W}{V_V}$,含水率$w=\frac{m_W}{m_S}$,含水率w指标不是体积比。

14. A

【解析】对甲土:$C_u=\frac{d_{60}}{d_{10}}=\frac{0.24}{0.01}=24$;对乙土:$C_u=\frac{d_{60}}{d_{10}}=\frac{0.017}{0.0021}=8.1$,由于甲土的不均匀系数大于乙土的不均匀系数,所以甲土的级配比乙土好。

15. A

【解析】水的质量为:$m_W=72.6g-69g=3.6g$,土样的质量为:$m=72.6g-33g=39.6g$,干土的质量为:$m_s=39.6g-3.6g=36g$,含水率为:$w=\frac{m_W}{m_S}\times100\%=\frac{3.6}{36}\times100\%=10\%$。

16. B

【解析】欲求解减少的水量,需先求解出土颗粒的质量m_S。由题意,$m=2.6kg$,$w_1=30\%$,$w_2=24\%$,$w_1=\frac{m-m_S}{m_S}=\frac{2.6-m_S}{m_S}=30\%$,则$m_S=2kg$。减小的水量$\Delta W=m_S(w_1-w_2)=2\times(30\%-24\%)=0.12kg$。

17. B

【解析】无黏性土的密实度可以通过孔隙比土、相对密实度、贯入锤击数等进行鉴别。孔隙比为土的孔隙体积与土颗粒体积之比,其值越大,相对密实度越小,表明土的密实度越小,标准贯入锤击数和轻便贯入锤击数数值越大,表明无黏性土的密实度越大。

18. B

【解析】黏性土的界限含水率有三个,分别是缩限、塑限和液限,土由固态转入半固态的界限含水率为缩限,土由半固态转入可塑状态的界限含水率为塑限,土由可塑状态转入流动状态的界限含水率为液限。

19. C

【解析】$\gamma_d=\dfrac{\gamma}{1+w}$；$\gamma_d=10\rho_d$。重度的单位为 kN/m^3，密度的单位为 g/cm^3 或 t/m^3。

20. C

【解析】根据三相指标的换算公式，有效重度$\gamma'=\dfrac{\gamma(G_s-1)}{G_s(1+w)}=\dfrac{18.4\times(2.73-1)}{2.73\times(1+28\%)}=9.11$kN/m^3。

21. C

【解析】当$C_u>5$且$C_c=1\sim3$，为级配良好的砂土。

22. D

【解析】塑性指数大于10的土应定名为黏性土。黏性土应根据塑性指数分为粉质黏土和黏土。塑性指数大于10，且小于或等于17的土，应定名为粉质黏土；塑性指数大于17的土应定名为黏土。

23. C

【解析】密实度＝干密度/最大干密度。

24. A

【解析】46－24＝22。

25. B

【解析】松砂受振时土颗粒在其跳动中会调整相互位置，孔隙减小，土的结构趋于稳定和密实。

26. B

【解析】土体具有压缩性的主要原因是由孔隙的减少引起的。

27. B

【解析】土的含水率定义为土中水的质量与土粒质量之比，以百分数表示，其表达式为：$w=\dfrac{m_w}{m_s}\times100\%$。

28. A

【解析】无黏性土的相对密实度：$D_r=\dfrac{e_{max}-e}{e_{max}-e_{min}}$，当$0<D_r\leqslant1/3$时，处于松散状态；当$1/3<D_r\leqslant2/3$时，处于中密状态；当$2/3<D_r\leqslant1$时，处于密实状态。

第二节　土中水的运动规律

【考试纲要】

(1)土的毛细特性；

(2)冻胀机理与影响因素；

(3)层流渗透定律(达西定律)；

(4)渗透系数及其影响因素。

【复习提示】

1. 复习要点

考生应了解土中水的毛细现象；掌握冻胀机理及影响因素，掌握达西定律的基本原理，掌握主要室内、室外渗透系数测定方法及影响土的渗透性的因素。

重点：

(1)层流渗透定律(达西定律)；

(2)渗透系数的计算。

难点：

渗透系数的计算。

2. 规范提示

《公路土工试验规程》(JTG 3430—2020)和原规范(JTG E40—2007)相比，涉及土中水的运动规律一节的内容基本一致。

习题精练

1. 流沙产生的条件为(　　)。

A. 渗流由上而下，动水力小于土的有效重度

B. 渗流由上而下，动水力大于土的有效重度

C. 渗流由下而上，动水力小于土的有效重度

D. 渗流由下而上，动水力大于土的有效重度

2. 流沙发生的土层为(　　)。

A. 颗粒级配均匀的饱和砂土

B. 颗粒级配不均匀的饱和砂土

C. 颗粒级配均匀的不饱和砂土

D. 颗粒级配不均匀的不饱和砂土

3. 在分析土体渗流问题时采用的理论主要为(　　)。

A. 朗金土压力理论　　B. 有效应力原理

C. 太沙基一维理论　　D. 达西定律

4. 下列不能确定土的渗透系数的方法是(　　)。

A. 常水头渗透试验　　B. 变水头渗透试验

C. 分层总和法　　D. 现场抽水试验

5. 某渗透试验，渗流速度为 8×10^{-5} cm/s，水力梯度为 0.4，则该土体的渗透系数为(　　)。

A. 0.5×10^{-4} cm/s　　B. 2.0×10^{-4} cm/s

C. 3.2×10^{-5} cm/s　　D. 1.6×10^{-4} cm/s

6. 动水力(渗透力)的大小取决于(　　)。

A. 水头梯度　　B. 含水率　　C. 渗透系数　　D. 粒径大小

7. 根据毛细水带的形成条件和分布状况，下列关于水带的划分不正确的是(　　)。

A. 正常毛细水带　B. 毛细网状水带　C. 毛细层状水带　D. 毛细悬挂水带

8. 土的冻胀现象是在一定条件下形成的，下列不是冻胀因素的是(　　)。

A. 土的因素　B. 水的因素　C. 时间的因素　D. 温度的因素

9. 下列关于影响土体渗透性的因素中描述正确的为：①土的粒度成分及矿物成分；②结合水膜的厚度；③土的结构构造；④水的黏滞度；⑤土中气体(　　)。

A. 仅①②对渗透性有影响　B. ③④对渗透性无影响

C. ①②③④⑤对渗透性均有影响　D. ⑤对渗透性无影响

10. 某变水头试验，已知环刀内径 61.8mm，高 45mm，变水头管内径 0.8cm，$t_1=60s$ 时水头 $H_1=24cm$，$t_2=200s$ 时水头为 $H_2=18cm$，则该土样的渗透系数为(　　)。

A. 1.44×10^{-4}cm/s　B. 1.64×10^{-3}cm/s

C. 1.54×10^{-3}cm/s　D. 1.54×10^{-4}cm/s

11.【2019 年真题】负温情况下常发生冻胀现象，下列最易冻胀的土类是(　　)。

A. 细粒土　B. 中粒土　C. 粗粒土　D. 碎石土

12.【2019 年真题】下列因素中，与水在土中的渗透速度无关的是(　　)。

A. 渗流路径　B. 水头差　C. 土渗透系数　D. 土重度

13.【2020 年真题】粉细砂在饱和状态下，突然发生振动而且排水不畅，此时砂土可能会出现(　　)。

A. 管涌　B. 稳定　C. 液化　D. 密实

14.【2020 年真题】在持续负温作用下，地下水位较高处的粉砂、粉土、粉质黏土等土层冻胀危害(　　)。

A. 程度较轻　B. 程度较大

C. 程度不明　D. 与地下水位的高低无关

15.【2020 年真题】土的层流渗透定律(达西定律)一般只适用于(　　)。

A. 弹性理论公式　B. 中砂、细砂和粉砂

C. 粗砂　D. 卵石

习题参考答案及解析

1. D

【解析】流沙(土)产生的条件为渗流方向由下而上，动水力大于土的有效重度或水头梯度大于临界水头梯度。

2. A

【解析】流沙常发生在颗粒级配均匀的饱和砂土地基中。

3. D

【解析】在土力学中，分析土体渗流问题时采用的理论主要为达西定律。

4. C

【解析】渗透系数可以在试验室通过常水头或变水头渗透试验测定，也可进行现场抽水试验确定。

5. B

【解析】根据达西定律公式 $v=kI$ 可计算出渗透系数为：$k=\frac{v}{I}=\frac{8}{0.4}\times10^{-5}=2.0\times10^{-4}\text{cm/s}$。

6. A

【解析】渗透力的大小取决于水头梯度。

7. C

【解析】根据毛细水带的形成条件和分布状况，毛细水带可分为正常毛细水带、毛细网状水带和毛细悬挂水带。

8. C

【解析】土的冻胀的因素为：①土的因素；②水的因素；③温度的因素。

9. C

【解析】影响土体渗透性的因素为：①土的粒度成分及矿物成分；②结合水膜的厚度；③土的结构构造；④水的黏滞度；⑤土中气体。

10. D

【解析】试样截面积：$A=\frac{\pi D^2}{4}=\frac{3.14\times6.18^2}{4}=29.98\text{cm}^2$。

变水头管截面积：$a=\frac{\pi d^2}{4}=\frac{3.14\times0.8^2}{4}=0.50\text{cm}^2$。

渗透系数：$k=2.3\frac{aL}{A(t_2-t_1)}\lg\frac{H_1}{H_2}=2.3\times\frac{0.5\times4.5}{29.98\times(200-60)}\times\lg\frac{24}{18}=1.54\times10^{-4}\text{cm/s}$。

11. A

【解析】冻胀现象：某些细粒土层随着土中水的冻结，土体产生体积膨胀，这种现象称为冻胀现象。冻胀现象通常发生在细粒土中，特别是粉砂、粉土、粉质亚黏土和粉质黏土等。

12. D

【解析】根据达西定律公式 $v=kI=k\times\frac{\Delta h}{\Delta L}$，其中 k 为渗透系数，Δh 为水头差，L 为渗流路径。

13. C

【解析】处于地下水位以下的饱和砂土和粉土的土颗粒结构受到地震作用时将趋于密实，使孔隙水压力急剧上升，而在地震作用的短暂时间内，这种急剧上升的孔隙水压力来不及消散，使原有土颗粒通过接触点传递的压力减小，当有效应力完全消失时，土颗粒处于悬浮状态，这时，土体完全失去抗剪强度而表现出类似液体的特性，这种现象称为“液化”。

14. B

【解析】影响冻胀的因素有以下三个方面：

(1)土的因素。冻胀现象通常发生在细粒土中，特别是在粉土、粉质黏土中，冻胀时水分迁移积聚最为强烈，冻胀现象严重。

(2)水的因素。土层发生冻胀的原因是水分的迁移和积聚，当冻结区附近地下水位较高，毛细水上升高度能够达到或接近冻结线，使冻结区能得到水源的补给时，将发生比较强烈的冻胀现象。

(3)温度的因素。如气温缓慢下降，冷却强度小，但负温持续的时间较长，则就能促使未冻结区水分不断地向冻结区迁移积聚，在土中形成冰夹层，出现明显的冻胀现象。

上述三方面的因素是土发生冻胀的三个必要因素。因此，在持续负温条件下，地下水位较高处的粉砂、粉土、粉质黏土等土层常具有较大的冻胀危害。

15. B

【解析】由于达西定律只适用于层流的情况，故一般只适用于中砂、细砂、粉砂等。对粗砂、砾石、卵石等粗颗粒土，达西定律就不再适用了，因为这时水的渗流速度较大，已不再是层流而是紊流。

第三节　土中应力计算

【考试纲要】

(1)自重应力计算方法；

(2)土中附加应力计算方法；

(3)土的有效应力原理。

【复习提示】

1. 复习要点

考生应了解土中应力计算的假设条件，掌握土中自重应力、附加应力以及有效应力原理的概念，能够熟练计算土中自重应力和附加应力。

重点：

(1)土中自重应力和附加应力计算。研究土的变形、强度及稳定性等力学问题时，都必须先掌握土中应力状态，因此，计算土中应力分布是土力学的重要内容之一。土中应力计算相关知识在地基沉降、土压力计算等知识点中均会涉及。

(2)基底压力的简化算法。在地基承载力验算时会涉及该知识点。

(3)土的有效应力原理。在土的抗剪强度、土的固结等章节会涉及该知识点。

难点：

土中附加应力计算。

2. 规范提示

《公路桥涵地基与基础设计规范》(JTG 3363—2019)和原规范(JTG D63—2007)在土中应力计算、基底压力简化计算等方面的内容基本保持一致。

习题精练

1. 土的自重应力和地基中附加应力的起算点位置分别为(　　)。

A. 室内设计地面，天然地面　　　　B. 天然地面，基础底面

C. 室内设计地面，室外设计地面　　D. 室外设计地面，基础底面

2. 可按平面问题求解地基中附加应力的基础是(　　)。

A. 柱下独立基础　　B. 箱形基础

C. 墙下条形基础　　D. 片筏基础

3. 矩形面积上作用三角形分布荷载时，地基中附加应力系数是 l/b、z/b 的函数，b 指的是(　　)。

A. 矩形的长边　　B. 矩形的短边

C. 三角形荷载分布方向的基础边长　　D. 矩形长边与短边的平均值

4. 受荷载作用的土体，土颗粒间的接触应力在截面积 F 上的平均应力称为土的(　　)。

A. 总应力　　B. 附加应力　　C. 孔隙应力　　D. 有效应力

5. 土的附加应力是由(　　)原因产生的。

A. 自身重力　　B. 固结　　C. 压缩　　D. 建筑物等外荷载

6. 土中应力包括(　　)。

A. 自重应力与附加应力　　B. 长驻应力与重分布应力

C. 基底应力与基底附加应力　　D. 基底应力与附加应力

7. 偏心荷载作用下，当(　　)时，基底压力呈梯形分布。

A. $e < b/6$　　B. $e = b/6$　　C. $e > b/6$　　D. $e < b/2$

8. 埋深为 d 的浅基础，基底压力 p 与地基附加压力 p_0 大小存在的关系为(　　)。

A. $p < p_0$　　B. $p = p_0$　　C. $p = 2p_0$　　D. $p > p_0$

9. 若水下的黏性土其液性指数 $I_L \geq 1$，则土体处于(　　)状态。

A. 塑性　　B. 流动　　C. 固体　　D. 半固体

10. 矩形基础的长宽比 l/b，深宽比 z/b 对地基附加应力 σ_z 分布的影响规律是(　　)。

A. 长宽比 l/b 大，σ_z 大；深宽比 z/b 大，σ_z 小

B. 长宽比 l/b 大，σ_z 大；深宽比 z/b 大，σ_z 大

C. 长宽比 l/b 大，σ_z 小；深宽比 z/b 大，σ_z 小

D. 长宽比 l/b 大，σ_z 小；深宽比 z/b 大，σ_z 大

11. 在离基础底面不同深度 z 处的各个水平面上，竖向法向应力 σ_z 随着与中轴线距离的增大而(　　)。

A. 增大　　B. 减小　　C. 不变　　D. 不确定

12. 刚性基础在中心荷载作用下，基底压力呈(　　)分布。

A. 马鞍形　　B. 抛物线形　　C. 钟形　　D. 以上都有可能

13. 一矩形基础，宽为 4m，长为 5m，在长边方向作用一偏心荷载 $F + G = 2000\text{kN}$。偏心距为(　　)时，$p_{\min}$，此时最大压力为(　　)。

A. $e = 0.67\text{m}, p_{\max} = \frac{F}{A}\frac{6e}{b}\text{kPa}$　　B. $e = 0.83\text{m}, p_{\max} = \frac{G}{A}\frac{6e}{b}\text{kPa}$

C. $e = 0.83\text{m}, p_{\max} = \frac{F+G}{A}\frac{6e}{b}\text{kPa}$　　D. $e = 0.67\text{m}, p_{\max} = \frac{F+G}{A}\text{kPa}$

14. 土的自重应力是(　　)。

A. 有效应力　　B. 总应力

C. 附加应力　　D. 平均应力

15. 某均质水平地层,天然重度为 $18kN/m^3$,深度 12m 处的竖向自重应力为(　　)。

A. 200kPa　　B. 216kPa　　C. 196kPa　　D. 240kPa

16. 某土层及其物理性质指标如图所示,计算水下 17m 处的土中自重应力(　　)。

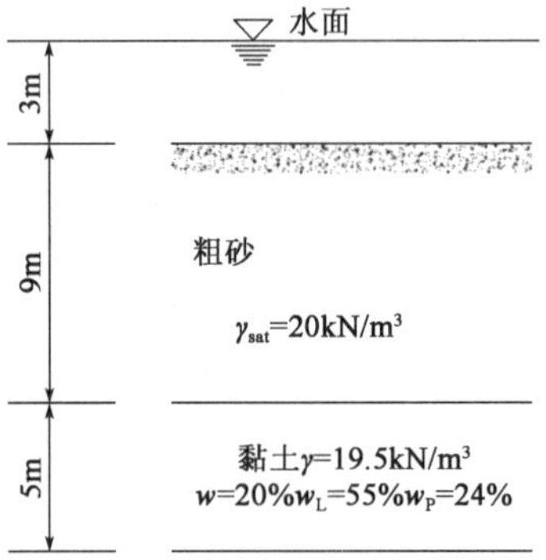

A. 96.9kPa　　B. 224.4kPa　　C. 306.93kPa　　D. 390.6kPa

17. 以下选项,不属于计算地基应力时的基本假定的是(　　)。

A. 地基是半无限弹性体

B. 地基是均匀连续的

C. 地基土是各向同性的

D. 变形模量和侧压力系数各处不相等

18. 地下水位下降,土中有效自重应力发生的变化是(　　)。

A. 原水位以上增大,原水位以下不变

B. 原水位以上不变,原水位以下增大

C. 变动后水位以上不变,变动后水位以下增大

D. 变动后水位以上不变,变动后水位以下减小

19. 已知某天然地基上的浅基础,基础底面尺寸为 3.0m × 5.0m,基础埋深 2.0m,结构传下的竖向荷载为 3000kN,则基底压力为(　　)。

A. 300kPa　　B. 320kPa　　C. 240kPa　　D. 380kPa

20. 已知地基中某点的竖向自重应力为 200kPa,静水压力为 20kPa,土的静止侧压力系数为 0.25,则该点的水平向自重应力为(　　)。

A. 30kPa　　B. 40kPa　　C. 50kPa　　D. 60kPa

21.【2019 年真题】由建筑物荷载作用在地基内引起的应力增量称为(　　)。

A. 自重应力　　B. 附加应力　　C. 基底压力　　D. 基底附加应力

22.【2019 年真题】下列有关地基土自重应力的说法中错误的是(　　)。

A. 自重应力随深度的增加而增大

B. 在求地下水位以下的自重应力时,应取其有效重度计算

C. 地下水位以下的同一土的自重应力按直线变化,或按折线变化

D. 土的自重应力分布曲线是一条折线,拐点在土层交界处和地下水位处

23.【2020 年真题】地基表面作用着均布的矩形荷载,在矩形的中心点下。随着深度的增加(　　)。

A. 附加应力不变,自重应力增大

B. 附加应力线性增大,自重应力减小

C. 附加应力线性减小,自重应力增大

D. 附加应力非线性减小,自重应力增大

24.【2020 年真题】土的有效应力作用会引起土体发生压缩,同时有效应力也影响土的抗剪强度,有效应力等于(　　)。

A. 总应力减去孔隙压力

B. 总应力减去孔隙水压力

C. 总应力减去孔隙中空气压力

D. 孔隙中的空气压力与孔隙水压力之和

习题参考答案及解析

1. B

【解析】土的自重应力起算点的位置为天然地面,在地基附加压力$p0$作用下,地基中附加应力随深度 z 增加而减小,z 的起算点为基础底面。

2. C

【解析】当基底的长边尺寸与短边尺寸之比 $l/b \geq 10$ 时,地基中附加应力可以按平面问题求解,当基底的长边尺寸与短边尺寸之比 $l/b < 10$ 时,应按空间问题求解。

3. C

【解析】矩形面积上作用三角形分布荷载时,其中 b 为三角形荷载分布方向的基础边长,l 为荷载最大的边长。

4. D

【解析】如下图所示,在土中某点截取一水平截面,其面积为 F,截面上作用应力 σ,它是由上面的土体的重力、静水压力及荷载 p 所产生的应力,称为总应力。这一应力一部分是由土颗粒间的接触面承担,称为有效应力;另一部分是由土体孔隙内的水及气体承担,称为孔隙应力。

沿 a-a 截面取脱离体,a-a 截面是沿着土颗粒间接触面截取的曲线形状截面,在此截面上土颗粒间的接触面间的作用法向应力为σ_s,各土颗粒间接触面积之和为F_s,孔隙内的水压力为u_w,气体压力为u_a,其相应的面积为F_w及F_a,由此可建立平衡条件:$\sigma F = \sigma_s F_s + u_w F_w + u_a F_a$。

对于饱和土,u_a、F_a均为零,颗粒间的接触面积F_s很小,故上式可写为:

$$\sigma = \frac{\sigma_s F_s}{F} + u_w$$

式中，$\frac{\sigma_s F_s}{F}$实际上是土颗粒间的接触应力在截面积 F 上的平均应力，称为土的有效应力，通常用σ'来表示，并把孔隙水压力u_w用 u 表示，于是上式可写成：$\sigma = \sigma' + u$。

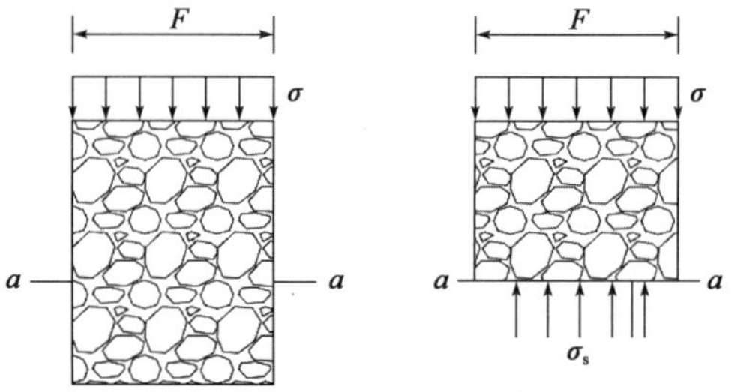

5. D

【解析】土中应力包括自重应力和附加应力，前者是因土受到重力作用而产生的，因其一般随着土的形成就存在，因此也称为长驻应力；后者是因受到建筑物等外荷载作用而产生的。

6. A

【解析】土中应力包括自重应力和附加应力，前者是因土受到重力作用而产生的，因其一般随着土的形成就存在，因此也称为长驻应力；后者是因受到建筑物等外荷载作用而产生的。

7. A

【解析】基底压力按偏心受压公式计算：

$$p_{\substack{\max \\ \min}} = \frac{N}{F} + \frac{M}{W} = \frac{N}{F}\left(1 \pm \frac{6e}{b}\right)$$

式中：N、M——作用在基础底面中心的竖直荷载及弯矩，$M = Ne$；

e——荷载偏心距（在宽度 b 方向上）；

W——基础底面的抵抗矩，对矩形基础 $W = \frac{lb^2}{6}$；

b、l——基础底面的宽度与长度。

从上式可知，按荷载偏心距的大小，基底压力的分布可能出现下述三种情况：

（1）当 $e < b/6$ 时，$p_{\min} > 0$，基底压力呈梯形分布，如图 a）所示；

（2）当 $e = b/6$ 时，$p_{\min} = 0$，基底压力呈三角形分布，如图 b）所示；

（3）当 $e > b/6$ 时，$p_{\min} < 0$，也即产生拉力，如图 c）所示，但基底与土之间是不能承受拉应力，此时产生拉力部分的基底与土脱开，而不能传递荷载，基底压力将重新分布，如图 d）所示。重分布后的基底最大压应力：$p_{\max} = \frac{2N}{3\left(\frac{b}{2} - e\right)l}$。

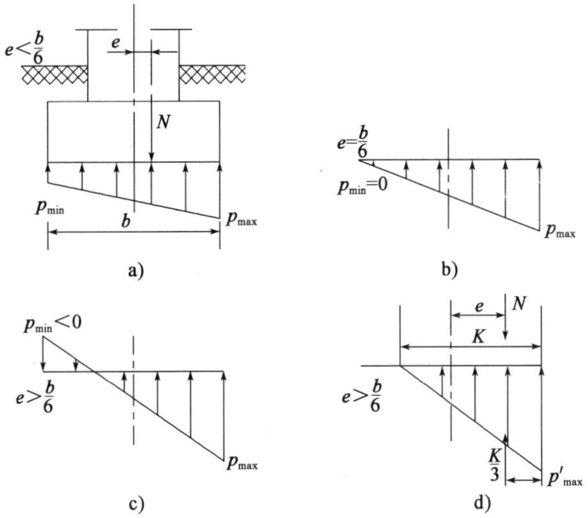

8. D

【解析】地基附加压力p_0与基底压力 p 之间存在的关系为$p_0 = p - \gamma d$，式中：γ 为埋深范围内土的加权平均重度；d 为基础埋深，从天然地面起算。

9. B

【解析】若水下的黏性土其液性指数$I_L \geqslant 1$，则土处于流动状态，此时可以认为土体受到水的浮力作用；若$I_L \leqslant 0$，则土处于坚硬状态，可以认为土体不受水的浮力作用；若 $0 < I_L < 1$，土处于塑性状态时，土颗粒是否受到水浮力作用就较难肯定，一般在实践中均按不利状态来考虑。

10. A

【解析】矩形基础的长宽比 l/b，深宽比 z/b 对地基附加应力σ_z分布的影响规律是：长宽比 l/b 大，σ_z大；深宽比 z/b 大，σ_z小。

11. B

【解析】在同一水平面上，随着与中轴线的距离 r 的增大，应力系数 α 减小，从而竖向法向应力σ_z减小。

12. D

【解析】在中心荷载作用下，刚性基础不会出现挠曲变形，在中心荷载作用下，基底各点的沉降是相同的，这时基底压力分布是马鞍形，中间小而边缘大；当作用的荷载较大时，基础边缘由于应力很大，将会使土产生塑性变形，边缘应力不再增加，而中央部分继续增大，使基底压力重新分布而呈抛物线形分布。所以，刚性基础底面的压力分布形状同荷载大小有关。

13. C

【解析】当p_{min}时，$e_0 = \dfrac{b}{6} = 0.83(\text{m})$，此时$p_{max} = \dfrac{F+G}{A}\left(1 + \dfrac{6e}{b}\right)\text{kPa}$。

14. A

【解析】土的自重应力是有效应力。

15. B

【解析】由天然重度乘以深度可得到$\sigma_{cz} = \gamma_1 h_1 = 18 \times 12 = 216\text{kPa}$。

16. C

【解析】水下粗砂受到水的浮力作用$\gamma' = (\gamma_{sat} - \gamma_w) = 20.0 - 9.81 = 10.19\text{kN/m}^3$

黏土层因为$w = 20\% < wp = 24\%$，则$I_L < 0$，故认为土层不受水的浮力作用，土层面上还受到上面的静水压力作用。土中各点自重应力计算如下：

a 点：$z = 0$，$\sigma_{cz} = \gamma_z = 0$

$b_上$点：$z = 9$，但该点位于粗砂中，$\sigma_{cz} = \gamma' z = 10.19 \times 9 = 91.71\text{kPa}$

$b_下$点：$z = 9$，但该点位于黏土层中，$\sigma_{cz} = \gamma' z + \gamma_w h_w = 10.19 \times 9 + 9.81 \times 12 = 209.43\text{kPa}$

c 点：$z = 14$，$\sigma_{cz} = 209.43 + 19.5 \times 5 = 306.93\text{kPa}$

17. D

【解析】目前采用地基中附加应力计算方法，是根据弹性理论推倒而来的。因此需要对地基作如下假定：

(1)地基是半无限弹性体；

(2)地基是均匀连续的，即变形模量和侧压力系数各处相等；

(3)地基是各向同性的，即同一点的变形模量和侧压力系数在各个方向相等。

18. B

【解析】地下水位下降，原水位以上无变化，原水位下孔隙水压力减小，有效应力增大。

19. C

【解析】基底压力按中心受压公式计算：$p = \dfrac{F + G}{A} = \dfrac{3000 + 20 \times 15 \times 2}{15} = 240\text{kPa}$。

20. C

【解析】水平向自重应力$\sigma_{cx} = \sigma_{cy} = K_0 \sigma_{cz} = 200 \times 0.25 = 50\text{kPa}$。

21. B

【解析】由建筑物荷载或其他外荷载在地基内所产生的应力称为附加应力。

22. C

【解析】自重应力随深度的增加而增大；在求地下水位以下的自重应力时，应取其有效重度计算；土的自重应力分布曲线是一条折线，拐点在土层交界处和地下水位处。

23. D

【解析】地基表面作用着均布的矩形荷载，在矩形的中心点下，随着深度的增加，附加应力逐渐减小，且呈曲线变化，自重应力呈折线增大。

24. B

【解析】饱和土的有效应力原理包括两个点：①土的有效应力等于总应力减去孔隙水压力；②土的有效应力控制了土的变形及强度性能。

第四节 土的力学性质

【考试纲要】

(1)土的强度;

(2)变形指标;

(3)土的压实特性;

(4)压实土的力学特性;

(5)土体强度理论;

(6)软土在荷载作用下的强度增长规律;

(7)土体抗剪强度;

(8)直剪试验及相应的强度指标;

(9)三轴试验及相应的强度指标。

【复习提示】

1. 复习要点

考生应掌握土的压缩特性及变形指标,土的应力历史及土性判断;理解土的强度定义,掌握库仑强度定律;熟练运用土的极限平衡条件式判别土的状态;掌握直剪试验、三轴试验及相应的强度指标,理解有效应力与抗剪强度的对应关系;了解软土在荷载作用下的强度增长规律;了解土的压实特性与压实土的力学特性。

重点:

(1)土的变形指标,包括压缩系数、压缩模量、变形模量、压缩指数和回弹指数等。在土体压缩性判定、地基最终沉降量的计算、地基沉降与时间的关系计算等知识点中均会涉及土的变形指标。

(2)土的抗剪强度理论,即莫尔—库仑强度理论,在工程实践中广泛应用。在分析土坡稳定性、土压力计算及地基承载力计算时均会用到土的抗剪强度理论。

(3)直剪试验及相应的强度指标。直剪试验有快剪、固结快剪和慢剪三种试验方法,要注意在工程实践中对直剪试验强度指标的合理选用。

(4)三轴试验及相应的强度指标。三轴试验有不固结不排水剪(UU 试验)、固结不排水剪(CU 试验)和固结排水剪(CD 试验),要注意在工程实践中对三轴试验强度指标的合理选用。

难点:

(1)土的抗剪强度理论及其应用。

(2)三轴试验及相应的强度指标,抗剪强度与有效应力的对应关系。

2. 规范提示

工程实践中常常涉及土的抗剪强度指标的选用,例如《公路路基设计规范》(JTG D30—2015)在第 3.6.8 条中指出,高路堤与陡坡路堤稳定性分析的强度参数试验方法应符合下列要求:路基填土的强度参数 c、φ 值可采用直剪快剪或三轴不排水剪试验获得;地基土的强度参数 c、φ 值宜采用直剪固结快剪或三轴固结不排水剪试验获得;分析高陡路堤沿斜坡地基或软弱层带滑动的稳定性时，应结合场地条件，选择控制性层面的土层试验获得强度参数 c、φ 值，可采用直剪快剪或三轴不排水剪试验获得。

习题精练

1.【2019 年真题】土体具有压缩性的主要原因(　　)。

A. 因为水被压缩引起的　　B. 由孔隙的减少引起的

C. 由土颗粒压缩引起的　　D. 土体本身压缩模量较小引起的

2.【2019 年真题】在一定压实功作用下，土样中粗粒含量越多，则该土样(　　)。

A. 最佳含水率和最大干密度均越大　　B. 最佳含水率越小，最大干密度越大

C. 最大含水率与最大干密度均越小　　D. 最佳含水率越大，最大干密度越小

3.【2019 年真题】某点土体处于极限平衡状态时，则 τ-σ 标系中，抗剪强度直线和莫尔应力圆的关系为(　　)。

A. 相切　　B. 相割　　C. 相离　　D. 不确定

4.【2020 年真题】土的有效应力作用会引起土体发生压缩，同时有效应力也影响土的抗剪强度，有效应力等于(　　)。

A. 总应力减去孔隙压力　　B. 总应力减去孔隙水压力

C. 总应力减去孔隙中空气压力　　D. 孔隙中的空气压力与孔隙水压力之和

5.【2020 年真题】室内测定土的压缩性指标的试验为(　　)。

A. 剪切试验　　B. 侧限压缩试验

C. 静载荷试验　　D. 无侧限压缩试验

6.【2020 年真题】有 A、B 两土样，如果其中 A 的压缩性大于 B 的压缩性，则(　　)。

A. 土样 B 的压缩曲线陡　　B. 土样 A 的压缩系数小

C. 土样 A 的压缩模量小　　D. 土样 B 易产生变形

7.【2020 年真题】饱和软土地基在外荷载作用下，其抗剪强度逐渐增长的原因是(　　)。

A. 总应力的减小　　B. 有效应力的减小

C. 孔隙水压力的消散　　D. 孔隙水压力的增加

8. 压缩系数的单位为(　　)。

A. kN　　B. kPa　　C. MPa　　D. MPa^{-1}

9. 土的强度主要是与土中(　　)有关。

A. 孔隙水应力　　B. 孔隙应力

C. 有效应力　　D. 总应力

10. 土体强度的实质是指(　　)。

A. 抗剪强度　　B. 抗压强度　　C. 剪切应力　　D. 抗拉强度

11. 无黏性土的抗剪强度表达式为(　　)。

A. $\tau_f = c\tan\varphi$　　B. $\tau_f = c + \sigma\tan\varphi$

C. $\tau_f = \sigma\tan\varphi$　　D. $\tau_f = c\tan\varphi + \sigma$

12. 评价土的压实效果，应从哪些指标来评价（　　）。

A. 塑性指数、液性指数与含水率

B. 孔隙比、相对密实度与标准贯入锤击数

C. 最大干密度、压实系数与最优含水率

D. 以上说法都不正确

13. 下列说法正确的是（　　）。

①e-p 曲线越陡，土的压缩性越小②压缩系数越大，土的压缩性越大

③压缩指数越大，土的压缩性越大④压缩模量越大，土的压缩性越大

A. ②③　　B. ①③　　C. ①④　　D. ①②③

14. 某土层厚 2m，平均自重应力所对应的孔隙比 $e_1 = 1.000$，在外荷载作用下，其平均自重应力与平均附加应力和所对应的孔隙比 $e_2 = 0.800$，则该土层的最终沉降量为（　　）。

A. 10cm　　B. 20cm　　C. 25cm　　D. 30cm

15. 某厚度为 10m 的饱和黏土层，初始孔隙比 $e_0 = 1$，压缩系数 $a = 0.2\text{MPa}^{-1}$，在大面积荷载 $p_0 = 100\text{kPa}$ 作用下，该土层的最终沉降量为（　　）。

A. 10mm　　B. 20mm　　C. 100mm　　D. 200mm

16. 某场地地表土被人为挖去了 5m，则该场地土成为（　　）。

A. 正常固结土　　B. 超固结土　　C. 欠固结土　　D. 不确定

17. 通常，欠固结土的地基沉降主要由（　　）产生。

A. 自重应力　　B. 自重应力及附加应力

C. 附加应力　　D. 自重应力及附加应力之差

18. 设 P_c 为前期固结压力，P_0 为土的自重压力，已知 $P_c > P_0$，则超固结比 OCR（P_c/P_0）是（　　）。

A. <1　　B. >1　　C. $=1$　　D. 不确定

19. 对一个砂土试样进行直剪试验，竖向压力为 100kPa，破坏时剪应力为 57.7kPa，该土样的大主应力面与破裂面的夹角为（　　）。

A. 60°　　B. 30°　　C. 45°　　D. 15°

20. 某种土的三轴剪切试验，两个试样剪坏时的应力分别为 A 样：$\sigma_{3f} = 40\text{kPa}$，$\sigma_{1f} = 160\text{kPa}$；B 样：$\sigma_{3f} = 120\text{kPa}$，$\sigma_{1f} = 400\text{kPa}$。该土的应力指标 c 与 φ 应为（　　）。

A. 11.55kPa，30°　　B. 15.2kPa，28°　　C. 20.1kPa，32°　　D. 10kPa，31°

21. 某土样进行三轴压缩试验，剪破时 $\sigma_1 = 500\text{kPa}$，$\sigma_3 = 100\text{kPa}$，剪破面与大主应力作用面夹角为 60°，则土的 c 与 φ 应为（　　）。

A. 57.7kPa，30°　　B. 60kPa，28°　　C. 56.5kPa，30°　　D. 45kPa，28°

22. 已知某种土的 $\varphi = 30°$。取该土样进行三轴剪切试验，若当前应力状态为 $\sigma_1 = 180\text{kPa}$，$\sigma_3 = 50\text{kPa}$，则液压 p 减少 30kPa 时土样发生破坏，由此可确定该种土的黏聚力 c 为（　　）kPa。

A. 25.9　　B. 26　　C. 26.2　　D. 28

23. 干硬黏性土进行单轴压力试验时，测得其破坏面与大主应力作用方向的夹角为 α，则该土的内摩擦角 φ 应为（　　）。

A. $\varphi = 45° + \alpha$　　B. $\varphi = 90° - 2\alpha$　　C. $\varphi = 90° + 2\alpha$　　D. $\varphi = 45° - \alpha/2$

24. 在天然饱和黏性土地基上修建路堤，若路堤填土施工速度很快，则进行施工期的路基稳定分析时应选用(　　)指标。

A. 快剪　　B. 固结快剪　　C. 慢剪　　D. 排水固结

25. 在饱和黏性土地基上修筑路堤或堆载形成的边坡，当填土结束时，边坡的稳定性采用(　　)，而长期稳定性则采用(　　)。

A. 总应力法，有效应力法　　B. 总应力法，总应力法

C. 有效应力法，总应力法　　D. 有效应力法，有效应力法

26. 十字板剪切试验常用于测定(　　)的原位不排水抗剪强度。

A. 砂土　　B. 粉土　　C. 黏性土　　D. 饱和软黏土

27. 软黏土的灵敏度可用(　　)测定。

A. 直接剪切试验　　B. 室内压缩试验

C. 标准贯入试验　　D. 十字板剪切试验

28. 三轴试验时，试样所受的小主应力 σ_3 等于(　　)。

A. σ_2　　B. $\sigma_2 - q$　　C. $\sigma_1 - q$　　D. $\sigma_1 + q$

29. 一个密砂和一个松砂饱和试样，进行不固结不排水三轴试验，试问破坏时试样中孔隙水压力有何差异(　　)。

A. 一样大　　B. 松砂大　　C. 密砂大　　D. 不确定

30. 土的直剪试验中，在剪切破坏面上(　　)。

A. 剪应力最大，正应力不一定最大　　B. 正应力最大，剪应力不一定最大

C. 剪应力及正应力均为最大　　D. 剪应力及正应力均不一定最大

31. 饱和黏性土在不同竖向压力 p_1、p_2、p_3($p_1 < p_2 < p_3$)作用下在直剪仪中进行快剪，所得的强度的关系是(　　)。

A. 三者强度相同　　B. p 越大，孔隙水压力越大，强度越低

C. p 越大，强度越大　　D. 不确定

习题参考答案及解析

1. B

【解析】土的压缩性：土体在外力作用下体积减小的特性。土的压缩通常有三部分：①固体土颗粒被压缩；②土中水及封闭气体被压缩；③水和气从孔隙中挤出；固体颗粒和水的压缩很小，在一般压力 100～600kPa 下可忽略。土的压缩主要是孔隙中一部分水和空气被挤出，封闭气泡被压缩。对于饱和土来说，土的压缩主要是孔隙水被挤出。

2. B

【解析】在同一击实功能下，含粗颗粒越多的土样最大干密度越大，而最佳含水率越小，即根据击实曲线与饱和曲线的位置来看，即随着粗颗粒增多，击实曲线形态不变而峰点向左上方移动。

3. A

【解析】根据莫尔—库伦强度理论:土体处于极限平衡状态时,莫尔应力圆与抗剪强度线相切;土体处于弹性平衡状态时,莫尔应力圆与抗剪强度线相离;土体处于破坏状态时,莫尔应力圆与抗剪强度线相交。

4. B

【解析】土的有效应力原理:在饱和土体内,任一平面上的总应力可分为由土骨架承受的有效应力和孔隙水承受的孔隙水压力两部分 $p=u+\sigma$,且当总应力保持不变时,孔隙水应力与有效应力可以相互转换。

5. B

【解析】侧限压缩试验亦称固结试验,是研究土压缩性的最基本方法。试验装置为压缩仪,将切有土样的环刀置于刚性护环中,环刀及护环的限制使得土样在竖向压力作用下只能发生竖向变形,无侧向变形。

6. C

【解析】土的压缩模量与压缩系数之间的关系为 $E_s=\frac{1+e_1}{a}$,土的压缩性越大,则压缩系数越大,压缩曲线越陡,压缩模量越小,土样越容易产生变形。

7. C

【解析】土有效应力抗剪强度表达式:$\tau'_f=c'+\sigma'\tan\varphi'=c'+(\sigma-u)\tan\varphi'$。根据土的有效应力原理:在饱和土体内,任一平面上的总应力可分为由土骨架承受的有效应力和孔隙水承受的孔隙水压力两部分。饱和软土在外荷载作用下,发生排水固结,孔隙中的水逐渐排出,孔隙水压力逐渐减少,土的有效应力逐渐增大,抗剪强度也相应地提高。

8. D

【解析】土的压缩系数是土在有侧限条件下压缩性的一个指标,压缩系数 a 值与土所受的荷载大小有关,为了便于比较,一般采用压力间隔 $p_1=100\text{kPa}$ 至 $p_2=200\text{kPa}$ 时对应的压缩系数 $a_{1\text{-}2}$,定义为 $a=\frac{e_1\quad e_2}{p_2-p_1}$,单位为 MPa^{-1}。

9. C

【解析】土的强度是指土的抗剪强度。土的有效应力原理指出土中某点的总应力等于有效应力与孔隙水压力之和,而土的总应力抗剪强度指标会因为试验方法、排水条件等的变化而不同,即土的抗剪强度与总应力之间没有唯一的对应关系;如果在试验中能够考虑孔隙水压力的影响,对于同一种土,不论采取哪一种试验方法,只要能准确量测出试样破坏时的孔隙水压力,则土的有效应力抗剪强度指标应该是相同的,即土的抗剪强度与有效应力有对应关系。

10. A

【解析】土体强度是指土体对于外荷载所产生的剪应力的极限抵抗能力。在外荷载作用下,土体将产生剪应力和剪切变形,当土中某点由外力所产生的剪应力达到土的抗剪强度时,土就沿着剪应力作用方向产生相对滑动,该点便发生剪切破坏。工程实践与室内试验都证实了土是由于受剪而产生破坏,即土体强度的实质是抗剪强度。

11. C

【解析】无黏性土的黏聚力为0，由库仑定律知无黏性土的抗剪强度表达式为$\tau_f = \sigma\tan\varphi$。

12. C

【解析】塑性指数是反映黏性土可塑性大小的指标，液性指数是反映黏性土软硬状态的指标，含水率是描述土的干湿程度的指标，孔隙比是描述土紧密程度的指标，相对密实度是描述砂土密实程度的指标，标准贯入锤击数是划分砂土密实度的指标。只有当压实土粒为最佳含水率时，土才能被击实至最大干密度，从而达到最大压实效果，故选C。

13. A

【解析】压缩系数$a = \frac{e_1 - e_2}{p_2 - p_1}$，$e$-$p$曲线越陡，则在压力变化相同时，土的孔隙比变化越大，压缩系数也越大，土越容易压缩，故①错；压缩指数C_c是指e-$\lg p$曲线直线段的斜率，公式为$C_c = \frac{e_1 - e_2}{\lg \frac{p_2}{p_1}}$，压缩指数越大，土的压缩性越大；压缩模量$E_s = \frac{1 + e_1}{a}$，与压缩系数成反比，故压缩模量越大，土的压缩性越小，④错。

14. B

【解析】因为在外荷载施加前后，土颗粒的体积不变，且土样横截面积不变，所以受压前后试样中土粒所占高度不变，根据荷载作用下土样压缩稳定后总压缩量ΔH与相应的孔隙比e的公式$\Delta H = \frac{e_1 - e_2}{1 + e_1}H_1$，可知土层最终沉降量为20cm。

15. C

【解析】土层的最终沉降量$S = \frac{p_0 H}{E_s}$，压缩模量$E_S = \frac{1 + e_0}{a}$，代入求得最终沉降量为100mm。

16. B

【解析】天然土层在历史上受过最大固结压力，称为先期固结压力或称前期固结压力。根据应力历史可将土层分为正常固结土、超固结土和欠固结土三类。正常固结土在历史上所经受的先期固结压力等于现有覆盖土重；超固结土是指历史上曾经受过大于现有覆盖土重的先期固结压力；而欠固结土的先期固结压力则小于现有覆盖土重。由于该某场地地表土挖去5m，相当于卸载，故属于超固结土。

17. A

【解析】欠固结土是指土层的前期固结压力小于土层的自重应力，该土层在自重作用下的固结尚未完成，如新近沉积黏性土、人工填土等，故欠固结土的地基沉降主要由自重应力产生。

18. B

【解析】当土层历史上受过的最大有效应力大于土自重应力，这种土称为超固结土，则OCR > 1。

19. A

【解析】砂土的抗剪强度表达式：$\tau_f = \sigma\tan\varphi$，破裂面与大主应力面的夹角为：$\alpha = 45° + \frac{\varphi}{2}$，故可求得A。

20. A

【解析】根据大主应力与小主应力的关系可知：

$\sigma_1 = \sigma_3\tan^2\left(45° + \frac{\varphi}{2}\right) + 2c\tan\left(45° + \frac{\varphi}{2}\right)$，将数据代入并联立方程解得土的黏聚力 c 为11.55kPa，内摩擦角为30°。

21. A

【解析】根据剪破面与大主应力作用面夹角 $\alpha = 45° + \varphi/2$ 以及大主应力与小主应力之间的关系：$\sigma_1 = \sigma_3\tan^2\left(45° + \frac{\varphi}{2}\right) + 2c\tan\left(45° + \frac{\varphi}{2}\right)$，可得出答案为A。

22. A

【解析】当液压 p 减少30kPa时，此时应力状态为 $\sigma_1 = 150\text{kPa}$，$\sigma_3 = 20\text{kPa}$，土样发生破坏，说明大主应力的计算值小于已知值 $\sigma_1 = 150\text{kPa}$，即 $\sigma_1 > \sigma_3\tan^2\left(45° + \frac{\varphi}{2}\right) + 2c\tan\left(45° + \frac{\varphi}{2}\right)$，代入数据可得土的黏聚力 $c < 25.98\text{kPa}$，即选A。

23. B

【解析】根据剪破面与大主应力作用面夹角 $\alpha = 45° + \varphi/2$，可知土的内摩擦角 $\varphi = 90° - 2\alpha$。

24. A

【解析】在饱和软土地基快速修建路堤，由于加荷速度快，地基土渗透性低，则这种条件下的强度和稳定问题是不排水条件下的稳定分析问题，即在不排水条件下发生的剪切，故应该选用快剪指标。

25. A

【解析】在饱和黏性土地基上修筑路堤或堆载形成的边坡，超孔隙水压力随着填土荷载的不断增大而加大，如果近似地认为在施工过程中不发生排水，则填土荷载将全部由孔隙水来承担，施工过程中土的有效应力和土的抗剪强度也保持不变。竣工以后，土中的总应力保持不变，而超孔隙水压力则由于黏性土的固结而消散，直至趋于零，相应地土的有效应力和土的抗剪强度就会不断地增加。因此，当填土结束时，边坡的稳定性应采用总应力法和不排水强度来分析，而长期稳定性则应采用有效应力法和有效应力参数来分析。

26. D

【解析】十字板剪切试验是一种土的抗剪强度的原位测试方法，这种试验方法适合于饱和黏性土，特别适合于饱和软黏土，在我国沿海软土地区被广泛使用，所测得抗剪强度值，相当于试验深度处的天然土层在原位压力下固结的不排水抗剪强度。

27. D

【解析】十字板剪切试验是现场原位测试试验中的一种，可以测定饱和软黏土不排水抗剪强度与灵敏度，此外还可以测试地基加固效果和强度变化规律以及测定地基或边坡滑动位置等；直剪试验是用来测定土的抗剪强度的试验；室内压缩试验是研究土在有侧限条件下的压缩性能的一种试验；标准贯入试验是用来测定砂土密实程度的试验。

28. C

【解析】三轴试验主要步骤如下：将土切成圆柱体套在橡胶膜内，放在密封的压力室中，然后向压力室内压入水，使试件在各个方向受到周围压力，并使液压在整个试验过程中保持不变，这时试件内各向的三个主应力都相等，因此不产生剪应力。然后再通过传力杆对试件施加竖向压力，这样，竖向主应力就大于水平向主应力，当水平向主应力保持不变，而竖向主应力逐渐增大时，试件终于受剪而破坏。设剪切破坏时由传力杆加在试件上的竖向压应力为 q，则试件上的大主应力为 σ_1，则小主应力 $\sigma_3 = \sigma_1 - q$。

29. B

【解析】饱和砂土在不固结不排水剪切条件下，松砂的孔隙水压力随剪切的进行而不断增加，中密砂和密砂的孔隙水压力先增后减，故松砂饱和试样破坏时的孔隙水压力较大。

30. D

【解析】直剪试验的剪切面限定在上下盒之间的平面，而不是沿土样最薄弱的面剪切破坏，三轴压缩试验中试样破坏时的破裂面是在最薄弱处，所以在直剪试验中，在剪切破坏面上剪应力及正应力均不一定最大。

31. A

【解析】饱和黏性土在直剪仪中的快剪试验，在剪切过程中没有发生排水固结，孔隙水压力不会消散，所施加的外荷载全部由孔隙水压力承担，土的有效应力没有发生变化，所得的强度是相同的。

第五节　地基沉降计算与地基承载力

【考试纲要】

(1)分层总和法；

(2)一维固结理论；

(3)地基沉降的历时特征；

(4)地基破坏性状；

(5)地基承载力；

(6)地基承载力确定方法；

(7)地基容许承载力及其修正方法。

【复习提示】

1. 复习要点

考生应掌握地基沉降计算的分层总和法，能熟练进行地基沉降计算；掌握太沙基一维渗流固结理论，能熟练进行固结度的计算、沉降与时间关系计算；了解地基沉降的历时特征；了解地基破坏模式及破坏过程；掌握地基承载力的确定方法，能够熟练运用规范公式确定地基容许承载力。

重点：

(1)分层总和法计算地基沉降。在工程中需要计算两种沉降，地基的最终沉降量及任意时刻的沉降量，地基的最终沉降量计算最常用的方法是分层总和法。《公路桥涵地基与基础设计规范》(JTG 3363—2019)中给出的"压力面积法"实际上是一种简化了的分层总和法。

(2)太沙基一维渗流固结理论，用于分析沉降与时间的关系。

(3)地基容许承载力的计算方法。在地基承载力验算时会涉及该知识点。

难点：

(1)分层总和法计算地基最终沉降量。

(2)太沙基一维渗流固结理论及应用。

2. 规范提示

关于墩台基础的最终沉降量计算，《公路桥涵地基与基础设计规范》(JTG 3363—2019)沿用了 2007 版规范规定的计算方法，即"压力面积法"。"压力面积法"是一种简化了的"分层总和法"。"分层总和法"把地基土视作直线变形体，在外荷载作用下的变形只发生在有限厚度的范围内(即压缩层)，将压缩层厚度分层，分别求出各分层的应力，然后用土的应力—应变关系式求出各分层的变形量，变形量的总和即为地基的最终沉降量。而"压力面积法"从以下几个方面予以简化或改进：①"压力面积法"要求每天然土层当作一层来计算沉降量，减少了计算工作量；②采用平均附加应力系数$\bar{\alpha}$，而不采用附加应力系数 α；③对地基变形计算深度重新做了规定，采用相对变形作为控制标准；④引入沉降经验系数 ψ_s；⑤基底压力图形，近似简化为矩形。

《公路桥涵地基与基础设计规范》(JTG 3363—2019)有关地基容许承载力的计算，沿用了 2007 版规范，和 1985 版规范相比，做了部分调整：修正后的地基承载力容许值$[f_a]$对应于 1985 版规范中的$[\sigma]$，与 1985 版规范相比，现行规范的部分岩土分类方法有所变化，因此部分地基承载力基本容许值表也有所调整。需要特别注意的是规范对各种黏性土的地基承载力修正时均不考虑基础宽度修正，即 $k_1=0$。这是因为地基受压后，黏土和黄土地基的后期沉降量较大，基础越宽，沉降也越大，这对桥涵的正常运营是不利的。宽度增加时，黏土和黄土的 $k_1=0$，可以保证基础不致产生过大的沉降。

习题精练

1.【2019 年真题】下列因素中与水在土中渗透速度无关的是(　　)。

A. 渗流路径　　B. 水头差　　C. 土渗透系数　　D. 土的重度

2.【2020 年真题】饱和黏性土地基瞬时沉降的计算可采用(　　)。

A. 库伦理论　　B. 分层总和法

C. 经验公式　　D. 弹性理论公式

3.【2019 年真题】土的层流渗透定律(达西定律)一般只适用于(　　)。

A. 弹性理论公式　　B. 中砂、细砂和粉砂

C. 粗砂　　D. 卵石

4. 已知某老建筑物基础埋置深度 2m，基地下 5m 处的附加应力$\sigma_z=55\text{kPa}$，土的重度 $\gamma=$

$17kN/m^3$，由于房屋改造增加两层，基底下 5m 处的附加应力增加 10kPa。若土的孔隙比与应力之间的关系为 $e=1.15-0.0014p$，则 4 ~ 6m 厚的土层增加的沉降量为(　　)。

A. 2.13mm　　B. 1.86mm　　C. 1.47mm　　D. 3.55mm

5. 在摩擦角为零的黏土地基上，有两个埋置深度相同、宽度不同的条形基础，哪个基础的极限荷载大(　　)。

A. 基础宽度大的极限荷载大　　B. 基础宽度小的极限荷载大

C. 两个基础极限荷载一样大　　D. 不确定

6. 对非高压缩性土，分层总和法确定地基沉降计算深度 Z_n 的标准是(　　)。

A. $\sigma_c \leq 0.1\sigma_z$　　B. $\sigma_c \leq 0.2\sigma_z$　　C. $\sigma_z \leq 0.1\sigma_c$　　D. $\sigma_z \leq 0.2\sigma_c$

7. 用分层总和法计算地基沉降时，附加应力曲线表示(　　)。

A. 总应力　　B. 孔隙水压力　　C. 有效应力　　D. 超孔隙水压力

8. 所谓土的固结，主要是指(　　)。

A. 总应力引起超孔隙水压力增长的过程

B. 超孔隙水压力消散，有效应力增长的过程

C. 总应力不断增加的过程

D. 有效应力不断减小的过程

9. 黏土层的厚度均为 4m，情况之一是双面排水，情况之二是单面排水。当地面瞬时施加一无限均布荷载，两种情况土性相同，达到同一固结度所需要的时间差是(　　)。

A. 2 倍　　B. 4 倍　　C. 8 倍　　D. 1 倍

10. 土层的渗透系数 k 不受下列(　　)的因素影响。

A. 土的孔隙比　　B. 渗透水的温度　　C. 土的饱和度　　D. 渗透水头压力

11. 采用弹性力学公式计算地基瞬时沉降时，式中的模量应取(　　)。

A. 变形模量　　B. 压缩模量　　C. 弹性模量　　D. 回弹模量

12. 次固结变形(　　)。

A. 与主固结变形同时发生　　B. 主固结变形完成后发生

C. 与加载过程同时发生　　D. 不确定

13. 有两个黏土层，土的性质相同，土层厚度与排水边界条件也相同。若地面瞬时施加的超载大小不同，则经过相同时间后，两土层的平均孔隙水压力(　　)。

A. 超载大的孔隙水压力大　　B. 超载小的孔隙水压力大

C. 一样大　　D. 不一定

14. 地基承载力的影响因素不包含(　　)。

A. 基础埋深、基础宽度　　B. 地基土抗剪强度

C. 地基土质量密度　　D. 基础材料的强度

15. 所谓地基极限承载力，是指(　　)。

A. 地基的变形达到上部结构极限状态时的承载力

B. 地基中形成连续滑动面时的承载力

C. 地基中开始出现塑性区时的承载力

D. 地基达到整体剪切破坏时的承载力

16. 在黏性土地基上有一条形刚性基础，基础宽度为 B。在上部荷载作用下，基底持力层内最先出现塑性区的位置是(　　)。

A. 条形基础中心线下　　B. 离中心线 $B/3$ 处

C. 条形基础边缘处　　D. 离中心线 $B/4$ 处

17. 地基破坏的性状不包括(　　)。

A. 刺入破坏　　B. 整体剪切破坏

C. 局部滑落破坏　　D. 局部剪切破坏

18. 在软土地基上采用分两级加载建造仓库，先缓慢施工后再快速加载，此时应采用哪种指标分析地基承载力(　　)。

A. 不固结不排水指标　　B. 固结不排水指标

C. 固结排水指标　　D. 无侧限抗压强度指标

19. 确定地基容许承载力时，不再做宽度修正的是(　　)。

A. 砂土　　B. 碎石土　　C. 黏土　　D. 砾石

20. 某桥墩基础如图所示。已知基础底面宽度 $b=5\text{m}$、长度 $l=10\text{m}$、埋置深度 $h=4\text{m}$，作用在基底中心的竖直荷载 $N=8000\text{kN}$，地基土的性质如下图所示。请确定地基容许承载力，并验算地基强度是否满足要求(　　)。

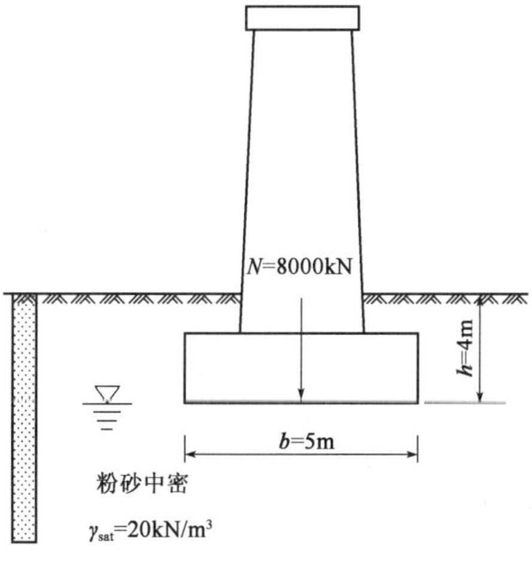

A. 170kPa，地基强度满足要求　　B. 170kPa，地基强度不满足要求

C. 150kPa，地基强度满足要求　　D. 150kPa，地基强度不满足要求

21. 在 $\varphi=15°$，$c=15\text{kPa}$，$\gamma=18\text{kN/m}^3$ 的地基表面有一个宽度为 3m 的条形均布荷载，要求控制安全系数为 3，求条形荷载的数值。当地下水位在地表处时，试求此时条形均布荷载的值(　　)。($N_\gamma=1.80$，$N_q=4.45$，$N_c=12.9$)

A. 121.1、107.7　　B. 80.7、71.7　　C. 60.5、50.3　　D. 50.5、40.3

22. 若有一黏土层，厚为 10m，上下两面均可排水。现从黏土层中心取样后切取一厚为 2cm 的试样，放入固结仪做固结试验(上下均有透水石)，在某一级固结应力作用下，测得其固结度达到 80% 时所需的时间为 10min，则该黏土层在现场受到与试验室固结应力同样大小的

压力作用下,达到同一固结度所需的时间为(　　)。

A. 4.8 年　　B. 3.3 年　　C. 5.2 年　　D. 6.5 年

23. 某土层压缩系数为 0.50MPa^{-1},天然孔隙比为 0.8,土层厚 1m,已知该土层受到的平均附加应力 $\bar{\sigma}z = 60\text{kPa}$,则该土层的沉降量为(　　)。

A. 1.67mm　　B. 16.7mm　　C. 15mm　　D. 1.5mm

24. 对同一个基础,下列荷载中数值最大的是(　　)。

A. 临塑荷载 p_{cr}　　B. 极限荷载 p_u

C. 临界荷载 $p_{\frac{1}{4}}$　　D. 临界荷载 $p_{\frac{1}{3}}$

习题参考答案及解析

1. D

【解析】根据达西定律:$v = kl = k\Delta H/\Delta l$,即渗流速度与渗流路径、水头差和土的渗透系数有关,与土的重度无关。

2. D

【解析】一般条件下的地基沉降:碎石土和砂土的压缩性小而渗透性大,在受荷后固结稳定所需的时间很短,可以认为在外荷载施加完毕时,其固结变形就已经基本完成。饱和黏性土与粉土地基在建筑物荷载作用下需要经过相当长时间才能达到最终沉降,如厚饱和软黏土层,其固结变形需要几年甚至几十年。工程中一般只考虑黏性土和粉土的变形与时间的关系。根据对黏性土地基在局部(基础)荷载作用下的实际变形特征的观察和分析可知,黏性土地基的沉降 S 由三部分组成:$S = S_d + S_c + S_s$ 分别是瞬时(初始)沉降、固结(主固结)沉降、次固结(蠕变)沉降

3. B

【解析】适用条件:层流(线性流动)。岩土工程中的绝大多数渗流问题,包括砂土或一般黏土,均属层流范围。在粗粒土孔隙中,水流形态可能会随流速增大呈紊流状态,渗流不再服从达西定律。可用雷诺数进行判断:达西定律的适用范围:$R_e < 5$ 时层流;$R_e > 200$ 时紊流;$200 > R_e > 5$ 时为过渡区

$$R_e = \frac{v \cdot d_{10}}{\eta}$$

4. C

【解析】

$e_1 = 1.15 - 0.0014 \times (17 \times 7 + 55) = 0.906$

$\Delta e = 0.0014 \times 10 = 0.014$

$S = \dfrac{\Delta e}{1 + e}H = \dfrac{0.014}{1 + 0.906} \times 200 = 0.147(\text{cm}) = 1.47(\text{mm})$

5. C

【解析】已知条形基础在中心荷载下的地基承载力公式为：$p_u=\frac{1}{2}\gamma BN_r+qN_q+cN_c$。当 $\varphi=0$ 时，$N_r=0$，所以两者承载力一样。

6. D

【解析】附加应力随深度递减，自重应力随深度递增，因此到了一定深度之后，附加应力与自重应力相比很小，引起的压缩变形就可忽略不计了。一般取地基附加应力等于自重应力的20%（$\sigma_z=0.2\sigma_c$）深度处作为沉降计算深度的限值；若在该深度以下为高压缩性土，则应取地基附加应力等于自重应力的10%（$\sigma_z=0.1\sigma_c$）深度处作为沉降计算深度的限值。

7. C

【解析】饱和土中总应力是由上面土体的重力、静水压力及外荷载所产生的应力，一部分由土颗粒间的接触面承担，称为有效应力；而由于建筑物荷重使基底增加的压力称为基底附加压力。所以基地附加应力是外荷载对地基产生的有效应力。

8. B

【解析】固结：在荷载或其他因素作用下，土体孔隙中水分逐渐排出、体积压缩、密度增大的现象。固结指土的压缩过程，但大多数情况下，固结仅指饱和土的排水压密过程，分主固结与次固结。当饱和土受压后，其附加压力由有效压力和孔隙水压力共同分担，分担的情况随时间而变化。最初，由于土中孔隙水不能及时排出，附加压力几乎全由孔隙水压力承担，产生超静水压力水头。孔隙水在此水头作用下由孔隙中排出，土骨架受压缩，附加压力逐渐转移到骨架上，有效压力逐渐加大，而孔隙水压力逐渐减小，最后附加压力全部由有效压力承担，土的压缩过程就此结束。这整个过程，称为固结或排水固结。故固结过程也可以理解为孔隙水压力消散的过程。土固结的快慢取决于土中水排出的速度，即取决于土的渗透性和渗透途径的长短，透水性差，渗透途径长，则固结时间也长。

9. B

【解析】当地面瞬时施加一无限均布荷载，$\zeta=1$，其他条件都相同，双面排水的最大排水距离为土层厚度的一半，单面排水的最大排水距离为土层厚度，故双面排水的时间因数 $T_{v1}=\frac{Cvt_1}{(H/2)^2}$，单面排水的时间因数 $T_{v2}=\frac{Cvt_2}{H^2}$，当固结度相同时，时间因数相等 $T_{v1}=T_{v2}$，则 $\frac{t_1}{t_2}=\frac{(H/2)^2}{H^2}=\frac{1}{4}$，故而是4倍关系。

10. D

【解析】土体的渗透系数受土颗粒粒径大小和级配、孔隙比、饱和度、温度和土的结构构造有关，孔隙比越小，渗透系数越小，A正确；温度影响水的动力黏滞系数，温度升高，水的黏滞性下降，渗透系数增大，B正确；饱和度越大，渗透系数越小，C正确；渗透水头压力只是渗流发生的驱动能，是渗流发生的条件，渗透水的补给不影响渗透系数，D错误。

11. C

【解析】瞬时沉降是在施加荷载后瞬时发生的，在很短的时间内，孔隙中的水来不及排出。因此对于饱和的黏性上来说，沉降是在没有体积变形的条件下产生的，这种变形实质上是通过剪应变引起的侧向挤出，是形状变形。因此这一沉降计算是考虑了侧向变形的地基沉降计算，而像分层总和法等实用的沉降计算方法则没有考虑这一过程。在单向压缩（如薄压缩层地基上大面积均匀堆载）时由于没有剪应力，也就没有侧向变形，可以不考虑瞬时沉降这一分量。

12. B

【解析】次固结沉降是指超静孔隙水压力消散为零，在有效应力基本上不变的情况下，随时间继续发生的沉降量，一般认为这是在恒定应力状态下，土中的结合水以黏滞流动的形态缓慢移动，造成水膜厚度相应地发生变化，使土骨架产生徐变的结果。

13. A

【解析】若地面瞬时施加的超载大，则土产生的反力大，总应力由土颗粒间的有效应力和孔隙水压力组成，有效应力不变，超载大的孔隙水压力大。

14. D

【解析】地基承载力计算公式：$f_a = M_b\gamma_b + M_d\gamma_m d + M_c c_k$ 可知基础埋深 d、基础宽度 b、抗剪强度（c_k、φ_k）、地基土的质量密度（ρ、λ）等与承载力的计算有关系。

15. B

【解析】地基承载力是指地基土单位面积上所能承受荷载的能力，以 kPa 计。通常把地基不致失稳时地基土单位面积上所能承受的最大荷载称为极限承载力（p_u）。

16. C

【解析】整体剪切破坏常发生在浅埋基础下的密砂或硬黏土等坚实地基中，整体剪切破坏的特征是，当基础上荷载较小时，基础下形成一个三角形压密区，随着荷载增加，压密区向两侧挤压，土中产生塑性区Ⅰ，塑性区先在基础边缘产生，然后逐步扩大形成Ⅱ、Ⅲ塑性区。

17. D

【解析】地基破坏的形式分为整体剪切破坏、局部剪切破坏、刺入剪切破坏。

18. B

【解析】缓慢施工时有足够的时间让地基充分排水固结，待固结完成后再快速加载完成剪切，应采用固结不排水指标。

19. C

【解析】若地基土为黏土和粉土时，受压后其后期沉降量较大，基础越宽，沉降也越大，这对建筑物正常使用是不利的，加上在制定基本容许承载力值时，已适当考虑了基础宽度的影响，故对黏性土和粉土的地基容许承载力不再考虑宽度修正，这样可以保证基础不致产生过大的沉降。

20. A

【解析】按《公路桥涵地基与基础设计规范》（JTG 3363—2019）确定地基容许承载力：$[f_a] = [f_{a0}] + k_1\gamma_1(b-2) + k_2\gamma_2(h-3)$。已知基底下持力层为中密粉砂（水下），土的重度 γ_1 应考虑浮力作用，故 $\gamma_1 = \gamma_{sat} - \gamma_w = 20 - 10 = 10(kN/m^3)$。由规范表查得粉砂的容许承载力 $[f_{a0}] = 100kPa$。查得宽度及深度修正系数 $k_1 = 1.0$、$k_2 = 2.0$，基底以上土的重度 $\gamma_2 = 20kN/m^3$，则粉砂经过修正提高的容许承载力 $[f_a]$ 为：$f_a = 100 + 1 \times 10 \times (5-2) + 2 \times 20 \times (4-3) = 100 + 30 + 40 = 170kPa$。

基底压力 $p=\dfrac{N}{bl}=\dfrac{8000}{5\times 10}=160\text{kPa}<f_a$，故地基强度满足。

21. B

【解析】采用太沙基地基极限承载力公式：

(1)　$p_u=\dfrac{1}{2}\gamma bN_r+qN_q+cN_c=\dfrac{1}{2}\times 18\times 3\times 1.8+0+15\times 12.9=242.1(\text{kPa})$

$$p=\frac{p_u}{3}=80.7(\text{kPa})$$

(2)　$p_u=\dfrac{1}{2}\gamma bN_r+qN_q+cN_c=21.6+193.5=215.1(\text{kPa})$

$$p=\frac{p_u}{3}=71.7(\text{kPa})$$

22. A

【解析】已知黏土层的厚度 H_1 为 10m，试样厚度 H_2 为 2cm，达到固结度 80% 所需的时间 t_2 为 10min。若设黏土层达到固结度 80% 时所需的时间为 t_1，由于土的性质和固结度均相同，因而由 $C_{v1}=C_{v2}$ 和 $T_{v1}=T_{v2}$ 的条件可得：$\dfrac{t_1}{\left(\dfrac{H_1}{2}\right)^2}=\dfrac{t_2}{\left(\dfrac{H_2}{2}\right)^2}$，于是有：

$$t_1=\frac{H_1^2}{H_2^2}\times t_2=\frac{1000^2}{2^2}\times 10=2500000\text{min}=4.756\text{ 年}$$

23. B

【解析】$\Delta_{si}=\dfrac{a_i}{1+e_{1i}}\bar{\sigma}_{zi}h_i=\dfrac{0.5\times 60\times 10^{-3}}{1+0.8}\times 1000\text{mm}=16.7\text{mm}$，也可以先求出该土层的压缩模量 $E_s=\dfrac{1+e_1}{a}=\dfrac{1+0.8}{0.5}=3.6\text{MPa}$，计算 $\Delta_{si}=\dfrac{\bar{\sigma}_{zi}}{E_{si}}h_i=\dfrac{60}{3.6}\times 1=16.7\text{mm}$。

24. B

【解析】临塑荷载 p_{cr}——基础边缘地基中刚要出现塑性区时基底单位面积上所承担的荷载，它相当于地基从压缩阶段过渡到剪切阶段时的界限荷载，即 P-S 曲线上第一个转折点所对应的荷载；

临界荷载 $p_{\frac{1}{4}}$——若地基中允许塑性区的深度等于基底宽度的 1/4，此时的荷载称为临界荷载 $p_{\frac{1}{4}}$；

临界荷载 $p_{\frac{1}{3}}$——若地基中允许塑性区的深度等于基底宽度的 1/3，此时的荷载称为临界荷载 $p_{\frac{1}{3}}$；

极限荷载 p_u——地基不致失稳时地基土单位面积上所能承受的最大荷载称为极限承载力，它相当于地基从剪切阶段过渡到破坏阶段的界限荷载，即 P-S 曲线上第二个转折点所对应的荷载。

从以上定义可见，对同一个基础，极限荷载最大。

第六节　土坡稳定分析

【考试纲要】

(1)砂性土土坡稳定分析方法；

(2)黏性土土坡圆弧滑动体整体稳定分析方法；

(3)条分法的基本原理；

(4)毕肖普条分法；

(5)土坡稳定分析中一些特殊问题的考虑。

【复习提示】

1. 复习要点

考生应掌握砂性土土坡稳定分析方法；掌握黏性土土坡圆弧滑动体整体稳定分析方法；掌握条分法的基本原理，掌握毕肖普条分法，了解其他条分法，弄清楚各种条分法的异同；能熟练进行土坡稳定分析计算；了解土坡稳定分析中的一些特殊问题。

重点：

(1)砂性土土坡稳定分析。对于砂性土土坡，土坡破坏模式为平面滑动，土坡稳定性取决于土体内摩擦角和土坡坡角。

(2)黏性土土坡稳定分析。条分法广泛应用于黏性土土坡稳定分析，在工程实践中，对于规模较大的碎裂结构岩质边坡和土质边坡宜采用简化毕肖普条分法。

难点：

条分法分析黏性土土坡稳定性。

2. 规范提示

《公路路基设计规范》(JTG D30—2015)规定，对于路堤堤身稳定性、路堤和地基的整体稳定性宜采用简化毕肖普条分法。需要指出的是，原规范(JTG D30—2004)考虑到不同的地基情况，采用了考虑地基平均固结度和不同地基强度参数表达的简化毕肖普条分法，现行规范为避免理解上的困难和混乱，采用了通常的简化毕肖普条分法。

习题精练

1.【2019年真题】常性土坡整体滑动的稳定安全系数表达式为(　　)。

A. k = 稳定力矩/滑动力矩　　B. k = 抗滑力/滑动力

C. k = 抗滑力/剪应力　　D. k = 抗剪切力矩/剪切力

2. 砂性土坡的稳定安全系数与坡高(　　)。

A. 无关　　B. 有关　　C. 不能确定　　D. 成正比例关系

3. 均质黏土土坡稳定性分析中假定滑动面是(　　)。

A. 平面　　B. 圆弧　　C. 复合滑动面　　D. 不规则曲面

4. 一均质无黏性土土坡，其内摩擦角 $\varphi=32°$，设计要求稳定安全系数 $K>1.25$，则坡角设计取(　　)较为合理。

A. 20°　　B. 25°　　C. 30°　　D. 35°

5. 堤岸边坡，当河水位骤降时，边坡稳定安全系数的变化为(　　)。

A. 变大　　B. 变小　　C. 不变　　D. 不一定

6. 边坡的安全系数在施工刚结束时(　　)，随着时间的增长(　　)。

A. 最大、增大　　B. 最大、减小　　C. 最小、增大　　D. 最小、减小

7. 瑞典条分法在分析时忽略了(　　)。

A. 土条间的作用力　　B. 土条间的法向作用力

C. 土条间的切向作用力　　D. 滑动面上的法向力

8. 简化毕肖普法忽略了(　　)。

A. 土条间的作用力　　B. 土条间的法向作用力

C. 土条间的竖向剪切力 X_i 及 X_{i+1} 作用　　D. 滑动面上的切向力

9. 毕肖普条分法补充了哪几个假设条件(　　)。

①忽略了土条间的竖向剪切力 X_i 及 X_{i+1} 作用

②对滑动面上的法向力的大小做了规定

③对滑动面上的切向力 T_i 的大小做了规定

A. ①②　　B. ②③　　C. ①③　　D. ①②③

10. 瑞典条分法基本假设有(　　)。

①滑面为圆弧面

②对土体进行垂直条分

③所有土条的侧面上无作用力

④所有条块的安全系数相同

A. ①②③　　B. ②③④　　C. ①③④　　D. ①②③④

11. 费伦纽斯确定最危险滑动面圆心时认为土的内摩擦角 $\varphi=0$ 时，最危险圆弧为(　　)。

A. 中点圆　　B. 坡面圆　　C. 坡脚圆　　D. 试算确定

12. 瑞典条分法与毕肖普法的共同点有(　　)。

①滑动面为圆弧面

②采用极限平衡分析条分法

③稳定安全系数以滑动面上的最大抗滑力矩与滑动力矩定义

④均忽略了土条间作用力

A. ①②③　　B. ②③④　　C. ①③④　　D. ①②③④

13. 滑坡稳定性计算常用的方法有瑞典圆弧法、瑞典条分法、毕肖普法及简布法，下列关于这些方法的论述中正确的是(　　)。

①瑞典圆弧法仅适用于 $\varphi=0$ 的均质黏性土坡

②简布法仅适用于圆弧滑动面的稳定性计算

③毕肖普法和简布法计算的稳定系数比较接近

④瑞典条分法不仅满足滑动土体整体力矩平衡条件，也满足条块间的静力平衡

A. ①②　　B. ②③　　C. ①③　　D. ③④

习题参考答案及解析

1. A

【解析】（一）平衡条件（各力对 o 的力矩平衡）

（1）滑动力矩：$M_s = W_d$

（2）抗滑力矩：$M_R = \int_A^C \tau_f \mathrm{d}e \cdot R = R\int_A^C (c + \sigma_n \tan\varphi)\mathrm{d}l = cA_cR + R\int_A^C \sigma_n \tan\varphi \mathrm{d}l$

当 $\varphi = 0$（黏土不排水强度）时，$c = c_u M_R = cA_cR$

（3）安全系数：

$$F_s = \frac{抗滑力矩}{滑动力矩} = \frac{M_R}{M_S} = \frac{C_u A_c R}{W_d}$$

2. A

【解析】砂性土的土坡稳定安全系数为：$K = \frac{\tan\varphi}{\tan\beta}$，与坡高无关。

3. B

【解析】黏性土坡稳定性分析基本假定有：①均质黏性土土坡；②滑动面为圆弧；③滑体为刚性体；④滑面处于极限平衡。

4. B

【解析】$K = \frac{\tan\alpha}{\tan\beta}$，$32 \div 1.25 = 25.6°$

5. B

【解析】河水对边坡产生静水压力，下游水位对边坡稳定有利，随着水位下降，边坡稳定性安全系数也将下降。

6. C

【解析】施工刚结束时边坡的稳定力矩最小，滑动力矩最大，故安全系数最小，随着时间的增长，沉降增大，稳定力矩变大滑动力矩减小，安全系数逐渐增大。

7. A

【解析】瑞典条分法认为土条间的作用力对边坡的整体稳定性影响不大，可以忽略。

8. C

【解析】由于瑞典条分法没有考虑土条间的相互作用力，计算的稳定安全系数偏低，毕肖普进行了改进计算，提出的假定忽略了土条间的竖向剪切力 X_i 及 X_{i+1} 作用。

9. C

【解析】由于瑞典条分法假定不考虑土条间的相互作用力，一般来说，这样得到的安全系数是偏小的，为了改进条分法的计算精度，毕肖普提出了两个假设条件：①忽略土条间的竖

向剪切力 X_i 及 X_{i+1} 作用;②对滑动面上的切向力 T_i 的大小做了规定。

10. D

【解析】瑞典条分法假定滑动面是一个圆弧面,并认为条块间的作用力对边坡的整体稳定性影响不大,可以忽略,或者说,假定条块两侧的作用力大小相等,方向相反且作用在同一直线上,对滑动的土体在竖向划分土条且所有条块的安全系数相同,因此它只满足滑动土体整体的力矩平衡条件而不满足条块的静力平衡条件,所得到的安全系数偏低,即误差偏安全,是工程上常用的分析方法。

11. C

【解析】费伦纽斯提出当土的内摩擦角 $\varphi=0$ 时,土坡的最危险圆弧滑动面通过坡脚,故为坡脚圆。

12. A

【解析】瑞典条分法假定滑动面是一个圆弧面,并认为条块间的作用力对边坡的整体稳定性影响不大,可以忽略;而毕肖普法在瑞典条分法的基础上进行了改进,没有忽略土条间的相互作用力,故④陈述错误,即选 A。

13. C

【解析】滑坡稳定性计算常用的几种方法的基本特点是:①瑞典圆弧法假设均质黏性土坡滑动时,其滑动面常近似为圆弧形状,假定滑动面以上的土体为刚性体,即设计中不考虑滑动土体内部的相互作用力,假定土坡稳定属于平面应变问题;②瑞典圆弧滑动面条分法假定滑动面以上的土体分成多个垂直土条,对作用于各土条上的力进行力和力矩平衡分析,求出在极限平衡状态下土体稳定的安全系数;③毕肖普法是根据静力平衡条件和极限平衡状态时各土条力对滑动圆心的力矩之和为零等;④简布法把回弧滑动面土坡稳定性分析的条分法加以推广,应用于滑动面为任意形状的土坡计算,给出了任意形状滑动面土坡稳定性的分析公式。毕肖普法所得稳定性系数普遍比瑞典法大,随着孔压和中心角的增大,瑞典法在总体上逐渐减小,而毕肖普法在总体上逐渐增大,两者的差异也逐渐增大。

第二章　工程地质

第一节　岩石与矿物

【考试纲要】

(1)三大类岩石的特点;

(2)常见的岩石类型及其特征;

(3)岩石的工程地质性质;

(4)影响岩石工程性质的主要因素。

【复习提示】

1. 复习要点

考生应了解矿物与岩石的概念及区别;熟悉岩石的成因、分类及其常见岩石的特征;掌握各类岩石的特点、岩石工程地质性质及其影响因素。

重点:

(1)矿物与岩石的概念及其区别;

(2)三大类岩石的成因、分类、矿物成分、结构和构造等特点;

(3)道路工程建设中常见的岩石类型及其特征;

(4)岩石的工程地质性质及其影响因素。

难点:

(1)道路工程建设中常见的岩石类型及其特征;

(2)影响岩石工程地质性质的主要因素。

2. 规范提示

《公路工程地质勘察规范》(JTG C20—2011)涉及本节的内容如下:

(1)岩石坚硬程度的划分(坚硬岩、较坚硬岩、较软岩、软岩、极软岩)。

(2)岩层厚度分类(巨厚层、厚层、中厚层、薄层)。

(3)公路隧道围岩分级。

(4)对岩石的描述应包括成因、年代、颜色、主要矿物、结构、构造及岩层厚度等内容。

(5)在进行工程地质勘察时要求查明沿线的地层岩性,包括成因、类型、矿物成分、结构与构造等;各类岩体的物理力学性质;沿线筑路材料的类别、料场位置、储量及开采条件。

习题精练

1. 地壳表面分布最广的岩石是(　　)。

A. 岩浆岩　　B. 火山岩　　C. 变质岩　　D. 沉积岩

2. 下列岩石为单矿岩的是(　　)。

A. 花岗岩　　B. 大理岩　　C. 玄武岩　　D. 片麻岩

3. 自然界中各种各样的岩石,按成因可分为(　　)。

A. 岩浆岩、变质岩、黏土岩　　B. 岩浆岩、沉积岩、变质岩

C. 沉积岩、变质岩、花岗岩　　D. 岩浆岩、沉积岩、石灰岩

4. 岩石是由矿物组成的。按组成岩石的矿物数量的多少,岩石可分为(　　)。

A. 单矿岩、多矿岩　　B. 陆相岩、海相岩

C. 单矿岩、复矿岩　　D. 石灰岩、花岗岩

5. 人类的工程活动都是在一定的地质环境中进行的,构成工程地质环境最主要的因素是(　　)。

A. 岩石　　B. 地形地貌　　C. 地质构造　　D. 地下水

6. 按成因,矿物可分为(　　)。

A. 结晶质矿物、半晶质矿物、非晶质矿物

B. 原生矿物、次生矿物、变质矿物

C. 粒状矿物、片状矿物、针状矿物

D. 黏土矿物、金属矿物、非金属矿物

7. 下列各组矿物中,属于次生矿物的是(　　)。

A. 正长石、黑云母　　B. 方解石、高岭石

C. 绿泥石、绢云母　　D. 滑石、橄榄石

8. 矿物的物理性质是鉴别矿物的主要依据。矿物的物理性质主要有(　　)等。

A. 粒径、形状、颜色、硬度　　B. 颜色、光泽、硬度、解理

C. 成分、颜色、形状、硬度　　D. 成分、构造、成因、类型

9. 矿物条痕是指矿物的(　　)。

A. 固有颜色　　B. 粉末的颜色　　C. 杂质的颜色　　D. 表面氧化物的颜色

10. 形状呈菱面体、颜色为白色、玻璃光泽、具有三组完全解理、硬度为3,且遇稀盐酸剧烈起泡的矿物是(　　)。

A. 正长石　　B. 白云母　　C. 石英　　D. 方解石

11. 下列矿物中,硬度最高的是(　　)。

A. 正长石　　B. 滑石　　C. 石英　　D. 方解石

12. 岩浆岩中常见的矿物主要有(　　)等。

A. 石英、正长石、斜长石、角闪石、黑云母、辉石和橄榄石

B. 石英、黑云母、方解石、绿泥石、滑石、角闪石和正长石

C. 正长石、白云母、方解石、高岭石、滑石、石英和黑云母

D. 绿泥石、方解石、石膏、滑石、石英、斜长石和角闪石

13. 组成岩浆岩的矿物，根据其颜色及化学成分特点，可分为浅色矿物和深色矿物两类。下列各组矿物中属于浅色矿物的是（　　）。

A. 正长石、斜长石、角闪石　　B. 石英、正长石、角闪石

C. 石英、正长石、斜长石　　D. 角闪石、辉石、橄榄石

14. 根据其形成的物理环境，岩浆岩可分为（　　）。

A. 花岗岩、玄武岩、流纹岩　　B. 深成岩、浅成岩、喷出岩

C. 酸性岩、碱性岩、基性岩　　D. 侵入岩、喷出岩、火山岩

15. 下列各组岩浆岩全部为侵入岩的是（　　）。

A. 花岗岩、辉长岩、安山岩　　B. 正长岩、玄武岩、闪长岩

C. 花岗岩、粗面岩、辉长岩　　D. 花岗岩、闪长岩、辉长岩

16. 根据 SiO_2 的含量，岩浆岩可分为（　　）。

A. 酸性岩、碱性岩、中性岩、基性岩

B. 酸性岩、中性岩、基性岩、超基性岩

C. 超酸性岩、酸性岩、中性岩、基性岩

D. 酸性岩、碱性岩、基性岩、超基性岩

17. 对于岩浆岩而言，从超基性岩到酸性岩，随着 SiO_2 含量的增加，岩石颜色的变化是（　　）。

A. 颜色不变化　　B. 由深到浅　　C. 由浅到深　　D. 无规律

18. 岩浆岩的构造主要取决于岩浆冷凝时的物理环境，岩浆岩常见的构造有（　　）。

A. 层状构造、片状构造、块状构造、板状构造

B. 块状构造、板状构造、片状构造、流纹构造

C. 块状构造、流纹构造、气孔构造、杏仁构造

D. 层状构造、流纹构造、气孔构造、块状构造

19. 下列岩浆岩具有全晶质等粒结构的是（　　）。

A. 流纹岩　　B. 闪长岩　　C. 玄武岩　　D. 安山岩

20. 下列有关岩浆岩与沥青材料结合能力强弱的表述中，正确的是（　　）。

A. 酸性岩与沥青材料的结合能力最强，基性岩次之，中性岩最差

B. 酸性岩与沥青材料的结合能力最差，基性岩次之，中性岩最强

C. 酸性岩与沥青材料的结合能力最强，中性岩次之，基性岩最差

D. 酸性岩与沥青材料的结合能力最差，中性岩次之，基性岩最强

21. 某岩浆岩具有全晶质等粒结构，块状构造，则该岩石最可能为（　　）。

A. 喷出岩　　B. 深成岩　　C. 浅成岩　　D. 浅成岩或喷出岩

22. 下列岩石结构类型，全部为岩浆岩所具有的结构的是（　　）

A. 变晶结构、变余结构、碎裂结构

B. 等粒结构、不等粒结构、生物结构

C. 碎屑结构、泥质结构、化学结构

D. 斑状结构、似斑状结构、全晶质结构

23. 一般情况下,花岗岩中的主要矿物成分为(　　),次要矿物为黑云母、角闪石等。

A. 方解石、高岭石　B. 滑石、绿泥石　C. 辉石、斜长石　D. 石英、正长石

24. 下列有关花岗岩特征的表述中,不正确的是(　　)。

A. 矿物成分主要为石英、斜长石和黑云母,其次有角闪石、辉石等

B. 全晶质等粒结构,块状构造

C. 为深成侵入岩,SiO_2含量很高,属于酸性岩类

D. 分布广泛,性质均匀坚固,是良好的建筑石料

25. 下列各种岩浆岩中,与沥青结合能力好的是(　　)。

A. 流纹岩　B. 闪长岩　C. 玄武岩　D. 花岗岩

26. 下列各组岩浆岩中,属于酸性岩的是(　　)。

A. 辉长岩、玄武岩　B. 正长岩、闪长岩

C. 花岗岩、流纹岩　D. 辉绿岩、安山岩

27. 下列各组岩浆岩中,属于喷出岩的是(　　)。

A. 花岗岩、闪长岩、辉长岩　B. 闪长岩、辉绿岩、流纹岩

C. 辉绿岩、花岗斑岩、玄武岩　D. 玄武岩、粗面岩、安山岩

28. 下列有关玄武岩特征的表述中,不正确的是(　　)。

A. 属于基性侵入岩　B. 隐晶质细粒或斑状结构,气孔或杏仁构造

C. 主要矿物为斜长石和辉石　D. 致密坚硬,性脆,强度很高

29. 下列各组岩浆岩都具有块状构造的是(　　)。

A. 玄武岩、安山岩、粗面岩、闪长岩

B. 花岗岩、正长岩、辉长岩、流纹岩

C. 花岗岩、正长岩、闪长岩、辉长岩

D. 流纹岩、粗面岩、安山岩、玄武岩

30. 沉积岩的物质组成主要包括(　　)等。

A. 石英、云母、长石和黏土矿物

B. 各种风化产物以及河流冲积物

C. 各种碎屑物质、黏土矿物及各种堆积物

D. 碎屑物质、黏土矿物、化学沉积矿物、有机质及生物残骸

31. 沉积岩在矿物组成上区别于岩浆岩的一个重要特征是沉积岩含有(　　)。

A. 黑云母、白云石、斜长石　B. 正长石、石英、角闪石

C. 绿泥石、滑石、石英　D. 黏土矿物、方解石

32. 沉积岩分类的关键依据是(　　)

A. 矿物成分　B. 成因类型　C. 结构特征　D. 构造特征

33. 胶结物是碎屑沉积岩物质组成中的一种特殊的物质。按成分,沉积岩中常见的胶结物主要有(　　)等。

A. 铁质、铝质、泥质、有机质　B. 钙质、硅质、砂质、泥质

C. 硅质、铁质、钙质、泥质　D. 泥质、粉砂质、砂质、砾质

34. 碎屑类沉积岩的物理力学性质的好坏,与其胶结物有密切关系。碎屑岩中胶结物的胶

结形式(类型)不包含(　　)。

A. 孔隙式　B. 基底式　C. 片理式　D. 接触式

35. 下列关于碎屑岩胶结方式与其工程性质关系的说法,不正确的是(　　)。

A. 同一种胶结物胶结的岩石,若胶结方式不同,岩石强度差异也很大

B. 基底式胶结的岩石胶结紧密、孔隙度小,其强度和稳定性取决于胶结物的成分

C. 孔隙式胶结的岩石其强度和稳定性与碎屑颗粒成分、形状及胶结物成分都有关系,强度变化很大

D. 接触式胶结的岩石一般孔隙度小、重度大、吸水率低、强度高、透水性弱

36. 根据物质组成、颗粒大小及形状等特点,沉积岩的结构可分为(　　)。

A. 结晶质结构、非晶质结构、有机质结构、泥质结构

B. 砾状结构、砂质结构、粉砂质结构、泥质结构

C. 砾状结构、角砾状结构、火山碎屑结构、生物结构

D. 碎屑结构、泥质结构、结晶结构、生物结构

37. 沉积岩最主要的构造包括(　　)等。

A. 块状构造、层状构造、片状构造　B. 层状构造、片状构造、化石构造

C. 层理构造、层面构造、化石构造　D. 板状构造、层理构造、片状构造

38. 野外发现某岩层岩石主要由颗粒细小的石英、云母、长石所组成,岩层表面具有波痕、泥裂等特征,则该岩层岩性为(　　)。

A. 变质岩　B. 岩浆岩　C. 沉积岩　D. 沉积岩或者变质岩

39. 根据沉积岩的物质组成,沉积岩可分为(　　)。

A. 黏土岩类、化学岩类、生物岩类

B. 碎屑岩类、黏土岩类、生物岩类

C. 碎屑岩类、黏土岩类、化学及生物化学岩类

D. 酸性岩类、基性岩类、中性岩类、碱性岩类

40. 沉积岩在构造上区别于岩浆岩、变质岩的重要特征是沉积岩具有(　　)。

A. 片状构造、有机构造、块状构造　B. 层理构造、层面构造、化石

C. 黏土构造、层面构造、化石　D. 结晶构造、层理构造、化石

41. 某地同时分布着胶结物不同的三种中粒石英砂岩,分别是硅质砂岩(K)、钙质砂岩(M)和泥质砂岩(N),则它们的强度大小关系最可能是(　　)。

A. $K<M<N$　B. $K>M>N$　C. $K=M>N$　D. $K>M=N$

42. 下列各组沉积岩中,属于黏土岩类的是(　　)。

A. 凝灰岩、粉砂岩　B. 泥岩、页岩　C. 泥岩、泥灰岩　D. 泥灰岩、凝灰岩

43. 在沉积岩中,常见的软弱夹层是厚层石灰岩层中,夹有厚度较薄的(　　)所构成。

A. 硅质砂岩　B. 页岩　C. 白云岩　D. 钙质砾岩

44. 由于沉积环境复杂多变,沉积岩常具有层理构造、层面构造及层间构造。这些构造都导致沉积岩具有明显的(　　)特征。

A. 各向同性　B. 成分均匀　C. 各向异性　D. 整体稳定

45. 碎屑岩的工程性质除受组成岩石的碎屑物质影响外,最主要取决于(　　)。

A. 岩石的结构　B. 岩石的构造
C. 胶结物成分　D. 胶结物成分和胶结形式

46. 多数岩性坚硬、性脆，在构造应力作用下张性裂隙发育，常具有较强的透水性。这是指(　　)。
A. 黏土岩　B. 砂岩　C. 石灰岩　D. 白云岩

47. 下列沉积岩中，岩性软弱，与水作用后最易软化或泥化的岩石是(　　)。
A. 钙质砂岩　B. 石灰岩　C. 砂质页岩　D. 铁质粉砂岩

48. 下列有关石灰岩特征的表述中，不正确的是(　　)。
A. 矿物成分以方解石为主，有时可含有少量的白云石和黏土矿物
B. 常具有碎屑结构或砂质结构，层理构造
C. 常呈深灰、浅灰或白色
D. 岩性均一，致密坚硬，强度很高，在道路工程中应用广泛

49. 碎屑岩是沉积岩中最常见的一类岩石。常见的碎屑岩有(　　)。
A. 砂岩、石灰岩、泥灰岩　B. 石灰岩、泥灰岩、凝灰岩
C. 页岩、粉砂岩、砂岩　D. 砾岩、砂岩、粉砂岩

50. 下列各组矿物中，为岩浆岩、沉积岩和变质岩所共有的矿物是(　　)。
A. 方解石、正长石、滑石　B. 石英、高岭石、绢云母
C. 石英、黑云母、正长石　D. 绿泥石、绢云母、滑石

51. 变质岩在矿物成分上与其他岩石的主要区别是变质岩含有(　　)。
A. 黑云母、高岭石、石英、长石　B. 正长石、斜长石、角闪石、辉石
C. 方解石、白云石、石膏、黄铁矿　D. 绿泥石、石榴子石、滑石、绢云母

52. 变质岩在构造上与其他岩石的主要区别是变质岩具有(　　)。
A. 块状构造、气孔构造、流纹构造、杏仁构造
B. 板状构造、千枚状构造、片状构造、片麻状构造
C. 层理构造、层面构造、化石构造、结核构造
D. 层理构造、片状构造、块状构造、层面构造

53. 变质矿物是变质岩所特有的，以此可以将变质岩与其他岩石区别开来。下列全部为变质矿物的是(　　)。
A. 石英、黑云母、角闪石、辉石、正长石
B. 方解石、白云石、石膏、有机质
C. 绢云母、绿泥石、滑石、蛇纹石、石榴子石
D. 斜长石、白云母、辉石、硅灰石、石墨

54. 野外发现某种岩石主要矿物成分为石英、绿泥石，具有片状构造，则该岩石为(　　)。
A. 沉积岩　B. 岩浆岩　C. 变质岩　D. 沉积岩或者变质岩

55. 片理状岩类是变质岩中最常见的一类岩石。常见的片理状岩石包括(　　)。
A. 流纹岩、页岩、片岩、片麻岩　B. 粉砂岩、闪长岩、片岩、玄武岩
C. 板岩、千枚岩、片岩、片麻岩　D. 大理岩、花岗岩、石灰岩、板岩

56. 下列各组岩石中，属于沉积岩的是(　　)。

A. 石灰岩、页岩、粉砂岩　　B. 云母片岩、石英岩、千枚岩
C. 闪长岩、玄武岩、花岗岩　　D. 片麻岩、粗面岩、千枚岩

57. 下列全部为变质岩结构类型的选项是(　　)。
A. 全晶质结构、斑状结构、碎屑结构
B. 生物结构、泥质结构、化学结构
C. 变晶结构、变余结构、碎裂结构
D. 显晶质结构、隐晶质结构、玻璃质结构

58. 下列全部为沉积岩结构类型的选项是(　　)。
A. 全晶质结构、显晶质结构、斑状结构、玻璃质结构
B. 碎裂结构、变晶结构、变余结构、非晶质结构
C. 碎屑结构、泥质结构、化学结构、生物结构
D. 等粒结构、不等粒结构、碎裂结构、碎屑结构

59. 下列全部属于岩浆岩构造类型的选项是(　　)。
A. 板状、块状、流纹状、杏仁状
B. 片麻状、流纹状、气孔状、杏仁状
C. 块状、流纹状、气孔状、杏仁状
D. 千枚状、流纹状、气孔状、杏仁状

60. 下列全部为沉积岩构造的选项是(　　)。
A. 块状构造、片状构造、片麻状构造
B. 块状构造、流纹构造、气孔构造
C. 千枚状构造、片状构造、块状构造
D. 层理构造、层面构造、化石构造

61. 下列岩石为岩浆岩的是(　　)。
A. 花岗片麻岩　　B. 闪长岩　　C. 石灰岩　　D. 大理岩

62. 下列岩石为变质岩的是(　　)。
A. 花岗岩　　B. 片麻岩　　C. 流纹岩　　D. 泥岩

63. 下列岩石为沉积岩的是(　　)。
A. 角砾岩　　B. 正长岩　　C. 石英岩　　D. 粗面岩

64. 下列岩石为变质岩的是(　　)。
A. 大理岩　　B. 石灰岩　　C. 流纹岩　　D. 玄武岩

65. 岩石的工程地质性质主要包括(　　)。
A. 力学性质、空隙性质、胀缩性质　　B. 物理性质、化学性质、力学性质
C. 矿物成分、结构构造、成因类型　　D. 物理性质、水理性质、力学性质

66. 常用来反映岩石物理性质的指标包括(　　)等。
A. 密度、孔隙率、溶解性　　B. 相对密度、软化性、透水性
C. 密度、相对密度、孔隙率　　D. 孔隙率、透水性、溶解性

67. 常用来反映岩石水理性质的指标包括(　　)等。
A. 透水性、溶解性、软化性、抗冻性　　B. 吸水性、泊松比、黏聚力、溶解度

C. 孔隙率、饱水率、软化系数、溶解度　　D. 相对密度、溶解性、孔隙率、抗冻性

68. 岩石的饱水系数越大，岩石的抗冻性能越差。一般认为饱水系数小于(　　)的岩石是抗冻的。

A. 0.5　　B. 0.6　　C. 0.7　　D. 0.8

69. 软化系数小于(　　)的岩石，被认为是强软化的岩石，表示岩石在水作用下的强度和稳定性比较差。

A. 0.55　　B. 0.65　　C. 0.75　　D. 0.85

70. 岩石抗压强度降低率可以表示岩石的抗冻性。一般认为抗压强度降低率小于(　　)的岩石是抗冻的。

A. 10% ~15%　　B. 15% ~20%　　C. 20% ~25%　　D. 25% ~30%

71. 同一岩石的各种强度中，最大的是(　　)。

A. 抗压强度　　B. 抗剪强度　　C. 抗弯强度　　D. 抗拉强度

72. 影响岩石工程地质性质的因素，主要有两个方面，它们是(　　)。

A. 岩石的成因及类型、岩石的矿物成分

B. 岩石的地质特征、岩石形成后所受外部因素的影响

C. 岩石形成的年代、岩石的矿物成分

D. 岩石的矿物成分、岩石形成后所受外部因素的影响

73. 影响岩石工程地质性质的因素有很多，归纳起来主要包括(　　)。

A. 岩石的成因与类型、岩石的矿物成分、气象与环境

B. 地形与地貌、水文与气象、岩石的矿物成分

C. 岩石的矿物成分、岩石的结构与构造、水、风化

D. 岩石的矿物成分、岩石的结构和构造、地质构造

74. 从岩石矿物组成来看，属于软质岩石的有(　　)。

A. 黑云母花岗岩、闪长岩、辉长岩、辉绿岩

B. 硅质砂岩、铁质粉砂岩、石灰岩、白云岩

C. 石英岩、大理岩、花岗片麻岩、玄武岩

D. 页岩、泥质砂岩、绿泥石片岩、千枚岩

75. 根据岩石的结构特征，可将岩石分为(　　)。

A. 硬质岩石、软质岩石　　B. 结晶质岩石、非晶质岩石

C. 黏土质岩石、矿物质岩石　　D. 结晶联结的岩石、胶结物联结的岩石

76. 下列有关岩石的结构对岩石工程地质性质影响的描述中，不正确的是(　　)。

A. 岩浆岩和变质岩都是结晶联结的岩石，沉积岩中的碎屑岩属于胶结物联结的岩石

B. 结晶联结的岩石，结晶颗粒的大小对岩石的强度有明显影响，晶粒越大强度越高

C. 结晶联结的岩石通常比胶结物联结的岩石具有较高的强度和稳定性

D. 胶结物联结的岩石，其强度和稳定性主要决定于胶结物的成分和胶结的形式，同时也受碎屑成分的影响

77. 下列沉积碎屑岩常见的各类胶结物中，强度和稳定性最高的是(　　)。

A. 泥质　　B. 硅质　　C. 铁质　　D. 钙质

78. 下列有关岩石构造对岩石工程地质性质影响的描述中,不正确的是(　　)。

A. 矿物成分分布的不均匀性对岩石的工程地质性质具有显著影响

B. 岩石结构的不连续性对岩石的工程地质性质具有显著影响

C. 岩石结构的不连续性使岩石的强度和透水性在不同的方向明显不同

D. 同一沉积岩,垂直层面的抗压强度小于平行层面的抗压强度,平行层面的透水性小于垂直层面的透水性

79. 对于同一类结晶联结的岩石而言,其强度和稳定性主要取决于(　　)。

A. 岩石的矿物成分　　B. 岩石中矿物颗粒大小

C. 岩石的构造　　D. 岩石的成因

80. 下列四种石英砂岩,强度和稳定性最低的是(　　)。

A. 钙质砂岩　　B. 铁质砂岩　　C. 硅质砂岩　　D. 泥质砂岩

习题参考答案及解析

1. D

【解析】沉积岩是早期出露于地表的岩石经过风化、剥蚀、搬运、沉积、固结成岩等作用在地壳表层形成的岩石。因此,它是地表分布最广的一种岩石,它的体积占地壳的5%,出露面积约占地表面积的75%。

2. B

【解析】岩石按组成矿物数量的多少,可分为单矿岩和复矿岩。单矿岩是指主要由一种矿物组成的岩石。由两种及以上矿物组成的岩石就是复矿岩。自然界中绝大多数岩石是复矿岩,单矿岩的数量很少。常见的单矿岩包括石灰岩、白云岩、大理岩、石英岩等。

3. B

【解析】岩石是由各种地质作用形成的。形成各种岩石的地质作用主要包括岩浆作用、变质作用和外力作用(主要是沉积与成岩作用)。因此,按成因,岩石可分为岩浆岩、变质岩和沉积岩三大类。

4. C

【解析】岩石是由矿物组成的。按组成岩石矿物数量的多少,岩石可分为单矿岩和复矿岩。主要由一种矿物组成的岩石称为单矿岩,如石灰岩、石英岩等;由两种或两种以上的矿物组成的岩石称为复矿岩,如花岗岩、闪长岩等。

5. A

【解析】地壳是工程活动的主要场所,地壳是由岩石组成的。而构成工程地质环境的地形地貌、地质构造、地下水以及各种自然地质现象等因素都是地壳形成以后形成或产生的。因此,岩石是工程地质环境最主要的因素,是公路建设环境的物质基础。

6. B

【解析】按成因,可将矿物分为三种类型:①原生矿物;②次生矿物;③变质矿物。

7. B

【解析】常见的次生矿物有黏土矿物(高岭石、蒙脱石、伊利石等)、方解石、白云石、石膏、褐铁矿等。常见的原生矿物有石英、黑云母、正长石、斜长石、角闪石、辉石等。常见的变质矿物有绿泥石、绢云母、滑石、石榴子石、蛇纹石、石墨、硅灰石等。

8. B

【解析】矿物的物理性质包括颜色、光泽、条痕、透明度、硬度、解理、断口以及磁性、弹性、脆性等。

9. B

【解析】矿物在无釉白色瓷板上划擦时留下的粉末的颜色,称为矿物条痕。矿物的条痕可以消除假色,减弱他色,比矿物颜色稳定得多,是鉴定矿物的重要标志之一。矿物条痕的颜色主要对于金属矿物具有鉴定意义。

10. D

【解析】方解石是石灰岩的主要矿物成分。其特征是形状呈菱面体、颜色为白色、玻璃光泽、具有三组完全解理、硬度为3,且遇稀盐酸反应剧烈并起泡。

11. C

【解析】典型矿物硬度对比标准,从低到高依次为:滑石<石膏<方解石<萤石<磷灰石<正长石<石英<黄玉<刚玉<金刚石。由上述10种矿物组成的硬度高低序列被称之为摩氏硬度计。

12. A

【解析】组成岩浆岩的矿物为原生矿物,主要包括石英、正长石、斜长石、角闪石、黑云母、辉石和橄榄石等。

13. C

【解析】组成岩浆岩的矿物都是原生矿物。原生矿物按其颜色及化学成分的特点可分为浅色矿物和深色矿物。浅色矿物主要有石英、正长石、斜长石、白云母等,深色矿物主要有黑云母、角闪石、辉石、橄榄石等。

14. B

【解析】岩浆上升侵入围岩,在地壳深处结晶形成的岩石,称为深成岩;在地面以下较浅处形成的岩石,称为浅成岩,两者统称为侵入岩。由喷出地面的岩浆凝固形成的岩石,称为喷出岩。侵入岩和喷出岩由于形成时的物理环境不同,因而具有不同的结构和构造。

15. D

【解析】侵入岩是指岩浆上升侵入地壳中冷凝结晶形成的岩石。常见的侵入岩包括花岗岩、正长岩、闪长岩、辉长岩等。

16. B

【解析】按SiO_2含量的不同,岩浆岩可分为酸性岩(SiO_2含量>65%)、中性岩(SiO_2含量52%~65%)、基性岩(SiO_2含量45%~52%)和超基性岩(SiO_2含量<45%)。

17. B

【解析】黑色矿物的含量与SiO_2含量呈互为消长的关系。SiO_2含量由少到多,深色矿物含量由多到少,岩石的颜色则由深到浅发生变化。

18. C

【解析】岩浆岩的构造类型主要有块状构造、流纹构造、气孔构造、杏仁构造等。其中块状构造主要为侵入岩，特别是深成岩所具有。而流纹构造、气孔构造、杏仁构造则在喷出岩中常见。

19. B

【解析】全晶质等粒结构是深成侵入岩特有的结构，如花岗岩、正长岩、闪长岩、辉长岩等即具有全晶质等粒结构。

20. D

【解析】岩浆岩与沥青材料的结合能力受岩浆岩化学成分影响明显。一般来说，SiO_2含量越高，结合能力越差，即酸性岩最差、中性岩次之、基性岩最好，超基性岩在地表极少分布。

21. B

【解析】全晶质结构多见于深成岩和浅成岩中，显晶质和等粒结构是深成岩特有的结构。全部侵入岩都是块状构造，部分喷出岩也具有块状构造。

22. D

【解析】岩浆岩的结构是指组成岩石的矿物的结晶程度、晶粒大小、晶体形状及其相互结合的情况。岩浆岩的结构可从以下几方面来描述（划分）：①按岩石中矿物的结晶程度可分为全晶质结构、半晶质结构、非晶质结构（玻璃质结构）。②按岩石中矿物的晶粒大小可分为显晶质结构、隐晶质结构、玻璃质结构。③按岩石中矿物晶粒的相对大小分为等粒结构、不等粒结构。其中不等粒结构又可划分为斑状结构、似斑状结构。

23. D

【解析】花岗岩为酸性深成侵入岩，其主要矿物成分为石英、正长石，次要矿物为黑云母和角闪石。

24. A

【解析】花岗岩为酸性深成侵入岩，矿物成分主要为石英和正长石，其次有黑云母、角闪石等。全晶质等粒结构，块状构造。花岗岩分布广泛，性质均匀坚固，是良好的建筑石料。

25. C

【解析】道路工程中，把SiO_2含量大于65%的岩石称为酸性石料，SiO_2含量在52%～65%之间的岩石称为中性石料，SiO_2含量小于52%的岩石称为碱性石料。碱性石料亲水性弱，它和沥青结合能力好；而酸性石料亲水性强，它和沥青结合能力差；中性石料和沥青结合能力介于碱性石料和酸性石料之间。按上述标准划分，玄武岩为碱性石料，花岗岩为酸性石料。

26. C

【解析】辉长岩和玄武岩为基性岩；正长岩和闪长岩均为中性岩；花岗岩和流纹岩为酸性岩；辉绿岩为基性岩，安山岩为中性岩。

27. D

【解析】花岗岩为酸性侵入岩，闪长岩为中性侵入岩，辉绿岩为基性侵入岩，而玄武岩则为基性喷出岩。

28. A

【解析】玄武岩是基性喷出岩，主要矿物成分为斜长石和辉石，其次有橄榄石、角闪石和黑云母。隐晶质细粒或斑状结构，气孔或杏仁构造。玄武岩致密坚硬、性脆，强度很高，是良好的沥青类路面材料的骨架。

29. C

【解析】块状构造是指矿物在岩石中分布比较均匀、无定向排列，岩石致密坚硬。这种构造通常是侵入岩，特别是深成侵入岩特有的，例如花岗岩、正长岩、闪长岩、辉长岩等。

30. D

【解析】沉积岩的物质组成包括碎屑物质、黏土矿物、化学沉积矿物；有机质及生物残骸。另外在有些沉积岩（如碎屑岩）中还含有胶结物。

31. D

【解析】绿泥石、滑石为变质矿物，它们通常存在于变质岩中；黏土矿物和方解石是次生矿物，它们是沉积岩所特有的，是沉积岩在矿物组成上区别于岩浆岩的重要特征，在一些浅变质岩中也可能含有黏土矿物和方解石；而黑云母、白云母、正长石、石英在三大类岩石中都可能含有。

32. C

【解析】沉积岩主要是由陆源碎屑物质、黏土矿物、化学沉积矿物、有机质及生物残骸等组成。沉积岩的结构特征即反映了这些组成物质以及颗粒大小、形状等方面的特点。结构特征不同，沉积岩具有明显不同的地质特征。因此，沉积岩常常可按结构特征进行分类。

33. C

【解析】沉积岩中的胶结物常见的有以下几种：①硅质（主要成分为石英及其他二氧化硅。颜色浅，强度高，抗风化能力强）。②铁质（主要成分为铁的氧化物及氢氧化物。颜色深，常呈棕红色，强度高，但抗风化能力弱）。③钙质（主要成分为碳酸钙类物质。颜色浅，强度较低，具有可溶性）。④泥质（主要成分为黏土。多呈黄褐色，强度低，稳定性差，易软化，遇水易崩解，抗风化能力弱）。

34. C

【解析】胶结形式（类型）是指碎屑岩中碎屑颗粒与胶结物的比例关系。常见的胶结方式有基底式胶结、孔隙式胶结和接触式胶结三种。

35. D

【解析】接触式胶结是指岩石中碎屑颗粒之间直接接触，只在颗粒接触处有胶结物，其余颗粒间孔隙未被胶结物充填。接触式胶结的岩石一般孔隙度大、重度小、吸水率高、强度低、透水性强。

36. D

【解析】按物质组成、颗粒大小及形状等，沉积岩的结构可分为四种：①碎屑结构（主要由碎屑物质和胶结物组成）。②泥质结构（主要由黏土矿物组成）。③化学结晶结构（主要由化学结晶矿物组成）。④生物结构（主要由生物遗体或碎片组成）。

37. C

【解析】沉积岩最主要的构造有：层理构造、层面构造和生物化石。其中层理构造又可分为水平层理、单斜层理、交错层理和波状层理。层面构造常见的有雨痕、波痕、泥裂等。

38. C

【解析】沉积岩具有特殊的层面构造。所谓层面构造是说在沉积岩层的层面上所保留的反映沉积岩形成时的某些特征,如波痕、泥裂(龟裂)、雨痕、雹痕等。层面构造是沉积岩所特有的。

39. C

【解析】根据物质组成、结构和形成条件,沉积岩可分为:碎屑岩类、黏土岩类、化学岩类、生物化学岩类。通常又将化学岩类、生物化学岩类合并为一类,称为化学及生物化学岩类。

40. B

【解析】沉积岩的层理构造、层面构造和含有化石,是沉积岩所特有的,是沉积岩在构造上区别于岩浆岩、变质岩的重要特征。

41. B

【解析】一般情况下,硅质胶结强度最高,铁质胶结强度仅次于硅质胶结,钙质胶结强度比铁质胶结略低,泥质胶结强度最低。

42. B

【解析】沉积岩按其结构可大致地分为三大类:①碎屑岩类:具有碎屑结构沉积岩,主要包括凝灰岩、砾岩、砂岩、粉砂岩等;②黏土岩类:具有泥质结构的沉积岩,包括泥岩和页岩;③化学及生物化学岩类:具有化学结晶结构及生物结构的沉积岩,包括石灰岩、泥灰岩、白云岩等。

43. B

【解析】页岩是一种软弱岩石,它常以薄层的形式夹在厚层的石灰岩中形成软弱夹层。

44. C

【解析】由于沉积岩具有层理、层面等构造,而导致岩石成分、结构沿一定方向不连续,使得岩层在不同方向上表现出不同的性质,这称为各向异性。

45. D

【解析】碎屑岩是碎屑物质被胶结物胶结而形成。因此,碎屑岩的工程性质除受碎屑物质影响外,还与胶结物成分及胶结形式有关。

46. B

【解析】砂岩具砂质结构,岩石具有多孔性,岩性坚硬而性脆,在构造运动作用下易产生很多张裂隙,所以常具有较强的透水性,在地下常构成透水层或含水层。

47. C

【解析】页岩是由黏土矿物所组成,属于软弱岩石,遇水后易软化或崩解泥化。

48. B

【解析】石灰岩在海洋环境中形成,矿物成分以方解石为主,有时可含有白云石、黏土矿物等。常呈深灰、浅灰色或白色。具有结晶结构或生物结构,层理构造。石灰岩分布广泛,岩性均一,致密坚硬,强度高,在公路工程中广泛应用。石灰岩可溶于水,在石灰岩广泛分布的地区岩溶现象发育。

49. D

【解析】碎屑岩是碎屑物质被胶结物胶结而成。常见的碎屑岩有:砾岩及角砾岩、砂岩、粉砂岩。

50. C

【解析】方解石、高岭石为次生矿物,它们主要存在于沉积岩中,在变质岩中也可见到。滑石、绢云母、绿泥石为变质矿物,它们只存在于变质岩中。而石英、正长石、黑云母在三大类岩石中都可含有。

51. D

【解析】变质矿物通常只存在于变质岩中,根据变质矿物即可把变质岩与其他岩石区别开来。绿泥石、石榴子石、滑石、绢云母是变质矿物。

52. B

【解析】变质岩的构造主要有块状构造和片理构造。片理构造又可分为板状构造、千枚状构造、片状构造和片麻状构造。片理构造是变质岩所特有的,也是识别变质岩的显著标志。

53. C

【解析】常见的变质矿物包括绢云母、绿泥石、滑石、石墨、蛇纹石、石榴子石、硅灰石、蓝晶石、阳起石、红柱石等。

54. C

【解析】变质岩大多具有特殊的构造,或者含有变质矿物。变质矿物和板状构造、千枚状构造、片状构造、片麻状构造是变质岩特有的,是识别变质岩的显著标志。

55. C

【解析】按构造,变质岩可分为两大类:片理状岩类、块状岩类。其中片理状岩类包括板岩、千枚岩、片岩、片麻岩。

56. A

【解析】石灰岩、页岩、粉砂岩属于沉积岩。云母片岩、石英岩、板岩、千枚岩、片麻岩属于变质岩。闪长岩、玄武岩、花岗岩、粗面岩属于岩浆岩。

57. C

【解析】变质岩的结构是指变质岩的变质程度、矿物颗粒大小和连接方式。变质岩的结构通常可分为:①变余结构;②变晶结构;③碎裂结构。

58. C

【解析】沉积岩的结构是指沉积岩的组成物质的颗粒大小、形状及结晶程度。按组成物质、颗粒大小及形状等,沉积岩的结构通常可分为:①碎屑结构。②泥质结构;③化学结晶结构;④生物结构。其中,碎屑结构按碎屑颗粒粒径的大小又可进一步划分为砾状结构、砂质结构、粉砂质结构。

59. C

【解析】对于岩浆岩而言,侵入岩通常具有块状构造,喷出岩具有流纹状构造、气孔构造、杏仁构造。因此,块状、流纹、气孔和杏仁是岩浆岩的典型构造。

60. D

【解析】沉积岩的构造是指其组成部分的空间分布及其相互间的排列关系。沉积岩最主要的构造有:①层理构造。层理构造又可划分为水平层理、单斜层理、交错层理等。②层面构造。层面构造又可划分为波痕、雨痕、泥裂(龟裂)等。③化石构造。

61. B

【解析】选项C是沉积岩,选项A、D是变质岩。常见的沉积岩有石灰岩、白云岩、砾岩、角砾岩、砂岩、粉砂岩、泥岩、泥灰岩、页岩等。常见的变质岩有千枚岩、板岩、片岩、片麻岩、石英岩、大理岩、蛇纹岩等。选项B闪长岩是一种常见的生成侵入岩,其主要矿物成分为斜长石和角闪石,其次有黑云母和辉石,全晶质等粒结构,块状构造。闪长岩结构致密、强度高、抗风化能力较强。

62. B

【解析】花岗岩和流纹岩分别是岩浆岩中的深成侵入岩和喷出岩,其中流纹岩通常具有典型的流纹状构造而得名。泥岩是黏土类沉积岩。片理是变质岩的典型构造,包括板状构造、千枚状构造、片状构造和片麻状构造。片麻岩是典型的变质岩。

63. A

【解析】选项B、D是岩浆岩。选项C是变质岩。常见的岩浆岩有花岗岩、流纹岩、正长岩、粗面岩、闪长岩、安山岩、辉长岩、玄武岩。常见的沉积岩有石灰岩、白云岩、砾岩、角砾岩、砂岩、粉砂岩、泥岩、泥灰岩、页岩等。

64. A

【解析】选项B是沉积岩,常见的沉积岩有石灰岩、白云岩、砾岩、角砾岩、砂岩、粉砂岩、泥岩、泥灰岩、页岩等。选项C、D是岩浆岩,常见的岩浆岩有花岗岩、流纹岩、正长岩、粗面岩、闪长岩、安山岩、辉长岩、玄武岩。选项A是变质岩,常见的变质岩有千枚岩、板岩、片岩、片麻岩、石英岩、大理岩、蛇纹岩等。

65. D

【解析】岩石的工程性质通常包括物理性质、水理性质及力学性质三个主要方面。

66. C

【解析】岩石的物理性质常用的指标主要有岩石的密度、相对密度、孔隙率(或孔隙度)、吸水性等。但也有人认为吸水性是水理性质指标。

67. A

【解析】岩石的水理性质常用的指标包括吸水性(用吸水率和饱水率表示)、透水性(用渗透系数表示)、溶解性(用溶解度表示)、软化性(用软化系数表示)、抗冻性(用抗压强度降低率表示)等。其中吸水性有人认为是物理性质指标。

68. D

【解析】岩石的吸水率与饱水率的比值,称为岩石的饱水系数。饱水系数越大,岩石的抗冻性能越差。一般认为饱水系数小于0.8的岩石是抗冻的。

69. C

【解析】岩石的软化性是指岩石在水的作用下,强度及稳定性降低的一种性质。岩石软化性的指标是软化系数。它等于岩石在饱水状态下的极限抗压强度与岩石在风干状态下极限抗压强度的比值。软化系数越小,表示岩石在水作用下的强度和稳定性越差。软化系数小于0.75的岩石,被认为是强软化的岩石,工程性质比较差。

70. C

【解析】岩石的抗冻性是指岩石抵抗孔隙中的水因结冰导致体积膨胀而产生的压力

的能力。岩石的抗冻性有不同的表示方法,一般用岩石的抗冻试验前后抗压强度的降低率表示。一般认为抗压强度降低率小于20% ~25%的岩石是抗冻的;大于25%的岩石是非抗冻的。

71. A

【解析】岩石的强度可分为抗压强度、抗剪强度、抗弯强度和抗拉强度等。在岩石的各种强度中,抗压强度最高,其次是抗剪强度和抗弯强度,抗拉强度最小。岩石越坚硬,其值相差越大。

72. B

【解析】影响岩石工程地质性质的因素是多方面的,但归纳起来,主要有两个方面:一是岩石本身的地质特征,二是岩石形成后所受外部因素的影响。

73. C

【解析】影响岩石工程地质性质的因素,主要有两个方面:一是岩石本身的地质特征,如岩石的矿物成分、结构、构造等,二是岩石形成后所受外部因素的影响,如水的作用、风化作用等。

74. D

【解析】从岩石矿物组成来看,属于硬质岩石的包括几乎所有的岩浆岩,沉积岩中的硅质、铁质和钙质胶结的碎屑岩、石灰岩、白云岩,变质岩中的石英岩、大理岩、片麻岩等;属于软质岩石的有沉积岩中的黏土岩、黏土含量高的化学沉积岩、泥质胶结的碎屑岩,变质岩中的千枚岩、片岩等。

75. D

【解析】根据岩石的结构特征,可将岩石分为两类:①结晶联结的岩石,如大部分岩浆岩和变质岩,一部分沉积岩。②胶结物联结的岩石,如沉积岩中的碎屑岩等。

76. B

【解析】结晶联结的岩石,矿物颗粒靠直接接触产生的化学引力牢固地联结在一起。矿物颗粒越小,它们之间接触的比表面积越大,产生的化学引力也越大,岩石的强度也就越高。反之则低。胶结物联结的岩石,其强度和稳定性主要决定于胶结物的成分和胶结的形式,同时也受碎屑成分的影响。结晶联结的岩石致密坚硬,通常比胶结物联结的岩石具有较高的强度和稳定性。

77. B

【解析】碎屑岩类岩石物理力学性质的好坏,与其胶结物有密切关系。通常情况下,硅质胶结的强度和稳定性最高,泥质胶结的强度和稳定性最低,铁质和钙质胶结的介于两者之间。

78. D

【解析】矿物分布不均匀,使一些强度低、易风化的矿物沿一定方向富集,或呈条带状分布,或在局部聚集,从而使岩石的工程性质在局部发生很大变化。岩石中存在层理、裂隙导致岩石结构不连续,从而使岩石的强度和透水性在不同的方向上产生明显差异。一般来说,垂直层面的抗压强度大于平行层面的抗压强度,平行层面的透水性大于垂直层面的透水性。

79. B

【解析】结晶联结的岩石，矿物颗粒越小，它们之间相互接触面的面积越大，产生的化学键力就越大，矿物颗粒之间联结越牢固；反之，矿物颗粒之间联结越差。因此，对同一种结晶联结的岩石而言，矿物颗粒的大小对岩石的强度影响最明显。

80. D

【解析】砂岩属于胶结联结的岩石。胶结联结的岩石，其强度和稳定性主要取决于胶结物的成分和胶结的形式，同时也受碎屑（矿物）成分的影响。就胶结物的成分来说，硅质胶结的强度和稳定性高，泥质胶结的强度和稳定性低，铁质和钙质胶结介于两者之间。

第二节　地 质 构 造

【考试纲要】

（1）地质构造的类型及特性；

（2）地壳运动；

（3）地质构造图；

（4）各种地质构造在地质图中的表现形式和特点。

【复习提示】

1. 复习要点

考生应掌握地质构造的主要类型、特点及工程地质评价；熟悉地质构造在地质图中的表现形式和特点、地质构造与公路工程的关系；了解地层接触关系与地质年代的概念。

重点：

（1）地壳运动的基本形式；

（2）地层的接触关系的类型及特点；

（3）岩层产状三要素；

（4）地质构造的主要类型、特点及工程地质评价；

（5）各种地质构造在地质图中的表现形式和特点；

（6）地质构造与公路工程的关系。

难点：

（1）各种地质构造在地质图中的表现形式和特点；

（2）地质构造与公路工程的关系。

2. 规范提示

《公路工程地质勘察规范》（JTG C20—2011）涉及本节的内容如下：

（1）岩体完整程度划分，岩体节理发育程度划分，岩质边坡岩体结构分类。

（2）公路工程地质勘察内容中均要求查明勘察区域内地层的成因、年代、层序、厚度、岩性等；地质构造的类型、产状、规模、形态特征、分布范围及其与公路工程的关系。

（3）在公路工程地质勘察报告中要求对公路沿线地层岩性、地质构造、新构造运动等基本地质条件进行说明，并评价地质构造对边坡稳定性、公路建筑物选址的影响。

(4)地质构造对不良地质现象(滑坡、崩塌、泥石流)形成的影响。
(5)工程地质图的内容与编制。

习题精练

1. 下列各组地质作用,全部属于内力地质作用的是( )。
   A. 构造运动、火山作用、搬运作用　　B. 风化作用、剥蚀作用、变质作用
   C. 岩浆作用、变质作用、地震作用　　D. 变质作用、构造作用、沉积作用
2. 下列各种地质作用,全部属于外力地质作用的是( )。
   A. 风化作用、剥蚀作用、搬运作用、变质作用
   B. 沉积作用、地壳运动、固结成岩作用、搬运作用
   C. 风化作用、剥蚀作用、搬运作用、沉积作用、固结成岩作用
   D. 构造运动、风化作用、搬运作用、沉积作用、固结成岩作用
3. 地壳运动的基本形式有( )。
   A. 匀速运动、变速运动　　B. 慢速运动、快速运动
   C. 水平运动、垂直运动　　D. 内力运动、外力运动
4. 按时间顺序,构造运动可分为( )。
   A. 早期构造运动、晚期构造运动　　B. 古构造运动、新构造运动
   C. 古生代构造运动、新生代构造运动　　D. 古老构造运动、现代构造运动
5. 地壳的水平运动可形成( )。
   A. 高平原、大型盆地　　B. 地壳大规模的隆起和凹陷
   C. 海陆变迁或海侵海退　　D. 巨大的褶皱山系、大裂谷
6. 下列地质现象的形成与构造运动无关的是( )。
   A. 地堑与地垒　　B. 地震与火山　　C. 风化与沉积　　D. 山脉与海沟
7. 根据成因和特征,地质构造可分为( )。
   A. 褶皱构造、断层构造、不整合构造
   B. 水平构造、倾斜构造、断层构造、褶皱构造
   C. 水平构造、倾斜构造、直立构造、不整合构造
   D. 水平构造、倾斜构造、直立构造、褶皱构造、断裂构造、不整合构造
8. 地质构造的两大基本类型是( )。
   A. 水平构造、倾斜构造　　B. 褶皱构造、断裂构造
   C. 直立构造、不整合构造　　D. 倾斜构造、直立构造
9. 下列相对地质年代单位,属于国际性通用的是( )。
   A. 代、纪、时　　B. 代、纪、世　　C. 代、系、期　　D. 代、系、世
10. 下列地层相对地质年代最老的是( )。
    A. 石炭纪　　B. 侏罗纪　　C. 志留纪　　D. 奥陶纪
11. 沉积岩地层间的接触关系可分为( )。

A. 整合接触和不整合接触　　B. 沉积接触和侵入接触
C. 整合接触和平行不整合接触　　D. 不整合接触和假整合接触

12. 岩浆岩与沉积岩地层间的接触关系主要有（　　）。
A. 整合接触、假整合接触　　B. 沉积接触、侵入接触
C. 整合接触、沉积接触　　D. 整合接触、侵入接触

13. 野外调查表明，某地区的沉积岩地层主要有 C、P 和 J 地层，而 C 与 P 地层产状一致、彼此平行，则 C 和 P 地层之间为（　　）。
A. 整合接触　B. 沉积接触　C. 平行不整合接触　D. 侵入接触

14. 野外调查表明，某地区的沉积岩地层主要有 C、P 和 J 地层，而 P 和 J 地层之间呈一定角度相交，则 P 地层和 J 地层之间为（　　）。
A. 整合接触　B. 沉积接触　C. 假整合接触　D. 不整合接触

15. 野外调查表明，某地区的沉积岩地层主要有 C、P 和 J 地层，而 P 和 J 地层之间呈一定角度相交，则 P 地层和 J 地层之间为（　　）。
A. 整合接触　B. 沉积接触　C. 角度不整合接触　D. 假整合接触

16. 相对地质年代可以反映地层（　　）。
A. 形成的确切时间　　B. 形成的地质环境
C. 形成时的状态及物质组成　　D. 形成的先后顺序及相对新老关系

17. 岩层产状的三要素是（　　）。
A. 成分、结构、构造　　B. 厚度、宽度、高度
C. 时间、空间、走向　　D. 走向、倾向、倾角

18. 下列关于岩层倾向的说法，正确的是（　　）。
A. 岩层倾向与岩层走向无关
B. 岩层倾向有两个数值，且两数值相差 180°
C. 岩层的倾向只有一个数值
D. 岩层的倾向可由走向线的方位角表示

19. 褶皱构造的基本形态是（　　）。
A. 背斜和向斜　　B. 水平褶皱和倾伏褶皱
C. 直立褶皱和倾斜褶皱　　D. 倾伏褶皱和平卧褶皱

20. 野外观察表明，某褶曲构造的岩层以褶曲轴为中心向两翼倾斜，较老的岩层出现在轴部，从轴部向两翼依次出现的是较新的岩层，并且两翼对称出现。则该褶曲为（　　）。
A. 直立褶曲　B. 倾斜褶曲　C. 背斜褶曲　D. 向斜褶曲

21. 褶皱要素包括（　　）。
A. 范围、形态、核部、轴面、方向、岩性等
B. 核部、翼、轴面、轴、枢纽、转折端等
C. 类型、岩性、空间、范围、方向、核部等
D. 核部、翼部、轴面、形态、方向、产状等

22. 根据褶曲横剖面形态，褶曲可分为（　　）。
A. 直立褶曲、倾斜褶曲、倒转褶曲、平卧褶曲等

B. 水平褶曲、倾伏褶曲、背斜褶曲、向斜褶曲等

C. 圆弧褶曲、尖棱褶曲、箱形褶曲、扇形褶曲等

D. 线形褶曲、短轴褶曲、直立褶曲、倾斜褶曲等

23. 根据褶曲纵剖面形态,褶曲可分为(　　)。

A. 线状褶曲、短轴褶曲　　B. 水平褶曲、倾伏褶曲

C. 直立褶曲、倾斜褶曲　　D. 箱形褶曲、扇形褶曲

24. 下列地质构造所形成的地形中,属于负地形的是(　　)。

A. 单面山　　B. 断块山　　C. 背斜谷　　D. 向斜谷

25. 褶皱构造的野外观察常采用的方法是(　　)。

A. 岩层变形分析法、追索观察法　　B. 地层接触分析法、穿越分析法

C. 穿越法、追索法　　D. 岩层变形分析法、地层接触分析法

26. 在野外某区域内,垂直于岩层走向观察时,发现岩层重复出现并对称分布,则可判定该区域存在(　　)。

A. 褶皱构造　　B. 断层构造　　C. 节理　　D. 不整合构造

27. 当褶曲两翼岩层在平面上彼此平行展布时,则该褶曲为(　　)。

A. 直立褶曲　　B. 倾斜褶曲　　C. 倾伏褶曲　　D. 水平褶曲

28. 岩石受力发生破裂时,未发生明显位移的断裂是(　　)。

A. 断层　　B. 解理　　C. 节理　　D. 背斜

29. 存在于岩石中的各种裂隙,按成因可分为(　　)。

A. 原生裂隙和次生裂隙　　B. 构造裂隙和非构造裂隙

C. 张裂隙和风化裂隙　　D. 剪裂隙和卸荷裂隙

30. 根据力学成因,构造裂隙可分为(　　)。

A. 走向裂隙和倾向裂隙　　B. 脉状裂隙和层状裂隙

C. 原生裂隙和次生裂隙　　D. 张裂隙和剪裂隙

31. 目前仍在活动或者晚更新世以来有过活动,极可能在不远的将来重新活动的断层称为(　　)。

A. 全新断层　　B. 现代断层　　C. 发震断层　　D. 活断层

32. 下列关于张裂隙特征的描述中,正确的是(　　)。

A. 裂隙产状稳定,延伸较远　　B. 裂隙面平直光滑

C. 在砾岩中可切穿砾石　　D. 裂隙呈开口或楔形,并常被岩脉充填

33. 下列关于剪裂隙特征的说法,不正确的是(　　)。

A. 裂隙产状稳定,沿走向和倾向延伸较远

B. 裂隙面平直光滑,常有剪切滑动留下的擦痕

C. 裂隙面两壁间的距离很小,一般呈闭合状

D. 剪裂隙一般发育较稀疏,裂隙间距较大,很少密集成带

34. 地表浅层的某岩层中存在大量裂隙,这些裂隙分布零乱,无明显的方向性,但相互连通,此裂隙最可能是(　　)。

A. 构造张裂隙　　B. 风化裂隙　　C. 卸荷裂隙　　D. 剪裂隙

35. 断层的基本特征可以用断层要素来描述。断层要素主要有(　　)。

A. 断层线、断层面、产状、规模

B. 断层面、断盘、轴线、产状

C. 断层面和破碎带、断层线、断盘、断距

D. 核部、轴面、断盘、断距

36. 根据断层两盘相对位移的情况，断层可分为(　　)。

A. 纵断层、横断层、斜断层　　B. 正断层、逆断层、平推断层

C. 张断层、剪断层、平推断层　　D. 正断层、冲断层、逆掩断层

37. 断层有各种不同的类型。其中上盘相对上移，下盘相对下移的断层是(　　)。

A. 正断层　　B. 逆断层　　C. 平移断层　　D. 走滑断层

38. 下列关于断层特征的描述中，不正确的是(　　)。

A. 逆断层的断层面和断层线不太平直，断层面倾角较陡，常大于45°。破碎带较窄，但连通性和开启程度较好，常是地下水的储水空间和集水廊道

B. 逆断层的断层面倾角变化较大，从陡倾角至缓倾角都有。破碎带较宽，破碎带内岩石破碎强烈，但挤压密实

C. 平推断层断层面的倾角一般较大，断层面近于直立，断层线比较平直

D. 正断层一般是岩体受到水平张应力及重力作用而形成。逆断层一般是岩体受到水平方向挤压应力而形成。平推断层一般是岩体受到水平扭应力作用而形成

39. 通常情况下，一幅完整的地质图应包括(　　)。

A. 平面图、地层分布图、地形图　　B. 平面图、地质剖面图、综合地层柱状图

C. 平面图、地质剖面图、地形图　　D. 平面图、地层分布图、水文图

40. 地质图中通常用各种符号来反映有关的地质信息。地质图中的符号主要有(　　)。

A. 地层年代符号、岩石符号、岩性符号、地质构造符号

B. 岩石成因符号、岩石岩性符号、地形地貌符号、地层年代符号

C. 岩石岩性符号、地形地貌符号、地层年代符号、地质构造符号

D. 地形地貌符号、地层年代符号、水文地质符号、岩石分布符号

41. 地质平面图中，某地质构造的特点是地层分界线与地形等高线平行或者一致，较新的岩层分布在地势较高的地方，较老的岩层出露在较低的地方。则该构造是(　　)。

A. 断层　　B. 直立岩层　　C. 水平构造　　D. 单斜构造

42. 地质平面图中，某地质构造的特点是地层分界线是一条随地形起伏而弯曲的曲线，曲线弯曲的形状和方向与岩层产状和地形起伏状况有关。则该构造是(　　)。

A. 断层　　B. 直立岩层　　C. 水平构造　　D. 单斜构造

43. 在地质平面图中，某岩层的分界线为一条直线，不受地形起伏的影响。则该岩层为(　　)。

A. 水平岩层　　B. 直立岩层　　C. 单斜岩层　　D. 水平或直立岩层

44. 在地质平面图中，当断层走向与褶皱轴线垂直或斜交时，断层线两侧褶曲翼部和轴部岩层变化表现为(　　)。

A. 褶曲翼部岩层缺失或重复、岩性发生变化，轴部岩层无变化

B. 褶曲翼部岩层顺走向不连续、褶曲轴部岩层宽窄发生变化

C. 褶曲翼部岩层年代发生变化、岩层顺走向不连续，轴部岩层无变化

D. 褶曲翼部岩性发生变化、褶曲轴部岩层宽窄发生变化

45. 在地质平面图中，当断层走向与背斜褶曲轴线垂直或斜交时，在断层两盘褶曲轴部岩层宽窄变化表现为（　　）。

A. 上升盘轴部岩层相对变宽，下降盘轴部岩层相对变窄

B. 上升盘轴部岩层相对变窄，下降盘轴部岩层相对变宽

C. 上升盘与下降盘褶曲轴部岩层宽窄不发生变化

D. 上升盘与下降盘褶曲轴部岩层可能变宽，也可能变窄

46. 当断层走向和岩层走向平行时，在断层面（线）两侧，出露老岩层的一侧为（　　）。

A. 下降盘　　B. 断层的下盘　　C. 上升盘　　D. 断层的上盘

47. 当断层走向和岩层走向垂直或斜交时，无论是正断层还是逆断层，岩层分界线错动方向和岩层倾向方向一致（或向前错动）的一侧为（　　）。

A. 上升盘　　B. 下盘　　C. 下降盘　　D. 上盘

48. 当断层走向与褶曲轴线垂直或斜交时，如果褶曲是背斜，则断层线两侧核部岩层变宽的一侧为（　　）。

A. 下盘　　B. 下降盘　　C. 上盘　　D. 上升盘

49. 角度不整合在地质图上的表现特征是（　　）。

A. 两套地层分界线彼此不平行

B. 两套地层分界线彼此平行或相交

C. 新岩层的分界线切断了老岩层的分界线

D. 老岩层的分界线切断了新岩层的分界线

50. 倾伏褶曲在地质图上表现为（　　）。

A. 两翼岩层分界线平行延伸　　B. 两翼岩层分界线被切断

C. 两翼岩层分界线向　端闭合　　D. 两翼岩层间呈不整合接触

习题参考答案及解析

1. C

【解析】根据发生地质作用的能量来源，地质作用可分为内力地质作用和外力地质作用两种基本类型。按作用方式不同，内力地质作用又可分为构造运动（地壳运动）、岩浆作用（岩浆及火山作用）、变质作用、地震作用等。

2. C

【解析】根据作用方式的不同，外力地质作用可分为风化作用、剥蚀作用、搬运作用、沉积作用、固结成岩作用。

3. C

【解析】由地球内力地质作用引起地壳变化,使岩层或岩体发生变形和变位的运动称为地壳运动。地壳运动按其运动方向分为水平运动和垂直运动两种基本形式。水平运动和垂直运动是紧密相连的,在时间和空间上往往交替发生。

4. B

【解析】地壳自形成以来就一直不停地运动着。地壳运动形成了各种不同的地质构造(如褶皱、断裂等),因此,地壳运动也常称为构造运动。按时间顺序,构造运动可分为古构造运动和新构造运动。一般认为,晚第三纪以前的构造运动为古构造运动。晚第三纪以来(后)的构造运动为新构造运动,其中人类历史时期发生的构造运动称为现代构造运动。

5. D

【解析】水平运动使得地壳受到水平挤压、拉伸及剪切,引起岩体的弯曲和断裂,可以形成巨大的褶皱山系、裂谷和大陆漂移等。而垂直运动则表现为地壳大面积的上升和下降,形成大规模的隆起和凹陷,产生海陆变迁或海侵海退。

6. C

【解析】构造运动控制着海陆变迁及其分布轮廓,地壳的隆起和凹陷,以及山脉、海沟的形成,火山、地震、地裂缝的产生等。构造运动强烈地带还是地表变形、滑坡、崩塌、泥石流等地质灾害的活跃带。当然,构造运动还可以形成一些独特的地形地貌,如断块山、褶皱山、向斜谷等。风化、剥蚀、搬运、沉积等则是外力作用的表现形式,与构造运动无关。

7. D

【解析】地质构造可分为水平构造、倾斜构造、直立构造、褶皱构造、断裂构造、不整合构造等6种基本类型。其中褶皱构造和断裂构造是最主要的两大基本类型。

8. B

【解析】地质构造可分为水平构造、倾斜构造、直立构造、褶皱构造、断裂构造、不整合构造等6种基本类型。其中最典型、最主要的、在地壳表层广泛发育的是褶皱构造与断裂构造这两类。

9. B

【解析】地质学家根据几次大的地壳运动和生物界大的演变,把地质历史划分为五个“代”,每个代又分为若干“纪”,纪内因生物发展及地质情况不同,又进一步划分为若干“世和“期”,以及一些更细的段落,这些统称为地质年代单位。在特定的时间间隔内所形成的岩石体,称为时间地层单位。地壳运动和生物演化,在代、纪、世期间,世界各地都有普遍性的显著变化。所以,代、纪、世是国际通用的地质年代单位,次一级的单位只具有区域性或地区性的意义。

10. D

【解析】根据中国地质年代表,古生代到中生代,地质年代由下到上由老到新,依次是:寒武纪—奥陶纪—志留纪—泥盆纪—石炭纪—二叠纪—三叠纪—侏罗纪—白垩纪。

11. A

【解析】沉积岩地层间的接触关系可分为整合接触和不整合接触两大类型。其中,不整合接触又可分为平行不整合接触和角度不整合接触两类。

12. B

【解析】岩浆岩与沉积岩间的接触关系可分为两种:侵入接触、沉积接触。可通过岩浆岩体与周围已知地质年代的沉积岩的接触关系来确定岩浆岩的相对地质年代。

13. A

【解析】整合接触的特点是相互接触的两套地层形成的时间(年代)连续,产状基本一致,层与层之间呈平行关系。

14. D

【解析】不整合接触的特点是相互接触的两套地层形成的时间(年代)是不连续的。

15. C

【解析】不整合接触又可分为平行不整合接触和角度不整合接触两类。若相互接触的两套地层形成的时间(年代)不连续,但产状一致、彼此平行,则为平行不整合接触,反之,若产状不一致、彼此相交,则为角度不整合接触。有人也将平行不整合接触称为假整合接触。

16. D

【解析】在地质历史中,地质体形成(或地质事体发生)的确切时间称为绝对地质年代,而这些地质体形成的先后顺序和新老关系则称为相对地质年代。

17. D

【解析】岩层在空间的展布状态(分布状态)称为岩层的产状。岩层产状一般用岩层在空间的水平延伸方向、倾斜方向和倾斜程度进行描述,分别称为走向、倾向和倾角,三者也称为产状三要素。

18. C

【解析】岩层的倾向表示岩层在空间的倾斜方向。岩层的倾向和走向相差90°,且延长的倾向只有一个数值。岩层的倾向是用倾斜线在水平面上的投影所指示的方向来表示的。

19. A

【解析】褶皱构造是岩层受构造应力作用形成的连续弯曲变形。褶皱的基本形态(或形式、类型)有两种,即背斜和向斜。褶皱构造中的任一弯曲称为褶曲,褶曲是组成褶皱的基本单元。也可以说,褶曲的基本形态是背斜和向斜。

20. C

【解析】褶曲的基本形式(形态、类型)是背斜和向斜。背斜褶曲中,岩层以褶曲轴为中心向两翼倾斜,较老的岩层出现在轴部,从轴部向两翼依次出现的是较新的岩层,并且两翼岩层对称出露。在向斜褶曲中,岩层以褶曲轴为中心向轴部倾斜,在轴部出露的是较新的岩层,从轴部向两翼依次出现的是较老的岩层,并且两翼岩层对称出露。

21. B

【解析】褶曲的各个组成部分称为褶曲要素,它包括核部、翼、轴面、轴、枢纽、转折端等。

22. A

【解析】根据褶曲横剖面形态(即根据两翼岩层和轴面产状分类),褶曲可分为直立褶曲、倾斜褶曲、倒转褶曲、平卧褶曲等。

23. B

【解析】根据褶曲纵剖面形态(即根据纵剖面上枢纽产状分类),褶曲可分为水平褶曲、倾伏褶曲。

24. C

【解析】地形特征与地质构造特征一致时,该地形即为顺地形(正地形),如背斜山、向斜谷等;反之,则为逆地形(负地形),如背斜谷、向斜山等。

25. C

【解析】褶皱构造的野外观察常采用的方法包括穿越法和追索法。穿越法就是垂直岩层走向进行观察的方法。追索法就是平行岩层走向进行观察的方法。当然,穿越法和追索法不仅是野外观察褶曲的主要方法,同时也是野外观察和研究其他地质构造的一种基本的方法。实践一般以穿越法为主、追索法为辅,根据不同情况,穿插运用。

26. A

【解析】褶皱构造的基本特征就是组成其岩层对称的重复排列,也就是说,当某区域内的岩层是对称的重复排列,则该区域内一定存在褶皱(褶曲),再根据岩层出露的层序及其新老关系,判断是背斜还是向斜。

27. D

【解析】当褶曲两翼岩层在平面上彼此平行展布时,说明褶曲的枢纽是水平的,则为水平褶曲。反之,为倾伏褶曲。

28. C

【解析】断裂构造根据断裂面两侧岩块是否发生明显位移,可分为节理(裂隙)和断层。其中,断裂面两侧岩块没有明显位移的,称之为节理。断裂面两侧岩块发生明显位移的,即为断层。因此,断裂构造包括节理(裂隙)和断层。节理是断裂面两侧岩块没有明显位移的断裂构造。

29. B

【解析】按成因,裂隙可分为构造裂隙和非构造裂隙。其中,非构造裂隙可分为原生裂隙和次生裂隙两类。次生裂隙主要有风化裂隙和卸荷裂隙等。

30. D

【解析】构造裂隙是由于构造应力作用而形成。按力学成因,构造裂隙可分为张裂隙和剪裂隙(也称扭裂隙)两类。

31. D

【解析】活断层又称活动断层(或活动断裂),是指目前仍在活动或者近期(一般认为晚更新世以来的时间范围)有过活动,极可能在不远的将来重新活动的断层。

32. D

【解析】张裂隙的主要特征有:裂隙产状不稳定,延伸不远即自行消失,裂隙面弯曲且粗糙,裂隙两壁间的裂缝较宽,呈开口或楔形,并常被岩脉充填;张裂隙一般发育较稀,裂隙间距较大,很少密集成带。当张裂隙发育于砾岩中时,常常绕过砾石。

33. D

【解析】剪裂隙的主要特征是:①裂隙产状稳定,沿走向和倾向延伸较远;②裂隙面平直光滑,常有剪切滑动留下的擦痕;③裂隙面两壁间的距离很小,一般呈闭合状;④在砾岩中可以切穿砾。剪裂隙一般发育较密集,裂隙间距较小,在软弱薄层岩石常密集成带。由于剪裂隙交叉相互切割岩层成碎块体,破坏了岩体的完整性,故剪裂隙面常是易于滑动的软弱面。

34. B

【解析】张裂隙和剪裂隙属于构造裂隙,具有明显的方向性和规律性。卸荷裂隙是因岩体卸荷发生回弹变形而形成的,这种裂隙多呈层状,常形成裂隙带,多平行于岩层表面,其深度可很大。只有风化裂隙广泛发育在岩石表层,分布零乱,无明显的方向性,但相互间连通性强。

35. C

【解析】断层的基本组成部分称为断层要素。断层要素主要有断层面和破碎带、断层线、断盘、断距等。

36. B

【解析】根据断层两盘相对位移的情况,断层可分为三种基本类型,即正断层、逆断层、平推断层(或平移断层)。

37. B

【解析】根据断层两盘相对位移的情况可对断层进行分类。其中,上盘相对下降、下盘相对上升的是正断层;上盘相对上升、下盘相对下降的是逆断层;两盘沿断层面发生相对水平位移的是平推断层。

38. A

【解析】正断层一般是岩体受到水平张应力及重力作用而形成。因此,正断层的断层面和断层线不太平直,断层面倾角较陡,常大于45°。破碎带较窄,但连通性和开启程度较好,常是地下水的储水空间和集水廊道。

39. B

【解析】通常情况下,一幅完整的地质图应包括地质平面图、地质剖面图和综合地层柱状图三部分,并标明图名、比例尺、图例和接图等。

40. A

【解析】地质图是根据野外地质勘测资料在地形图上填绘编制而成的。它除了应用地形图的轮廓和等高线外,还需要用各种地质符号来表明地层的岩性、地质年代、地质构造等情况。地质图中的符号主要有地层年代符号、岩石符号、岩性符号、地质构造符号等。

41. C

【解析】水平构造(水平岩层)在地质图中的特点是:水平岩层(水平构造)的地层分界线与地形等高线平行或者一致,较新的岩层分布在地势较高的地方,较老的岩层出露在较低的地方。

42. D

【解析】单斜构造(单斜岩层)的地层分界线是一条随地形起伏而弯曲的曲线,曲线弯曲的形状和方向与岩层产状和地形起伏状况有关。简而言之,单斜构造(单斜岩层)的地层分界线在地质图上是一条与地形等高线相交的曲线。

43. B

【解析】直立岩层不受地形影响,沿其走向直线延伸。因此,除岩层走向有变化外,直立岩层的分界线在地质平面图上为一条直线,不受地形起伏(或等高线)的影响。

44. B

【解析】断层在地质图上用断层线表示。由于断层走向和岩层走向、褶皱轴线关系的不同,在断层线两侧存在岩层中断错动、岩层缺失或重复、岩层宽窄变化等现象。当断层与褶皱轴线垂直或斜交时,在断层线两侧不仅表现为翼部岩层顺走向不连续,还表现为褶曲轴部(或核部)岩层的宽窄发生变化。

45. A

【解析】无论是正断层还是逆断层,当断层走向与褶曲轴线垂直或斜交时,褶曲轴部岩层的宽窄在断层线两侧(或在断层两盘)发生变化。对背斜而言,上升盘轴部岩层相对变宽,下降盘轴部岩层相对变窄。向斜的情况与背斜相反,上升盘轴部岩层相对变窄,下降盘轴部岩层相对变宽。平推断层两盘轴部岩层的宽度不发生变化,在断层线两侧仅表现为褶曲轴线及岩层错开。

46. C

【解析】在地质图上,当断层走向与岩层走向平行时,在断层面(或断层线)两侧地层发生重复或缺失,造成断层面两侧岩层地质年代不同。通常,出露老岩层的一侧为上升盘,出露新岩层的一侧为下降盘,地层倒转时则相反。

47. A

【解析】在地质图上,当断层走向与岩层走向垂直或斜交时,在断层面两侧岩层的分界线被切断而发生错动。无论是正断层还是逆断层,岩层分界线错动方向和岩层倾向方向一致(或向前错动)的一侧为上升盘,反之为下降盘。

48. D

【解析】由于褶曲两翼地层向外或向内倾斜,当断层走向与褶曲轴线垂直或斜交时,断盘的上升或下降,都会造成褶曲核部地层在断层线两侧宽窄发生变化。对于背斜褶曲而言,核部岩层变宽的一侧为上升盘,变窄的一侧为下降盘。

49. C

【解析】角度不整合接触是指上、下不同的两套地层产状不一致,地质年代也不连续。因此,在地质图上,新地层的分界线切断了下部老地层的分界线,而且它们之间的地质年代不连续。

50. C

【解析】在地质图上,倾伏褶曲两翼岩层界线不平行,在倾伏端交汇成封闭弯曲线(或倾伏褶曲的地层分界线在转折端闭合)。

第三节　外动力地质作用

【考试纲要】

(1)外动力地质作用;

(2)风化作用;
(3)残积层、坡积层、洪积层和冲积层的工程地质特征;
(4)河流地质作用的表现形式;
(5)河流下蚀作用和侧蚀作用发育的特点。

【复习提示】

1. 复习要点

考试应掌握常见松散堆积层(残积层、坡积层、洪积层和冲积层)的形成及其工程地质特征;熟悉风化作用的基本类型及影响因素,河流地质作用的特点与表现形式,河流的侵蚀、搬运及沉积作用特点;了解外力地质作用的形式及特点。

重点:

(1)外动力地质作用的概念、基本形式及特点;
(2)风化作用的基本类型、影响因素以及岩层风化分带与分级;残积层的形成与特点;
(3)坡积层的成因、分布、工程地质特征,影响坡积层稳定性的主要因素;
(4)冲沟的形成阶段,洪积层的成因、分布、工程地质特征;
(5)河流地质作用的特点与表现形式,河流的侵蚀、搬运及沉积作用特点,冲积层的工程地质特征与工程性质。

难点:

(1)岩石风化分带与分级;
(2)残积层、坡积层、洪积层和冲积层的工程地质特征;
(3)河流侵蚀作用的特点及其与道路工程的关系。

2. 规范提示

《公路工程地质勘察规范》(JTG C20—2011)涉及本节的内容如下:
(1)岩石风化程度的划分;
(2)岩石的描述应包括对岩石风化程度说明的内容;
(3)道路、桥梁和隧道工程地质勘察内容中均要求查明勘察区域内岩石的风化程度;地表覆盖层或地基土层(残积层、坡积层、洪积层、冲积层)的成因、厚度、类型、分布范围、胶结程度和密实度、含水状态和工程性质;地表水的类型、成因、分布及发育情况及对斜坡稳定性的影响。

习题精练

1. 外力地质作用的主要类型有(　　)。
   A. 风化作用、剥蚀作用、搬运作用、沉积作用、成岩作用
   B. 风力作用、地表水作用、冰川作用、湖海作用、地下水作用
   C. 岩浆作用、变质作用、风化作用、沉积作用、成岩作用
   D. 物理作用、化学作用、生物作用、水力作用、风力作用
2. 按其占优势的营力及岩石变化的性质,风化作用可分为(　　)。

A. 温度风化、冰冻风化、生物风化　　B. 水解风化、溶解风化、碳酸风化
C. 物理风化、化学风化、生物风化　　D. 无机风化、有机风化、生物风化

3. 物理风化作用的方式主要有(　　)。
A. 溶解风化、水解风化、冰冻风化、可溶盐的结晶与潮解
B. 温差风化、冰冻风化、岩石释重、可溶盐的结晶与潮解
C. 温差风化、溶解作用、水化作用、冰冻风化
D. 冰冻风化、岩石释重、水解作用、碳酸化作用

4. 因强烈蒸发使地下水浓缩结晶,导致岩石裂缝被结晶力扩大,这称为(　　)。
A. 热胀冷缩作用　B. 冰劈作用　C. 盐类结晶作用　D. 碳酸化作用

5. 引起物理风化作用的最主要因素是(　　)。
A. 温差　B. 水　C. 大气　D. 生物

6. 我国西北及内蒙古等亚欧大陆腹地的干旱、半干旱地区广泛分布的戈壁、沙漠等主要是(　　)的产物。
A. 物理风化　B. 化学风化　C. 生物风化　D. 流水作用

7. 不同的风化作用有不同的产物,物理风化的产物是(　　)。
A. 黏土物质　B. 有机物质　C. 碎屑物质　D. 溶解物质

8. 下列有关物理风化产物性质的表述中,正确的是(　　)。
A. 颗粒较粗,黏结性和吸水性较差,但内摩擦角较大
B. 颗粒较细,含有有机质,黏结性和吸水性较差
C. 多数颗粒较粗,含有黏土物质且颗粒较细
D. 颗粒较细,内聚力较大,黏结性和吸水性强,内摩擦角较小

9. 化学风化作用的方式主要有(　　)。
A. 溶解作用、水化作用、碳酸化作用、氧化作用、有机化作用
B. 可溶盐的结晶与潮解、碳酸化作用、水解作用、水化作用、氧化作用
C. 溶解作用、氧化作用、水化作用、溶盐的结晶与潮解、碳酸化作用
D. 溶解作用、水化作用、水解作用、碳酸化作用、氧化作用

10. 风化作用的类型不同,其产物也有所不同。化学风化作用的产物主要是(　　)。
A. 碎屑物质　B. 黏土物质　C. 有机物质　D. 堆积物质

11. 下列各种风化作用,属于化学风化作用的是(　　)。
A. 可溶盐的结晶与潮解　　B. 水的冻结与融化
C. 岩石释重　　D. 水解作用

12. 若岩层中含有硬石膏层,硬石膏层与水接触后可发生(　　)而引起体积膨胀,对围岩会产生很大的压力,促使岩石破坏。
A. 溶解作用　B. 水解作用　C. 水化作用　D. 化学风化

13. 花岗岩中的正长石经(　　)变成高岭石,可使岩石成分改变,结构破坏,从而降低岩石的物理力学性质。
A. 氧化作用　B. 水解作用　C. 水化作用　D. 溶解作用

14. 碳酸盐类岩石,如石灰岩等,经(　　)能够将比较难溶于水的碳酸盐变为易溶解的重

碳酸盐,因而加强了水对岩石的溶解作用,可形成溶洞、溶穴等岩溶现象。

A. 溶解作用　　B. 水化作用　　C. 水解作用　　D. 碳酸化作用

15. 从风化类型的分布看,(　　)在气候干燥、温差较大的内陆腹地强烈。

A. 生物风化　　B. 化学风化　　C. 物理风化　　D. 生物物理风化

16. 岩石经长期的物理、化学风化作用以后,再经生物的化学风化作用,最终所形成的松散物质叫(　　)。

A. 碎屑物质　　B. 残积物　　C. 黏土物质　　D. 土壤

17. 下列有关岩石风化作用的说法中,错误的是(　　)。

A. 岩石的风化作用仅发生在地表

B. 岩石的风化作用使岩体的结构构造发生变化

C. 岩石的风化作用使岩石的强度及稳定性降低

D. 岩石的风化作用使岩石的矿物成分和化学成分发生变化

18. 在相同的地表环境条件下,喷出岩(K_1)、浅成岩(K_2)、深成岩(K_3)抗风化能力的强弱顺序为(　　)。

A. $K_1 < K_2 < K_3$　　B. $K_1 > K_2 > K_3$　　C. $K_1 < K_2 > K_3$　　D. $K_1 > K_2 < K_3$

19. 确定岩石风化程度的依据主要有(　　)。

A. 岩石矿物成分的变化、岩石的破碎程度、岩石强度的变化、岩石的类型

B. 岩石颜色的变化、岩石矿物成分的变化、岩石的破碎程度、岩石强度的变化

C. 所处地形地貌、水文气象环境、岩石矿物成分的变化、岩石的破碎程度

D. 岩石强度的变化、矿物成分的变化、结构构造的变化、岩石成因类型

20. 从工程地质的角度看,在一个完整的风化剖面上,通常可把风化岩层自下而上分为四个带,分别是(　　)。

A. 整石带、块石带、碎石带、半碎石带　　B. 整石带、块石带、半块石带、碎石带

C. 整石带、半整石带、块石带、碎石带　　D. 整石带、块石带、碎石带、粉碎带

21. 按风化程度由弱到强,岩石风化程度可分为五级,分别是(　　)。

A. 未风化、半风化、弱风化、强风化、全风化

B. 未风化、弱风化、强风化、特强风化、全风化

C. 未风化、微风化、中等风化、强风化、全风化

D. 未风化、弱风化、强风化、全风化、残积土

22. 观察岩石风化剖面发现,某岩石的原有裂隙已扩展,并产生大量的风化裂隙,在裂隙面上出现次生矿物,该岩层属于(　　)。

A. 整石带　　B. 块石带　　C. 碎石带　　D. 粉碎带

23. 观察岩石风化剖面发现,某风化带由一触即碎的母岩碎石和大量次生矿物组成,岩石颜色大部分已改变,风化裂隙密布,该岩层属于(　　)。

A. 粉碎带　　B. 块石带　　C. 碎石带　　D. 整石带

24. 某硬质岩石风化后,结构构造已部分破坏,矿物成分基本未变化,仅裂隙面出现次生矿物。风化裂隙发育,岩体被切割成 20 ~ 50cm 的岩块。则该岩石风化程度为(　　)。

A. 微风化　　B. 中等风化　　C. 强风化　　D. 全风化

25. 某软质岩石风化后，颜色已大部分变化，结构构造已大部分破坏，矿物成分已显著变化，含大量次生矿物，风化裂隙很发育，岩体被切割成碎块。则该岩石风化程度为（　　）。

A. 全风化　　B. 中等风化　　C. 微风化　　D. 强风化

26. 防治边坡岩石风化常用的措施包括（　　）。

A. 挖除法、护坡加固法、明洞遮盖法、灌浆胶结法

B. 挖除法、喷浆抹面法、灌浆固结法、砌石铺盖法

C. 排水法、拦截防御法、框架加固法、喷浆抹面法

D. 刷方减重法、排水法、喷浆抹面法、砌石铺盖法

27. 某松散堆积层主要由碎石和黏土组成，不具有层理，无分选，碎屑物质大小不均匀、无磨圆，棱角显著；与下伏基岩没有明显界限，而是逐渐过渡的；厚度变化大，孔隙度大，裂隙发育，结构松散，强度低，稳定性差。该松散堆积层为（　　）。

A. 坡积层　　B. 冲积层　　C. 残积层　　D. 洪积层

28. 下列松散堆积物中，属于风化作用产物的是（　　）。

A. 冲积物　　B. 坡积物　　C. 洪积物　　D. 残积物

29. 下列有关坡积层工程地质特征的表述中，不正确的是（　　）。

A. 主要由碎石和黏土组成，其成分与下伏基岩无关

B. 未经长途搬运，故层理不明显，碎石棱角清楚

C. 组成物分选差，大小颗粒混杂在一起，孔隙发育

D. 厚度往往较均匀，变化不大，一般与地形条件无关

30. 下列表述的各种因素中，对坡积层稳定性影响最小的因素是（　　）。

A. 下伏基岩顶面的倾斜程度　　B. 下伏基岩与坡积层接触带的含水情况

C. 坡积层物质的厚度　　D. 坡积层本身的性质

31. 下列有关洪积层特征的描述中，不正确的是（　　）。

A. 组成物质复杂，分选不良，粗细混杂，碎屑物质多带棱角，磨圆度不佳

B. 有不规则的交错层理、透镜体、尖灭及夹层等

C. 由于水量大，流速高，因此物质成分单一，碎屑物质主要是砾石

D. 山前洪积层由于周期性的干燥，常含有可溶性盐类物质，在土粒和细碎屑间，往往形成局部的软弱结晶联结，但遇水作用后，联结就会破坏

32. 下列有关松散堆积物特征的描述中，不正确的是（　　）。

A. 坡积层主要分布在山坡坡脚处

B. 洪积层主要分布在山麓坡脚的沟谷出口地带及山前平原

C. 冲积层主要分布在河床、冲积扇、冲积平原或三角洲中

D. 残积层主要分布在沟谷低洼处

33. 下列有关洪积层工程性质的描述中，不正确的是（　　）。

A. 靠近沟谷口的粗碎屑沉积地段，孔隙大，透水性强，地下水埋藏深，压缩性小，承载力大

B. 洪积层外围的细碎屑沉积地段，如果黏土颗粒发生凝聚并析出可溶盐分，承载力也比较好

C. 在粗碎屑与细碎屑沉积地段之间的过渡带，常有泉水出露，形成沼泽，压缩性大
D. 洪积层外围的细碎屑沉积地段，颗粒细小，透水性弱，无论何时均表现为压缩性大，承载力低

34. 下列有关松散堆积物特征的描述中，属于坡积层特征的是（　　）。
A. 主要由碎屑物质和少量黏土组成，碎屑颗粒由地表向深处由细变粗
B. 主要由碎石和黏土组成，碎石棱角明显、无分选性，其成分与下伏基岩无关，而与山坡上部基岩成分有关
C. 主要由石块、岩屑、砂砾、砂土、黏性土组成，成分复杂，其中可见交错层理、透镜体及尖灭层
D. 主要由砂砾、卵石及细粉砂组成，物质分选性好、层理明显、磨圆度高

35. 地表流水可分为（　　）。
A. 河湖流水、海洋流水　　B. 暂时流水、经常流水
C. 大气降水、冰川水、融雪水　　D. 自然流水、人工流水

36. 根据流水特征，暂时流水可分为（　　）。
A. 坡面细流、山洪急流　　B. 山地流水、平原流水
C. 雨雪流水、冰川流水　　D. 降雨流水、山泉流水

37. 地表流水的地质作用主要表现为（　　）。
A. 风化作用、侵蚀作用、搬运作用　　B. 侵蚀作用、搬运作用、成岩作用
C. 侵蚀作用、搬运作用、堆积作用　　D. 搬运作用、堆积作用、成岩作用

38. 不同的松散堆积物都分布在特定的地貌部位，坡积层主要分布在（　　）。
A. 山沟沟口处　　B. 河流漫滩处　　C. 山坡坡脚处　　D. 山顶处

39. 由于地质作用的特点不同，不同的堆积层都堆积在特定的地貌部位。洪积层主要分布在（　　）。
A. 山坡坡脚处　　B. 山坡的低洼处
C. 河谷谷坡处　　D. 沟谷出口地带或山前平原

40. 按其作用的方式不同，河流的侵蚀作用可分为（　　）。
A. 化学溶蚀、机械侵蚀　　B. 流水侵蚀、夹带物侵蚀
C. 物理侵蚀、生物侵蚀　　D. 化学溶蚀、生物侵蚀

41. 按侵蚀作用的方向不同，河流的侵蚀作用可分为（　　）。
A. 横向侵蚀作用、纵向侵蚀作用　　B. 河床侵蚀作用、岸坡侵蚀作用
C. 下蚀作用、侧蚀作用　　D. 溯源侵蚀作用、逆源侵蚀作用

42. 河水在流动过程中不断加深河床即为河流的下蚀作用。使河流下蚀的主要因素是（　　）。
A. 河水的直接冲击　　B. 河水夹带固体物质的磨蚀
C. 河水的化学溶解　　D. 河床岩性的坚硬程度与破碎程度

43. 影响河流下蚀作用强度的主要因素是（　　）。
A. 河床岩性的坚硬程度　　B. 河床岩层的破碎程度
C. 河水的流速和流量　　D. 河床地质构造

44. 下列有关河流下蚀作用的描述中，不正确的是(　　)。

A. 河流下蚀不能无止境地进行，而是以其侵蚀基准面为下限

B. 河流下蚀总是从河的下游逐渐向河源方向发展

C. 河流的下蚀可使分水岭遭到剥蚀切割，河流长度增加，以至发生河流袭夺现象

D. 只要河水流动不断，下蚀作用可无限进行

45. 促使河流产生侧蚀作用的主要因素是(　　)。

A. 横向环流　　B. 洪积物等的顶托

C. 岩性与地质构造　　D. 地球引力

46. 在河流的河湾处，河流地质作用的特点是(　　)。

A. 凹岸和凸岸同时产生冲刷　　B. 凹岸和凸岸同时发生堆积

C. 凹岸产生冲刷、凸岸发生堆积　　D. 凹岸发生堆积、凸岸产生冲刷

47. 由于河床纵坡、岩性和地质构造等不同，河流下蚀与侧蚀的强度也就不同，或以下蚀为主，或以侧蚀为主。一般在河流的中下游、平原区河流或处于老年期的河流，侵蚀作用(　　)。

A. 以下蚀作用为主　　B. 以侧蚀作用为主

C. 下蚀和侧蚀强度相同　　D. 无法判断下蚀和侧蚀的强弱

48. 下列有关河流侧蚀作用特性的描述中，不正确的是(　　)。

A. 侧蚀作用可使河床变弯、变宽、变长

B. 侧蚀作用可使河弯曲率变大、河床底纵坡变小、流速降低

C. 河流发展到蛇曲阶段时，侧蚀将不再进行

D. 只要河水流动不断，河流的侧蚀可无限地进行

49. 下列有关河流侵蚀作用特性的描述中，不正确的是(　　)。

A. 河流的下蚀作用和侧蚀作用不可能在同一河段同时进行

B. 一般在河流的中下游、平原区河流或处于老年期的河流，以侧蚀作用为主

C. 在河流的上游、山区河流，以下蚀作用为主

D. 河流的下蚀作用和侧蚀作用，常是同时进行的

50. 山区公路水毁的重要动因是河流的(　　)。

A. 溶蚀作用　　B. 侧蚀作用　　C. 下蚀作用　　D. 机械侵蚀作用

51. 河流冲积层区别于残积层、坡积层和洪积层最显著的特征是(　　)。

A. 孔隙度高、透水性强，不具层理

B. 黏土物质含量高，透水性弱，分选性差

C. 层理明显，分选性良好，磨圆度高

D. 碎屑棱角明显，分选性差，具有不规则的交错层理

52. 野外调查发现，有的河流河漫滩下部为河床相沉积物，上层是河漫滩相沉积物。这样两种不同特点的沉积物的组合就构成了冲积层的(　　)。

A. 层理构造　　B. 层面构造　　C. 埋藏结构　　D. 二元结构

53. 下列有关冲积层特征的表述中，不正确的是(　　)。

A. 冲积层主要分布在河床、冲积扇、冲积平原或三角洲中；冲积层成分复杂，分选性

好,层理明显,磨圆度高

B. 三角洲冲积层含水率高,常呈饱和状态,承载力较低。但其最上层常存在坚硬密实、承载力较高的硬壳层

C. 山区河流冲积层较厚,颗粒较细,承载力较低

D. 冲积层中的砂、卵石、砾石常被选用为建筑材料;厚度稳定、延续性好的砂、卵石层是丰富的含水层,可以作为良好的供水水源

54. 冲积平原区常有两种对工程建设不良的沉积物,它们是(　　)。

A. 粗砂层、卵石层　　B. 软弱土层、细砂粉砂层

C. 黏土层、含水层　　D. 河漫滩沉积层、河床相沉积层

55. 下列各种松散堆积物中,圆度佳、分选性好、层理构造明显的是(　　)。

A. 坡积层　　B. 冲积层　　C. 残积层　　D. 洪积层

56. 下列地貌中属于河流地质作用形成的是(　　)。

A. 石牙　　B. 冰脊　　C. "V"形谷　　D. 天生桥

57. 下列关于松散堆积物分布的说法,不正确的是(　　)。

A. 坡积物主要分布在山坡坡脚处　　B. 残积层主要分布在山谷谷底处

C. 洪积物主要分布在山沟沟口处　　D. 冲积物主要分布在河谷中

58. 下列关于松散堆积物成因的说法,正确的是(　　)。

A. 洪积物是淋滤与漫流堆积作用形成的

B. 坡积物是坡面细流堆积作用形成的

C. 冲积物是山谷洪流堆积作用形成的

D. 残积物是降雨淋滤作用形成的

59. 下列各组松散堆积物中,均为由暂时性流水地质作用形成的是(　　)。

A. 冲积层、坡积层　　B. 洪积层、残积层

C. 冲积层、洪积层　　D. 坡积层、洪积层

60. 下列有关河流地质作用的描述中,不正确的是(　　)。

A. 河流的下蚀作用和侧蚀作用常是同时存在的

B. 一般在河流上游以下蚀作用为主,侧蚀作用微弱,常形成峡谷

C. 一般在地壳上升强烈地区,河流的侧蚀作用强烈,下蚀作用微弱

D. 一般在河流下游以侧蚀作用为主,下蚀作用减弱,河谷宽,河曲多

习题参考答案及解析

1. A

【解析】按其作用方式不同,外力地质作用可分为风化作用、剥蚀作用、搬运作用、沉积作用及(固结)成岩作用等。其中剥蚀、搬运与沉积作用,按动力性质可分为风力作用、地表流水作用、地下水作用、湖海作用、冰川作用等。

2. C

【解析】引起风化作用的地质营力包括太阳辐射、大气、水和生物等。风化使岩石发生物理变化(如崩解破碎)和化学变化(如矿物成分发生化学分解)。风化作用按其占优势的营力及岩石变化的性质,可分为物理风化、化学风化、生物风化三个密切联系的类型。

3. B

【解析】物理风化是指岩石在原地发生机械破碎而不改变其化学成分、不形成新矿物的作用。物理风化作用的方式主要有温差风化、冰冻风化、岩石释重、可溶盐的结晶与潮解等。

4. C

【解析】可溶盐具有很大吸湿性,能从空气中吸收大量水分而潮解为溶液。温度升高,水分蒸发,盐分又结晶析出,体积显著增大对岩石的孔隙起到撑裂作用,使得裂隙逐渐扩大,最终导致岩石松散破坏,该作用也称为结晶撑裂作用。

5. A

【解析】温度变化引起的温差,是影响物理风化的最主要因素。一方面,温差可以直接造成岩石破碎,同时水的冻融、可溶盐的结晶与潮解等都是温差引起的。

6. A

【解析】我国西北及内蒙古等亚欧大陆腹地的干旱、半干旱地区气候干燥、温差大,因此,物理风化作用强烈,化学风化及生物风化较弱。

7. C

【解析】物理风化是岩石在地表原地发生机械破碎而不改变其化学成分、不形成新矿物。因此,物理风化作用的产物是各种碎屑物质,包括岩石碎屑、矿物碎屑。

8. A

【解析】物理风化的产物主要是各种碎屑颗粒,通常颗粒较粗,黏结性和吸水性较差,但内摩擦角较大。化学风化产物主要是黏土矿物,因此,颗粒较细,内聚力较大,黏结性和吸水性强,内摩擦角较小。生物风化产生有机质。

9. D

【解析】化学风化作用是岩石与水溶液和气体等在原地发生化学反应而使岩石分解,改变其化学成分,并形成新矿物的作用。因此,化学风化作用的方式主要有溶解作用、水化作用、水解作用、碳酸化作用、氧化作用等。

10. B

【解析】在各种化学风化方式中,最普遍的是水解作用、碳酸化作用等,这些作用可使原岩中的长石、云母等矿物发生化学分解从而形成黏土矿物。地表松散堆积物中广泛存在的黏土矿物就是原生矿物在水、空气等因素作用下的化学风化产物。

11. D

【解析】引起化学风化作用的主要因素是水和氧。化学风化作用的主要方式包括溶解作用、水化作用、水解作用、碳酸化作用、氧化作用等。所谓水解作用就是指某些矿物遇水后,其离解产物可与水中的 H^+ 和 $(OH)^-$ 离子发生化学反应,形成新矿物的作用。

12. C

【解析】水化作用的结果产生了含水矿物,改变了原有矿物的成分,引起体积膨胀,对岩石会产生一定的破坏作用。硬石膏遇水后可以和水发生化学反应,形成含水的石膏,改变原有矿物的成分,引起岩石体积膨胀。

13. B

【解析】正长石遇水可离解,离解出的钾、钙等离子与水中的氢氧根离子结合,形成可溶于水的氢氧化物随水流失,析出的一部分 SiO_2 可呈胶体溶液随水流失,或形成蛋白石残留于原地,其余部分可形成难溶于水的高岭石而残留于原地。因此,正长石经水解作用变成高岭石就是一种水解现象。

14. D

【解析】碳酸盐类岩石是一种难溶于水的矿物,在一般的水中溶解的速度很慢,但当遇到含有二氧化碳的水后,可发生化学反应,生成易溶解的重碳酸盐,可大大加快水对此类岩石的溶解速度,这种作用就是碳酸化作用。

15. C

【解析】引起物理风化作用的主要因素是温差。引起化学风化作用的主要因素是水和空气中含的各种化学成分。因此,从风化类型的分布看,物理风化在气候干燥、温差较大的内陆腹地强烈。化学风化和生物风化则在气候温暖、潮湿的地区强烈。

16. D

【解析】岩石经长期的物理风化作用,发生机械破碎形成较粗的碎屑物质;再经化学风化作用,这些较粗的碎屑物质发生化学变化形成大量的黏土物质;最后经生物化学风化作用,产生大量的腐殖质,这样岩石最终就变成了含有腐殖质、矿物质、水和空气的松散物质,这种松散的物质就是土壤。

17. A

【解析】风化作用主要发生在地表,但风化营力也可以通过结构面、裂隙、破碎带深入到岩体内部,从而使地表以下较深部位的岩石发生风化。所谓风化深槽就是风化作用从岩石表面沿着软弱岩层或破碎带向岩石深处延伸的一种现象。

18. B

【解析】风化作用实质上是由于岩石生成时的环境和条件与目前它所处的环境和条件的差异造成的。如果岩石生成时的环境和条件与目前地表环境和条件接近,则岩石抵抗风化能力强,反之则容易风化。因此,喷出岩比浅成岩抗风化能力强,浅成岩又比深成岩抗风化能力强。一般情况下沉积岩比岩浆岩和变质岩抗风化能力强。

19. B

【解析】确定岩石风化程度的主要依据是岩石的颜色变化、岩石矿物成分变化、岩石破碎程度、岩石强度变化四个方面。

20. D

【解析】岩石的风化是由表及里的,地表部分风化最显著,由地表往下风化作用逐渐减弱以至消失。根据风化强烈的程度,在一个完整风化剖面上,一般把风化岩层自下而上分为整石带(微风化带)、块石带(弱风化带)、碎石带(强风化带)和粉碎带(全风化带)等四个带。

21. C

【解析】根据风化后岩石的颜色、矿物成分、破碎程度和强度的变化,将岩石风化程度划分为未风化、微风化、中等风化、强风化和全风化五级。

22. B

【解析】一般把风化岩层自下而上分为整石带、块石带、碎石带和粉碎带四个带。其中，块石带的特点是岩石的原有裂隙已扩展，并产生大量的风化裂隙，在裂隙面上出现次生矿物，岩石的抗压强度显著降低。

23. C

【解析】碎石带的特点是岩石颜色大部分已改变，矿物大部分已分解成为次生矿物，结构构造大部分已破坏，风化裂隙密布，岩石疏松易碎，抗压强度已大为降低。简言之，该带由一触即碎的母岩碎石和大量次生矿物组成。

24. B

【解析】按风化程度由弱到强，岩石风化程度可分为五级：未风化、微风化、中等风化、强风化、全风化。其中，中等风化的特征是：岩石表面和裂隙大部分已变色，结构构造已部分破坏，矿物成分基本未变化，仅裂隙面出现次生矿物。风化裂隙发育，岩体被切割成 20 ~ 50cm 的岩块。

25. D

【解析】强风化的基本特征是岩石颜色已显著变化，结构构造已大部分破坏，矿物大部分已发生分解变化，含大量次生矿物，风化裂隙很发育，岩体被切割成块碎，疏松易碎。

26. B

【解析】岩石风化的防治措施主要有：挖除法、喷浆抹面法、灌浆固结法、砌石铺盖法、排水法等。

27. C

【解析】岩石经过长期风化作用以后，形成了碎屑物质、黏土物质和易溶物质，其中易溶物质随水流失，而碎屑物质和黏土物质残留在原地，这样就形成了残积层（物）。残积层主要由碎石和黏土组成，物质没有经过搬运，与下伏基岩没有明显界限，而是逐渐过渡的，物质没有分选，无磨圆，碎屑物质大小不均匀，棱角显著，厚度变化大，孔隙度大，裂隙发育，结构松散，强度低，稳定性差。

28. D

【解析】岩石经风化作用，形成各种风化产物，其中易溶部分被水溶解流失，大部分物质残留在原地形成残积物。冲积物是由河流沉积作用形成的；坡积物是由坡面细流的地质作用（洗刷作用）形成的；洪积物是由山洪急流的地质作用（冲刷作用）形成的。

29. D

【解析】坡积层厚度不均匀、变化较大，一般中下部较厚，向山坡上部及远离山脚方向均逐渐变薄尖灭；多由碎石和黏性土组成，其成分与下伏基岩无关，而与山坡上部基岩成分有关；层理不明显，颗粒磨圆差，碎石棱角清楚；组成物分选差，大小混杂在一起；结构松散，孔隙发育，透水性强，储水能力大；强度低、稳定性差，易压缩，变形大。因此，作为建筑物地基时承载力较差且易产生不均匀沉降变形，作为路堑边坡时可能会出现坍塌和冲刷等。

30. C

【解析】一般情况下，影响坡积层稳定性的因素主要有三个方面：①下伏基岩顶面的倾斜程度；②下伏基岩与坡积层接触带的含水情况；③坡积层本身的性质。

31. C

【解析】洪积层的主要特征:①物质成分复杂,组成物质分选不良,粗细混杂,碎屑物质多带棱角,磨圆度不佳;②有不规则的交错层理、透镜体、尖灭及夹层等;③山前洪积层由于周期性的干燥,常含有可溶盐类物质,在土粒和细碎屑间,往往形成局部的软弱结晶联结,但遇水作用后,联结就会破坏。

32. D

【解析】残积层在风化强烈的基岩裸露的山区、丘陵区以及剥蚀平原区都可分布。

33. D

【解析】洪积层的细碎屑沉积地段(外围)通常颗粒细小,透水性弱,压缩性大,承载力低。但如果在沉积过程中受到周期性的干燥,黏土颗粒发生凝聚并析出可溶盐分时,承载力较高。

34. B

【解析】坡积层主要由碎石和黏土组成,碎石棱角明显,无分选,其成分与下伏基岩无关,而与山坡上部基岩成分有关;洪积层由石块、岩屑、砂砾、砂土、黏性土组成,成分复杂,其中可见交错层理、透镜体及尖灭层;冲积层主要由砂砾、卵石以及细砂、黏性土组成,物质分选性好、层理明显、磨圆度高。

35. B

【解析】在地面上形成的各种流水就是地表流水。地表流水可分为暂时流水和经常流水(经常流水也称为长期流水)两类。暂时流水是一种时有时无的流水,而经常流水则是终年流动不息的或一年中大部分时间流水不断的流水。

36. A

【解析】根据流水特征,暂时流水可分为坡面细流、山洪急流两类。

37. C

【解析】无论是长期流水还是暂时流水,在流动过程中都要与地表的土石发生相互作用,产生侵蚀、搬运和堆积(沉积)作用,形成各种地貌和不同的松散堆积层。

38. C

【解析】坡面细流从高处沿山坡向下缓慢流动过程中不断地使坡面的风化岩屑和黏土沿山坡向下移动,最后在山坡坡脚处或山坡低洼处沉积下来形成坡积层。由于坡积层呈缓倾斜裙状分布,在地貌上称为坡积裙。

39. D

【解析】山洪急流沿沟谷流动时,由于流量大、流速快,沟底坡度大,因而具有巨大的动能,对沟底和沟壁进行冲击和磨蚀,同时把冲刷下来的碎屑物质带到山麓(前)平原或沟谷口堆积下来,形成洪积层。由于洪积层通常呈扇形分布,在地貌上称为洪积扇。

40. A

【解析】河水在流动过程中不断加深和拓宽河床的作用称为河流的侵蚀作用。按其作用的方式不同,河流侵蚀作用可分为化学溶蚀作用和机械侵蚀作用。其中,机械侵蚀在河流的侵蚀作用中具有普遍意义。

41. C

【解析】按侵蚀作用方向,河流侵蚀作用可分为两种类型,即沿垂直方向进行的下蚀作用和沿水平方向进行的侧蚀作用。

42. B

【解析】河流的机械侵蚀作用是河流产生下蚀的主要因素。而河水夹带的砂砾、卵石等固体物质对河床的磨蚀是机械侵蚀的最主要方式。因此,河水夹带固体物质对河床的机械破坏,是使河流下蚀的主要因素。

43. C

【解析】河流下蚀作用的强度取决于河水能量。河水能量则取决于河水的流速与流量,特别是流速。很明显,河水的流速和流量大时,下蚀作用的能力大,则下蚀作用就强烈。当然,下蚀作用强度也与河床的岩性和地质构造有密切关系。

44. D

【解析】随着河流下蚀作用的进行,河床不断加深,河床纵坡逐渐变缓,造成河流流速降低,侵蚀能量削弱,达到一定的基准面后,河流的下蚀作用将趋于消失。因此,河流下蚀不能无止境地进行,而以其侵蚀基准面为下限。

45. A

【解析】自然界的河流由于地质构造等的不同,总是存在弯曲。河水流经弯道时,在惯性和离心力的作用下流向凹岸,形成横向环流。呈环流运动的河水对凹岸进行冲刷,致使凹岸岸壁不断坍塌后退,冲刷下来的物质被河底横向流动的水流带到凸岸堆积下来。这样,凹岸不断受到冲刷,凸岸不断发生堆积,结果使河湾曲率增大,同时在纵向水流作用下,河湾逐渐向下游移动。天长日久,整个河床就被河水的侧蚀逐渐拓宽。

46. C

【解析】河水流入河湾后,受离心力作用,河水以很高的流速冲向凹岸,对凹岸产生强烈冲刷,使凹岸岸壁不断坍塌后退,并将冲刷下来的物质由河流底层水流带向凸岸堆积下来。

47. B

【解析】下蚀和侧蚀是河流侵蚀作用统一过程中互相制约和互相影响的两个方面,它们同时发生。不过在河流的不同发展阶段,或同一条河流的不同部分,由于河水动力条件的差异,下蚀和侧蚀所显示的优势会有明显的区别。一般在河流的中下游、平原区河流或处于老年期的河流以侧蚀作用为主;在河流的上游以下蚀作用为主。

48. D

【解析】由于河流侧蚀的不断进行,致使河流一个河湾接着一个河湾,并使河湾的曲率越来越大,河流的长度越来越长,结果使河床的比降逐渐减小,流速不断降低,侵蚀能量逐渐削弱,直至常水位时已无能量继续发生侧蚀为止。因此,河流的侧蚀作用也不能无限进行。

49. A

【解析】下蚀作用和侧蚀作用是河流侵蚀作用的两个密切联系的方面,在任何河段,下蚀作用与侧蚀作用总是同时地进行,只不过两种作用的强度可能不同,或以下蚀为主,或以侧蚀为主,在这两种作用的共同作用下,河床不断地加深和拓宽。

50. B

【解析】侧蚀侵蚀可以使河岸发生侧向移动,影响河岸的稳定性,从而使沿河路基发生水毁。

51. C

【解析】冲积层区别于残积层、坡积层和洪积层的主要特征包括物质来源广泛、成分复杂、分选性良好、层理明显、磨圆度高等。

52. D

【解析】所谓河漫滩冲积层的“二元结构”就是指有的河漫滩冲积层下部是河床相沉积物,上层是河漫滩相沉积物。河床相沉积物颗粒较粗,多由砂、砾、卵石组成。河漫滩相沉积物颗粒较细,多由黏土、粉砂组成。这种二元结构显然是河床侧向移动的结果。

53. C

【解析】在山区河床纵坡陡,河水流速大,侵蚀能力强,沉积作用弱。因此,冲积层较薄,颗粒较粗,以巨砾、碎石、粗砂为主,承载力较高。

54. B

【解析】冲积平原区冲积层主要由细小颗粒沉积物组成,如黏土、细砂、粉砂等。此外,在冲积平原也常分布有牛轭湖和沼泽。因此,在冲积平原区特别应当注意冲积层中常有两种不良沉积物,一是软弱土层,例如牛轭湖、沼泽地中的淤泥、泥炭等;另一种是容易发生液化、流沙现象的细砂、粉砂层。

55. B

【解析】由于河流搬运距离长,河流沉积作用具有明显的分选性和磨圆度。因此,在第四纪松散堆积层中,河流沉积作用形成的冲积层具有分选性好、磨圆度佳、层理明显的特征,这些特征也是区分冲积层和其他堆积层的标志。

56. C

【解析】在河流上游或者山区河流,由于河床纵坡大、流速高,河流下蚀作用强烈,常常形成深而窄的 V 形谷。

57. B

【解析】残积物是由风化作用形成的一种松散堆积物。残积物常常分布在基岩直接裸露的山区及丘陵区的坡面上,厚度极不均匀,坡面平缓则厚度大,反之则厚度薄,甚至被坡面流水冲刷掉。

58. B

【解析】洪积物是山谷洪流堆积作用形成的。坡积物是坡面细流堆积作用形成的。冲积物是河流堆积作用形成的。残积物是风化作用形成的。

59. D

【解析】在常见的第四纪松散堆积物中,冲积层由河流地质作用形成,残积层由风化作用所形成,洪积层由山洪急流地质作用形成,坡积层由坡面细流地质作用所形成。

60. C

【解析】一般而言,河流上游河床纵坡大,流速高,河流下蚀作用强烈,侧蚀作用微弱,常形成峡谷;在河流的中下游河湾增多,河床纵坡小,流速降低,横向环流作用相对增强,侧蚀显著,下蚀作用减弱,河谷宽而浅;地壳上升造成河床抬高,增大河床纵坡,流速增大,下蚀作用强烈,侧蚀作用微弱。

第四节　地　　貌

【考试纲要】

(1)地貌与地形的区别及联系；

(2)河流阶地的概念及成因，河流阶地与山区公路建设的关系；

(3)山岭地貌和平原地貌；

(4)不同地貌单元公路建设中可能遇到的工程地质问题。

【复习提示】

1. 复习要点

考生应掌握河流阶地的形成及其与山区公路建设的关系，不同地貌单元公路建设中可能遇到的工程地质问题；熟悉山岭地貌、各种平原地貌的形成及其特点，地貌与地形的关系；了解内、外力地质作用与地貌的关系以及影响地貌的发展变化的主要因素。

重点：

(1)地貌与地形的区别及联系，地貌的基本类型；

(2)内、外力地质作用与地貌形成、发展和变化的关系；

(3)山岭地貌、河谷地貌、平原地貌的特点及其与公路工程建设的关系。

难点：

(1)河流阶地的形成及其与山区公路建设的关系；

(2)不同地貌单元公路建设中可能遇到的工程地质问题。

2. 规范提示

《公路工程地质勘察规范》(JTG C20—2011)涉及本节的内容如下：

(1)在公路工程地质各阶段及各专项勘察内容中均要求查明勘察区域内的地形地貌的成因、类型、分布、规模、形态特征。

(2)在各类公路工程地质勘察报告中均要求说明地形地貌的类型、分布、规模以及地形地貌对公路工程地质条件影响程度的评价。

习题精练

1. 通常情况下，我们可以用等高线来表达(　　)的各种形态特征。

A. 断层构造　　B. 地貌　　C. 褶皱构造　　D. 地形

2. 下列有关地形与地貌及其关系的表述中，不正确的是(　　)。

A. 地形只表示地表既成形态的某些外部特征

B. 地形不涉及地表形态的地质结构、成因和发展

C. 地貌要反映地表形态的全部外部特征，这些特征可用等高线表达

D. 地貌要反映出地表形态的组成、成因及其发展

3. 促使地貌形成和发展变化的动力是(　　)。

A. 外力地质作用　　B. 构造运动

C. 风化作用和地表流水地质作用　　D. 内力地质作用和外力地质作用

4. 形成地壳表面的基本起伏,对地貌的形成和发展起决定性作用的是(　　)。

A. 风化作用　　B. 内力地质作用

C. 外力地质作用　　D. 地表流水地质作用

5. 下列有关内、外力地质作用关系的描述中,正确的是(　　)。

A. 地壳上升,侵蚀、剥蚀、搬运作用变弱,堆积作用增强

B. 地壳下降,侵蚀、剥蚀、搬运作用增强,堆积作用变弱

C. 地壳下降,侵蚀、剥蚀、搬运、堆积作用都变弱

D. 地壳上升,侵蚀、剥蚀、搬运作用增强,堆积作用变弱

6. 下列有关地貌形成和发展变化的描述中,不正确的是(　　)。

A. 内力作用形成了地壳表面的基本起伏,对地貌的形成和发展起决定性作用

B. 外力作用对基本地貌形态不断地进行雕塑、加工改造,削高补低,力图夷平地表

C. 地貌的形成和发展变化,首先取决于内、外力地质作用之间的量的对比

D. 地貌的形成和发展变化主要受地质构造、岩性、气候条件等因素的影响,与地貌水准面无关

7. 根据组成物质的不同,河流阶地可分为(　　)。

A. 侵蚀阶地、堆积阶地、基座阶地　　B. 构造阶地、风化阶地、侵蚀阶地

C. 基岩阶地、黏土阶地、堆积层阶地　　D. 坡积层阶地、洪积层阶地、残积层阶地

8. 阶地面上为冲积层,下部为基岩的阶地称为(　　)。

A. 侵蚀阶地　　B. 基座阶地　　C. 堆积阶地　　D. 横向阶地

9. 根据阶地的形成过程,在野外辨认河流阶地的主要特征是(　　)。

A. 地壳运动特征,河床岩性特征　　B. 河水动力特征,阶地形态特征

C. 阶地形态特征,物质组成特征　　D. 地形地貌特征,河床岩性特征

10. 河流阶地级数越高,其形成时代和所处的位置分别越(　　)。

A. 早、低　　B. 晚、低　　C. 早、高　　D. 晚、高

11. 某区域如果地壳经历多次间断性的上升,则可在河谷上形成若干级河谷阶地。一般来说,工程性质最好的是(　　)。

A. 一级阶地　　B. 二级阶地　　C. 三级阶地　　D. 四级阶地

12. 山区沿河公路展布于河流阶地的原因中,不合理的是(　　)。

A. 阶地表面较平缓,地形地貌条件相对较好

B. 易于施工开挖,可大大缩短公路长度

C. 有利于路线平纵面设计,可大大减少工程量

D. 不易遭受山坡变形和洪水淹没的威胁

13. 观察发现,某山区河流有四级阶地,计划将新建公路展布于该河流阶地。若不考虑路线过岭高程,则一般应利用(　　)敷设路线为好。

A. 一、二级阶地　　B. 二、三级阶地　　C. 三、四级阶地　　D. 四级阶地

14. 下列地貌中，不属于山地地貌的是(　　)。

A. 高山　　B. 丘陵　　C. 高原　　D. 低山

15. 山岭地貌的形态要素主要有(　　)。

A. 高度、坡度、空间分布　　B. 山顶、山坡、山脚

C. 高差、坡度、位置　　D. 岩性、结构、构造

16. 山顶呈长条状延伸时称山脊。山脊高程较低的鞍部，即相连两个山顶之间较低的部分称为(　　)。

A. 山脊线　　B. 圆顶　　C. 平顶　　D. 垭口

17. 相比较而言，在各种山坡地貌形态中，稳定性较差的一种是(　　)。

A. 直线形坡　　B. 凸形坡　　C. 凹形坡　　D. 阶梯形坡

18. 根据成因，山岭地貌可分为(　　)。

A. 风化作用形成的山岭、堆积作用形成的山岭、剥蚀作用形成的山岭

B. 风化作用形成的山岭、构造变动形成的山岭、火山作用形成的山岭

C. 构造变动形成的山岭、风化作用形成的山岭、火山作用形成的山岭

D. 构造变动形成的山岭、火山作用形成的山岭、剥蚀作用形成的山岭

19. 构造变动形成的山岭地貌主要有(　　)。

A. 高山、中山、低山、丘陵、高原

B. 平顶山、单面山、褶皱山、断块山、褶皱断块山

C. 高原、高平原、低平原、丘陵、低山

D. 河间分水岭、溶蚀峰林、刨蚀角峰、平顶山、单面山

20. 山岭地貌按其形态特征可分为(　　)。

A. 特高山、高山、中山、低山

B. 特高山、高山、中山、丘陵

C. 特高山、高山、高原、丘陵

D. 高山、中山、低山、丘陵

21. 根据其形态特征，低平原的绝对高度为(　　)。

A. >600m　　B. >200m　　C. 0 ~ 200m　　D. 低于海平面高度

22. 在公路工程中，丘陵按其相对高度可划分为重丘和微丘。其中，相对高度大于(　　)m的为重丘。

A. 200　　B. 150　　C. 100　　D. 50

23. 在单斜岩层山区，沟谷两侧山坡一侧为顺向坡，另一侧为逆向坡。下列有关山区公路布设在顺向坡一侧的原因中，合理的是(　　)。

A. 顺向坡基岩裸露或松散堆积层较薄

B. 顺向坡坡度较缓，坡脚堆积层较厚，地形相对平坦

C. 顺向坡坡度较陡，堆积层较薄，稳定性较好

D. 顺向坡稳定性好，不易发生滑坡、崩塌等现象

24. 在山岭地貌的山脚处布设的公路，其主要的工程地质问题是(　　)。

A. 地下水侵蚀，筑路材料缺少　　B. 地基渗漏，地基不均匀沉降

C. 边坡冲刷或塌滑，地基不均匀沉降　　D. 地基不均匀沉降，筑路材料缺少

25. 下列关于单面山与公路建设关系的描述中，不正确的是(　　)。

A. 前坡陡峻，坡脚常分布有较厚的坡积物，稳定性差，对布设路线不利

B. 后坡平缓，坡积物较薄，常常是布设路线的理想部位

C. 后坡多由外力的剥蚀作用形成，稳定性差，不利于路线的布设

D. 在岩层倾角较大的单面山的后坡上深挖路堑时，容易产生顺层滑坡

26. 根据其形成的地质作用，可以将垭口分为(　　)等类型。

A. 构造型垭口、剥蚀型垭口、剥蚀-堆积型垭口

B. 构造型垭口、剥蚀型垭口、堆积型垭口

C. 构造型垭口、剥蚀型垭口、构造-剥蚀型垭口

D. 构造型垭口、剥蚀型垭口、构造-堆积型垭口

27. 构造破碎带或软弱岩层经外力剥蚀所形成的垭口即为构造型垭口。常见的构造型垭口主要有(　　)。

A. 断层破碎带型垭口、向斜挤压带型垭口、单斜软弱层型垭口

B. 断层破碎带型垭口、背斜张裂带型垭口、单斜软弱层型垭口

C. 断层破碎带型垭口、背斜-向斜复合型垭口、单斜软弱层型垭口

D. 断层破碎带型垭口、断层-褶皱复合型垭口、单斜软弱层型垭口

28. 下列关于构造型垭口工程地质条件的描述中，不正确的是(　　)。

A. 断层破碎带型垭口岩体破碎严重，工程地质条件较差，一般不宜采用隧道方案通过

B. 背斜张裂带型垭口岩石裂隙发育、岩层破碎，但工程地质条件较断层破碎带型好，当采用路堑通过时，一般可采用较陡的边坡坡度

C. 单斜软弱层型垭口岩性松软、风化严重，稳定性差，故不宜深挖，否则须放缓边坡并采取防护措施。穿越这一类垭口，宜优先考虑隧道方案

D. 背斜张裂带型垭口构造裂隙发育，岩石破碎，工程地质条件与水文地质条件都很差，不宜采用隧道方案通过

29. 下列有关剥蚀型垭口特征与工程建设关系的描述中，不正确的是(　　)。

A. 垭口形态特征与山体地质结构有明显联系

B. 垭口表面松散覆盖层很薄，基岩多半裸露

C. 在气候干燥寒冷地带，岩性坚硬和切割较深的垭口本身较薄，宜采用隧道方案或深挖路堑通过

D. 在石灰岩地区的溶蚀性垭口，无论是明挖路堑或开凿隧道，都应注意溶洞或其他地下溶蚀地貌的影响

30. 下列有关剥蚀-堆积型垭口特征与工程地质性质的描述中，不正确的是(　　)。

A. 垭口外形浑缓，垭口宽厚，宜于公路展线

B. 垭口表面松散堆积层较厚，有时还发育有湿地或高地沼泽，水文地质条件较差

C. 路线宜以深路堑或高路堤的形式通过

D. 开挖后的稳定条件主要决定于堆积层的地质特征和水文地质条件

31. 下列关于垭口在公路建设中作用的说法，不正确的是(　　)。

A. 降低公路高程　B. 减少展线工程量
C. 节约建设成本　D. 提高公路造价

32. 按高程，平原可分为(　　)。
A. 高平原、中平原、低平原、洼地　B. 高原、高平原、低平原、洼地
C. 高平原、中平原、低平原、微平原　D. 高原、丘陵、盆地、洼地

33. 按成因，平原可分为(　　)。
A. 风化平原、构造平原、堆积平原　B. 构造平原、火山平原、剥蚀平原
C. 构造平原、剥蚀平原、堆积平原　D. 剥蚀平原、堆积平原、剥蚀-堆积平原

34. 下列各选项中，不属于构造平原特征的是(　　)。
A. 地形面与岩层面一致，堆积物厚度不大
B. 基岩埋藏较深，地下水一般也埋藏较深
C. 在干旱或半干旱地区如排水不畅，常易形成盐渍化
D. 在多雨的冰冻地区常易造成道路的冻胀和翻浆

35. 下列有关剥蚀平原特征的表述中，不正确的是(　　)。
A. 地形面与岩层面不一致，分布面积不大
B. 上覆堆积物很薄，基岩常裸露于地表
C. 在低洼地段有时覆盖有厚度稍大的残积物、坡积物、洪积物等
D. 剥蚀平原的工程地质条件一般较差，不宜修建公路路基

36. 下列有关堆积平原特征的表述中，不正确的是(　　)。
A. 地形分布面积不大，起伏强烈，往往分布有厚度较小的松散堆积物
B. 河流冲积平原下伏基岩往往埋藏很深，堆积物很厚，地下水一般埋藏较浅
C. 山前洪积冲积平原堆积物主要是砾石、砂、粉土或黏土，地下水埋藏较浅
D. 湖积平原中的堆积物淤泥和泥炭的含量较多，总厚度一般较大，其中常常夹有薄层细砂或黏土

37. 下列有关各类平原地貌工程特性的表述中，不正确的是(　　)。
A. 构造平原基岩埋藏不深，地下水一般埋藏较浅，在多雨的冰冻地区常易造成道路的冻胀翻浆
B. 剥蚀平原地形面与岩层面不一致，基岩常常裸露于地表，分布面积往往很大
C. 河流冲积平原下伏基岩埋藏深，堆积物覆盖层厚，细颗粒较多，地下水位浅，在冰冻潮湿地区道路的冻胀翻浆问题比较突出
D. 湖积平原中的堆积物厚度大，颗粒细，淤泥和泥炭的含量较多，常具可塑性和流动性，孔隙度大，压缩性高，承载力很低

38. 下列有关河流阶地特征的描述中，不正确的是(　　)。
A. 侵蚀阶地的特点是阶地由基岩组成，在阶地面上没有或很少有冲积物覆盖，这种阶地多见于地壳上升的山区河谷中
B. 基座阶地的特点是阶地由基岩和冲积物两种不同物质组成，其上层为厚度不大的冲积物，下层为基岩
C. 堆积阶地全部由冲积物组成，表明该地区冲积层很厚，地壳上升引起的河流下切未

能把冲积层切透,多分布在河流中、下游地区

D. 纵向阶地是河流地质作用的结果,与地壳运动无关

39. 相比较而言,下列平原地貌中工程地质条件较好的是(　　)。

A. 剥蚀平原　　B. 冲积平原　　C. 洪积平原　　D. 湖泊平原

40. 沿河谷布设的山区公路,在通常情况下应将路线布设在河谷地貌的(　　)上。

A. 谷底　　B. 阶地　　C. 谷坡　　D. 谷肩

41. 桂林山水甲天下。桂林山水是(　　)。

A. 风成地貌　　B. 火山地貌　　C. 冰川地貌　　D. 岩溶地貌

习题参考答案及解析

1. D

【解析】地形专指地表既成形态的某些外部特征,如高低起伏、坡度大小和空间分布等,它并不涉及这些形态的成因及发展。因此,通常可以用等高线来表达地形的这些形态特征。而地貌则涉及各种地表形态的组成、成因和发展,这些都无法用等高线来表达。

2. C

【解析】地形专指地表既成形态的某些外部特征,如高低起伏、坡度大小和空间分布等,它并不涉及这些形态的地质结构、成因和发展,这些形态在地形图中以等高线表达。而地貌不仅要反映地表形态的全部外部特征,如高低起伏、坡度大小和空间分布、地形组合及其与邻近地区地形形态之间的相互关系等,更为重要的是运用地质动力学的观点,分析和研究这些形态的组成、成因和发展。地貌所反映的地表形态无法用等高线表达。

3. D

【解析】促使地貌形成和发展变化的动力是内、外力地质作用。地貌的形成和发展是内、外力地质作用长期共同作用的结果。

4. B

【解析】地壳运动使地壳岩层受到强烈的挤压、拉伸或扭动而形成一系列褶皱带和断裂带,还在地壳表面造成大规模的隆起区和沉降区。另外,地下岩浆的喷发活动对地貌的形成和发展也产生一定的影响,可形成火山锥、熔岩盖等。

5. D

【解析】地壳上升,侵蚀、剥蚀、搬运等作用增强,堆积作用就变弱;地壳下降,则堆积作用增强,侵蚀、剥蚀、搬运等作用变弱。

6. D

【解析】促使地貌形成和发展变化的动力是内、外力地质作用。内力作用形成了地壳表面的基本起伏,对地貌的形成和发展起决定性作用,如通过地壳运动、岩浆作用、地震等形成基本地貌形态。外力作用对基本地貌形态不断地进行雕塑、加工改造,削高补低,力图夷平地表。因此,地貌的形成和发展是内、外力共同作用的结果。地貌形成和发展变化,首先取决于内、外力地质作用之间的量的对比,此外也取决于地貌水准面,同时还受地质构造、岩性、气候

条件等因素的影响。

7. A

【解析】根据物质组成,河流阶地可分为三种基本类型:①侵蚀阶地(也称基岩阶地);②堆积阶地(也称冲积阶地或沉积阶地);③基座阶地(也称侵蚀-堆积阶地)。

8. B

【解析】根据组成物质的不同,河流阶地可划分为三种基本类型:①侵蚀阶地。该阶地也称基岩阶地。整个阶地由基岩构成,阶地面较窄,没有或者仅零星分布有冲积物。这种阶地一般形成于构造抬升的山区河谷中。②基座阶地。该阶地也称侵蚀-堆积阶地。由上部的沉积物和下部的基岩构成,即阶地面上为冲积层,下部为基岩。该阶地说明河流下蚀的深度大于原生沉积物的厚度,反映了后期地壳上升较大的特点。③冲积阶地。该种阶地也称堆积阶地。全部由冲积层构成,表明该地区冲积层很厚,地壳上升引起的河流下切未能把冲积层切透。

9. C

【解析】形态特征和物质组成特征是阶地最主要的特征。从形态上看,阶地表面一般较平缓,纵向微向下游倾斜,倾斜度与本段河床底纵坡接近,横向微向河中心倾斜。河床两侧同一级阶地,其阶地表面距河水面高差应当相近。从物质组成上看,由于阶地是由老的河漫滩形成,具有二元结构,即表层由颗粒较细的黏土、下部由颗粒相对较粗的砂、卵石等冲积层组成。因此,二元结构和冲积层是阶地物质组成中最重要的特征。

10. C

【解析】河流阶地级数编号越大,出露时间越早,所处位置越高,受风化剥蚀越严重,保存得越不完整,工程地质条件越差。

11. A

【解析】河谷(河流)阶地是河流地质作用与地壳运动共同作用的结果。一般而言,每一次明显的地壳上升,即可形成一级阶地。河流阶地级数编号越大,出露时间越早,所处位置越高,受风化剥蚀越严重,保存得越不完整,工程地质性质越差。

12. B

【解析】一方面阶地表面一般较平缓,纵向微向下游倾斜,横向微向河中心倾斜,这就大大缓和了山谷坡脚地形的平面曲折和纵向起伏,有利于路线平纵面设计和减少工程量;另一方面,阶地表面又高出河水面,不易遭受山坡变形和洪水淹没的威胁,易保证路基稳定和安全。因此,阶地在通常情况下是河谷地貌中敷设路线的理想地貌部位,山区沿河公路多展布于河流阶地。

13. A

【解析】为保证路线平纵面设计指标和减少工程量,在考虑安全的基础上,一般以利用一、二级阶地敷设路线为好。

14. C

【解析】按地貌的形态特征,可将地貌分成山地和平原两大类。山地又可分为高山、中山、低山和丘陵;平原又可分为高原、高平原、低平原和洼地。

15. B

【解析】山岭地貌的形态要素主要有山顶、山坡、山脚等。其中,山顶是山岭地貌的最高部分,常见的有尖顶、圆顶、平顶等。山坡是山岭地貌的倾斜坡面,山坡的形状有直线形、凹形、凸形以及复合形等。山脚是山坡与周围平地的交接处。这些要素反映了山岭地貌的形态特征。

16. D

【解析】山顶是山岭地貌的最高部分。山顶呈长条状延伸时称山脊。山脊高程较低的鞍部,即相连两山顶之间较低的山腰部分称为垭口。

17. C

【解析】岩性单一的直线形坡,其稳定性较高;凸形坡其稳定性主要取决于岩体结构;凹形坡上部陡下部缓,稳定性较差。由软硬不同的水平岩层组成的阶梯形坡表面覆盖层薄、基岩外露,稳定性一般比较高。

18. D

【解析】根据成因,山岭地貌可分为构造变动形成的山岭地貌、火山作用形成的山岭地貌、剥蚀作用形成的山岭地貌等三种类型。

19. B

【解析】构造变动就是地壳运动。构造变动形成的山岭地貌主要有:平顶山、单面山、褶皱山、断块山、褶皱断块山等。

20. D

【解析】按其形态特征进行分类,地貌可分为山地和平原两大类。其中,山地又可划分为高山、中山、低山和丘陵。

21. C

【解析】按其形态特征,平原可划分为高原、高平原、低平原、洼地。其中,高原的绝对高度 >600m,高平原的绝对高度 >200m,低平原的绝对高度为 0 ~ 200m,洼地则低于海平面高度。

22. C

【解析】在公路工程中,丘陵按其相对高度可划分为重丘和微丘。其中,相对高度大于 100m 的为重丘,小于 100m 的为微丘。

23. B

【解析】坡面倾斜方向与岩层倾向相同的山坡称为顺(倾)向坡,相反时则为逆(倾)向坡。顺向坡坡度较缓,坡脚松散堆积物较厚,稳定性较差,易出现沿基岩顶面或堆积层内部的滑坡。但由于顺向坡坡度较缓,地形相对平坦,有利于争取较好的线形和其他技术指标,有利于减少工程量,同时也利于布设必要的防护设施。逆向坡相对较陡,基岩裸露或松散堆积物较薄,稳定性较好,但会出现崩塌、坠石等现象。

24. C

【解析】由于山坡坡面的剥蚀和坡脚堆积,山脚处常常堆积大量的松散堆积物。在此处修建公路,开挖路堑使得松散堆积物构成路堑边坡,填筑路堤使得松散堆积物构成路基的地基。由于松散堆积物结构松散、孔隙度大,易遭冲刷,强度低,稳定性差。因此,作为边坡易发生冲刷和坍塌、滑动;作为地基可能产生不均匀沉降等问题。

25. C

【解析】单面山的前坡多由外力剥蚀作用形成，坡脚常分布有较厚的坡积物和倒石堆，稳定性差，对路线布设不利。

26. A

【解析】不同的地质作用可以形成不同的垭口。根据其形成的地质作用，垭口可分为构造型垭口、剥蚀型垭口、剥蚀-堆积型垭口等三种基本类型。

27. B

【解析】构造型垭口就是在山体地质构造的基础上经外力剥蚀所形成的垭口。根据山体地质构造的不同，构造型垭口可分为断层破碎带型垭口、背斜张裂带型垭口、单斜软弱层型垭口三种类型。

28. D

【解析】背斜张裂带型垭口虽然构造裂隙发育，岩层破碎，但工程地质条件相对于断层破碎带型好一些，主要是水文地质条件好，有利于边坡稳定性。一般可采用路堑、低路堤通过。当采取路堑方案通过时，一般可采用较陡的边坡坡度。如果采用隧道方案，也是一种较好的垭口类型。

29. A

【解析】剥蚀型垭口的形态特征与山体地质结构无明显联系。这种垭口的特点是：松散覆盖层很薄，基岩多半裸露。垭口的肥瘦（厚薄）和形态特点主要取决于岩性、气候及外力的切割程度等因素。可采用隧道方案、深挖路堑等方式通过。

30. C

【解析】剥蚀-堆积型垭口是在山体地质结构的基础上，以剥蚀和堆积作用为主导因素所形成的。这类垭口外形浑缓、宽厚，宜于公路展线，但松散堆积层较厚，有时还发育有湿地或高地沼泽，水文地质条件较差，故不宜降低过岭高程，道路多以低路堤或浅路堑的形式通过。

31. D

【解析】公路通过垭口有利于降低路线高程，减少展线工程量，从而节约建设成本，降低工程造价。

32. B

【解析】按高程，平原可分为高原、高平原、低平原、洼地。

33. C

【解析】按成因，平原可分为三种类型：①构造平原（包括海成平原、大陆拗曲平原）；②剥蚀平原（包括河成剥蚀平原、海成剥蚀平原、风力剥蚀平原、冰川剥蚀平原）；③堆积平原（包括河流冲积平原、山前洪积冲积平原、湖积平原、风积平原、冰碛平原）。

34. B

【解析】构造平原主要是由地壳构造运动所形成，其特点是地形面与岩层面一致，堆积物厚度不大。由于基岩埋藏不深，所以地下水一般埋藏较浅。在干旱或半干旱地区如排水不畅，常易形成盐渍化。在多雨的冰冻地区则常易造成道路的冻胀和翻浆。

35. D

【解析】剥蚀平原的特点是地形面与岩层面不一致，堆积物常常很薄，基岩常常裸露于地表,在低洼地段有时才覆盖有厚度稍大的残积物、坡积物、洪积物等。剥蚀平原的工程地质条件一般较好,非常适宜于进行各种工程建设。

36. A

【解析】堆积平原是在地壳缓慢而稳定下降的条件下,经各种外力作用的堆积填平所形成,其特点是地形开阔平缓,起伏不大,往往分布有厚度很大的松散堆积物。

37. B

【解析】构造平原的特点是地形面与岩层面一致,堆积物厚度不大,基岩埋藏不深,地下水一般埋藏较浅,在多雨的冰冻地区常易造成道路的冻胀翻浆。剥蚀平原的特点是地形面与岩层面不一致,松散堆积物常常很薄,基岩常常裸露于地表,由于不断遭到风化剥蚀,故分布面积常常不大,但工程地质条件一般较好。河流冲积平原地形开阔平坦,下伏基岩埋藏深,堆积物覆盖层厚,细颗粒较多,地下水位浅,地基土承载力较低,在冰冻潮湿地区道路的冻胀翻浆问题比较突出。湖积平原中的堆积物是在静水条件下形成的,故淤泥和泥炭的含量较多,厚度一般较大,细颗粒含量多,地下水埋藏较浅,由于富含淤泥和泥炭,常具可塑性和流动性,孔隙度大,压缩性高,承载力很低,因此湖积平原工程地质条件较差,公路建设应考虑地基承载力、地基压缩变形和地下水危害等问题。

38. D

【解析】河流阶地是地壳运动平稳、上升反复变化引起河流相应的不断侧蚀、下蚀作用的结果。一条河流有多少级阶地是由该地区地壳运动平稳、上升周期次数决定的,每剧烈上升一次就应当有相应的一级阶地形成。

39. A

【解析】冲积平原下伏基岩埋藏很深,堆积层很厚,地下水一般埋藏较浅,地基承载力较低,在冰冻潮湿地区道路的冻胀翻浆问题比较突出;洪积平原沿山前成狭长地带,表面多呈高低起伏的波形,地下水埋藏较浅,常常有地下水溢出,水文地质条件较差,对工程建筑不利;湖泊平原淤泥和泥炭层厚度较大,常具有可塑性和流动性,孔隙度大、压缩性高,承载力很低;剥蚀平原基岩常常裸露地表,表层堆积物常常很薄,分布面积常常不大,工程地质条件一般较好。

40. B

【解析】河流阶地,它一方面缓和了山谷坡脚地形的平面曲折和纵向起伏,有利于路线平纵面设计和减少工程量,另一方面又不易遭受山坡变形和洪水淹没的威胁,易于保证路基稳定。所以阶地在通常情况下,是河谷地貌中布设路线的理想地貌部位。

41. D

【解析】岩溶地貌是以地下水和地表水的溶蚀作用为主要因素所形成的地貌,如溶沟、石牙、溶洞、峰林、地下暗河等。桂林山水即为典型的岩溶地貌。

第五节 水文地质

【考试纲要】

(1)地下水埋藏类型;

(2)上层滞水、潜水、承压水和岩溶水的分布规律及特点。

【复习提示】

1.复习要点

考生应掌握上层滞水、潜水、承压水和岩溶水的分布规律及特点，地下水与工程建设的关系；熟悉地下水的基本分类方法及基本类型；了解地下水的物理性质和化学成分。

重点：

(1)地下水的基本分类方法及基本类型；

(2)上层滞水、潜水、承压水和岩溶水的分布规律及特点；

(3)地下水的侵蚀性及其评价；

(4)地下水的地质作用与工程建设的关系。

难点：

(1)上层滞水、潜水、承压水和岩溶水的分布规律及特点；

(2)地下水的地质作用与工程建设的关系。

2.规范提示

《公路工程地质勘察规范》(JTG C20—2011)涉及本节的内容如下：

(1)在公路工程地质各阶段及各项勘察内容中均要求查明勘察区域内的地下水的类型、分布、埋藏条件、埋深、赋存、补给、排泄和径流条件、水量、水质及腐蚀性。

(2)在各类公路工程地质勘察报告中均要求说明地下水的类型、性质、分布范围及发育规律以及地下水对公路工程的危害和影响程度的评价。

习题精练

1.地下水的富集必须具备的条件有(　　)。

A.有较多的储水空间，有充足的补给水源，有良好的汇水条件

B.有较厚的松散堆积层，有丰富的大气降雨，有良好的地形条件

C.有良好的岩性条件，有良好的地形条件，有良好的气候条件

D.有良好的构造条件，有良好的岩性条件，有良好的地形条件

2.地下水的运动特点主要决定于(　　)。

A.岩土的埋藏深度　　B.岩土的空隙大小

C.岩土的透水性　　D.岩土的分布范围

3.地下岩土体按相对的透水能力可划分为(　　)。

A.透水的、不透水的二类

B.透水的、半透水的、不透水的三类

C.透水的、弱透水的、不透水的三类

D.透水的、弱透水的、微透水的、不透水的四类

4.决定地下水流向的是(　　)。

A.压力的大小　　B.位置的高低　　C.水头的大小　　D.含水层类型

5. 对地下水动态的影响起主导作用的因素是(　　)。

A. 地形因素　B. 植被因素　C. 气候和水文因素　D. 地层因素

6. 按含水层空隙性质的不同,地下水可分为(　　)。

A. 吸着水、薄膜水和毛细水　B. 毛细水、重力水

C. 饱和带水、包气带水　D. 孔隙水、裂隙水和岩溶水

7. 下列关于地下水矿化度的描述中,正确的是(　　)。

A. 我国北方地下水矿化度较南方的低

B. 高矿化度的地下水中以 SO_4^{2-} 为主要成分

C. 平原区地下水的矿化度较山区地下水矿化度低

D. 高矿化的地下水能降低混凝土的强度,腐蚀钢筋,促使混凝土分解

8. 地下水的一般酸性侵蚀的强弱主要取决于水中的(　　)。

A. 矿化度　B. pH 值　C. 硬度　D. SO_4^{2-} 含量

9. 地下水的结晶性侵蚀的强弱主要取决于水中(　　)的含量。

A. CO_2　B. HCO_3^-　C. Cl^-　D. SO_4^{2-}

10. 根据地下水的埋藏条件,地下水可分为(　　)。

A. 孔隙水、裂隙水、岩溶水　B. 气态水、固态水、结合水

C. 结合水、毛细水、重力水　D. 上层滞水、潜水、承压水

11. 下列关于上层滞水特征的描述中,不正确的是(　　)。

A. 埋藏浅、分布不稳定

B. 分布区、补给区和排泄区不一致

C. 水量和水质主要受气候控制,季节性变化明显

D. 主要接受大气降水或地表水下渗的补给,以蒸发形式排泄或向隔水底板边缘排泄

12. 下列关于上层滞水与公路建设关系的描述中,不正确的是(　　)。

A. 可使地基土的强度下降

B. 在寒冷地区,易引起道路的冻胀和翻浆

C. 分布范围和水位高低变化大,常给工程的设计、施工带来困难

D. 土质边坡滑塌、黄土路基沉陷、路基冻胀均与上层滞水无关

13. 潜水是指埋藏在地表下第一个连续而稳定隔水层上的(　　)。

A. 饱气带水　B. 毛细水　C. 重力水　D. 上层滞水

14. 下列有关潜水特征的描述中,不正确的是(　　)。

A. 潜水含水层直接与包气带相接,一般情况下,其分布区与补给区一致

B. 潜水面的形状或水力坡度大小与地形有一定程度的一致性

C. 潜水的水量和水质受气候影响明显,动态变化显著

D. 在切割强烈的山区,潜水最主要的排泄方式为蒸发排泄

15. 下列关于潜水特征的描述中,不正确的是(　　)。

A. 潜水具有自由表面,在重力作用下,通常由水位高的地方向水位低的地方流动,流动的快慢取决于含水层的渗透性能和潜水面的水力坡度

B. 潜水的排泄方式有径流排泄和蒸发排泄两种，径流排泄在山区最为普遍，而蒸发排泄在干旱和平原区较为明显

C. 湿润气候和地形切割强烈的地区往往形成含盐量低的淡水；而干旱和低平地形区常形成含盐量高的咸水以及形成地表盐渍化

D. 在山区和河流中、上游，潜水接受地表水补给；平原地区和河流下游，则常常是地表水接受潜水补给

16. 潜水的排泄方式主要有（　　）。

A. 物理排泄、生物排泄　　B. 物理排泄、化学排泄

C. 径流排泄、蒸发排泄　　D. 蒸发排泄、泉水排泄

17. 一般情况下，潜水的（　　）可造成潜水矿化度升高、形成地表土壤的盐渍化。

A. 径流排泄　　B. 蒸发排泄

C. 水平排泄和垂直排泄　　D. 所有排泄方式

18. 一般情况下，湿润气候和地形切割强烈的地区，潜水的主要排泄方式是（　　）。

A. 径流排泄　　B. 蒸发排泄

C. 径流与蒸发排泄　　D. 无法判断

19. 从盐渍化形成的原因出发，防治地表土壤盐渍化的方法主要有（　　）。

A. 采用新型材料、采用特殊工艺　　B. 改良地表土壤、采用新型工艺

C. 改良地表土壤、设置隔离层　　D. 降低地下水位、设置隔离层

20. 从潜水等水位线图上不能获取的信息是（　　）。

A. 潜水的埋藏深度　　B. 潜水的流向

C. 潜水的水力梯度　　D. 潜水的化学成分

21. 下列有关承压水特征的描述中，不正确的是（　　）。

A. 具有自由水面，在重力作用下可流动

B. 分布区与补给区不一致，常常是补给区远小于分布区

C. 动态变化稳定，受气候影响较小

D. 水质不易受污染，与地表水联系较弱

22. 下列关于承压水特征与工程性质的表述中，不正确的是（　　）。

A. 具有水头压力，可以由低处向上高处流动

B. 大气降水和地表水直接下渗补给承压水，成为承压水的主要补给来源

C. 承压水含水层在地形适宜处出露地表时，可以泉或溢流形式排向地表

D. 承压水一般水量较大且稳定，桥基施工若钻透隔水顶板，会造成涌水现象。过量抽取地下承压水会导致地面沉降

23. 承压水通常的排泄形式是（　　）。

A. 泉　　B. 通过蒸发逸入大气

C. 直接排入地表　　D. 通过透水通道排入潜水

24. 上层滞水的主要补给形式是（　　）。

A. 地表水的补给　　B. 大气降水的补给

C. 潜水含水层的补给　　D. 承压水含水层的补给

25. 上层滞水通常的排泄形式是(　　)。

A. 泉　B. 以蒸发形式或向隔水底板边缘排泄

C. 直接排入地表　D. 通过透水通道流入承压水含水层

26. 潜水通常的主要补给形式是(　　)。

A. 承压水补给　B. 地表水补给

C. 凝结水补给　D. 大气降水、地表水和凝结水补给

27. 潜水通常的排泄形式是(　　)。

A. 泉或蒸发　B. 补给地表水　C. 补给承压水　D. 直接排入地表

28. 承压水通常的补给形式是(　　)。

A. 潜水补给　B. 上层滞水补给

C. 地表水补给　D. 大气降水或地表水补给

29. 承压水的形成主要决定于地质构造,适宜形成承压水的地质构造有(　　)。

A. 水平构造和单斜构造　B. 水平构造和褶皱构造

C. 断层构造和背斜构造　D. 向斜构造和单斜构造

30. 下列有关潜水特征的表述中,正确的是(　　)。

A. 不具自由水面,并承受一定的静水压力

B. 动态受气候、水文因素的变化不显著

C. 含水层厚度受气候因素的影响显著

D. 分布区与补给区不一致

31. 基岩裂隙水的主要径流通道是(　　)。

A. 岩石的孔隙　B. 岩石的裂隙　C. 溶洞　D. 岩层的层理

32. 涌水事故常产生于(　　)。

A. 风化裂隙水　B. 成岩裂隙水　C. 构造裂隙水　D. 其他

33. (　　)在基岩山区分布广泛,对边坡工程影响很大,常常是边坡失稳和浅层滑坡形成的主要原因。

A. 孔隙水　B. 风化裂隙水　C. 成岩裂隙水　D. 构造裂隙水

34. 相比较而言,下列地下水中水质最好的是(　　)。

A. 潜水　B. 上层滞水　C. 承压水　D. 裂隙水

35. 地下水位降低可使降水周围的地面(　　)。

A. 下降　B. 上升　C. 不变　D. 不确定

36. 岩溶水不具有的特点是(　　)。

A. 分布的不均匀性　B. 水力联系密切

C. 水量动态多变　D. 不易被污染

37. 下列关于岩溶水特征与规律的描述中,不正确的是(　　)。

A. 岩溶含水层系统独立完整,与地表水的流域系统相似

B. 岩溶水空间分布极不均匀,主要集中于岩溶管道或暗河系统中

C. 岩溶水水量在时间上变化大,受气候影响明显

D. 岩溶水的矿化度高,水质不易受到污染

38. 下列关于岩溶水特征与规律的说法，不正确的是（　　）。

A. 岩溶管道和暗河中水流迅速，运动规律与地表河流相似

B. 岩溶水可以是潜水，也可以是承压水

C. 岩溶水与地表水联系密切，其流量的季节变化基本与地表河流相同

D. 岩溶水径流交替强烈，分布极不均匀，水量不大

39. 下列关于承压水特征的表述中，不正确的是（　　）。

A. 动态比较稳定，受气候影响较小

B. 在空间的分布变化大，水力联系密切

C. 大气降水是其主要补给来源

D. 水量动态多变，随季节变化大

40. 下列关于岩溶水特征的说法，正确的是（　　）。

A. 水面形状与地形有一定程度的一致性

B. 可以是潜水，也可以是承压水，空间分布极不均匀，运动状况复杂

C. 不具自由水面，并承受一定的静水压力，水质不易受污染

D. 动态比较稳定，受气候影响较小

41. 下列有关岩溶水的说法中，错误的是（　　）。

A. 岩溶水与地表水的流域系统相似　　B. 岩溶水空间分布极不均匀

C. 岩溶水水量变化受气候影响不大　　D. 岩溶水给工程预测预防带来困难

42. 下列关于地下水补给来源的表述中，不正确的是（　　）。

A. 大气降水补给　　B. 植物根系补给

C. 含水层之间的补给　　D. 地表水补给

43. 下列关于地下水排泄方式的表述中，不正确的是（　　）。

A. 蒸发　　B. 泉水　　C. 植物吸收　　D. 含水层之间的排泄

44. 下列关于潜水的补给、排泄、径流的表述中，不正确的是（　　）。

A. 潜水主要以大气降水和地表水的下渗补给

B. 在重力作用下，潜水可由水位高处向水位低处径流

C. 排泄方式有两种，一是蒸发排泄，二是径流排泄

D. 潜水承受一定的静水压力，可以由低处向高处径流，并以上升泉的形式出露于地表

45. 下列关于承压水的补给、排泄、径流的表述中，不正确的是（　　）。

A. 承压水在含水层出露地表较高处的补给区接受大气降水或地表水的下渗补给

B. 承压水从承压区向出露地表较低的排泄区径流，也可由低处向高处流动

C. 承压水可以通过不断蒸发而排泄，或通过地表水直接下渗而得到补给

D. 在含水层出露地表较低处的排泄区以泉或溢流形式排向地表或地表水，也可通过导水断层向地表或其他含水层排泄

46. 下列不良地质现象或地质作用的形成，与地下水作用无关的是（　　）。

A. 地面沉降、流沙　　B. 潜蚀、基坑突涌

C. 路基冻胀　　D. 洗刷作用、坡积物

习题参考答案及解析

1. A

【解析】地下水的富集必须具备三个条件:①有较多的储水空间;②有充足的补给水源;③有良好的汇水条件。

2. C

【解析】地下水在重力作用下不停地运动着。地下水的运动特点主要取决于岩土的透水性。岩土的透水性又决定于岩土中空隙的大小、数量和连通程度。

3. B

【解析】地下岩土体按相对的透水能力可划分为透水的、半透水的、不透水的三类。其中透水的(有时包括半透水的)岩土层称为透水层;不透水的岩土层称为隔水层;当透水层被水充满时称为含水层。

4. C

【解析】潜水和上层滞水是一种重力水,在重力作用下从高水位流向低水位,高低水位之差就是水头的大小。承压水在水头压力作用下可以逆着重力方向流动,从低处流向高处。

5. C

【解析】气候、水文因素直接影响地下水的补给、排泄,对地下水动态的影响起主导作用。

6. D

【解析】按含水层空隙性质(含水介质)的不同,地下水可分为孔隙水、裂隙水和岩溶水三类。

7. D

【解析】高矿化水含有侵蚀成分,它能降低混凝土的强度,腐蚀钢筋,促使混凝土分解,故拌和混凝土时不允许用高矿化水,在高矿化水中的混凝土也应注意采取防护措施。

8. B

【解析】地下水的一般酸性侵蚀的强弱主要取决于水中氢离子浓度的大小,而地下水的氢离子浓度是用 pH 值表示的。

9. D

【解析】结晶性侵蚀主要是硫酸(盐)侵蚀,是指地下水中 SO_4^{2-} 含量超过一定数值时,对混凝土造成侵蚀破坏,并与混凝土中的氢氧化钙发生反应生成石膏,其体积膨胀到原来的1.5 倍。SO_4^{2-}、石膏还可以与混凝土中的水化铝酸钙作用,生成水化铝酸钙结晶,其体积增大到原来体积的 2.2 倍。由于结晶膨胀作用而导致混凝土强度降低,以致破坏。

10. D

【解析】根据地下水的埋藏条件,可以把地下水划分为三类:上层滞水(或饱气带水)、潜水和承压水。按含水层空隙性质(含水介质)的不同,可以把地下水划分为孔隙水、裂隙水和岩溶水。

11. B

【解析】上层滞水接近地表，接受大气降水或地表水下渗的补给，以蒸发形式或向隔水底板边缘排泄。其主要特征包括：埋藏浅，分布面积小，水量不大；水量和水质受气候控制，季节性变化强烈；分布区、补给区和排泄区一致；矿化度低，水质易受污染。

12. D

【解析】上层滞水埋藏浅，水位高低和分布范围变化明显，常常是引起土质边坡滑塌、黄土路基沉陷、路基冻胀和翻浆等病害的重要因素，也可使地基土的强度减弱。

13. C

【解析】潜水是一种重力水，在重力作用下由水位高的地方向水位低的地方径流。

14. D

【解析】潜水的排泄方式有两种：一种是径流到适当地形处，以泉、渗流等形式排泄出地表或流入地表水，即径流排泄或水平排泄；另一种是通过包气带或植物蒸发进入大气，即蒸发排泄或垂直排泄。水平排泄在地形切割强烈的山区最为普遍，而垂直排泄则在干旱和平原地区较为明显。

15. D

【解析】在山区和河流中、上游地区，一般潜水埋藏在沟谷两侧斜坡下，水位较高，而河流位于沟谷底部，水位低，因此是潜水通过径流补给地表河流；平原地区和河流下游则常常是地表水补给潜水。

16. C

【解析】潜水的排泄方式有两种：一种是径流到适当地形处，以泉、渗流等形式泄出地表或流入地表水，即径流排泄（也称水平排泄）。另一种是通过包气带或植物蒸发进入大气，即蒸发排泄（也称垂直排泄）。水平排泄在地形切割强烈的山区最为普遍，而垂直排泄则在干旱和平原地区较为明显。

17. B

【解析】潜水的排泄方式有两种：径流排泄（也称水平排泄）和蒸发排泄（也称垂直排泄）。由于水平排泄可使溶解在水中的盐分随水一同带走，不容易引起矿化度的显著变化。而垂直排泄时，只有水分蒸发，盐分并不会蒸发，水中的盐分便留下来，结果导致水量消耗，矿化度升高，形成地表土壤盐渍化。

18. A

【解析】湿润气候区降雨量大，空气湿度大，不利于潜水的蒸发。地形切割强烈的地区，潜水常以泉、渗流等径流排泄的方式泄出地表，蒸发排泄也不显著。因此，湿润气候和地形切割强烈的地区，利于潜水的径流排泄，而不利于蒸发排泄。

19. D

【解析】潜水以毛细水的形式上升到地表附近，水分通过蒸发逸入大气，大量盐分集中在土壤中从而形成盐渍化。防治盐渍化主要考虑一是防止或减少潜水的蒸发排泄，二是防止潜水以毛细水的形式上升到地表附近。通过设置隔离层防止蒸发排泄，通过降低地下水位防止潜水上升到地表附近。

20. D

【解析】从潜水等水位线图上可以获取的信息包括：潜水的埋藏深度、潜水的流向、潜水的水力梯度、潜水的含水层厚度及其动态变化、潜水与地表水的相互补给关系。

21. A

【解析】承压水的特征包括:①形成条件特殊,水量一般较大;②分布区、补给区与排泄区通常不一致,常常是补给区远小于分布区;③具有承压性,无自由水面;④受气候、水文等因素影响较小,动态变化较稳定;⑤由于隔水顶板的保护,水质不易受污染。

22. B

【解析】由于承压水含水层上覆隔水顶板的隔离限制,与地表水联系较弱,一般无法通过大气降水和地表水直接下渗补给。

23. A

【解析】承压水具有承压性,它可以从含水层的低处向上流至排泄区,并以上升泉的形式排入地表。

24. B

【解析】上层滞水孤立地存在于包气带内,它通过包气带直接与地表相通,加之埋藏位置接近地表,所有大气降水可直接渗入补给上层滞水。

25. B

【解析】上层滞水埋藏浅,隔水底板分布范围小,一方面它可通过上覆包气带不断蒸发。另一方面它可以流向隔水层边缘补给潜水。

26. D

【解析】潜水含水层通过包气带直接与地表发生联系,通常其补给区与分布区一致。因此,它主要由大气降水、地表水和凝结水补给。当承压水与潜水有联系时,承压水也能补给潜水。

27. A

【解析】在平原区主要通过蒸发的形式排泄,在山区则主要通过泉的形式排泄。

28. D

【解析】承压水含水层上部有隔水顶板,大气降水和地表水不能直接补给整个含水层。只能在含水层直接出露的补给区,接受大气降水或地表水的补给。

29. D

【解析】承压水的形成主要取决于特定的地质构造。适宜形成承压水的地质构造大致有两种:①向斜构造(向斜盆地,又称自流盆地);②单斜构造(又称自流斜地)。

30. C

【解析】潜水直接通过包气带与地表发生联系,气候、水文因素的变动,对它影响显著,丰水季节或年份,潜水接受的补给量大于排泄量,潜水位上升,含水层厚度增加,埋藏深度变小。干旱季节正好与之相反。因此,潜水的动态有明显的季节性变化。

31. B

【解析】裂隙水顾名思义就是赋存在基岩裂隙中的地下水。因此,基岩裂隙水的主要径流通道就是岩石中的裂隙。

32. C

【解析】按基岩裂隙成因不同,裂隙水可分为:风化裂隙水、成岩裂隙水和构造裂隙水三种类型。其中,构造裂隙水一般水量比较丰富,常常是良好的供水水源,但对隧道施工往往造成危害,如产生突然涌水事故等。

33. B

【解析】孔隙水广泛分布于第四纪松散沉积物中,在较老的岩石中有较少分布。风化裂隙水常埋藏于地表浅处,含水层厚度小、储量有限,常以潜水的形式存在,就地补给,就地排泄,季节性变化明显。但风化裂隙水在基岩山区分布广泛,对边坡工程影响很大,常常是边坡失稳和浅层滑坡形成的主要原因。

34. C

【解析】潜水和上层滞水都通过饱气带(透水层)与地表相连通,地表污水可以通过饱气带下渗补给含水层,从而使潜水或上层滞水水质受到污染。承压水由于有上覆隔水顶板的限制,与地表联系较弱。因此,承压水动态变化稳定,水质也不易受到污染。裂隙水可以是潜水,也可以是承压水。

35. A

【解析】地下水位下降会使得含水层空隙压缩变形,导致地面沉降。前些年许多大城市过量开采地下水,使得地下水位急剧下降而导致地面沉降,造成建筑物地基基础过量沉降,建筑物开裂甚至倒塌,治理的主要措施就是减少地下水的抽取量和向地下注水。

36. D

【解析】赋存与运移于可溶岩的空隙、裂隙以及溶洞中的地下水称为岩溶水。岩溶水具有分布的不均匀性,水力联系密切,传递能力强,水量动态多变,随季节变化大等特点。岩溶水与地表水联系密切,所以岩溶水流量的季节变化幅度很大,同时也导致岩溶水水质易被污染。

37. D

【解析】岩溶水具有以下特征:①含水层系统独立完整,与地表水的流域系统相似;②空间分布极不均匀,水力联系密切;③水量在时间上变化大,受气候影响明显;④水的矿化度低,但易污染;⑤大气降水是其主要补给来源。岩溶水径流强烈,矿化度低;由于大气降水与地表水未经过滤直接进入岩溶含水层,水质极易被污染。

38. D

【解析】在岩溶地区,大气降水通过落水洞、溶蚀漏斗等直接流入或灌入,并通过顺畅的通道迅速补给岩溶水。溶洞与溶洞、溶洞与溶蚀裂隙之间相互连通,水力联系密切,交替强烈,传递能力强,水量很大。岩溶水主要集中于岩溶管道和暗河系统中,因而分布极不均匀。

39. A

【解析】由于承压水的含水层上面是隔水层,不能发生垂直蒸发排泄。因此其分布区与补给区不一致,动态比较稳定,水位、水量、水质等受气候因素的影响小,且不易受到污染。

40. B

【解析】岩溶水按埋藏条件,可以是潜水,也可以是承压水。岩溶水在空间的分布极不均匀,变化很大;由于流动条件不同,岩溶水的运动状况相当复杂。水量受气候影响明显,矿化度低,易受污染。

41. C

【解析】由于地下溶洞与溶洞、溶洞与溶蚀裂隙之间相互连通,因而使岩溶水具有密切的水力联系和较强的传递能力,水量动态多变,随季节变化大。岩溶水分布不均匀,水量大且随季节变化大,这给工程预测预防带来困难,尤其是隧道施工难度大,也常常造成路基水毁。

42. B

【解析】地下水主要的补给来源有以下四种:①大气降水补给;②地表水补给;③含水层之间的补给;④人工补给。

43. C

【解析】地下水主要的排泄方式有五种:①蒸发;②泉水;③向地表水排泄;④含水层之间的排泄;⑤人工排泄。

44. D

【解析】潜水是一种重力水,在重力的作用下可以从高水位(高处)流向低水位(低处)。

45. C

【解析】①承压水的补给:在含水层出露地表较高处的补给区接受大气降水或地表水的下渗补给;②承压水的排泄:在含水层出露地表较低处的排泄区以泉或溢流形式排向地表或地表水,也可通过导水断层向地表或其他含水层排泄。

46. D

【解析】坡面细流对整个坡面进行的缓慢、均匀的侵蚀、搬运和堆积作用称之为洗刷作用。由该作用在山坡的低凹处或坡脚处形成的松散堆积物称之为坡积物。因此,洗刷作用和坡积物与地下水无关。

第六节　不良地质

【考试纲要】

(1)崩塌的概念、形成条件及其防治;

(2)滑坡的概念、形态要素、形成条件及影响因素,滑坡的分类与防治;

(3)泥石流的概念、形成条件、发育特点,泥石流的分类以及防治;

(4)岩溶的特征及其工程地质性质。

【复习提示】

1. 复习要点

考生应掌握崩塌、滑坡、泥石流、岩溶的形成条件及其防治;熟悉崩塌、滑坡、泥石流、岩溶的分类;了解崩塌、滑坡、泥石流、岩溶的概念。

重点:

(1)崩塌的形成条件及其防治措施;

(2)滑坡的形成条件及影响因素,滑坡的分类与防治;

(3)泥石流的形成条件及其防治措施;

(4)岩溶的形成条件及其防治措施。

难点:

(1)崩塌的防治,包括崩塌的勘测调查要点、防治原则;

(2)滑坡的防治,包括滑坡的工程地质勘察(包含滑坡调查、滑坡勘探、滑坡试验),滑坡的防治原则与防治措施;

(3)泥石流的防治,包括泥石流的勘测要点、泥石流地区道路选线原则、泥石流的防治措施;

(4)岩溶地区主要的工程地质问题及其工程处理措施。

2. 规范提示

《公路工程地质勘察规范》(JTG C20—2011)涉及本节的内容如下:

(1)公路岩质边坡破坏类型。

(2)在公路工程地质各阶段及各专项工程地质勘察内容中均要求查明勘察区域内不良地质的成因、类型、性质、分布范围、规模、形态特征、形成条件、发生与发展规律。

(3)在各类公路工程地质勘察报告中均要求说明不良地质的类型、性质、分布范围及发育规律以及不良地质对公路工程的危害和影响程度的评价。

习题精练

1. 崩塌形成条件及影响因素不包含(　　)。

A. 地形条件　　B. 岩性条件　　C. 岩石的结构　　D. 构造条件

2. 就产生崩塌的地形条件而言,易于发生崩塌的斜坡一般(　　)。

A. 坡度大于20°,高度大于10m　　B. 坡度大于35°,高度大于30m

C. 坡度大于45°,高度大于15m　　D. 坡度大于45°,高度大于30m

3. 斜坡的岩性对于崩塌的形成影响显著,易于产生崩塌的岩性条件一般为(　　)。

A. 软质岩石、胶结联结的岩石　　B. 坚硬岩石、软岩硬岩互层

C. 黏土类岩石、喷出类岩石　　D. 泥岩、泥灰岩、页岩等

4. 根据地质构造条件分析,下列条件中容易发生崩塌的是(　　)。

A. 沉积岩层的整合接触　　B. 为结构面切割的破碎岩体

C. 软弱结构面与坡向相反　　D. 无结构面切割的完整岩体

5. 某岩质路堑边坡在施工过程中发生了崩塌。据现场观测估算该崩塌体体积约为$4500m^3$,则该崩塌规模为(　　)。

A. 小型崩塌　　B. 中型崩塌　　C. 大型崩塌　　D. 巨型崩塌

6. 根据崩塌产生的机理对崩塌所进行的分类中,不包括的是(　　)。

A. 倾倒式崩塌　　B. 滑移式崩塌　　C. 膨胀式崩塌　　D. 弯曲式崩塌

7. 下列关于崩塌的勘测调查要点的表述中,不正确的是(　　)。

A. 查明斜坡的地形条件,如斜坡的高度、坡度、外形等

B. 查明斜坡岩性和地质构造特征,如岩石类型、岩石风化程度、主要构造面产状等

C. 查明斜坡的岩石成因、矿物成分以及岩石的结构与构造等

D. 查明地表水和地下水对斜坡稳定性的影响以及当地的地震烈度等

8. 下列关于崩塌防治原则的表述中，不正确的是(　　)。

A. 由于崩塌发生得突然而猛烈，治理比较困难且复杂，特别是大型崩塌，所以一般多采取以绕避为主的原则

B. 对有可能发生大、中型崩塌的地段，有条件绕避时，宜优先采用绕避方案

C. 对可能发生小型崩塌或落石的地段，应视地形条件进行经济比较，确定绕避还是设置防护工程通过

D. 应避免使用不合理的高陡边坡，避免大切大挖；在岩体松散或构造破碎地段，不宜使用大爆破施工

9. 下列措施中，不属于崩塌防治措施的是(　　)。

A. 坡面加固　　B. 危岩支顶　　C. 绿化坡面　　D. 拦截防御

10. 下列选项中，不属于滑坡形态要素的是(　　)。

A. 滑坡体　　B. 滑动面　　C. 滑坡剪出口　　D. 滑坡鼓丘

11. 下列在滑坡体及其周界附近存在的各种裂隙中，分布在滑坡体上部，与滑坡壁的方向大致吻合，多呈弧形的是(　　)。

A. 剪切裂隙　　B. 鼓张裂隙　　C. 扇形裂隙　　D. 拉张裂隙

12. 影响滑坡形成和发展的因素不包括(　　)。

A. 地层岩性　　B. 水的作用　　C. 地质构造　　D. 岩石的透水性

13. 下列组成斜坡的各种岩石中，通常情况下不易产生滑坡的是(　　)。

A. 页岩　　B. 石英岩　　C. 泥岩　　D. 千枚岩

14. 下列各种岩石组成的高陡斜坡中，在相同条件下容易发生崩塌现象的是(　　)。

A. 泥岩　　B. 石灰岩　　C. 千枚岩　　D. 页岩

15. 一般说来，发生在均质黏性土中的滑坡，滑动面多呈(　　)。

A. 圆弧形　　B. 直线形　　C. 矩形　　D. 折线形

16. 表征滑坡内部结构的主要标志是(　　)。

A. 滑坡体　　B. 滑坡面　　C. 滑坡床　　D. 滑坡裂隙

17. 分布在滑坡体中部的两侧，其方向与滑动方向大致平行的裂隙为(　　)。

A. 拉张裂隙　　B. 鼓张裂隙　　C. 剪切裂隙　　D. 扇形张裂隙

18. 主要分布于滑坡体的下部，其延伸方向大体上与滑动方向垂直的裂隙为(　　)。

A. 拉张裂隙　　B. 鼓张裂隙　　C. 剪切裂隙　　D. 扇形张裂隙

19. 分布在滑坡体的中下部(尤以舌部为多)，其方向在滑体中部与滑动方向平行，在舌部则呈放射状的裂隙为(　　)。

A. 拉张裂隙　　B. 鼓张裂隙　　C. 剪切裂隙　　D. 扇形张裂隙

20. 滑坡形成的基本条件为(　　)。

A. 总下滑力(力矩)大于总抗滑力(力矩)；斜坡由软弱岩层构成

B. 坡体要具备临空面、切割面和贯通的滑动面；受水的作用明显

C. 斜坡要具备一定的高度和坡度；人类工程活动不当

D. 坡体要具备临空面、切割面和贯通的滑动面；总下滑力(力矩)大于总抗滑力(力矩)

21. 影响滑坡形成的主要因素有(　　)。

A. 岩性、构造、水、地震　　B. 地形地貌、堆积层厚度、水文气象

C. 岩石结构、水文气象、地震　　D. 地质构造、地形地貌、堆积层类型

22. 易于发生滑坡的岩性主要有(　　)。

A. 坚硬完整的岩层和透水性强的岩层

B. 胶结联结的岩层和软质岩层

C. 易于亲水软化的土层和透水性弱的岩层

D. 软质岩层和易于亲水软化的土层

23. 按滑坡体的主要物质组成,滑坡可分为(　　)。

A. 沉积岩滑坡、岩浆岩滑坡、变质岩滑坡

B. 残积层滑坡、坡积层滑坡、洪积层滑坡、冲积层滑坡

C. 堆积层滑坡、黄土滑坡、黏土滑坡、岩层滑坡

D. 软土滑坡、黄土滑坡、膨胀土滑坡、盐渍土滑坡

24. 按规模或体积的大小,滑坡可分为(　　)。

A. 小型滑坡、中型滑坡、大型滑坡

B. 小型滑坡、大型滑坡、巨型滑坡

C. 小型滑坡、中型滑坡、大型滑坡、巨型滑坡

D. 小型滑坡、中型滑坡、大型滑坡、超大型滑坡、巨型滑坡

25. 按滑动面的埋深,滑坡可分为(　　)。

A. 浅层滑坡、深层滑坡

B. 浅层滑坡、中层滑坡、深层滑坡

C. 浅层滑坡、深层滑坡、超深层滑坡

D. 浅层滑坡、中层滑坡、深层滑坡、超深层滑坡

26. 按滑坡的力学特征,滑坡可分为(　　)。

A. 倾倒式滑坡、滑移式滑坡　　B. 牵引式滑坡、推动式滑坡

C. 拉断式滑坡、错断式滑坡　　D. 鼓胀式滑坡、错断式滑坡

27. 滑坡的野外识别标志主要有(　　)。

A. 地形地物标志、地层构造标志、水文地质标志

B. 地形气象标志、地层岩性标志、水文地质标志

C. 地形地物标志、地层岩性标志、地层构造标志

D. 地形地貌标志、地层岩性标志、地层构造标志

28. 野外判断滑坡的稳定程度,可从(　　)等方面来判断。

A. 地貌形态比较、地质条件对比、影响因素变化的分析

B. 地貌形态比较、地层构造对比、水文条件变化的分析

C. 地质条件对比、地层构造对比、水文条件变化的分析

D. 地形地物比较、地层构造对比、影响因素变化的分析

29. 滑坡工程地质勘察的内容主要包括(　　)。

A. 计划、调查、勘探　　B. 计划、测绘、试验
C. 调查、勘探、试验　　D. 测绘、勘探、计算

30. 对滑坡进行勘探时,控制性的勘探线按滑坡体中心的主滑方向布置,长度应超过滑坡影响范围以外(　　)。

A. 10m　　B. 20m　　C. 30m　　D. 40m

31. 对滑坡进行勘探时,大型滑坡宜设 2 ~3 个地质断面,勘探点间距不宜大于(　　)。

A. 30m　　B. 40m　　C. 50m　　D. 60m

32. 对滑坡进行勘探时,控制性断面上的关键勘探点必须采用钻探。钻探深度要伸入滑床(　　)。

A. 1 ~2m　　B. 2 ~3m　　C. 3 ~4m　　D. 5m

33. 对滑坡进行勘探时,滑坡后缘断裂壁坡脚、前缘剪出口尽量采用(　　),探明滑动面特征。

A. 物探　　B. 钻探　　C. 挖探　　D. 物探或钻探

34. 某黄土斜坡在雨后发生了滑坡,现场观测测算该滑坡体体积为 640000m^3,则根据滑坡体的体积,该滑坡为(　　)。

A. 小型滑坡　　B. 中型滑坡　　C. 大型滑坡　　D. 巨型滑坡

35. 滑坡可按滑动面的埋藏深度进行分类。若某膨胀土滑坡的滑动面埋藏深度为 13m,则该滑坡应为(　　)。

A. 浅层滑坡　　B. 中层滑坡　　C. 深层滑坡　　D. 超深层滑坡

36. 滑坡工程地质勘察应查明的内容中,不包括(　　)。

A. 地形地貌、地层岩性、地质构造、水文地质条件、地震动参数及当地气象资料
B. 滑坡的成因、类型、规模、分布范围、发育规律及诱发因素
C. 地下水与地表水的类型、水力联系、分布、成因、水量
D. 滑坡周界、滑坡裂缝、滑坡壁、滑坡台阶、滑坡鼓丘、滑坡洼地等的分布位置

37. 防治滑坡的工程措施,大致可分为三类,分别是(　　)。

A. 排水、清除危岩、跨越
B. 拦截防御、绿化坡面、力学平衡
C. 排水、力学平衡、改善滑动面(带)土石性质
D. 排水、绿化坡面、力学平衡

38. 下列选项中,不属于滑坡防治措施的是(　　)。

A. 排水　　B. 刷方减重　　C. 设置抗滑桩　　D. 拦截防御

39. 典型的泥石流流域,一般可以分三个动态区,分别为(　　)。

A. 汇水区、搬运区、堆积区　　B. 形成区、流通区、堆积区
C. 形成区、变形区、堆积区　　D. 冲刷区、搬运区、堆积区

40. 泥石流形成的条件不包括(　　)。

A. 地形条件　　B. 人类活动的影响　　C. 水文地质条件　　D. 水文气象条件

41. 最有利于形成泥石流的地形是(　　)。

A. 凸形山坡　　B. 凹形山坡　　C. 漏斗状圈谷　　D. 陡深的峡谷

42. 下列关于泥石流形成基本条件的说法，不正确的是（ ）。
A. 有丰富的固体物质补给
B. 有陡峭的地形和较大的沟床纵坡
C. 有强大的暴雨或冰雪强烈消融等形成的充沛水源
D. 有开阔平坦的坡面或坡面植被茂盛

43. 泥石流发育的特点是（ ）。
A. 区域性、间歇性 B. 突发性、长期性
C. 隐蔽性、复杂性 D. 连续性、严重性

44. 根据泥石流的流体性质，泥石流可划分为（ ）。
A. 泥石流、水石流 B. 稀性泥石流、黏性泥石流
C. 沟谷型泥石流、山坡型泥石流 D. 岩质型泥石流、土质型泥石流

45. 按泥石流的固体物质组成，泥石流可分为（ ）。
A. 岩质型泥石流、土质型泥石流 B. 堆积物型泥石流、冲积型泥石流
C. 泥流、泥石流、水石流 D. 整体型泥石流、分散型泥石流

46. 按泥石流流域的形态特征，泥石流可分为（ ）。
A. 冲沟型泥石流、河谷型泥石流、山坡型泥石流
B. 高山型泥石流、低山型泥石流、丘陵型泥石流
C. 高山型泥石流、中山型泥石流、低山型泥石流
D. 标准型泥石流、河谷型泥石流、山坡型泥石流

47. 按泥石流规模的大小，泥石流可分为（ ）。
A. 小型泥石流、大型泥石流
B. 小型泥石流、中型泥石流、大型泥石流
C. 场地型泥石流、区域型泥石流
D. 小型泥石流、中型泥石流、大型泥石流、特大型泥石流

48. 下列关于泥石流地区选线原则的表述中，不正确的是（ ）。
A. 路线应避开处于发育旺盛期的特大型、大型泥石流、泥石流群和大面积分布的山坡型泥石流地段
B. 路线通过泥石流沟时，应避开沟谷纵坡由陡变缓和沟谷急弯部位，避免压缩沟谷断面，并应依据设计年限内泥石流的淤积高度留足净空，在有利位置以桥梁通过
C. 路线通过泥石流堆积区时，应避开淤积严重的堆积扇区，远离泥石流堵河范围内的河段
D. 当路线必须通过泥石流堆积区，又无法避开淤积严重的堆积扇区时，可在泥石流堆积扇上挖沟设桥或做路堑，并应依据堆积作用的强烈程度确定路线设计高程

49. 泥石流的防治措施通常不包括（ ）。
A. 跨越和排导 B. 调整水流 C. 水土保持 D. 滞流与拦截

50. 岩溶形成的基本条件有（ ）。
A. 岩石的可溶性、水的流动性
B. 岩石的透水性、水的溶蚀性

C. 岩石的可溶性、水的溶蚀性、水的流动性
D. 岩石的可溶性、岩石的透水性、水的溶蚀性、水的流动性

51. 影响岩溶发育的因素不包括(　　)。
A. 气候与地形　　B. 地壳运动与地质构造
C. 地层岩性　　D. 地层岩石成因及形成年代

52. 岩溶地区的主要工程地质问题是(　　)。
A. 边坡坡面变形;边坡整体失稳
B. 地基承载力不足;缺乏建筑材料
C. 地基塌陷、不均匀沉降;基坑、洞室涌水
D. 边坡坡面冲刷;地下水潜蚀破坏

53. 下列岩溶发育地区公路选线原则不正确的是(　　)。
A. 路线方向不宜与岩层构造线方向平行,应与之斜交或垂直
B. 路线应尽量避开河流、大断层破碎带,否则,应与之垂直或斜交
C. 路线应尽可能通过可溶性岩石与非溶性岩石的接触带
D. 隧道位置应尽量避开漏斗、落水洞和大溶洞,并避免与暗河平行

54. 岩溶的工程处理措施不包括(　　)。
A. 疏导、跨越　　B. 加固、堵塞　　C. 滞流与拦截　　D. 恢复水位

习题参考答案及解析

1. C

【解析】崩塌形成的基本条件及因素,归纳起来主要有以下四个方面:①地形条件;②岩性条件;③构造条件;④其他自然因素。当然,人类的工程活动也会引发崩塌。

2. D

【解析】斜坡的高、陡是崩塌形成的必要条件。调查表明,规模较大的崩塌,一般多发生在高度大于30m,坡度大于45°的陡峻斜坡上。当然,斜坡的外部形状对崩塌的形成也有一定的影响。一般在上缓下陡的凸形坡和凹凸不平的陡坡上易发生崩塌。

3. B

【解析】坚硬脆性的岩石,具有较大的抗剪强度和抗风化能力,易形成高陡的斜坡,在外来因素影响下,一旦稳定性遭到破坏,即产生崩塌现象。此外,软岩硬岩互层(如砂岩与页岩互层、石灰岩与泥灰岩互层、石英岩与千枚岩互层等)构成的陡峻斜坡,由于差异风化,易形成凹凸不平的斜坡,因而也易发生崩塌。

4. B

【解析】崩塌发生的基本条件包括:①地形条件;②岩性条件;③构造条件;④其他因素。就构造条件而言,结构面越发育,岩体越破碎,越容易发育不良地质现象。

5. B

【解析】根据崩塌体体积 V 的大小,将崩塌分为三类:①小型崩塌:$V \leq 500m^3$;②中型崩

塌：$500m^3 < V \leqslant 5000m^3$；③大型崩塌：$V > 5000m^3$。

6. D

【解析】根据崩塌产生的机理，将崩塌分为五类：①倾倒式崩塌；②滑移式崩塌；③膨胀式崩塌；④拉裂式崩塌；⑤错断式崩塌。

7. C

【解析】崩塌的勘测调查主要是针对崩塌的形成条件及因素展开的。而岩石成因、矿物成分以及岩石的结构与构造等与崩塌的形成关系不大。

8. A

【解析】崩塌通常发生得突然而猛烈，治理比较困难且复杂，特别是大型崩塌，所以一般多采取以防为主的原则。至于是否绕避，则需要通过勘测调查并根据路线的具体情况进行技术经济比较。

9. C

【解析】防治崩塌常用的措施包括：①清除坡面危岩；②加固坡面；③危岩支顶；④拦截防御；⑤调整水流。

10. C

【解析】滑坡的形态要素主要有滑坡体，滑坡面、滑坡带和滑坡床，滑坡壁，滑坡周界，滑坡台阶，滑坡舌或滑坡鼓丘，滑坡裂缝，滑坡洼地等。

11. D

【解析】按受力性质不同，滑坡裂隙可分为以下四种：①拉张裂隙；②剪切裂隙；③鼓张裂隙；④扇形裂隙。其中，拉张裂隙是滑坡体与滑坡壁拉开时，在滑坡体上部形成的弧形裂隙，其方向与滑坡壁的方向大致吻合。

12. D

【解析】影响滑坡形成和发展的因素概括起来主要有以下几个方面：①地层岩性；②地质构造；③水的作用；④地形地貌；⑤地震、风化、降雨以及人为因素等。

13. B

【解析】滑坡主要发生在易于亲水软化的土层和软质岩层中。当坚硬岩层内存在有利于滑动的软弱面时，在适当的条件下也可能形成滑坡。易于产生滑坡的土层有胀缩黏土、黄土和黄土类土，以及黏性的山坡堆积层等。易产生滑坡的软质岩层有页岩、泥岩、泥灰岩、千枚岩、片岩等遇水易软化的岩层。

14. B

【解析】岩性条件是影响崩塌形成的重要因素。一般情况下，坚硬的岩石（如厚层石灰岩、花岗岩、砂岩、石英岩、玄武岩等）具有较大的抗剪强度和抗风化能力，能形成高陡的斜坡，在外来因素的影响下，一旦斜坡稳定性遭到破坏，即产生崩塌现象。

15. A

【解析】滑动面的形状，因地质条件而异。一般来说，发生在均质黏性土中的滑坡，滑动面多呈圆弧形；沿岩层层面或构造裂隙发育的滑坡，滑动面多呈直线形或折线形。

16. B

【解析】滑坡面是表征滑坡内部结构的主要标志，它的位置、数量、形状和滑坡面（带）

土石的物理力学性质,对滑坡的推力计算和工程防治有重要意义。

17. C

【解析】滑坡体的不同部分,在滑动过程因受力性质和大小不同,从而形成不同特征的裂隙。剪切裂隙分布在滑坡体中部的两侧,因滑坡体下滑,在滑坡体内两侧产生剪切作用而形成,它的方向与滑动方向大致平行,其两边常伴有呈羽毛状排列的次一级裂缝。

18. B

【解析】鼓张裂隙主要分布于滑坡体的下部,由于滑坡体上、下部分运动速度不同或滑坡体下滑受阻,致使滑坡体鼓张隆起所形成,其延伸方向与滑动方向垂直。

19. D

【解析】扇形张裂隙分布在滑体的中下部(尤以舌部为多),由于滑体向下滑动时,滑体的前缘向两侧扩散引张而形成,其方向在滑体中部与滑动方向平行,在舌部则呈放射状。

20. D

【解析】滑坡的发生是坡体岩土体平衡条件遭到破坏的结果。其发生需同时具备以下条件:①坡体要具备临空面、切割面和贯通的滑动面;②总下滑力(力矩)大于总抗滑力(力矩)。

21. A

【解析】凡是改变斜坡外形和使岩土性质恶化的因素,都将是影响滑坡形成的因素。概括起来影响滑坡形成的因素主要有岩性、构造、水和地震等。

22. D

【解析】滑坡主要发生在易于亲水软化的土层中和一些软质岩层中。容易产生滑坡的土层有胀缩黏土、黄土和黄土类土,以及黏性的山坡堆积层等。容易产生滑坡的软质岩层有页岩、泥岩、泥灰岩等遇水易软化的岩层。此外,千枚岩、片岩等在一定条件下也容易产生滑坡。当坚硬的岩石或岩体中存在有利于滑动的软弱面时,在适当的条件下也可能形成滑坡。

23. C

【解析】按滑坡体的主要物质组成,滑坡可分为堆积层滑坡、黄土滑坡、黏土滑坡、岩层滑坡等四种类型。当然,由于地质条件的复杂性,以及分类目的、原则等不尽相同,目前对滑坡的分类尚无统一的认识。

24. C

【解析】交通行业按规模或体积的大小,将滑坡分为小型滑坡、中型滑坡、大型滑坡、巨型滑坡四种类型。也有人将巨型滑坡称为特大型滑坡。

25. B

【解析】交通运输部门按滑动面的埋深,将滑坡分为浅层滑坡、中层滑坡、深层滑坡三类。也有其他行业将滑坡分为浅层滑坡、中层滑坡、深层滑坡、超深层滑坡四类。

26. B

【解析】按滑坡的力学特征,滑坡可分为牵引式滑坡、推动式滑坡两类。

27. A

【解析】斜坡滑动之后会出现一系列的变异现象,这些变异现象提供了在野外识别滑坡的标志。这些标志主要有地形地物标志、地层构造标志、水文地质标志等。

28. A

【解析】滑坡稳定程度的野外判断主要是通过现场调查，在充分掌握工程地质资料的基础上，可从地貌形态比较、地质条件对比、影响因素变化分析等方面来判断。

29. C

【解析】滑坡工程地质勘察(勘测)的内容主要包括滑坡调查(滑坡测绘)、滑坡勘探、滑坡工程地质试验。

30. D

【解析】对滑坡进行勘探时，控制性的勘探线按滑坡体中心的主滑方向布置，长度应超过滑坡影响范围以外40m。控制性勘探线上的勘探点不得少于3个(含钻探、挖探、露头)。

31. C

【解析】大型滑坡宜设2～3个地质断面，勘探点间距不宜大于50m。各勘探点的布置应便于绘制出垂直滑动方向的横断面。

32. B

【解析】对滑坡进行勘探时，控制性断面上的关键勘探点必须采用钻探。钻探深度要伸入滑床2～3m。

33. C

【解析】对滑坡进行勘探时，滑坡后缘断裂壁坡脚、前缘剪出口尽量采用挖探，以探明滑动面特征。

34. C

【解析】根据滑坡体的体积V，将滑坡分为四种类型：①小型滑坡：$V \leqslant 40000m^3$；②中型滑坡：$40000m^3 < V \leqslant 300000m^3$；③大型滑坡：$300000m^3 < V \leqslant 1000000m^3$；④巨型滑坡：$V > 1000000m^3$。

35. B

【解析】根据滑动面的埋藏深度H，滑坡可分为三类：①浅层滑坡：$H \leqslant 6m$；②中层滑坡：$6m < H \leqslant 20m$；③深层滑坡：$H > 20m$。

36. C

【解析】地形地貌、地层岩性、地质构造、水文地质条件、当地气象资料，滑动面(带)的分布位置、层数、厚度、形态特征、物质组成、含水状态及其物理力学性质，滑坡体的物质组成，滑床的形态特征、物质组成、物理力学性质和地质结构，地下水的类型、分布、埋藏条件等均是滑坡地质勘察的内容。

37. C

【解析】防治滑坡的工程措施，大致可分为排水、力学平衡(如抗滑挡墙、抗滑桩、锚固框架、锚固滑坡体等)、改善滑动面(带)土石性质(焙烧、压浆、化学加固等)三类。

38. D

【解析】滑坡的防治措施大致可分为三大类：①排水；②力学平衡法；③改善滑动面(带)岩土性质等。刷方减重和设置抗滑桩即为力学平衡法。拦截防御是崩塌的防治措施。

39. B

【解析】典型的泥石流流域，一般可以划分为以下三个动态区：①形成区；②流通区；

③堆积区。

40. C

【解析】泥石流形成条件主要有四个方面:①地质条件;②地形条件;③水文气象条件;④人类活动的影响。归纳起来,形成泥石流有三个基本条件:①流域中有丰富的松散固体物质补给泥石流;②有便于集水集物的地形条件;③短期内有突发性的大量流水的来源。

41. C

【解析】泥石流流域的地形特征是山高谷深,地形陡峻,沟床纵坡大。完整的泥石流流域,它的上游多是三面环山,一面出口的漏斗状圈谷(瓢形围谷)。这样的地形便于松散物质和水的汇集。

42. D

【解析】泥石流形成的条件包括:地质条件、地形条件、水文气象条件、人类活动的影响。上述条件实质上表明形成泥石流的三个基本条件:①流域中有丰富的固体物质补给;②有陡峭的地形和较大的沟床纵坡;③流域的中、上游有强大的暴雨或冰雪强烈消融等形成的充沛水源。

43. A

【解析】泥石流的发育具有两个特点:①区域性;②间歇性(周期性)。换言之,不是所有的山区都会发生泥石流;即使有些山区曾发生过泥石流,也并非年年爆发。

44. B

【解析】根据泥石流的流体性质,泥石流可分为以下两种:①稀性泥石流(包括泥流、水石流、泥石流);②黏性泥石流(包括泥流、泥石流)。

45. C

【解析】按泥石流的固体物质组成,泥石流可分为泥流、泥石流、水石流。

46. D

【解析】按泥石流流域的形态特征,泥石流可分为标准型泥石流(也称沟谷型泥石流)、河谷型泥石流、山坡型泥石流三类。

47. D

【解析】按泥石流规模的大小,泥石流可分为小型泥石流、中型泥石流、大型泥石流、特大型泥石流等四类。

48. D

【解析】路线通过泥石流堆积区,应避开淤积严重的堆积扇区,远离泥石流堵河范围内的河段。无法避开时,不得在泥石流堆积扇上挖沟设桥或做路堑,并应依据堆积作用的强烈程度确定路线设计高程。

49. B

【解析】泥石流的防治措施归纳起来主要有以下几个方面:①水土保持;②跨越;③排导;④滞流与拦截。

50. D

【解析】岩溶的形成(发育)是由于水对岩石溶蚀的结果。因而其形成条件为:①必须有可溶于水而且透水的岩石;②水在其中是流动的且具有溶蚀能力。

51. D

【解析】影响岩溶发育的因素主要包括地质因素和地理因素。地质因素包括地层岩性、组合、厚度及产状，地壳运动与地质构造等。地理因素主要包括地形、气候、覆盖层、植被等。

52. C

【解析】各种岩溶形态都造成了地基的不均匀性，或基础下地基中存在溶洞、暗河等，因而引起地基不均匀沉降或塌陷。施工开挖中，若挖穿了岩溶水通道或暗河，则会造成突然涌水，给工程造成损失和灾难。当然，在岩溶发育地区也会发生库底和坝基渗漏等问题。

53. C

【解析】岩溶的发育程度取决于地下水的运动或交替强度，一般地下水运动交替强度大，岩溶就发育。因此，河流附近、断层破碎带、裂隙发育带、可溶性岩石与不溶岩石的接触带等都是岩溶发育的地带。另外，溶洞、暗河等多平行于构造线发育。漏斗、落水洞和大溶洞、暗河等都是岩溶水流动的通道，其中岩溶水量很大。

54. C

【解析】岩溶的工程处理措施主要包括疏导、跨越、加固、堵塞、钻孔充气、恢复水位等。

第七节　特殊性岩土

【考试纲要】

(1)软土的特征及其工程地质性质；

(2)黄土的特征及其工程地质性质；

(3)膨胀土的特征及其工程地质性质；

(4)盐渍土的特征及其工程地质性质。

【复习提示】

1. 复习要点

考生应掌握软土、黄土、膨胀土和盐渍土的特征及其工程地质性质；熟悉软土、黄土、膨胀土和盐渍土分布地区的道路工程地质勘察及工程地质选线；了解软土、黄土、膨胀土和盐渍土的形成、分布及其分类。

重点：

(1)软土、黄土、膨胀土和盐渍土的特征及其工程地质性质；

(2)软土、黄土、膨胀土和盐渍土分布地区道路常见的病害及其防治；

(3)软土、黄土、膨胀土和盐渍土分布地区的道路工程地质勘察。

难点：

(1)软土的工程性质及软土地基的变形破坏；

(2)黄土的湿陷性及湿陷性黄土的地基处理；

(3)膨胀土地区的路基变形与破坏及防护措施；

(4)盐渍土的工程性质及盐渍土的路基病害。

2. 规范提示

《公路工程地质勘察规范》(JTG C20—2011)涉及本节的内容如下:

(1)在公路工程地质各阶段及各项勘察内容中均要求查明勘察区域内的特殊性岩土的类型、分布范围、规模、形成条件、工程地质性质、发生与发展规律。

(2)在各类公路工程地质勘察报告中均要求说明特殊性岩土的类型、性质、分布范围及发育规律以及特殊性岩土对公路工程的危害和影响程度的评价。

习题精练

1. 下列各种特殊性岩土中,不属于软土范围的是(　　)。

A. 软黏性土　　B. 粉砂土　　C. 淤泥质土　　D. 泥炭

2. 软土不具有的工程地质特征是(　　)。

A. 粒度成分主要为黏粒及粉粒

B. 黏粒中的黏土矿物主要是伊利石,其次是高岭石

C. 颗粒组成以粉土颗粒为主,占 60% ~70%

D. 具有典型的海绵状或蜂窝状结构,常具有层理构造

3. 软土的天然含水率一般为(　　)。

A. 30% ~50%　　B. 50% ~70%　　C. 60% ~80%　　D. 70% ~90%

4. 软土受到振动,海绵状结构被破坏,土体强度降低,甚至呈现流动状态。软土的这种性质称为(　　)。

A. 流变性　　B. 触变性　　C. 湿陷性　　D. 超固结性

5. 软土在长期荷载作用下,变形可以延续很长时间,最终引起破坏,这种性质称为(　　)。

A. 未固结性　　B. 湿陷性　　C. 流变性　　D. 触变性

6. 通常可用灵敏度来表示软土的(　　)。

A. 固结性　　B. 流变性　　C. 流动性　　D. 触变性

7. 软土不具有的工程性质是(　　)。

A. 孔隙比大、透水性小、含水率高　　B. 固结缓慢、压缩性高、强度低

C. 具有多裂隙性、湿陷性、超固结性　　D. 具有触变性、流变性

8. 修建在软土地基上的公路路堤必须控制在临界高度以下,其原因主要是(　　)。

A. 填土高度太高不易压实　　B. 填土高度太高费用大不合算

C. 地基变形大或发生挤出　　D. 地基处理技术复杂、难度大

9. 天然黄土在一定的压力作用下,浸水后产生突然的沉陷,这种性质称为(　　)。

A. 崩解性　　B. 流变性　　C. 湿陷性　　D. 潜蚀性

10. 黄土路基出现的路堤下沉、边坡冲刷、边坡滑塌和滑坡、冲沟侵蚀路基等工程病害,其原因不包括(　　)。

A. 特殊的大孔隙、垂直节理发育的结构特性

B. 强渗透和遇水崩解的水理特性

C. 以粉粒为主，其次是砂粒和黏粒的成分特性

D. 干燥时高强度、浸水后强度明显降低的强度特性

11. 黄土路基各种病害的发生与(　　)关系密切。

A. 温度变化　　B. CO_2气体侵蚀　　C. 水的作用　　D. 风的作用

12. 黄土不具有的工程地质特征是(　　)。

A. 颗粒组成以粉土颗粒为主　　B. 裂隙发育，具有强烈的胀缩特性

C. 含有多种可溶盐，特别富含碳酸钙　　D. 质地均一，无层理，具有湿陷性

13. 黄土不具有的工程性质是(　　)。

A. 结构疏松，具有大孔隙，密度较低　　B. 具有湿陷性

C. 结构紧密，孔隙比小　　D. 抗剪强度中等，多为中压缩性

14. 下列关于黄土湿陷性的说法中，不正确的是(　　)。

A. 一般认为黄土中黏粒含量大于20%时，湿陷性明显减小或无湿陷性

B. 一般认为干密度小于$1.5g/cm^3$的黄土具有湿陷性

C. 含水率与湿陷性有一定关系，含水率低，湿陷性强，含水率增加，湿陷性减弱。一般认为，当含水率超过25%时，黄土就不再具有湿陷性了

D. 年代越老的黄土压缩性越高，湿陷性越强

15. 膨胀土不具有的工程地质特征是(　　)。

A. 颗粒成分以黏粒为主，含量在35% ~50%以上，其次是粉粒，砂粒最少

B. 黏土矿物以蒙脱石、伊利石为主，高岭石含量很少

C. 富含碳酸盐，具有湿陷性

D. 具有强烈的膨胀、收缩特性，裂隙发育

16. 膨胀土通常不具有的工程性质是(　　)。

A. 具有超固结性，结构紧密，孔隙比小　　B. 裂隙发育，具有多裂隙性

C. 天然状态下，具有较高的剪切强度　　D. 胀缩性明显，具有触变性

17. 下列膨胀土物理性质指标中，不属于膨胀土胀缩性指标的是(　　)。

A. 超固结比　　B. 自由膨胀率　　C. 膨胀率　　D. 线缩率

18. 下列用以判别膨胀土的标准中，不正确的是(　　)。

A. 自由膨胀率$F_S \geq 40\%$时，为膨胀土　　B. 膨胀率$C_{SW} \geq 4\%$时，为膨胀土

C. 线缩率$e_{SL} \geq 5\%$时，为膨胀土　　D. 超固结比$R > 1$时，为膨胀土

19. 膨胀土遇水后强烈膨胀，是因为膨胀土中含有较多的(　　)。

A. 高岭石　　B. 蒙脱石　　C. 伊利石　　D. 白云母

20. 下列关于防治或减轻膨胀土道路病害方法的说法，不正确的是(　　)。

A. 控制填土的性质或改善土的胀缩性

B. 减少路基路面水的渗入

C. 采用合理的填土压实标准和碾压含水率

D. 采用合理的路基断面，增大路基高度

21. 不属于盐渍土形成条件的是(　　)。

A. 地下水的矿化度较高,有充分的盐分来源

B. 地下水埋藏较浅,毛细作用能达到地表或接近地表,有被蒸发作用影响的可能

C. 地形平坦开阔,降雨丰富

D. 气候比较干燥,一般年降雨量小于蒸发量

22. 按形成条件,盐渍土可分为(　　)。

A. 盐土、碱土、胶碱土　　B. 漫滩盐土、洼地盐土、湖盆盐土

C. 氯盐渍土、硫酸盐渍土、碳酸盐渍土　　D. 沉积盐渍土、蒸发盐渍土、生物盐渍土

23. 下列有关盐渍土工程性质的描述中,不正确的是(　　)。

A . 碳酸盐类盐渍土中 Na_2CO_3 的含量超过 0.5% 时,遇水即发生显著的膨胀作用

B. 硫酸盐类盐渍土中含盐量超过 2% 时,由于温度的下降可发生剧烈膨胀

C. 盐渍土的强度与土的含水率关系密切,含水率较低且含盐量较高时,土的强度就较低,反之较高

D. 盐渍土中的易溶盐遇水后会发生溶解,土层也因溶蚀作用而下陷

24. 下列有关盐渍土工程性质的描述中,不正确的是(　　)。

A. 水对土体的稳定性影响很大,在潮湿的情况下,一般均表现为吸湿软化,稳定性降低

B. 氯盐类盐渍土中的含盐量增大时,一般可使土的天然孔隙比降低,土的密度增大

C. 硫酸盐类和碳酸盐类盐渍土中的含盐量增大时,其土体密度就减小

D. 土体在潮湿状态时,土中的含盐量越大,其强度越高

25. 下列有关盐渍土工程特性的描述中,不正确的是(　　)。

A. 氯盐类盐渍土干燥时强度高,潮湿时易溶解,因而具有很大的塑性和压缩性

B. 硫酸盐类盐渍土因温差变化可产生胀缩现象

C. 碳酸盐类盐渍土遇水后可产生体积膨胀现象

D. 硫酸盐类盐渍土中含盐量增大时,其密度就增加

26. 盐渍土地区的路基出现胀缩现象的主要原因是(　　)。

A. 含水率的变化　　B. 风的作用　　C. 温度变化　　D. 气体影响

27. 影响路基盐胀的主要因素不包括(　　)。

A. 土质及土的含水率　　B. 含盐类型及含盐量

C. 土的强度及固结度　　D. 土体密度及温度

28. 下列土类,盐胀现象最强烈的是(　　)。

A. 砾类土　　B. 砂性土　　C. 黏性土　　D. 粉性土

29. 评价多年冻土的工程性质时,必须测定天然冻土结构下的指标不包含(　　)。

A. 重度　　B. 总含水率　　C. 孔隙比　　D. 相对含冰率

30. 多年冻土的指标测定中的关键是获取(　　)。

A. 总含水率　　B. 含冰量　　C. 未冻结水含量　　D. 相对密度

31. 按冻胀率(n)的大小,多年冻土可划分为(　　)。

A. 强冻胀土、弱冻胀土、不冻胀土

B. 强冻胀土、中冻胀土、弱冻胀土

C. 强冻胀土、冻胀土、弱冻胀土、不冻胀土

D. 强冻胀土、中冻胀土、弱冻胀土、不冻胀土

32. 多年冻土按融沉情况可分为(　　)。

A. 强融沉、弱融沉、不融沉

B. 强融沉、中融沉、弱融沉

C. 强融沉、中融沉、弱融沉、不融沉

D. 强融沉、融沉、弱融沉、不融沉

33. 下列有关特殊性岩土颗粒组成或特点的表述中，不正确的是(　　)。

A. 黄土中的颗粒组成以粉粒为主

B. 膨胀土中的颗粒组成以黏粒为主

C. 软土中的颗粒组成以黏粒及粉粒为主

D. 盐渍土中易溶盐的含量均在0.5%以下

34. 下列有关路基盐胀的表述中，不正确的是(　　)。

A. 在硫酸盐渍土分布区，低温季节土体膨胀，路基出现不均匀鼓胀；高温季节土体收缩，路基出现松软

B. 粉土路基的盐胀作用最为强烈

C. 土体中含盐量越大，则土体膨胀量越大

D. 降温速率对盐胀有明显影响，降温缓慢则盐胀量大，降温快则盐胀量小

35. 下列有关软土的判定指标中，不正确的是(　　)。

A. 天然含水率 $w \geq$ 液限 w_L　　B. 天然孔隙比 $e \geq 1.0$

C. 压缩系数 $a_{0.1\sim0.2} > 0.5\text{MPa}^{-1}$　　D. 十字板抗剪强度 $c_u > 35\text{kPa}$

36. 下列关于我国软土成因类型的表述中，不正确的是(　　)。

A. 海洋沿岸沉积型　　B. 山坡沉积型

C. 内陆湖盆沉积型　　D. 河滩沉积型

37. 下列关于软土地区工程地质条件选线原则的表述中，不正确的是(　　)。

A. 路线应避开软土分布广、厚度大、处治困难的地带。无法避开时，应选择软土厚度较小、下卧硬层横坡较缓的地带以最短的距离通过

B. 桥位选择应避开软土厚度大、土层结构复杂、岸坡稳定存在隐患的部位

C. 软土地区的路堤高度宜控制在设计临界高度以内

D. 在平原区选线，路线宜靠近湖塘，近距离平行河流、水渠等布线，但应避开古牛轭湖、古湖盆等有软土分布的地带，避免从其中部通过

38. 下列关于软土工程地质勘察内容的表述中，不正确的是(　　)。

A. 地形地貌的成因、类型、分布和形态特征

B. 地质构造的类型、规模、形态特征、产状

C. 软土的成因、地质年代、分布范围、埋藏深度、地层结构、分层厚度

D. 软土的物理、力学、水理性质和地基的承载力；地下水的类型、埋深、水位变化

39. 下列关于黄土的湿陷性评价，正确的是(　　)。

A. 当湿陷系数 δ_s 的值小于 0.03 时，应定为非湿陷性黄土

B. 当湿陷系数 δ_s 的值大于 0.015 时，应定为非湿陷性黄土

C. 当湿陷系数 δ_s 的值大于或等于 0.015 时，应定为湿陷性黄土

D. 当湿陷系数 δ_s 的值小于 0.07 时，应定为非湿陷性黄土

40. 某地区分布有较厚的湿陷性黄土层，经试验测试该黄土的湿陷系数 δ_s 值为 0.03，则该黄土的湿陷程度为(　　)。

A. 湿陷性轻微　　B. 湿陷性中等　　C. 湿陷性较重　　D. 湿陷性强烈

41. 在进行黄土地区道路初步勘察时，路基勘探测试点应沿路线中线布置，地形平缓、地层简单、黄土湿陷性轻微的路段，勘探测试点的数量每公里不得少于(　　)个；地形地貌复杂、地层变化大、黄土湿陷性中等及以上路段，应增加勘探测试点数量。

A. 5　　B. 4　　C. 3　　D. 2

42. 在进行黄土地区道路详细勘察时，地层单一、黄土湿陷性轻微路段，每段填、挖路基勘探测试点的数量不宜少于(　　)个，平均间距不宜大于 500m。

A. 1　　B. 2　　C. 3　　D. 4

43. 膨胀性岩土地区道路路基勘探点应沿拟定的路线中线布置，平均间距不宜大于(　　)m，做代表性勘探。

A. 100　　B. 150　　C. 200　　D. 250

44. 膨胀性岩土地区路基勘探深度应大于大气影响层深度。当膨胀土层的厚度较大时，挖方路基的勘探深度应达设计高程以下不小于(　　)m。

A. 8　　B. 7　　C. 6　　D. 5

45. 膨胀土原状样应从地面以下 1m 开始采取。在大气影响层深度范围内，取样间距为 1.0m；在大气影响层深度以下，取样间距不宜大于(　　)m。

A. 1.5　　B. 2.0　　C. 2.5　　D. 3.0

46. 下列关于膨胀土地区地质条件选线原则的表述中，不正确的是(　　)。

A. 路线应远离地表水体或地下水发育的膨胀土地段

B. 路线应以路堤形式通过，避免挖方

C. 路线应避开裂隙发育、地表冲蚀严重或有滑坡、溜塌、地裂等不良地质发育地段

D. 路线应避开中、强膨胀土地带。必须通过时，应避开土层结构复杂或软弱夹层发育的地带，并以最短距离通过

47. 盐渍土地区路基勘探点应沿拟定的路线中线布置，平均间距不宜大于 500m。盐渍土发育路段，应选择代表性位置布置勘探横断面，每条勘探横断面上勘探点的数量不宜少于(　　)个。

A. 1　　B. 2　　C. 3　　D. 4

48. 不属于影响黄土湿陷性因素的是(　　)。

A. 黄土的天然含水率　　B. 黄土的密实度

C. 黄土的分布　　D. 黄土的形成年代

49. 下列关于路基不均匀变形的说法，不正确的是(　　)。

A. 当路基以填方路堤和挖方路堑交替出现时，路基发生横向不均匀变形

B. 高填方路堤若地基较松软，地基将产生过大沉降或不均匀沉降，导致路基产生横向

不均匀变形

C. 山坡线全挖方地段,路基不同部位产生的沉降量不同,会导致路基产生横向不均匀变形

D. 山坡线半填半挖路段,路基填挖方部位产生的沉降量不同,导致路基产生纵向不均匀变形

50. 山前地区选择桥位时,应尽可能避开(　　)。

A. 上游狭窄河段　　B. 中游扩散河段

C. 下游收缩河段　　D. 河道顺直、河床稳定河段

51. 下列关于地质构造与岩层产状对隧道稳定性影响的说法,不正确的是(　　)。

A. 在倾斜岩层中,沿岩层走向布置隧道一般是有利的

B. 隧道轴向与岩层走向垂直或大角度斜交,是隧道在单斜岩层中的最好布置

C. 一般情况下,应当避免将隧道沿褶曲的轴部设置。通常尽量将隧道设置在褶曲的翼部或横穿褶曲轴

D. 在选择隧道位置时,应尽量避开大规模断层,若不易避开时,则应采用隧道轴线与断层线垂直或大角度通过

习题参考答案及解析

1. B

【解析】软土是一类土的总称,并非指某一种特定的土。一般将软土分为软黏性土、淤泥质土、淤泥、泥炭质土和泥炭等。

2. C

【解析】软土是一类特殊的黏性土。软土的粒度成分主要为黏粒及粉粒,黏粒含量高达 60% ~70% 。

3. B

【解析】软土具有较大的孔隙比和高含水率。孔隙比一般大于1.0,高的可达5.8;含水率大于液限,可达 50% ~70% ,最大的甚至可达 300% 。

4. B

【解析】软土受到振动,海绵状结构被破坏,土体强度降低,甚至呈现流动状态,称为触变,也称振动液化,这种性质称为触变性。触变可使地基土大面积失效,对建筑物破坏极大。

5. C

【解析】软土在长期荷载作用下,变形可以延续很长时间,最终引起破坏,这种性质称为流变性。软土破坏时的强度远低于常规试验测得的标准强度,一些软土的长期强度只有标准强度的 40% ~80% 。

6. D

【解析】软土的触变可用灵敏度(S_t)表示,即天然结构下的抗剪强度(C)与结构扰动后的抗剪强度(C')的比值。一般,S_t为 3 ~4,个别达 8 ~9,灵敏度越大,强度降低越明显,造成的

危害也越大。

7. C

【解析】软土具有孔隙比大(一般大于1.0,高的可达5.8),含水率高(最大可达300%),透水性小和固结慢,压缩性高,强度低且具有触变性、流变性等工程性质。多裂隙性是膨胀土的性质,湿陷性是黄土的性质。

8. C

【解析】软土地基的变形破坏主要是承载力低,导致地基变形大或发生挤出,造成路堤的破坏。因此,修建在软土地基上的公路路堤必须控制在临界高度以下,否则容易发生挤出破坏。

9. C

【解析】天然黄土在一定的压力作用下,浸水后产生突然的下沉沉陷现象,称为湿陷,这种性质称为湿陷性。这个压力称为湿陷起始压力。

10. C

【解析】黄土因其特殊的大孔隙、垂直节理发育等的结构特性,强渗透和遇水崩解的水理特性,干燥时高强度、浸水后强度明显降低的强度特性,造成路基出现的路堤下沉、边坡冲刷、边坡滑塌和滑坡、冲沟侵蚀路基等工程病害。

11. C

【解析】黄土路基各种病害的发生与水的关系密切。路堤沉陷常是地基沉陷、地下洞穴塌陷、路线通过冲沟时沟底地基湿软、冲沟溯源侵蚀路基等造成的;雨水造成坡面冲刷、滑塌,河流冲刷坡脚或地下水软化坡脚引起滑坡;地下水位较高造成路基软化和冻胀、翻浆。因此,黄土地区进行道路建设和道路病害治理必须重视排水问题,包括地表排水和地下排水。

12. B

【解析】黄土结构疏松,孔隙多,有肉眼可见的大孔隙;具有柱状节理和垂直节理,天然条件下能保持近于垂直的边坡。裂隙发育,具有强烈的胀缩特性则是膨胀土的特征。

13. C

【解析】黄土的粒度成分以粉粒为主,结构疏松,具有大孔隙,密度较低;黄土的压缩性中等,抗剪强度中等;黄土浸水具有湿陷性。

14. D

【解析】年代越老的黄土,固结程度越完全,大孔隙退化得越彻底,土质越密实,压缩性越小,湿陷性越弱。

15. C

【解析】膨胀土是一种黏性土,其结构紧密、孔隙比小;具有强烈的膨胀、收缩特性;天然状态下强度高,但遇水后强度降低;膨胀土中各种成因的裂隙十分发育;早期生成的膨胀土具有超固结性。

16. D

【解析】膨胀土具有强烈的膨胀、收缩特性,多次反复胀缩后,强度大幅度降低。早期生成的膨胀土具有超固结性,但不具触变性。触变性是软土的工程性质之一。

17. A

【解析】常用的表示膨胀土的胀缩性指标有：自由膨胀率、膨胀率、线缩率等。超固结比是反映膨胀土天然固结状态的一个指标。

18. D

【解析】常用来对膨胀土进行判别的指标有自由膨胀率、膨胀率、线缩率等。①当自由膨胀率 $F_S \geq 40\%$ 时，为膨胀土；②当膨胀率 $C_{SW} \geq 4\%$ 时，为膨胀土；③当线缩率 $e_{SL} \geq 5\%$ 时，为膨胀土。超固结比是判断膨胀土天然固结状态的指标，不是判别膨胀土的指标。

19. B

【解析】膨胀土中所含矿物主要是黏土矿物，其中以蒙脱石、伊利石为主，高岭石含量很少。蒙脱石是一种强亲水性的矿物，遇水后能产生强烈的膨胀，这也是导致膨胀土遇水产生膨胀的根本原因。

20. D

【解析】膨胀土道路病害的产生必须具备两个基本条件：一是土具有胀缩特性；二是水的渗入或含水率的变化。因此，控制填土的性质或改善土的胀缩性，减小路基路面水的渗入，是防治膨胀土道路病害的重要手段。另外，膨胀土的膨胀潜势与土的初始密度和初始含水率有关，初始密度越大，初始含水率越小，土体膨胀潜力越大；反之，则越小。因此，采用合理的填土压实标准和碾压含水率，是减轻胀缩危害的另一重要方面。

21. C

【解析】交通运输行业认为地表以下1m深度范围内的土层，当其易溶盐的平均含量大于0.3%，具有融陷、盐胀等特性时，应判定为盐渍土。盐渍土形成的条件主要有三个：①地下水的矿化度较高，有充分的盐分来源；②地下水埋藏较浅，毛细作用能达到地表或接近地表，有被蒸发作用影响的可能；③气候比较干燥，一般年降雨量小于蒸发量。

22. A

【解析】按形成条件，盐渍土可分为盐土、碱土、胶碱土等类型。

23. C

【解析】盐渍土的强度与土的含水率关系密切，含水率较低且含盐量较高时，土的强度就较高，反之较低。盐渍土遇水发生溶解，地基会因溶蚀而沉陷。水对盐渍土的稳定性影响很大，在潮湿的情况下，一般均表现为吸湿软化，使稳定性降低。

24. D

【解析】盐渍土不仅遇水发生膨胀，易溶盐遇水还会发生溶解，地基也会因溶蚀作用而下陷。土体在潮湿状态时，土中的含盐量越大，则其强度越低。

25. D

【解析】当土中的含盐量增大时，其最佳密度逐渐减小，如当硫酸盐渍土和碳酸盐渍土中的含盐量增大时，其密度减小。但氯化盐渍土中的含盐量增大时，一般可使土的天然孔隙比降低，土的密度增大。

26. C

【解析】温度变化可以造成土层中含水率的变化，从而导致可溶盐结晶或溶解，使土层膨胀或沉陷。因此，盐渍土地区的路基随着温度的变化出现胀缩现象，低温季节土体膨胀，路面出现鼓包、开裂；高温季节，由于盐晶体脱水，路基出现松软和泥泞。

27. C

【解析】一般情况下,影响路基盐胀的主要因素有:土质、含盐类型、含盐量、土的含水率、土体密度、温度及其变化过程等。

28. D

【解析】粉性土的孔隙率较大且孔隙连通性好,孔隙的大小也有利于毛细水的迁移。毛细水上升的过程就是盐分集中的过程,所以粉性土路基的盐胀作用最为强烈。孔隙较小的黏性土和孔隙较大的砂性土及砾类土不利于水和盐分的迁移。这也是工程上常常用黏性土或天然砂砾作垫层以隔断地下水和盐分向路基、路面内积聚的原因。

29. C

【解析】在评价多年冻土的工程性质时,必须测定天然冻土结构下的重度、相对密度、总含水率(冰及未冻水)和相对含冰量四项指标。

30. C

【解析】在评价多年冻土的工程性质时,必须测定天然冻土结构下的四项指标中,总含水率及相对含冰量都必须在已知未冻结水含量的情况下才能求得。

31. C

【解析】冻胀率(n)为土在冻结过程中土体积的相对膨胀量,以百分率表示。当 $n>6\%$ 时,为强冻胀土;当 $6\%\geqslant n>3.5\%$ 时,为冻胀土;当 $3.5\%\geqslant n>2\%$ 时,为弱冻胀土;当 $n\leqslant 2\%$ 时,为不冻胀土。

32. D

【解析】多年冻土按融沉情况可分为以下几级:①不融沉(Ⅰ级);②弱融沉(Ⅱ级);③融沉(Ⅲ级);④强融沉(Ⅳ级)。

33. D

【解析】黄土的颗粒组成以粉土颗粒为主;膨胀土的颗粒组成以黏粒为主;软土的颗粒组成以黏粒及粉粒为主;盐渍土中易溶盐的含量平均在0.3%以上。

34. C

【解析】含盐量对膨胀影响的基本规律是,含盐量小于某一值时土体膨胀不明显,大于该值后膨胀量迅速增加,但含盐量增加到不能被土中水完全溶解时,多余的盐分将不再形成盐胀,即盐胀量不再随含盐量的增加而增加。

35. D

【解析】在静水或缓慢流水环境中沉积,具有以下工程地质特性的土,应判定为软土:①天然含水率 $w\geqslant$ 液限 w_L;②天然孔隙比 $e\geqslant 1.0$;③压缩系数 $a_{0.1\sim0.2}>0.5\text{MPa}^{-1}$;④标准贯入试验锤击数 $N<3$ 击;⑤静力触探比贯入阻力 $P_s\leqslant 750\text{kPa}$;⑥十字板抗剪强度 $c_u<35\text{kPa}$。

36. B

【解析】我国软土的成因主要有以下几种:①海洋沿岸沉积型。按沉积部位分为四种:滨海相、潟湖相、溺谷相、三角洲相。②内陆湖盆沉积型。③河滩沉积型。

37. D

【解析】在平原区选线,路线宜远离湖塘,避免近距离平行河流、水渠等布线;应避开古牛轭湖、古湖盆等有软土分布的地带,避免从其中部通过。在丘陵和山间谷地选线,路线宜选择在地势较高、硬壳层较厚的地带，避免有软土分布的沟谷、洼地或下卧硬层横坡较陡的地带。

38. B

【解析】软土的性质及其对工程活动的影响与地质构造的类型、规模、形态特征、产状等关系不显著。因此，软土工程地质勘察应查明那些影响软土性质的因素，如地形地貌，软土的成因、年代、分布、埋深，软土下卧硬层的起伏形态和横向坡度，地表硬壳层的分布范围及厚度，地下水的类型、埋深、水位变化情况、水质及腐蚀性等。

39. C

【解析】①当湿陷系数 δ_s 的值小于0.015时，应定为非湿陷性黄土；②当湿陷系数 δ_s 的值大于或等于0.015时，应定为湿陷性黄土。

40. A

【解析】湿陷性黄土湿陷程度可划分为轻微、中等和强烈三个等级，具体的规定如下：①当 $0.015 \leqslant \delta_s \leqslant 0.03$ 时，湿陷程度为湿陷性轻微；②当 $0.03 < \delta_s \leqslant 0.07$ 时，湿陷程度为湿陷性中等；③当 $\delta_s > 0.07$ 时，湿陷程度为湿陷性强烈。

41. D

【解析】在进行黄土地区道路初步勘察时，路基勘探测试点应沿路线中线布置，地形平缓、地层简单、黄土湿陷性轻微的路段，勘探测试点的数量每公里不得少于2个；地形地貌复杂、地层变化大、黄土湿陷性中等及以上路段，应增加勘探测试点数量。

42. A

【解析】在进行黄土地区道路详细勘察时，地层单一、黄土湿陷性轻微路段，每段填、挖路基勘探测试点的数量不宜少于1个，平均间距不宜大于500m；地层变化大、黄土湿陷性中等及以上的路段，勘探测试点的数量应增加，其平均间距不宜大于200m；不良地质发育路段，宜布置横向勘探断面进行勘探，每条勘探断面上勘探点的数量不宜少于2个。

43. C

【解析】膨胀性岩土地区路基勘探点应沿拟定的路线中线布置，平均间距不宜大于200m，做代表性勘探。陡坡路堤、填土高度大于10m的路堤或挖方深度大于10m的路堑应选择代表性位置布置横向勘探断面，每条勘探断面勘探点的数量不宜少于2个。

44. A

【解析】膨胀土地区工程地质勘探宜采用挖探、钻探辅以必要的物探手段相结合的综合勘探方法进行。膨胀土地区路基勘探深度应大于大气影响层深度。当膨胀土层的厚度较大时，填方路基的勘探深度应达设计高程以下5～8m，挖方路基的勘探深度应达设计高程以下不小于8m。

45. B

【解析】膨胀土原状样应从地面以下1m开始采取。在大气影响层深度范围内，取样间距为1.0m；在大气影响层深度以下，取样间距不宜大于2.0m。

46. B

【解析】路线应选择地形平缓、坡面完整、植被良好的地带通过，避免平行坡面或沿山前斜坡地带布线，并宜垂直垄岗轴线。路线应以浅挖、低填的方式通过。

47. B

【解析】盐渍土地区路基勘探点应沿拟定的路线中线布置,初步勘察时平均间距不宜大于500m,详细勘察时平均间距不宜大于200m;盐渍土发育路段,应选择代表性位置布置勘探横断面,每条勘探横断面上勘探点的数量不宜少于2个。

48. C

【解析】影响黄土湿陷性的主要因素是:①黄土的天然含水率;②黄土的形成年代;③黄土的密实度。

49. C

【解析】①山区路基产生横向不均匀变形的情形:a. 当路基以填方路堤和挖方路堑交替出现时,路基发生横向不均匀变形;b. 高填方路堤若地基较松软,地基将产生过大沉降或不均匀沉降,导致路基产生横向不均匀变形;c. 不同填方高度的路基,也会产生不同程度的沉降变形,导致路基产生横向不均匀变形。②山区路基产生纵向不均匀变形的情形:a. 山坡线全挖方地段,路基不同部位产生的沉降量不同,会导致路基产生纵向不均匀变形;b. 山坡线半填半挖路段,路基填挖方部位产生的沉降量不同,导致路基产生纵向不均匀变形。

50. B

【解析】河流流出山区进入山前地区,地形骤然拓宽,多形成山前宽河。它可分为上游狭窄河段、中游扩散河段和下游收缩河段。①上游狭窄河段:河流强烈下切,两岸陡立,河床纵坡大,流速高,河床稳定。此处桥长最短,桥位布置较简单,桥下净空高,河滩路堤最短。基础工程简单,防护工程少,是良好的桥位。②下游收缩河段:水流平稳,河床稳定,在这里建桥也是较好的桥址。③中游扩散河段:此处水流经常变化,冲淤次数较多,逐年淤高。在此处建桥,造价高,养护困难。因此,应尽量避开在此河段上建桥。

51. A

【解析】在倾斜岩层中,沿岩层走向布置隧道一般是不利的。因为洞室的开挖可能会引发围岩产生顺层滑动,使洞室产生偏压变形。

第八节 公路工程地质勘察

【考试纲要】

(1)道路勘察的基本勘察方法;

(2)桥基勘察的基本勘察方法;

(3)隧道勘察的基本勘察方法。

【复习提示】

1. 复习要点

考生应掌握公路工程(道路、桥梁、隧道)地质勘察的方法;熟悉公路工程地质勘察的阶段与内容。

重点:

(1)公路工程地质勘察的阶段与内容;

(2)公路工程(道路、桥梁、隧道)地质勘察的方法。

难点:

公路工程地质勘察方法中的勘探与试验方法。

2. 规范提示

《公路工程地质勘察规范》(JTG C20—2011)涉及本节的内容如下:

(1)公路工程地质勘察的工作程序;

(2)公路工程地质勘察阶段的划分;

(3)公路工程地质勘察内容和方法。

习题精练

1. 路线工程地质勘察应查明与(　　)有关的地质问题。

A. 地层岩性、地质构造　　B. 地形地貌、地下水

C. 路线方案、路线布设　　D. 岩石风化、地表水侵蚀

2. 路线工程地质勘察应将对路线方案及路线布设起控制作用的(　　)地区的勘察作为重点。

A. 地形地貌、水文地质　　B. 地层岩性、不良地质

C. 风化剥蚀、特殊地质　　D. 特殊地质、不良地质

3. 路基、路面工程地质勘察应为路基、路面的设计和施工提供(　　)方面的依据。

A. 地形地貌　　B. 岩土、地质、水文及水文地质

C. 筑路材料　　D. 工程场地、设计方案、技术要求

4. 桥渡工程地质勘察一般应包括两项内容,分别是(　　)。

A. 确定合理的桥位;确定基础的埋深

B. 查明地表水的分布;确定地下水位

C. 对各桥位比较方案进行调查;对选定的桥位进行工程地质勘察

D. 确定桥梁设计方案;确定桥梁施工方案

5. 隧道工程地质勘察的内容包括(　　)。

A. 隧道方案与位置的选择;隧道洞口与洞身的勘察

B. 查明场地地质条件;查明不良地质的分布范围

C. 查明工程地质及水文地质条件;确定隧道位置

D. 确定隧道施工方案;制订风险应对预案

6. 公路工程筑路材料勘察的内容不包括(　　)。

A. 筑路材料的储量、位置　　B. 筑路材料的品质与性质

C. 筑路材料的再利用　　D. 筑路材料的运输方式与运距

7. 公路工程地质勘察的方法主要有研究既有资料、调查与测绘、(　　)、试验与长期观测等几种。

A. 计算　　B. 勘探　　C. 摄影　　D. 记录

8. 收集和研究路线通过地区既有的有关资料，是工程地质勘察的一种主要方法，收集的资料一般应包括（　　）。

A. 项目投资人　　　　B. 项目投资金额

C. 项目工期　　　　D. 项目区内已有道路的工程经验

9. 工程地质调查是调查与测绘的主要方式，它主要是用直接观察和（　　）的方法进行的。

A. 访问群众　　B. 仪器观察　　C. 图件分析　　D. 计算分析

10. 工程地质测绘在无航摄资料时，对观察点、地质构造及各种地质界线等的标测方法有目测法、（　　）、仪器法三种。

A. 经验法　　B. 半仪器法　　C. 半经验法　　D. 估计法

11. 工程地质测绘的基本方法有路线法、（　　）、追索性。

A. 穿越法　　B. 等距法　　C. 并行法　　D. 布点法

12. 工程地质测绘的比例尺在详勘阶段为（　　）。

A. 1∶2000～1∶10000　　　　B. 1∶5000～1∶50000

C. 1∶200～1∶2000　　　　D. 1∶8000～1∶80000

13. 道路工程地质调查测绘的基本内容不包含（　　）。

A. 地形地貌　　　　B. 地层岩性、第四纪地质

C. 地质构造、地下水　　　　D. 地基承载力

14. 勘探是工程地质勘察的重要方法。公路工程地质勘探的方法有（　　）。

A. 锤击、触探、地球物理勘探　　　　B. 冲击、振动、触探

C. 挖探、钻探、地球物理勘探　　　　D. 加载、锤击、触探

15. 以下勘探方法中，属于挖探的是（　　）。

A. 槽探　　B. 钻探　　C. 电法勘探　　D. 地震勘探

16. 公路工程地质勘察中，能直接观察地层结构变化的方法是（　　）。

A. 挖探　　B. 冲击钻探　　C. 触探　　D. 地球物理勘探

17. 道路工程地质工作中的挖探主要为坑探和槽探。其中，坑探深度一般为（　　）。

A. 1～2m　　B. 2～3m　　C. 3～4m　　D. 0.5～1.0m

18. 以下各种勘探方法中，属于钻探的是（　　）。

A. 试坑　　B. 探井　　C. 洛阳铲勘探　　D. 槽探

19. 不宜采用物探的场合是（　　）。

A. 作为钻探的先行手段　　　　B. 作为钻探的辅助手段

C. 作为原位测试手段　　　　D. 作为钻探的主要手段

20. 道路工程地质勘察的不同阶段所采用的测试技术也不同，其中原位测试通常是用于（　　）。

A. 选址勘察阶段　　B. 初步勘察阶段　　C. 详细勘察阶段　　D. 施工勘察阶段

21. 工程地质试验是工程地质勘察的重要环节，是对岩土的工程性质进行定量评价的必不可少的方法。工程地质试验可分为室内试验和（　　）两种。

A. 野外试验　　B. 标准试验　　C. 验证试验　　D. 工艺试验

22. 工程地质室内试验一般包括岩土工程性质的常规试验和(　　)两个方面。

A. 物理性质试验　　B. 力学性质试验

C. 工程地质问题的专门试验　　D. 水文地质试验

23. 工程地质野外试验主要包括岩土的透水性试验和(　　)两个方面。

A. 岩土强度试验　　B. 岩土成分试验

C. 岩土物理性质试验　　D. 岩土的力学试验

24. 道路工程地质勘察中的原位试验方法主要包括(　　)。

A. 载荷试验、静力触探、动力触探和标准贯入试验

B. 载荷试验、动力触探和标准贯入试验、十字板剪切试验

C. 静力触探、动力触探和标准贯入试验、旁压试验

D. 载荷试验、静力触探、动力触探和标准贯入试验、十字板剪切试验、旁压试验

25. 物理地质现象长期观测点不应选择在(　　)。

A. 典型的地段　　B. 影响因素比较复杂的地段

C. 便于观测的地点　　D. 易于观测灾害性地质现象的安全地段

26. 隧道详细工程地质勘察阶段的勘察工作应以(　　)为主。

A. 调查与测绘　　B. 挖探　　C. 测绘　　D. 钻探和试验

27. 在隧道勘察中,(　　)一般用于隧道洞口的勘察。

A. 调查　　B. 挖探　　C. 钻探　　D. 试验

28. 桥梁工程地质勘察的内容很多,以下属于桥基勘察主要内容的是(　　)。

A. 河谷地质构造　　B. 谷坡、岸坡有无不良地质现象

C. 河床地层结构　　D. 天然建筑材料

29. 公路工程地质勘察应按工程地质调绘、勘探测试、(　　)及报告编制的程序开展工作,正确反映工程建设场地的工程地质条件,为公路工程建设提供资料完整、评价正确的工程地质勘察报告。

A. 原位试验　　B. 勘察成果修正

C. 地质资料综合分析　　D. 勘察成果评审

30. 公路工程地质勘察可分为(　　)等阶段。

A. 初步勘察和详细勘察两个阶段

B. 初步勘察、技术勘察和详细勘察三个阶段

C. 预可勘察、初步勘察和详细勘察三个阶段

D. 预可勘察、工可勘察、初步勘察和详细勘察四个阶段

31. 工程可行性研究阶段,隧道工程地质勘察的主要任务是(　　)。

A. 隧道洞身的勘察　　B. 隧道洞口的勘察

C. 隧道方案与位置的确定　　D. 隧道的水文地质勘察

32. 在进行桥梁工程地质详细勘察时,桥梁墩、台的勘探钻孔应根据地质条件在基础的周围或中心布置。工程地质条件简单的桥位,每个墩(台)宜布置(　　)个钻孔。

A. 1　　B. 2　　C. 3　　D. 4

33. 在进行桥梁工程地质详细勘察时,桥梁墩、台的勘探钻孔深度,对于桩基础而言,钻孔

钻入持力层以下的深度不得小于(　　)m。持力层下有软弱地层分布时,钻孔深度应加深。

A. 2　　B. 3　　C. 4　　D. 5

34. 不属于项目地质勘察大纲内容的是(　　)。

A. 项目概况　　B. 地质勘察执行的技术标准

C. 勘察实施方案　　D. 工程地质评价与建议

习题参考答案及解析

1. C

【解析】路线工程地质勘察应在工程地质勘察的不同阶段与路线、桥梁、隧道等专业人员密切配合,查明与路线方案及路线布设有关的地质问题。选择地质条件相对良好的路线方案,在地形、地质条件复杂的地段确定路线的合理布设。

2. D

【解析】在路线工程地质勘察中,并不要求查明全部工程地质条件,但对路线方案及路线布设起控制作用的特殊地质、不良地质地区的勘察应作为重点。特殊地质地区(地段)主要指软土、黄土、膨胀土、盐渍土、多年冻土等特殊性岩土分布地区。不良地质地区(地段)主要指崩塌、滑坡、泥石流、岩溶等不良地质分布地区。

3. B

【解析】路基、路面工程地质勘察应根据选定的路线方案和确定的路线位置,对中线两侧一定范围的地带进行工程地质勘察,为路基、路面的设计和施工提供岩土、地质、水文及水文地质方面的依据。

4. C

【解析】大桥桥位影响路线方案的选择,大、中桥桥位多是路线布设的控制点,常有比较方案,因此,桥渡工程地质勘察一般应包括两项内容:一是对各桥位比较方案进行调查,选择地质条件比较好的桥位;二是对选定的桥位进行详细的工程地质勘察,为桥梁及其附属工程的设计和施工提供所需的地质资料。

5. A

【解析】隧道位置影响路线方案的选择,也多是路线布设的控制点,常有比较方案,因此,隧道工程地质勘察一般应包括两项内容:一是对各隧道比较方案进行调查,选择地质条件比较好的隧道位置;二是对选定的隧道洞口与洞身进行详细的工程地质勘察,为隧道及其附属工程的设计和施工提供所需的地质资料。

6. C

【解析】筑路材料勘察的内容包括筑路材料的储量、位置、品质与性质、运输方式与运距,以及用于公路工程的可能性、实用性等。

7. B

【解析】公路工程地质勘察方法主要有收集和研究既有资料、调查与测绘、勘探、试验与长期观测等几种。

8. D

【解析】收集的资料一般应包括以下几个方面的内容：区域地质资料，地形地貌资料，区域水文地质资料，各种特殊地质地段及不良地质现象的分布、发育程度与活动特点等，地震资料，气象资料，其他有关资料，工程经验等。

9. A

【解析】工程地质调查主要是用直接观察和走访群众的方法，需要时可配合适量的勘探和试验工作。

10. B

【解析】当无航摄资料时，工程地质测绘主要依靠野外工作。根据不同比例尺的精度要求，对观察点、地质构造及各种地质界线等的标测方法有三种：①目测法；②半仪器法；③仪器法。

11. D

【解析】工程地质测绘的基本方法主要有三种：①路线法；②布点法；③追索法。上述三种方法中，路线法可用于各种比例尺测绘，布点法适用于大、中比例尺测绘，追索法多用于中、小比例尺测绘。

12. C

【解析】工程地质测绘的比例尺：可行性研究阶段为 1∶5000～1∶50000；初勘阶段为 1∶2000～1∶10000；详勘阶段为 1∶200～1∶2000。

13. D

【解析】道路工程地质调查测绘的基本内容包括：①地形地貌；②地层岩性；③地质构造；④第四纪地质；⑤地表水及地下水；⑥特殊地质、不良地质；⑦地震；⑧工程经验。

14. C

【解析】工程地质勘探是指为查明工程地质条件而进行的钻探、物探和坑（槽、硐）探等工作的总称。公路工程地质勘探的方法有挖探（包括坑探、槽探）、钻探、地球物理勘探等。

15. A

【解析】公路工程地质勘察中的挖探主要为坑探、槽探、硐探等。坑探是垂直向下掘进的土坑，浅者称为试坑，深者称为探井。槽探是挖掘成狭长的槽形探坑，一般应垂直于岩层走向或构造线布置。硐探是在岩土体中挖掘探洞以查明相关的工程地质条件。

16. A

【解析】道路工程地质勘探的方法有挖探、钻探、地球物理勘探等几类。其中挖探，可以直接观测地层和获取原状土样。

17. B

【解析】坑探是垂直向下掘进的土坑，浅者称为试坑，深者称为探井。坑探断面一般采用 1.5m×1.0m 的矩形，或者直径为 0.8～1.0m 的圆形。坑探深度一般为 2～3m，较深的需要进行加固。坑探适用于不含水或地下水量微小的较稳固地层，主要用来查明覆盖层的厚度和性质、滑动面、断层、地下水位以及采取原状土样等。

18. C

【解析】钻探是工程地质勘察中广泛采用的一种勘探方法。钻探可分为简易钻具钻探、钻机钻探。其中简易钻探主要包括洛阳铲勘探、锥探、小螺纹钻勘探。

19. D

【解析】物探宜运用于下列场合:①作为钻探的先行手段,了解隐蔽的地质界线、界面或异常点;②作为钻探的辅助手段,在钻孔之间增加地球物理勘察点,为钻探成果的内插、外推提供依据;③作为原位测试手段,测定岩土体的波速、动弹性模量、特征周期、土对金属的腐蚀等参数。

20. C

【解析】工程地质勘察的不同阶段所采用的测试技术也不同,其中原位测试通常是用于详细勘察阶段,以便为工程设计提供准确的参数。

21. A

【解析】工程地质试验可分为室内试验和野外试验两种。室内试验是对调查测绘、勘探及其他过程中所采取的样品进行试验,这种试验通常在试验室中进行。野外试验是在现场岩土的原处并在自然条件下进行的,基本保持了岩土的天然结构与状态,这种试验也称现场试验或原位试验。

22. C

【解析】工程地质室内试验包括两个方面:一是岩土工程性质的常规试验,又可分为土的试验、岩石的试验;二是工程地质问题的专门试验,就是对某些尚未被认识清楚的工程地质问题,可通过专门设计的模型试验或模拟试验作出解答。

23. D

【解析】野外试验主要包括两个方面:一是岩土的透水性试验,主要包括压水试验、抽水试验等;二是岩土的力学试验,包括触探(静力触探、动力触探、标准贯入试验)、载荷试验、剪力试验、旁压试验等。

24. D

【解析】道路工程地质野外试验(原位试验)主要包括岩土的透水性试验和力学试验两个方面。透水性试验主要有压水试验与抽水试验;力学试验主要包括:触探试验(静力触探、动力触探和标准贯入试验)、载荷试验(静力载荷与桩载荷试验)、剪切试验(直剪法、水平挤出法、十字板剪切试验)、旁压试验、应力应变量测(千分表法、电阻片法、压力盒法)与弹性系数测定(地震法)等。

25. B

【解析】观测点的选择主要根据工程设计的要求而定,但应注意选择在:①典型的地段,以使观测资料具有代表性;②影响因素比较单纯的地段,以便于资料的分析整理;③便于观测的地点,以便能够长期坚持观测;④对于一些灾害性的地质现象,如滑坡、泥石流等,应选择安全的地段。

26. D

【解析】隧道详细勘察工作一般以钻探和试验为主,并根据地质条件和工程地质问题,辅以其他适当的方法进行综合勘探。

27. B

【解析】挖探是指采用人工开挖探坑或探槽,以查明地表层土体状况的勘探方法。在隧道勘察中挖探一般用于隧道洞口的勘探。

28. C

【解析】要确定桥梁基础类型、基础埋置深度等就必须查明河谷或河床的地层结构、河床冲积层的类型及厚度等。

29. C

【解析】公路工程地质勘察应按工程地质调绘、勘探测试、地质资料综合分析及报告编制的程序开展工作，正确反映工程建设场地的工程地质条件，为公路工程建设提供资料完整、评价正确的工程地质勘察报告。

30. D

【解析】公路工程地质勘察可分为预可行性研究阶段工程地质勘察（简称预可勘察）、工程可行性研究阶段工程地质勘察（简称工可勘察）、初步设计阶段工程地质勘察（简称初步勘察）和施工图设计阶段工程地质勘察（简称详细勘察）四个阶段。

31. D

【解析】根据《公路工程地质勘察规范》（JTG C20—2011）4.2.2条第5款，工程可行性研究阶段，隧道工程地质勘察的主要任务是隧道的水文地质勘察。

32. A

【解析】在进行桥梁工程地质详细勘察时，桥梁墩、台的勘探钻孔应根据地质条件在基础的周围或中心布置。工程地质条件简单的桥位，每个墩（台）宜布置1个钻孔。工程地质条件较复杂的桥位，每个墩台的钻孔数量不得少于1个。工程地质条件复杂的桥位，应结合现场地质条件及基础工程设计要求确定每个墩台的钻孔数量。

33. D

【解析】在进行桥梁工程地质详细勘察时，桥梁墩、台的勘探钻孔深度应根据基础类型和地基的地质条件确定，并符合下列要求：①天然地基或浅基础：钻孔钻入持力层以下的深度不得小于3m。②桩基、沉井、锚碇基础：钻孔钻入持力层以下的深度不得小于5m。持力层下有软弱地层分布时，钻孔深度应加深。

34. D

【解析】在开展工程地质勘察之前，应编制项目地质勘察大纲。项目勘察大纲应包括以下内容：①项目概况；②地质勘察执行的技术标准；③自然地理和工程地质概况；④勘察实施方案；⑤组织机构、人员组成、设备配置、计划进度、质量管理、安全和环保措施；⑥提交的成果资料；⑦其他需要说明的问题。

第四章　工 程 勘 测

第一节　一 般 规 定

【考试纲要】

(1)各等级公路项目不同设计阶段的勘测内容与深度;

(2)不同设计阶段勘测新技术、新方法及其应满足的基本精度要求;

(3)控制测量桩、路线控制桩的埋设、书写等的规定与要求;

(4)桩标记录、勘测记录的规定与要求。

【复习提示】

1. 复习要点

考生应掌握各等级公路项目不同设计阶段的勘测内容与深度;熟悉不同设计阶段勘测新技术、新方法及其精度要求,熟悉控制测量桩、路线控制桩的埋设、书写等的规定与要求;了解桩标记录、勘测记录的相关规定与要求。

重点:

各等级公路项目不同设计阶段的勘测内容与深度。

2. 规范提示

各等级公路项目不同设计阶段的勘测内容与深度,控制测量桩、路线控制桩的埋设与书写,各等级公路项目不同设计阶段的勘测内容与深度,桩标记录、勘测记录等内容涉及《公路勘测规范》(JTG C10—2007)和《公路勘测细则》(JTG/T C10—2007)。

习 题 精 练

1. 公路测量标志分为控制测量桩、路线控制桩和(　　)三种。

A. 标志桩　　B. 转点桩　　C. 断链桩　　D. 交点桩

2. 下列关于路线控制桩的描述中,错误的是(　　)。

A. 路线控制桩顶面宜与地面齐平,并加设指示桩

B. 路线控制桩不能作为控制测量桩

C. 路线控制桩位于岩石或建筑物上时,可用油漆标记

D. 路线控制桩宜采用油漆或记号笔书写桩号、标注中心位置

3. 下列关于控制测量桩的描述中,错误的是(　　)。

A. 不同的控制测量桩可以共用

B. 路线控制桩可同时作为控制测量桩使用

C. 控制测量桩应按起、终点方向顺序连续编号

D. 所有控制测量桩都应采用混凝土桩

4. 测量数据记录发生错误时，下列哪种处理方式是正确的(　　)。

A. 所有测量数据不得涂改，必须重测

B. 记录内容用横道线整齐划掉，在其上方重新记录正确的数值，并在备注栏注明原因

C. 角度记录中的分位、距离和水准记录中的分米位的读记错误可在实地更改

D. B、C 均正确

5. 控制测量桩三等 GNSS 点可书写成(　　)。

A. 3G　　B. G3　　C. GC　　D. CG

6. 关于公路工程建设项目不同设计阶段外业勘测内容与深度，下列说法正确的是(　　)。

A. 均没有差异　　B. 深度存在较大差异，内容基本相同

C. 深度基本相同，内容存在较大差异　　D. 均存在较大差异

习题参考答案及解析

1. A

【解析】 根据《公路勘测规范》(JTG C10—2007)3.1.1 条。

2. B

【解析】 根据《公路勘测规范》(JTG C10—2007)3.1.1 条第 2 款。

3. D

【解析】 根据《公路勘测规范》(JTG C10—2007)3.1.1 条第 1 款。

4. C

【解析】 根据《公路勘测规范》(JTG C10—2007)3.2.2 条。

5. C

【解析】 根据《公路勘测规范》(JTG C10—2007)3.2.2 条。

6. B

【解析】 深度存在较大差异，内容基本相同。

第二节　控制测量

【考试纲要】

(1)公路平面控制测量的主要方法，平面控制点的布设、测量、观测等技术要点；

(2)平面控制点的布设、测量、观测等技术要点；

(3)公路高程控制测量的主要方法，高程控制点的布设、测量、观测等技术要点；

(4)高程控制点的布设、测量、观测等技术要点。

【复习提示】

1. 复习要点

考生应掌握公路控制测量(包括平面控制测量和高程控制测量)的主要方法,控制点的布设、测量、观测等技术要点,熟悉公路控制测量相关要求,使用测量仪器进行各类控制测量工作;了解公路控制测量应提交的技术资料。

重点:

运用公路控制测量相关要求,合理选取控制测量等级,导线测量外业测量及内业计算,交会定点测量及计算,四等水准测量实施,三角高程测量实施。

难点:

导线测量计算;四等水准测量的观测与计算方法。

2. 规范提示

(1)平面控制测量和高程控制测量等级的选取涉及《公路勘测规范》(JTG C10—2007)和《公路勘测细则》(JTG/T C10—2007)。

(2)导线测量外业测量及内业计算,交会定点测量与计算等涉及《工程测量规范》(GB 50026—2007)和《公路勘测细则》(JTG/T C10—2007)。

(3)水准测量观测的主要技术要求涉及《国家三、四等水准测量规范》(GB/T 12898—2009)。

习题精练

1. 导线测量中,必须进行的外业工作是(　　)。

A. 测水平角　　B. 测高差　　C. 测气压　　D. 测垂直角

2. 下列关于路线初测阶段控制测量的叙述,正确的是(　　)。

A. 二级及二级以上公路必须进行平面与高程控制测量

B. 所有等级公路必须进行平面与高程控制测量

C. 二级以下公路必须进行平面控制测量,可不做高程控制测量

D. 二级以下公路可不做平面控制测量,必须进行高程控制测量

3. 根据两点坐标计算边长和坐标方位角的计算称为(　　)。

A. 坐标正算　　B. 导线计算　　C. 前方交会　　D. 坐标反算

4. 闭合导线角度闭合差的分配原则是(　　)。

A. 反号平均分配　　B. 按角度大小成比例反号分配

C. 任意分配　　D. 分配给最大角

5. 分别在两个已知点向未知点观测,测量两个水平角后计算未知点坐标的方法是(　　)。

A. 导线测量　　B. 侧方交会　　C. 后方交会　　D. 前方交会

6. 导线测量外业工作不包括的一项是(　　)。

A. 选点　　B. 测角　　C. 测高差　　D. 量边

7. 已知线段 AB 的方位角为 220°，则线段 BA 的方位角为(　　)。

A. 220°　　B. 40°　　C. 50°　　D. 130°

8. 设 AB 距离为 200.23m，方位角为 121°23′36″，则 AB 的 x 坐标增量为(　　)m。

A. -170.919　　B. 170.919　　C. 104.302　　D. -104.302

9. 闭合导线在 x 轴上的坐标增量总和的理论值(　　)。

A. 为一不等于 0 的常数　　B. 与导线形状有关

C. 总为 0　　D. 由路线中两点确定

10. 在未知点上设站对 3 个已知点进行测角交会的方法称为(　　)。

A. 后方交会　　B. 前方交会　　C. 侧方交会　　D. 无法确定

11. 国家控制网，是按(　　)建立的，它的低级点受高级点逐级控制。

A. 一至四等　　B. 一至四级　　C. 一至二等　　D. 一至二级

12. 导线点属于(　　)。

A. 平面控制点　　B. 高程控制点　　C. 坐标控制点　　D. 水准控制点

13. 下列属于平面控制点的是(　　)。

A. 水准点　　B. 三角高程点　　C. 三角点　　D. 以上答案都不对

14. 导线测量的外业工作是(　　)。

A. 选点、测角、量边　　B. 埋石、造标、绘草图

C. 距离丈量、水准测量、角度测量　　D. 测水平角、测竖直角、测斜距

15. 附合导线的转折角，一般用(　　)进行观测。

A. 测回法　　B. 红黑面法　　C. 三角高程法　　D. 二次仪器高法

16. 若两点 C、D 间的坐标增量 Δx 为正，Δy 为负，则直线 CD 的坐标方位角位于第(　　)象限。

A. 一　　B. 二　　C. 三　　D. 四

17. 某直线 AB 的坐标方位角为 230°，其两端间坐标增量的正负号为(　　)。

A. $-\Delta x, +\Delta y$　　B. $+\Delta x, -\Delta y$　　C. $-\Delta x, -\Delta y$　　D. $+\Delta x, +\Delta y$

18. 某导线全长 620m，算得 $f_x = 0.123\text{m}$，$f_y = -0.162\text{m}$，则导线全长相对闭合差 K 为(　　)。

A. 1/2200　　B. 1/3100　　C. 1/4500　　D. 1/3000

19. 导线的坐标增量闭合差调整后，应使纵、横坐标增量改正数之和等于(　　)。

A. 纵、横坐标增量闭合差，其符号相同　　B. 导线全长闭合差，其符号相同

C. 纵、横坐标增量闭合差，其符号相反　　D. 导线全长闭合差，其符号相反

20. 导线的角度闭合差的调整方法是将闭合差反符号后(　　)。

A. 按角度大小成正比例分配　　B. 按角度个数平均分配

C. 按边长成正比例分配　　D. 按边长成反比例分配

21. 导线坐标增量闭合差的调整方法是将闭合差反符号后(　　)。

A. 按角度个数平均分配　　B. 按导线边数平均分配

C. 按边长成反比例分配　　D. 按边长成正比例分配

22. 四等水准测量中，前后视距差的累积值，不能超过(　　)。

A. 3m　　B. 5m　　C. 6m　　D. 10m

23. 一对双面水准尺,其红面底端起始刻划值之差为(　　)。

A. 1m　　B. 0.5m　　C. 0.1m　　D. 0m

24. 四等水准测量中,同一站同一水准尺的红、黑面中丝读数差,不能超过(　　)。

A. 3m　　B. 2m　　C. 3mm　　D. 2mm

25. 四等水准测量中,黑面高差 -(红面高差 ±0.1m)应不超过(　　)。

A. 2mm　　B. 3mm　　C. 5mm　　D. 7mm

26. 在三角高程测量中,当两点间的距离较大时,一般要考虑地球曲率和(　　)的影响。

A. 大气折光　　B. 大气压强　　C. 测站点高程　　D. 两点间高差

27. 根据全站仪坐标测量的原理,在测站点瞄准后视点后,方向值应设置为(　　)。

A. 测站点至后视点的方位角　　B. 后视点至测站点的方位角

C. 0°0′0″　　D. 90°

28. 导线计算中所使用的距离应该是(　　)。

A. 任意距离均可　　B. 倾斜距离

C. 水平距离　　D. 大地水准面上的距离

29. 高斯平面直角坐标系中,直线的方位角的量取方式为(　　)。

A. 纵坐标北端起逆时针　　B. 横坐标东端起逆时针

C. 纵坐标北端起顺时针　　D. 横坐标东端起顺时针

30. 衡量导线测量精度的一个重要指标是(　　)。

A. 坐标增量闭合差　　B. 导线全长闭合差

C. 导线全长相对闭合差　　D. 相对闭合差

31.《公路勘测规范》(JTG C10—2007)规定,高速公路路线平面控制测量的等级不得低于(　　)。

A. 三等　　B. 四等　　C. 一级　　D. 二级

32. 地面两点 A、B 的坐标分别为 A(1256.234,362.473),B(1246.124,352.233),则 A、B 的水平距离为(　　)。

A. 14.390m　　B. 207.070m　　C. 103.535m　　D. 4.511m

33. 用全站仪进行距离或坐标测量前,不仅要设置正确的大气改正数,还要设置(　　)。

A. 乘常数　　B. 湿度　　C. 棱镜常数　　D. 温度

34. 用全站仪进行距离或坐标测量前,需设置正确的大气改正数,设置的方法可以是直接输入测量时的气温和(　　)。

A. 气压　　B. 湿度　　C. 海拔　　D. 风力

35. 当多跨桥梁总长度为 2000m 时,平面控制测量等级采用(　　)。

A. 二等　　B. 三等　　C. 四等　　D. 一级

36. 当隧道贯通长度为 3000m 时,高程控制测量等级采用(　　)。

A. 二等　　B. 三等　　C. 四等　　D. 五等

37. 平面控制网坐标系的确定,应满足测区内投影长度变形不大于(　　)。

A. 1.0cm/km　　B. 1.5cm/km　　C. 2.0cm/km　　D. 2.5cm/km

38. 测定点的平面坐标的主要工作是(　　)。

A. 测量水平距离　　B. 测量水平角

C. 测量水平距离和水平角　　D. 测量竖直角

39. 在用全站仪进行角度测量时,若不输入棱镜常数和大气改正数,则(　　)。

A. 影响所测角值　　B. 不影响所测角值

C. 水平角影响,竖直角不影响　　D. 水平角不影响,竖直角影响

40. 关于附和导线角度闭合差的调整计算的描述,下列说法正确的是(　　)。

A. 附和导线角度闭合差的调整计算与观测角度有关

B. 附和导线角度闭合差的调整计算与观测角度无关

C. 当观测角为左角时,改正数与闭合差同符号;当观测角为右角时,改正数与闭合差反符号

D. 当观测角为右角时,改正数与闭合差同符号;当观测角为左角时,改正数与闭合差反符号

41. 支导线由于缺乏检核条件,所以一般仅作补点使用,且控制点的个数不得超过(　　)个。

A. 1　　B. 2　　C. 3　　D. 4

42. 下列哪组坐标增量满足直线的坐标方位角位于第四象限(　　)。

A. $-\Delta x, +\Delta y$　　B. $+\Delta x, -\Delta y$　　C. $-\Delta x, -\Delta y$　　D. $+\Delta x, +\Delta y$

43. 用全站仪进行点位放样时,若棱镜高和仪器高输入错误,则(　　)。

A. 影响放样点的平面位置　　B. 不影响放样点的平面位置

C. 盘左影响,盘右不影响　　D. 盘左不影响,盘右影响

44. 地面上有 A、B、C 三点,已知 AB 边的坐标方位角 $\alpha_{AB} = 35°23'$,测得左夹角 $\angle ABC = 89°34'$,则 CB 边的坐标方位角 $\alpha_{CB} =$ (　　)。

A. 124°57′　　B. 304°57′　　C. −54°11′　　D. 305°49′

45. 路线平面控制测量宜采用(　　)方法进行。

A. 导线测量　　B. GNSS 测量

C. 三角测量　　D. 三边测量

46. 在某二等平面控制测量中,测得 A 点纵坐标正确的为(　　)。

A. $y_A = 120281.0588\text{m}$　　B. $y_A = 120281.059\text{m}$

C. $x_A = 120281.0588\text{m}$　　D. $x_A = 120281.059\text{m}$

47. 下列关于平面控制点布设的说法,错误的是(　　)。

A. 特大型构造物每一端应埋设 2 个以上平面控制点

B. 四等及以上平面控制网中相邻点之间的距离不得小于 500m

C. 路线平面控制点到路线中心线的距离应大于 50m,宜小于 300m

D. 路线平面控制点到路线中心线的距离应小于 30m

48. 根据公路勘测平面控制点布设要求,路线平面控制点距路线中心小于 300m,且应大于(　　)。

A. 20m　　B. 30m　　C. 40m　　D. 50m

49. 下面关于 GNSS 网设计的说法，错误的是(　　)。

A. 各级 GNSS 网应逐级布设，不可跨级布设

B. GNSS 控制网应同附近等级高的国家平面控制网点联测，联测点数应不少于 3 个

C. GNSS 网点位应均匀分布，相邻点间距离最大不宜超过该网平均点间距的 2 倍

D. 点位应避开由于地面或其他目标反射所引起的多路径干扰的位置

50. 公路控制测量应提交的技术资料不包括(　　)。

A. 各种调查、勘测原始记录及检验资料　B. 仪器检验报告

C. 平面控制网联测及布网略图　D. 高程控制测量联测及路线示意图

51. 在全圆测回法中，同一测回不同方向之间的 $2C$ 值为 $-18''$、$+2''$、0、$+10''$，其 $2C$ 互差应为(　　)。

A. $28''$　B. $-18''$　C. $1.5''$　D. $10''$

52. 下列关于跨河水准测量的说法，错误的是(　　)。

A. 当水准路线通过宽度为各等级水准测量的标准视线长度 2 倍以下的江河时，可用一般的水准测量观测方法进行

B. 跨河视线不得通过草丛、沙丘、沙滩、芦苇的上方

C. 两岸由仪器至水边的一段河岸，其距离应近于相等

D. 视线长度超过 3500m 时，应采用光学测微法进行观测

53. 往返丈量直线 AB 的长度为：$D_{AB}=126.72\text{m}$，$D_{BA}=126.76\text{m}$，其相对误差为(　　)。

A. $K=1/3100$　B. $K=1/3500$　C. $K=0.000315$　D. $K=0.00315$

54. 某隧道贯通长度为 8000m，高程控制测量等级应选(　　)。

A. 二等　B. 三等　C. 四等　D. 五等

55. 在一个已知点和一个未知点上分别设站，向另一个已知点进行观测的交会方法是(　　)。

A. 后方交会　B. 前方交会　C. 侧方交会　D. 无法确定

56. 水平角观测不符合要求时，下列处理方法错误的是(　　)。

A. 因角度闭合差超限或平差计算中技术指标不能满足规定要求时，应进行认真分析择取测站整站重测

B. 一测回中重测方向数超过本站方向数的 1/3 时，该测回应重测

C. 零方向下半测回的归零差超限时，该测回应重测

D. 因测回互差超限而重测时，应重测所有测回

57. 下列公路勘测高程控制测量工作中，符合高程控制点布设要求的是(　　)。

A. 高程控制点距离路线中心的距离应大于 35m

B. 高程控制点距离路线中心的距离宜小于 400m

C. 路线高程控制点相邻点间的距离以 1.5～2.5km 为宜

D. 特大型构造物每端应埋设 2 个(含 2 个)以上高程控制点

58. 以下方法中不能用于高程测量的是(　　)。

A. 水准测量　B. 三角高程测量　C. 导线测量　D. GNSS 测高

59. 设 $H_A=15.032\text{m}$，$H_B=14.729\text{m}$，$h_{AB}=$(　　)。

A. −29.761m　　B. −0.303m　　C. 0.303m　　D. 29.761m

60. 附合水准路线高差闭合差的计算公式为(　　)。

A. $f_h = h_{往} - h_{返}$　　B. $f_h = \sum h$

C. $f_h = \sum h - (H_{终} - H_{始})$　　D. $f_h = H_{终} - H_{始}$

61. 下列说法中,符合公路工程高程控制测量一般规定的是(　　)。

A. 同一个公路项目可采用不同高程系统

B. 高程控制测量可采用视距测量的方法进行

C. 各等级公路高程控制网最弱点高程中误差不得大于 ±25mm

D. 跨越深谷和水域的大桥、特大桥最弱点高程中误差不得大于 ±25mm

62. 下面是四个小组丈量距离的结果,只有(　　)这一组测量的相对误差不低于 1/5000 的要求。

A. 100m ±0.025m　　B. 250m ±0.060m

C. 150m ±0.035m　　D. 200m ±0.040m

习题参考答案及解析

1. A

【解析】导线测量中,必须进行的外业工作包括选点、测水平角、测边长和测方位角,而不测高差、气压和垂直角。

2. A

【解析】二级及二级以上公路必须进行平面与高程控制测量;二级以下公路应进行平面控制测量,宜进行高程控制测量。

3. D

【解析】由两个已知点的坐标反算坐标方位角和边长叫作坐标反算。

4. A

【解析】闭合导线角度闭合差的分配原则是反号平均分配。

5. D

【解析】前方交会法是分别在两个已知点向未知点观测,测量两个水平角后计算未知点坐标的方法。

6. C

【解析】导线测量中必须进行的外业工作包括选点、测水平角、测边长和测方位角。

7. B

【解析】$\alpha_{正} = \alpha_{反} \pm 180°$。

8. D

【解析】$\left.\begin{array}{l}\Delta x_{AB} = D_{AB} \cdot \cos\alpha_{AB} \\ \Delta y_{AB} = D_{AB} \cdot \sin\alpha_{AB}\end{array}\right\}$,设 AB 距离为 200.23m,方位角为 121°23′36″,则 AB 的 x 坐标增量为 −104.302m。

9. C

【解析】闭合导线的纵横坐标增量总和的理论值应为零,即:

$$\left.\begin{aligned}\sum \Delta x_{理} = 0\\ \sum \Delta y_{理} = 0\end{aligned}\right\}$$

10. A

【解析】后方交会是在待定点设站,向3个已知点进行观测,根据测定的水平角和已知点的坐标,计算待定点的坐标。

11. A

【解析】国家控制网,是按一至四等建立的,它的高级点控制低级点,低级点加密高级点,逐级控制。

12. A

【解析】导线点属于平面控制点。

13. C

【解析】平面控制点是指用于平面控制测量的点,如导线点、三角点等。

14. A

【解析】导线测量的外业工作是选点、测角和量边。

15. A

【解析】附合导线的转折角,一般用测回法进行观测。

16. D

【解析】若两点间的坐标增量 Δx 为正,Δy 为负,则直线的坐标方位角位于第四象限。即,第一象限($+\Delta x$, $+\Delta y$),第二象限($-\Delta x$, $+\Delta y$),第三象限($-\Delta x$, $-\Delta y$),第四象限($+\Delta x$, $-\Delta y$)。

17. C

【解析】某直线 AB 的坐标方位角为第三象限,其两端间坐标增量的正负号为 $-\Delta x$, $-\Delta y$。即,第一象限($+\Delta x$, $+\Delta y$),第二象限($-\Delta x$, $+\Delta y$),第三象限($-\Delta x$, $-\Delta y$),第四象限($+\Delta x$, $-\Delta y$)。

18. D

【解析】导线全长闭合差是由距离测量误差产生的,所以衡量导线测量精度用导线全长相对闭合差比较客观,导线测量精度的公式是 $K = 1/(f_D/\sum D)$。

19. C

【解析】导线的坐标增量闭合差调整后,应使纵、横坐标增量改正数之和等于纵、横坐标增量闭合差,其符号相反。

20. B

【解析】导线的角度闭合差的调整方法是将闭合差反符号后按角度个数平均分配。

21. D

【解析】导线坐标增量闭合差的调整方法是将闭合差反符号后按边长成正比例分配。

22. D

【解析】四等水准测量中,前后视距差的累积值,不能超过10m。

23. C

【解析】一对双面水准尺，黑面底端起始刻划都为0，但其红面底端起始刻划值之差为0.1m。

24. C

【解析】四等水准测量中，同一站同一水准尺的红、黑面中丝读数差，不能超过3mm。

25. C

【解析】四等水准测量中，黑面高差 -（红面高差 ±0.1m）应不超过5mm。

26. A

【解析】在三角高程测量中，当两点间的距离较大时，一般要考虑地球曲率和大气折光的影响。

27. A

【解析】根据全站仪坐标测量的原理，在测站点瞄准后视点后，方向值应设置为测站点至后视点的方位角。

28. C

【解析】导线计算中所使用的距离应该是水平距离。

29. C

【解析】高斯平面直角坐标系中，直线的方位角是按纵坐标北端起顺时针量取的。

30. C

【解析】导线测量的角度测量和距离测量都会产生误差，而距离测量精度用相对误差衡量比较客观，所以衡量导线测量精度的一个重要指标是导线全长相对闭合差。

31. C

【解析】根据《公路勘测规范》（JTG C10—2007）4.1.1条第3款。

32. A

【解析】$\Delta x_{AB}=x_B-x_A$；$\Delta y_{AB}=y_B-y_A$；$D_{AB}=\sqrt{\Delta x_{AB}^2+\Delta y_{AB}^2}$。

33. C

【解析】用全站仪进行距离或坐标测量前，不仅要设置正确的大气改正数，还要设置棱镜常数。

34. A

【解析】用全站仪进行距离或坐标测量时，大气改正数设置的方法可以是直接输入测量时的气温和气压。

35. B

【解析】根据《公路勘测规范》（JTG C10—2007）4.1.1条第3款。

36. B

【解析】根据《公路勘测规范》（JTG C10—2007）4.2.1条第4款。

37. D

【解析】根据《公路勘测规范》（JTG C10—2007）4.1.1条第4款。

38. C

【解析】根据坐标正算公式可知，要确定一点平面坐标，需测量水平距离和水平角。

39. B

【解析】用全站仪进行角度测量时,若不输入棱镜常数和大气改正数,对测角无影响。

40. D

【解析】当观测角为右角时,改正数与闭合差同符号;当观测角为左角时,改正数与闭合差反符号。

41. B

【解析】支导线由于缺乏检核条件,所以一般仅作补点使用,且控制点的个数不得超过2个。

42. B

【解析】第一象限($+\Delta x$, $+\Delta y$);第二象限($-\Delta x$, $+\Delta y$);第三象限($-\Delta x$, $-\Delta y$);第四象限($+\Delta x$, $-\Delta y$)。

43. B

【解析】全站仪进行点位放样时,若棱镜高和仪器高输入错误,则不影响平面位置的放样,只影响高程。

44. A

【解析】$\alpha_{前} = \alpha_{后} + \beta_{左} - 180°$, $\alpha_{正} = \alpha_{反} \pm 180°$, $\alpha_{BC} = 304°57'$, $\alpha_{CB} = \alpha_{BC} \pm 180° = 124°57'$。

45. A

【解析】路线平面控制测量宜采用导线测量方法进行。

46. C

【解析】根据《公路勘测规范》(JTG C10—2007)4.1.1条第5款。

47. D

【解析】根据《公路勘测规范》(JTG C10—2007)4.1.2条第2款。

48. D

【解析】根据《公路勘测规范》(JTG C10—2007)4.1.2条第2款。

49. A

【解析】各级GNSS网一般逐级布设,在保证精度、密度等技术要求时可跨级布设。

50. A

【解析】各种调查、勘测原始记录及检验资料是初测阶段需提交的技术资料。

51. A

【解析】最小值为$-18''$,最大值为$10''$,故互差为$28''$。

52. D

【解析】视线长度超过3500m时,采用的方法应根据测区条件进行专题设计。

53. A

【解析】$K = (126.76 - 126.72)/(126.72 + 126.76) = 1/3168$,通常计为1/3100。

54. A

【解析】根据《公路勘测规范》(JTG C10—2007)4.2.1条第4款。

55. C

【解析】在一个已知点和一个未知点上分别设站,向另一个已知点进行观测的交会方法，即为侧方交会。

56. D

【解析】因测回互差超限而重测时，应认真分析研究，除明显孤值外，一般应重测观测结果中最大值和最小值的测回。

57. D

【解析】根据《公路勘测规范》(JTG C10—2007)4.2.2 条第 1、2 款。

58. C

【解析】根据《公路勘测规范》(JTG C10—2007)4.1.1 条。

59. B

【解析】$h_{AB} = H_B - H_A = 14.729 - 15.032 = -0.303$。

60. C

【解析】附合水准路线高差闭合差的计算公式为：$f_h = \sum h - (H_{终} - H_{始})$。

61. A

【解析】根据《公路勘测规范》(JTG C10—2007)4.2.1 条第 2 款。

62. D

【解析】0.025/100 = 1/4000；0.06/250 = 1/4100；0.035/150 = 1/4200；0.04/200 = 1/5000。（相对误差分母的个位、十位均为零）

第三节　地形图测绘

【考试纲要】

(1)不同设计阶段对地形图测绘、图式、比例、精度等的技术要求；

(2)航空摄影测量、水下地形图测绘、数字地面模型等的技术要求及其应用要点。

【复习提示】

1. 复习要点

考生应掌握地形图比例尺、比例尺精度、等高线、等高距、等高线平距、等高线分类及等高线特性等基本概念；熟悉不同设计阶段对地形图测绘、图式、比例、精度等的技术要求；了解航空摄影测量、水下地形图测绘、数字地面模型等的技术要求及其应用。

重点：

灵活运用地形图比例尺、比例尺精度，合理选取测图比例尺，根据等高线的等高距、等高线平距、等高线表示典型地貌，根据等高线的特性判断地面的起伏状态，地形图的应用。

难点：

等高线的相关知识及地形图的应用。

2. 规范提示

(1)地形图比例尺、比例尺精度、等高线等内容涉及《工程测量规范》(GB/T 50026—2016)。

(2)航空摄影测量、水下地形图测绘、数字地面模型等内容涉及《公路勘测规范》(JTG

C10—2007)。

(3)地形图符号分类涉及《国家基本比例尺地图图式 第1部分:1∶500 1∶1000 1∶2000 地形图图式》(GB/T 20257.1—2017)。

习题精练

1. 一段距离长324m,在1∶2000地形图上的长度为( )。

A. 1.62cm B. 3.24cm C. 6.48cm D. 16.20cm

2. 等高距是两相邻等高线之间的( )。

A. 高程之差 B. 平距 C. 间距 D. 斜距

3. 下列四种比例尺地形图,比例尺最大的是( )。

A. 1∶5000 B. 1∶2000 C. 1∶1000 D. 1∶500

4. 高差与水平距离之( )为坡度。

A. 和 B. 差 C. 比 D. 积

5. 地形图的比例尺用分子为1的分数形式表示时,则( )。

A. 分母大,比例尺大,表示地形详细 B. 分母小,比例尺小,表示地形概略
C. 分母大,比例尺小,表示地形详细 D. 分母小,比例尺大,表示地形详细

6. 一组闭合的等高线是山丘还是盆地,可根据( )来判断。

A. 助曲线 B. 首曲线 C. 计曲线 D. 高程注记

7. 下列关于地形图的基本等高距的说法,正确的是( )。

A. 等高距的选择只与测图比例尺有关
B. 等高距的选择与测图比例尺无关
C. 等高距的选择与测图比例尺和地形条件有关,测量区域地形、地貌复杂时,应采用较大的等高距
D. 等高距的选择只与地形条件有关

8. 在地形图中,表示测量控制点的符号属于( )。

A. 比例符号 B. 半比例符号 C. 地貌符号 D. 非比例符号

9. 在地形图上等高距不变时,等高线平距与地面坡度的关系是( )。

A. 平距大则坡度小 B. 平距大则坡度大
C. 平距大则坡度不变 D. 平距值等于坡度值

10. 1∶2000地形图的比例尺精度是( )。

A. 1m B. 2cm C. 20cm D. 0.2mm

11. 在地图上,地貌通常是用( )来表示的。

A. 高程值 B. 等高线 C. 任意直线 D. 地貌符号

12. 地形测量中,若比例尺精度为b,测图比例尺为$1:M$,则比例尺精度与测图比例尺大小的关系为( )。

A. b与M无关 B. b与M相等 C. M越小b越高 D. M越小b越低

13. 1∶1000 地形图的比例尺精度是(　　)。

A. 1m　　B. 1cm　　C. 10cm　　D. 0.1mm

14. 测图比例尺应根据设计阶段、工程性质及地形、地貌等因素选用，初步设计阶段一般应选用(　　)比例尺。

A. 1∶10000　　B. 1∶1000　　C. 1∶2000　　D. 1∶500

15. 公路工程地形图绘制中，平原地区测绘 1∶1000 比例尺地形图的基本等高距应为(　　)。

A. 0.5m　　B. 1.0m　　C. 2.0m　　D. 5.0m

16. 数字地面模型(DTM)可以通过(　　)方法进行数据采集。

A. 摄影测量　　B. 地形图数字化

C. 野外实测　　D. 以上三种方法均可

17. 公路数字地面模型不宜采用(　　)方法建模。

A. 格网　　B. 三角网

C. 格网与三角网混合　　D. 基于点

18. 数字地面模型在公路设计中的应用包括(　　)。

①根据路线桩号进行高程插值；

②计算生成等高线；

③纵、横断面插值；

④点高程插值。

A. ①②　　B. ①②③　　C. ②③④　　D. ①②③④

19. 按照 1/2 基本等高距加密的等高线是(　　)。

A. 首曲线　　B. 计曲线　　C. 间曲线　　D. 助曲线

20. 展绘控制点时，应在图上标明控制点的(　　)。

A. 点号及坐标　　B. 点号及高程　　C. 坐标及高程　　D. 高程及方向

21. 航测内业应提交的图纸类资料有(　　)。

A. 地形图、影像图、路线方案及控制导线图等

B. 地形图、影像图、路线方案及控制导线图、加密点位略图、分幅略图等

C. 地形图、影像图、路线方案及控制导线图、控制刺点片、野外调绘片等

D. 地形图、影像图、路线方案及控制导线图、加密点位略图、野外调绘片等

22. 数字地面模型应用于公路施工测图阶段时，DTM 高程插值中误差应不大于(　　)。

A. ±0.1m　　B. ±0.2m　　C. A ±0.3m　　D. ±0.4m

23.【2020 年真题】公路航空航摄测量测图比例尺为 1∶1000 时，摄影比例尺应该是(　　)。

A. 1∶2000～1∶3000　　B. 1∶4000～1∶6000

C. 1∶8000～1∶12000　　D. 1∶20000～1∶30000

24. 航测的外业主要包括相片控制测量与(　　)两大部分。

A. 航片扫描　　B. 相片定向　　C. 相片联测　　D. 相片调绘

25.【2020 年真题】公路勘测地形图测绘采用 GNSS-RTK 法测量时，流动站至基准站的距

离应小于(　　)。

A. 10km　　B. 15km　　C. 20km　　D. 25km

26.【2020 年真题】以地形图数字化为数据源生成的公路数字地面模型(DTM),其高程插值原地形图的高程误差不得超过原图等高距的(　　)。

A. 1　　B. 1/2　　C. 1/3　　D. 1/5

习题参考答案及解析

1. D

【解析】地形图比例尺的基本概念。比例尺是指地形图图纸上长度与实地距离之比,写成分子是 1 的形式:$\frac{1}{M}=\frac{l}{L}$。

2. A

【解析】等高距是地形图上相邻两根等高线的高程之差。

3. D

【解析】比例尺是地形图图纸上长度与实地距离之比,写成分子是 1 的形式:$\frac{1}{M}=\frac{l}{L}$。分母越小,比值越大,比例尺越大。

4. C

【解析】高差与水平距离之比为坡度。

5. D

【解析】根据比例尺定义,分母小,则比例尺大,表示地形详细。

6. D

【解析】判断一组闭合的等高线是山丘还是盆地,可根据高程注记和示坡线方向来区分。

7. C

【解析】等高距的选择与测图比例尺和地形条件有关,测量区域地形、地貌复杂时,应采用较大的等高距。

8. D

【解析】测量控制点是点状符号,应该属于非比例符号。

9. A

【解析】等高距与等高线平距(水平距离)之比为坡度,并用百分比表示。

10. C

【解析】根据比例尺精度的定义可知,1∶2000 地形图的比例尺精度是 20cm。

11. B

【解析】在地形图上,通常用等高线表示地貌。

12. C

【解析】地形测量中，若比例尺精度为 b，测图比例尺为 1∶M，测图比例尺越大，比例尺精度越高，则比例尺精度与测图比例尺大小的关系为 M 越小 b 越高。

13. C

【解析】地形图上 0.1mm 所对应的实地投影长度，称为这种比例尺地形图的最大精度，或称该地形图比例尺精度。所以 1∶1000 地形图的比例尺精度是 10cm。

14. C

【解析】根据《公路勘测规范》（JTG C10—2007）5.1.1 条。

15. A

【解析】根据《公路勘测规范》（JTG C10—2007）5.1.2 条。

16. D

【解析】可通过摄影测量、地形图数字化、野外实测方法，进行数字地面模型的数据采集。

17. D

【解析】公路数字地面模型宜采用格网、三角网或格网与三角网混合的方式构建。

18. D

【解析】数字地面模型原则上可应用于公路勘察设计的各个阶段，公路设计中的应用包括：根据路线桩号进行高程插值；计算生成等高线；纵、横断面插值；点高程插值。

19. C

【解析】按照 1/2 基本等高距加密的等高线是间曲线。

20. B

【解析】展绘控制点时，应在图上标明控制点的点号及高程。

21. B

【解析】航测内业应提交图纸类资料有地形图、影像图、路线方案及控制导线图、加密点位略图、分幅略图等。

22. B

【解析】根据《公路勘测规范》（JTG C10—2007）7.1.2 条。

23. B

【解析】根据《公路勘测规范》（JTG C10—2007）6.1.1 条。

24. D

【解析】航测的外业主要包括相片控制测量与相片调绘两大部分。

25. A

【解析】根据《公路勘测规范》（JTG C10—2007）5.3.4 条。

26. B

【解析】根据《公路勘测规范》（JTG C10—2007）7.1.2 条第 2 款。

第四节　初　　测

【考试纲要】

（1）依据批复的工程可行性研究初步拟定的路线起终点、中间控制点及路线基本走向，在

地形图、航测像片、数字地面模型或实地对所拟定的勘测方案进行初测的技术要求;

(2)初测阶段路线、路基、路面、排水、小桥涵、大中桥、隧道、路线交叉、沿线设施、环境保护、临时工程、工程经济等的调查与勘测的基本技术要求;

(3)初测应提交的技术资料。

【复习提示】

1. 复习要点

考生应掌握对所拟定的勘测方案进行初测的一系列技术要求;熟悉初测阶段路线、路基、路面、排水、小桥涵、大中桥、隧道、路线交叉、沿线设施、环境保护、临时工程、工程经济等的调查与勘测的基本技术要求;了解初测应提交的技术资料。

重点:

初测阶段路线、路基、路面、排水、小桥涵、大中桥、隧道、路线交叉、沿线设施、环境保护、临时工程、工程经济等的调查与勘测的基本技术要求、初测提交的技术资料。

难点:

初测阶段路线、路基、路面、排水、小桥涵、大中桥、隧道、路线交叉的调查与勘测的基本技术要求。

2. 规范提示

初测阶段路线、路基、路面、排水、小桥涵、大中桥、隧道、路线交叉、沿线设施、环境保护、临时工程、工程经济等的调查与勘测的基本技术要求,初测提交的技术资料涉及《公路勘测规范》(JTG C10—2007)、《公路勘测细则》(JTG/T C10—2007)和《公路工程技术标准》(JTG B01—2014)。

习题精练

1. 初步测量简称初测,是两阶段设计的第一阶段,其任务是(　　)。

①线路沿线的平面控制测量和高程控制测量;

②线路沿线的带状地形图测绘;

③搜集沿线水文、地质等相关资料;

④必要桩中线测量;

⑤逐桩高程测量。

A. ①②③④　　B. ②③④　　C. ②③⑤　　D. ①④⑤

2. 关于路线勘测与调查的叙述,错误的是(　　)。

A. 纸上定线时,应将具有特殊要求的位置和设施标注于地形图上

B. 现场定线前,应在地形图上确定控制点、绕避点,选择路线通过的最佳位置

C. 不管是纸上定线还是现场定线,均应进行实地放桩,进行纵、横断面测量

D. 纸上定线时,应在地形图上点绘或实测控制性横断面

3. 初测阶段大、中桥测量内容不包括(　　)。

A. 建立满足大、中桥设计精度要求的平面控制网

B. 实地放出桥轴线和引道,进行纵、横断面测量

C. 桥位地形图测量

D. 水下地形图测量

4. 初测阶段地形图的测绘范围(　　)。

A. 根据公路等级及地形条件确定　　B. 根据地形条件及设计需要确定

C. 中线每侧不宜小于 300m　　D. 根据公路等级、地形条件及设计需要确定

5. 初测阶段关于隧道勘测与调查的叙述,错误的是(　　)。

A. 应专门布设隧道平面和高程控制网

B. 应在实地放出洞口附近的中线,并现场核查和测绘洞口纵、横断面

C. 隧道洞身段应根据地质勘察及钻探需要现场放桩

D. 应在拟定的概略隧址范围内,对初拟各隧道轴线、不同洞口位置及相应连接线进行勘测与调查

6. 公路设计初测阶段,现场踏勘过程中,应根据项目特点及自然、地理、社会环境调整,并确定(　　)。

A. 勘测方法与勘测方案　　B. 起终点及中间控制点

C. 工程规模及技术等级　　D. 路线比较方案

7. 公路设计初测阶段,路线可采用纸上定线和现场定线,适用现场定线的是(　　)。

A. 高速公路　　B. 一级公路　　C. 二、四级公路　　D. 特大桥、大桥

8. 在公路设计初测阶段,公路与公路交叉应勘测与调查的内容包括(　　)。

A. 测绘 1∶10000 地形图

B. 补充调查相交公路的交通量、交通组成

C. 测量交叉点铁轨顶高、交叉角度及路基宽度

D. 勘测公路与管线交叉的位置、交叉角度、交叉点悬高或埋置深度

9.【2020 年真题】工程可行性研究阶段,隧道工程地质勘察的主要任务是(　　)。

A. 隧道洞身的勘察　　B. 隧道洞口的勘察

C. 隧道方案与位置的确定　　D. 隧道的水文地质勘察

10.【2020 年真题】公路设计初测阶段,符合大、中桥梁控制测量要求的是(　　)。

A. 可不专门布设桥梁平面和高程控制网

B. 布设路线控制网时,每岸不漏布设必要的控制点

C. 布设的控制点不需要纳入路线控制测量进行施测

D. 需设置独立坐标系统

习题参考答案及解析

1. A

【解析】 根据《公路勘测规范》(JTG C10—2007)第 8 章。

2. C

【解析】根据《公路勘测规范》(JTG C10—2007)8.5.2 条。

3. A

【解析】初测阶段可不专门布设桥梁平面和高程控制网。

4. D

【解析】地形图的测绘范围应根据公路等级、地形条件及设计需要等合理确定,应能满足线形优化及构造物布置的需要。

5. A

【解析】初测阶段可不专门布设隧道平面和高程控制网。

6. A

【解析】根据《公路勘测规范》(JTG C10—2007)8.5.3 条。

7. C

【解析】根据《公路勘测规范》(JTG C10—2007)8.5.3 条。

8. B

【解析】根据《公路勘测规范》(JTG C10—2007)8.5.3 条。

9. D

【解析】根据《公路工程地质勘测规范》(JTG C20—2011)4.2.2 条第 5 款。

10. B

【解析】根据《公路勘测规范》(JTG C10—2007)8.8.3 条。

第五节 定　　测

【考试纲要】

(1)现场核对初步设计审批意见的执行与优化、调整的定测技术要求;

(2)定测阶段路线中线敷设、中桩高程测量、横断面测量,路基、路面、排水、小桥涵、大中桥、隧道、路线交叉、沿线设施、环境保护、临时工程、工程经济等的调查与勘测的基本技术要求;

(3)定测应提交的技术资料;

(4)一次定测的适用条件、勘测调查内容及其测量精度。

【复习提示】

1. 复习要点

考生应掌握路线中线敷设、中桩高程测量、横断面测量,路基、路面、排水、小桥涵、大中桥、隧道、路线交叉、沿线设施、环境保护、临时工程、工程经济等的调查与勘测的基本技术要求;熟悉一次定测的适用条件、勘测调查内容及其测量精度;了解现场核对初步设计审批意见的执行与优化、调整的定测技术要求。

重点:

路线交点和转点的测设、转角的测定、里程桩的设置、单圆曲线的计算与测设、缓和曲线的计算与测设及特殊情况下圆曲线测设、路线纵断面测量和路线横断面测量。

难点：

单圆曲线的计算与测设方法、缓和曲线的计算与测设方法、路线纵断面测量方法。

2. 规范提示

（1）路线交点和转点的测设、转角的测定，里程桩的设置、单圆曲线的测设及缓和曲线的测设，路线纵断面、横断面测量涉及《公路勘测规范》（JTG C10—2007）和《公路勘测细则》（JTG/T C10—2007）。

（2）单圆曲线的计算与测设、缓和曲线的计算与测设方法涉及《公路工程技术标准》（JTG B01—2014）。

习题精练

1. 定测阶段，在对初测阶段施测的路线平面、高程控制测量进行检查时，下列做法错误的是（　　）。

A. 当控制点的点位分布满足设计要求时，应对其进行全面检测，检测成果与初测成果的较差在限差以内时，应采用现有成果作为作业的依据

B. 当个别段落控制点分布由于损坏或因方案变更不能满足设计要求时，应进行补设

C. 当检测成果与初测成果的较差超出限差时，应对整个控制网进行复测或重测

D. 控制点分布不能满足设计要求时，应对整个控制网进行复测或重测

2. 公路中线里程桩测设时，短链是指（　　）。

A. 实际里程大于原桩号　　B. 实际里程小于原桩号

C. 实际里程与原桩号相等　　D. 原桩号测错

3.【2019 年真题】公路定测路线中线敷设时，路线中桩间距不大于 10m 的线形条件（　　）。

A. $R>60$m 曲线　　B. 不调超高曲线

C. 平原、微丘区直线上　　D. $30\text{m}<R<60$m 曲线

4. 公路中线测量中，设置转点的作用是（　　）。

A. 传递高程　　B. 传递方向

C. 加快观测速度　　D. 提高观测精度

5. 用经纬仪观测某交点的右角，若后视读数为 200°00′00″，前视读数为 0°00′00″，则外距方向的读数为（　　）。

A. 80°　　B. 100°　　C. 200°　　D. 280°

6. 若某圆曲线的切线长为 35m，曲线长为 66m，则其切曲差为（　　）。

A. 19m　　B. 29m　　C. 2m　　D. 4m

7. 设圆曲线主点 YZ 的里程为 K6 +325.40，曲线长为 90m，则其 QZ 点的里程为（　　）。

A. K6 +280.40　　B. K6 +235.40　　C. K6 +370.40　　D. K6 +415.40

8. 若某交点里程为 K6 +500.80，圆曲线的切线长为 35m，曲线长为 65m，则 YZ 点的里程为（　　）。

A. K6 +535.80　　B. K6 +530.80　　C. K6 +528.80　　D. K6 +465.80

9. 按桩距在曲线上设桩，通常有两种方法，即（　　）和整桩距法。

A. 零桩距法　　B. 倍桩距法　　C. 整桩号法　　D. 零桩号法

10. 曲线（圆曲线和缓和曲线）的详细测设方法，主要有（　　）和偏角法。

A. 直角法　　B. 交会支距法　　C. 偏角支距法　　D. 切线支距法

11. 采用偏角法测设圆曲线时，其偏角应等于相应弧长所对圆心角的（　　）。

A. 2 倍　　B. 3 倍　　C. 2/3　　D. 1/2

12. 设置测站时，应对所使用的测站元素进行检查，当转移测站后，开始放样前，应对前一站所放桩位重放（　　）个桩点进行检查。

A. 0 ~ 1　　B. 1 ~ 2　　C. 2 ~ 3　　D. 3 ~ 4

13. 路线中平测量是测定路线（　　）的高程。

A. 水准点　　B. 转点　　C. 交点　　D. 中桩

14. 路线纵断面测量分为（　　）和中平测量。

A. 基平测量　　B. 面积测量　　C. 高程测量　　D. 角度测量

15. 基平水准点设置的位置应选择在（　　）。

A. 路中心线上　　B. 路边线上　　C. 施工范围内　　D. 施工范围外

16. 公路中线里程桩的加桩分为地形加桩、地物加桩、曲线加桩和（　　）。

A. 转点桩　　B. 关系加桩　　C. 交点桩　　D. 百米桩

17. 公路大、中桥定测阶段勘测与调查时，应进行形态断面测量，选择形态断面的要求是（　　）。

A. 任选两个断面即可　　B. 宜在桥位上游选一个断面

C. 宜在桥位下游选一个断面　　D. 宜在桥位上、下游各选一个断面

18. 测设的基本工作是测设已知的（　　）、水平角和高程。

A. 空间距离　　B. 水平距离　　C. 空间坐标　　D. 平面坐标

19. 测设点平面位置的方法，主要有直角坐标法、极坐标法、（　　）和距离交会法。

A. 横坐标法　　B. 纵坐标法　　C. 平面坐标法　　D. 角度交会法

20. 道路纵断面图的高程比例尺通常为水平距离比例尺的（　　）。

A. 1/2　　B. 1/10　　C. 2 倍　　D. 10 倍

21. 路线中平测量时，视线高等于（　　）+ 后视读数。

A. 后视点高程　　B. 转点高程　　C. 前视点高程　　D. 任意已知点高程

22. 高速公路中平测量中，其高差闭合差的允许值为（　　），L 为高程测量路线长度（km）。

A. $\pm 30\sqrt{L}$　　B. $\pm 50\sqrt{L}$　　C. $\pm 20\sqrt{L}$　　D. $\pm 40\sqrt{L}$

23. 公路中线测量中，测得某交点的右角为 130°，则其转角为（　　）。

A. $\alpha_{左} = 130°$　　B. $\alpha_{右} = 130°$　　C. $\alpha_{左} = 50°$　　D. $\alpha_{右} = 50°$

24. 公路施工图设计阶段，利用数字地面模型（DTM）计算公路纵断面时，中桩桩距取值间距应为（　　）。

A. 42 ~ 50m　　B. 20 ~ 40m　　C. 20 ~ 30m　　D. 5 ~ 20m

25. 公路定测路线敷设中线时，路线中桩间距不大于 10m 的线形条件是（　　）。

A. 圆曲线半径大于60m曲线上　　B. 不设超高的曲线上

C. 平原、微丘区直线上　　D. 圆曲线半径大于30m且小于60m曲线上

26. 缓和曲线终点处的切线角，称为(　　)。

A. 终点角　　B. 极切角　　C. 缓和曲线角　　D. 终切角

27. 路线中桩高程测量可采用(　　)方法。

A. 水准测量　　B. 三角高程测量　　C. GNSS-RTK　　D. A、B、C均可

28. 高速公路横断面测量可采用(　　)方法。

A. 全站仪、GNSS-RTK

B. 手持式无棱镜激光测距仪、数字地面模型

C. 手水准仪、经纬仪、抬杆法

D. A、B、C均可

29. 高等级公路的线路勘测设计，一般分为可行性研究、初测和(　　)三个阶段。

A. 复测　　B. 定测　　C. 实测　　D. 检测

30. 高速公路勘测定测阶段，中桩高程两次测量之差应小于或等于(　　)。

A. 3cm　　B. 5cm　　C. 8cm　　D. 10cm

31.【2020年真题】公路定测阶段，三级及以下公路横断面测量距离检测互差限差应为(　　)m。注：L为测点至中桩的水平距离(m)。

A. $\leqslant L/2.5+0.2$　　B. $\leqslant L/25+0.1$　　C. $\leqslant L/50+0.2$　　D. $\leqslant L/50+0.1$

32.【2020年真题】公路设计定测阶段，对于平原、微丘区的一、二级公路，中桩平面位置中误差应不大于(　　)。

A. ±5cm　　B. ±10cm　　C. ±15cm　　D. ±20cm

习题参考答案及解析

1. A

【解析】当控制点的点位分布满足设计要求时，应对其进行全面检测，检测成果与初测成果的较差在限差以内时，应采用原成果作为作业的依据。

2. B

【解析】短链的定义。

3. D

【解析】根据《公路勘测规范》(JTG C10—2007)9.2.1条第1款。

4. B

【解析】公路中线测量中，当两交点不通视时，就要设置转点，转点的作用是传递方向。

5. D

【解析】测角时后视方向的水平度盘读数为a，前视方向的读数为b，则分角线方向的水平盘读数应为$c=\dfrac{a+b}{2}$。用经纬仪观测某交点的右角，若后视读数为200°00′00″，前视读数为

0°00′00″(360°00′00″),则外距方向的读数为 280°。

6. D

【解析】

$$\left.\begin{aligned}&\text{切线长}\quad T=R\tan\frac{\alpha}{2}\\&\text{曲线长}\quad L=R\alpha\frac{\pi}{180^\circ}\\&\text{外距}\quad E=R\left(\sec\frac{\alpha}{2}-1\right)\\&\text{切曲差}\quad D=2T-L\end{aligned}\right\}$$

若某圆曲线的切线长为 35m,曲线长为 66m,则其切曲差为 4m。

7. A

【解析】

$$\left.\begin{aligned}&\text{ZY 里程}=\text{JD 里程}-T\\&\text{YZ 里程}=\text{ZY 里程}+L\\&\text{QZ 里程}=\text{YZ 里程}-L/2\\&\text{JD 里程}=\text{QZ 里程}+D/2(\text{校核})\end{aligned}\right\}$$

圆曲线主点 YZ 的里程为 K6 +325.40,曲线长为 90m,则其 QZ 点的里程为 K6 +280.40。

8. B

【解析】

$$\left.\begin{aligned}&\text{ZY 里程}=\text{JD 里程}-T\\&\text{YZ 里程}=\text{ZY 里程}+L\\&\text{QZ 里程}=\text{YZ 里程}-L/2\\&\text{JD 里程}=\text{QZ 里程}+D/2(\text{校核})\end{aligned}\right\}$$

交点里程为 K6 +500.80,圆曲线的切线长为 35m,曲线长为 65m,则 YZ 点的里程为 K6 +530.80。

9. C

【解析】按桩距在曲线上设桩,通常有两种方法,即整桩号法和整桩距法。

10. D

【解析】曲线(圆曲线和缓和曲线)的详细测设方法,主要有切线支距法和偏角法。

11. D

【解析】偏角法测设圆曲线时,其偏角是指弦切角(切线方向和弦线方向的夹角)应等于相应弧长所对圆心角的一半,即 1/2。

12. B

【解析】根据《公路勘测规范》(JTG C10—2007)9.2.3 条。

13. D

【解析】路线中平测量是指测定路线中桩的高程。

14. A

【解析】路线纵断面测量分为基平测量和中平测量。

15. D

【解析】基平水准点设置的位置应选择在施工范围外。

16. B

【解析】公路中线里程桩的加桩分为地形加桩、地物加桩、曲线加桩和关系加桩。

17. D

【解析】根据《公路勘测规范》(JTG C10—2007)9.8.5 条。

18. B

【解析】测设的基本工作是测设已知的水平距离、水平角和高程。

19. D

【解析】测设点平面位置的方法，主要有直角坐标法、极坐标法、角度交会法和距离交会法。

20. D

【解析】道路的高程起伏相对于里程而言是比较小的，为了比较明显地表示地面起伏状态，在绘制道路纵断面图时，高程比例尺通常为水平距离比例尺的 10 倍。

21. A

【解析】路线中平测量时，视线高 = 后视点高程 + 后视读数。

22. A

【解析】根据《公路勘测规范》(JTG C10—2007)9.3.1 条。

23. D

【解析】当右角 $\beta<180°$ 时，为右转角；当右角 $\beta>180°$ 时，为左转角，即 $\begin{cases}\alpha_y=180°-\beta\\ \alpha_z=\beta-180°\end{cases}$，故公路中线测量中，测得某交点的右角为 130°，则其转角为 $\alpha_{右}=50°$。

24. D

【解析】根据《公路勘测规范》(JTG C10—2007)7.5.2 条、7.5.3 条。

25. D

【解析】根据《公路勘测规范》(JTG C10—2007)9.2.1 条第 1 款。

26. C

【解析】缓和曲线终点处的切线角，称为缓和曲线角。

27. D

【解析】中桩高程测量可采用水准测量、三角高程测量或 GNSS-RTK 方法施测。

28. A

【解析】高速公路可采用全站仪、GNSS-RTK 进行横断面测量，不能用手持式无棱镜激光测距仪、手水准仪测量。

29. B

【解析】高等级公路的线路勘测设计，一般分为可行性研究、初测和定测三个阶段。

30. B

【解析】根据《公路勘测规范》(JTG C10—2007)9.3.1 条。

31. D

【解析】根据《公路勘测规范》(JTG C10—2007)9.4.2 条。

32. A

【解析】根据《公路勘测规范》(JTG C10—2007)9.2.2 条。

第五章　结构设计原理

第一节　钢筋混凝土结构设计原则

【考试纲要】

(1)混凝土的应力应变曲线;

(2)钢筋的应力应变曲线;

(3)材料的设计强度;

(4)钢筋与混凝土的黏结机理;

(5)钢筋锚固规定;

(6)极限状态设计;

(7)承载能力极限状态;

(8)正常使用极限状态;

(9)作用(荷载)效应组合。

【复习提示】

1. 复习要点

考生复习中需掌握如下知识点:

钢筋与混凝土之间的可靠黏结是两者能够共同工作的基础。钢筋与混凝土之间的黏结力包括:①混凝土中水泥胶体与钢筋表面的化学胶着力;②钢筋与混凝土接触面上的摩擦力;③钢筋表面与水泥胶体产生的机械咬合力。钢筋的锚固长度主要与钢筋抗拉强度、钢筋直径及钢筋与混凝土的极限锚固黏结应力有关。

目前我国使用的《公路钢筋混凝土及预应力混凝土桥涵设计规范》(JTG 3362—2018),采用以概率理论为基础、按分项系数表达的极限状态设计方法进行设计。

极限状态的定义为结构整体或结构一部分达到不能满足设计规定的某一功能要求的特定状态,此特定状态为该功能的极限状态。结构的主要功能包括安全性、适用性和耐久性。公路桥涵应进行承载能力极限状态和正常使用极限状态设计或验算,前者对应于桥涵及其构件达到最大承载能力或出现不适于继续承载的变形或变位的状态,后者对应于结构及其构件达到正常使用的某项限值的状态。

《公路钢筋混凝土及预应力混凝土桥涵设计规范》(JTG 3362—2018)根据桥梁在施工和使用过程中面临的不同情况,规定公路桥涵应考虑持久状况、短暂状况和偶然状况三种设计状况,对不同的设计状况应分别进行相应的极限状态设计。

作用按随时间的变异可分为永久作用、可变作用、偶然作用和地震作用四类。作用代表值是针对不同的设计目的所采用的规定值。桥梁结构设计时,应根据各种极限状态的设计要求,采用不同的荷载代表值；永久作用的代表值采用标准值；可变作用的代表值应采用标准值、频遇值或准永久值；偶然作用的代表值可以考虑仅采用标准值。

设计时应考虑结构上可能同时出现的作用，按承载能力极限状态和正常使用极限状态进行作用效应组合，并取其最不利效应组合进行设计。公路桥涵结构按承载能力极限状态设计时，应采用基本组合、偶然组合和地震组合三种作用效应组合；按正常使用极限状态设计时，应根据不同的设计要求，采用频遇组合和准永久组合两种作用效应组合。

钢筋和混凝土材料的实测强度具有变异性，其值是具有离散性的随机变量。材料强度标准值是材料强度的代表值，是人为取定的一个值，它由标准试件按标准试验方法经数理统计得到的材料性能概率分布的某一分位值确定。公路桥涵中材料强度标准值取其概率分布的 0.05 分位值，即由试验平均值减去 1.645 倍的均方差，具有不小于 95% 的保证率。材料强度设计值是用材料强度标准值除以材料性能分项系数后的取值。

重点：

重点掌握《公路钢筋混凝土及预应力混凝土桥涵设计规范》（JTG 3362—2018）中关于材料强度取值的原则和方法，三种设计状况，极限状态的定义、分类及内涵，作用的分类及其代表值以及作用组合的原则和方法等知识点。

难点：

熟悉极限状态的基本概念以及作用组合的原则和方法。

2. 规范提示

材料的强度取值、极限状态设计方法、极限状态划分及作用（荷载）效应组合计算等基本概念和知识点均涉及《公路钢筋混凝土及预应力混凝土桥涵设计规范》（JTG 3362—2018）、《公路桥涵设计通用规范》（JTG D60—2015）的相关规定，上述两本规范以下统一简称为《公路桥规》。

习题精练

1. 极限状态设计法中，结构的功能要求包括（　　）。

A. 安全性、耐久性和稳定性　　B. 安全性、耐久性和适用性

C. 使用性、耐久性和适用性　　D. 使用性、耐久性和稳定性

2.《公路桥规》要求针对下列哪些状况进行相应的极限状态设计（　　）。

A. 对地震状况进行正常使用极限状态设计

B. 对短暂状况进行正常使用极限状态设计

C. 对持久状况进行承载能力极限状态和正常使用极限状态设计

D. 对偶然状况进行正常使用极限状态和承载能力极限状态设计

3. 桥梁工程中的作用分类为（　　）。

A. 自重作用、活载作用、偶然作用和地震作用

B. 永久作用、可变作用、偶然作用和地震作用

C. 偶然作用、可变作用、自重作用和地震作用

D. 永久作用、活载作用、偶然作用和地震作用

4. 结构设计时，可变作用的代表值应采用(　　)。

A. 标准值、平均值或准永久值

B. 标准值、频遇值或平均值

C. 标准值、组合值、频遇值或准永久值

D. 平均值、频遇值或准永久值

5. 桥梁设计中的基本组合是指永久作用的设计值与可变作用的(　　)相组合。

A. 设计值　　B. 频遇值　　C. 准永久值　　D. 标准值

6. 当桥梁结构出现(　　)时，认为结构超过了承载能力极限状态。

A. 结构构件超过材料强度而破坏

B. 影响正常使用或外观的变形

C. 影响正常使用或耐久性的局部损坏

D. 影响正常使用的振动

7. 当桥梁结构出现(　　)时，认为结构超过了正常使用极限状态。

A. 影响正常使用的振动　　B. 结构构件的疲劳破坏

C. 结构转变成机动体系　　D. 结构或构件丧失稳定

8. 材料的设计强度指用材料强度标准值除以材料性能分项系数后的值，其取值依据主要是为了满足结构的(　　)。

A. 抗裂　　B. 强度　　C. 刚度　　D. 可靠度

9. 桥梁设计中作用准永久组合是指永久作用的标准值与可变作用的(　　)相组合。

A. 组合值　　B. 频遇值　　C. 准永久值　　D. 标准值

10. 桥梁设计中作用频遇组合是指永久作用的标准值与汽车荷载的(　　)、其他可变作用(　　)相组合。

A. 设计值、频遇值　　B. 频遇值、准永久值

C. 准永久值、标准值　　D. 标准值、准永久值

11. 桥梁结构设计中，作用频遇组合时，下列可变作用效应的频遇值系数取值中错误的是(　　)。

A. 汽车荷载(不计冲击力)取0.7，人群荷载取0.4

B. 风荷载取0.75，温度梯度作用取0.8

C. 其他作用取0.95

D. 人群荷载取0.4，温度梯度作用取0.8

12. 桥梁结构设计中，作用准永久组合时，下列可变作用效应的准永久值系数取值中错误的是(　　)。

A. 汽车荷载(不计冲击力)取0.4，人群作用取0.4

B. 风荷载取0.75，温度梯度作用取0.8

C. 其他作用取1.0

D. 人群荷载取1.0，温度梯度作用取0.8

13. 公路桥涵中，材料强度标准值取其概率分布的0.05分位值，具有不小于(　　)的保

证率。

A. 85%　　B. 97.73%　　C. 95%　　D. 90%

14. 公路桥涵应按照(　　)和环境条件进行耐久性设计。

A. 设计基准期　　B. 疲劳强度

C. 极限状态　　D. 设计使用年限

15.《公路桥规》将公路桥涵的安全等级划分为三级,对于不同等级的桥梁采用不同的桥梁结构重要性系数 γ_0 进行设计。下列说法正确的是(　　)。

A. 一级桥涵的结构重要性系数为1.2

B. 三级桥涵的结构重要性系数为0.95

C. 二级桥涵的结构重要性系数为1.0

D. 一级桥涵的结构重要性系数为1.05

16. 普通热轧光圆钢筋和带肋钢筋相比,(　　)与混凝土之间的黏结强度更高。

A. 光圆钢筋　　B. 带肋钢筋　　C. 两者相同　　D. 两者都很小

17. 下列不属于光圆钢筋与混凝土黏结作用的是(　　)。

A. 钢筋与混凝土接触面上的摩擦力

B. 钢筋与混凝土接触面上产生的库伦力

C. 钢筋表面与水泥胶结产生的机械咬合力

D. 混凝土中水泥胶体与钢筋表面的化学胶着力

18. 在影响钢筋黏结力的各项因素描述中,不正确的是(　　)。

A. 钢筋表面越粗糙,黏结强度越高

B. 钢筋净距是确保黏结强度的重要因素

C. 混凝土集料粒径是影响黏结强度的重要因素

D. 钢筋与混凝土的黏结强度随混凝土强度等级的提高而提高

19. 钢筋与混凝土两种材料能够共同工作是基于(　　)。

A. 钢筋与混凝土两者间的黏结力在外荷载作用下能够共同变形

B. 钢筋与混凝土具有相近的温度线膨胀系数,两者可以共同工作

C. 包裹在钢筋外面的混凝土可以保证结构的耐久性

D. 与上述三项均有关

20.《公路桥规》的频遇组合中,汽车荷载频遇值系数是(　　)。

A. 1.0　　B. 0.4　　C. 0.7　　D. 0.9

21.《公路桥规》中关于混凝土强度等级的试件尺寸规定为(　　)。

A. 100mm×100mm×100mm　　B. 150mm×150mm×150mm

C. 200mm×200mm×200mm　　D. 150mm×150mm×450mm

22.《公路桥规》中 HRB400 钢筋的抗拉强度设计值 f_{sd} 和抗压强度设计值 f'_{sd} 在取值上(　　)。

A. 前者小　　B. 后者小　　C. 相等　　D. 没有可比性

23.《公路桥规》规定,预应力混凝土构件的最低混凝土强度等级是(　　)。

A. C40　　B. C20　　C. C15　　D. C30

24. 一般来讲，工程设计在规定的设计使用年限内应该满足的功能要求不包括(　　)。

A. 安全性　　B. 适用性　　C. 耐久性　　D. 实用性

25. 混凝土桥梁正常使用极限状态计算时应包括(　　)内容。

A. 抗裂性　　B. 裂缝宽度　　C. 挠度　　D. 以上各项

26. C25 混凝土采用具有弯钩端的 HPB300 受拉钢筋时，其锚固长度应为(　　)。

A. $25d$　　B. $30d$　　C. $35d$　　D. $40d$

27. C30 混凝土采用直端的 HRB400 受压钢筋时，其锚固长度应为(　　)。

A. $25d$　　B. $30d$　　C. $35d$　　D. $40d$

28. C50 混凝土采用弯钩端的 HRB400 受拉钢筋时，其锚固长度应为(　　)。

A. $40d$　　B. $35d$　　C. $30d$　　D. $25d$

29. 在《公路桥规》的设计规定中，下列各作用中(　　)不属于桥梁作用中的永久作用。

A. 土的重力　　B. 预应力作用

C. 水的浮力和基础变位作用　　D. 温度作用

30. 混凝土强度的基本代表值是(　　)。

A. 立方体抗压强度标准值　　B. 轴心抗压强度设计值

C. 轴心抗压强度标准值　　D. 轴心抗压强度平均值

31. 桥梁承载能力极限状态计算时应包括(　　)内容。

A. 承载力计算　　B. 结构稳定计算

C. 必要时进行倾覆和滑移的验算　　D. 以上各项

32. 桥梁工程设计取用基本组合时，作为主要作用的汽车荷载效应(含汽车冲击力、离心力)的分项系数取值应为(　　)。

A. 1.4　　B. 1.3　　C. 1.2　　D. 1.1

33. 桥梁工程设计取用基本组合时，对于混凝土结构重力，当考虑对结构的承载能力有利组合时，永久作用效应分项系数取值应为(　　)。

A. 1.0　　B. 1.2　　C. 1.0 或 1.2　　D. 1.3

34. 在《公路桥规》的设计规定中，下列各作用中(　　)不属于桥梁作用中的可变作用。

A. 混凝土收缩、徐变作用　　B. 风荷载

C. 汽车荷载　　D. 支座摩阻力

35. 在《公路桥规》的设计规定中，下列各作用中(　　)不属于间接作用。

A. 地震　　B. 基础不均匀沉降

C. 混凝土收缩　　D. 人群荷载

36. 工程结构的可靠指标 β 与失效概率 P_f 存在下列(　　)关系。

A. β 越大，P_f 越大

B. β 与 P_f 成反比关系

C. β 与 P_f 成正比关系

D. β 与 P_f 存在一一对应关系，β 越大，P_f 越小

37. 下列各项因素中，(　　)与桥梁结构混凝土的耐久性无关。

A. 混凝土的碳化　　B. 化学侵蚀和碱集料反应

C. 电化学腐蚀和应力腐蚀　　　　D. 冻融循环和温度变化的影响

习题参考答案及解析

1. B

【解析】结构的功能要求包括安全性、适用性和耐久性。

2. C

【解析】根据桥梁在施工和使用过程中面临的不同情况,《公路桥规》(JTG D60—2015)3.1.4条规定,公路桥涵应考虑持久状况、短暂状况、偶然状况、地震状况四种设计状况,对不同的设计状况应分别进行相应的极限状态设计。其中持久状况包括承载能力极限状态和正常使用极限状态;短暂状况要进行桥涵结构的承载能力极限状态设计计算,可根据需要进行正常使用极限状态的设计计算;偶然状况一般只进行桥涵结构的承载能力极限状态设计计算;地震状况应进行承载能力极限状态设计。

3. B

【解析】《公路桥规》(JTG D60—2015)4.1.1条规定,按时间的变化将作用分为永久作用、可变作用、偶然作用和地震作用四类。

4. C

【解析】根据《公路桥规》(JTG D60—2015)4.1.2条,可变作用的代表值包括标准值、组合值、频遇值和准永久值。

5. A

【解析】《公路桥规》(JTG D60—2015)4.1.5条规定,基本组合为永久作用设计值与可变作用设计值相组合。

6. A

【解析】《公路桥规》(JTG 3362—2018)中4.1.1条规定,公路桥涵承载能力极限状态是对应于桥涵及其构件达到最大承载能力或出现不适于继续承载的变形或变位的状态。

7. A

【解析】《公路桥规》(JTG 3362—2018)中4.1.1条规定,公路桥涵正常使用极限状态是指对应于结构及其构件达到正常使用或耐久性的某项限值的状态。正常使用极限状态包括:影响正常使用或外观的变形;影响正常使用或耐久性的局部损坏;影响正常使用的振动;影响正常使用的其他特定状态。

8. D

【解析】材料强度设计值取值的原则。材料性能分项系数需根据不同材料,进行构件分析的可靠指标达到规定的目标可靠指标及工程经验校准来确定。

9. C

【解析】《公路桥规》(JTG D60—2015)4.1.6条规定,准永久组合是永久作用的标准值与可变作用准永久值相组合。

10. B

【解析】《公路桥规》(JTG D60—2015)4.1.6条规定,作用频遇组合是永久作用的标准值与汽车荷载的频遇值、其他可变作用准永久值相组合。

11. C

【解析】《公路桥规》(JTG D60—2015)4.1.5条规定,作用频遇组合:汽车荷载(不计冲击力)取0.7,人群荷载取0.4,风荷载取0.75,温度梯度作用取0.8,其他作用取1.0。

12. D

【解析】《公路桥规》(JTG D60—2015)4.1.5条规定,作用准永久组合:汽车荷载(不计冲击力)取0.4,人群荷载取0.4,风荷载取0.75,温度梯度作用取0.8,其他作用取1.0。

13. C

【解析】材料的强度标准值是由标准试件按标准试验方法经数理统计以概率分布的0.05分位值确定,即其取值原则是在符合规定质量的材料强度实测值的总体中,材料的强度标准值应具有不小于95%的保证率。

14. D

【解析】《公路桥规》(JTG D60—2015)3.1.7条规定,公路桥涵应按照设计使用年限和环境条件进行耐久性设计。

15. C

【解析】《公路桥规》(JTG D60—2015)4.1.5条规定,一级桥涵的结构重要性系数取1.1,二级桥涵的结构重要性系数取1.0,三级桥涵的结构重要性系数取0.9。

16. B

【解析】钢筋与混凝土的黏结作用由三部分组成:①混凝土中水泥胶体与钢筋表面的化学胶着力;②钢筋与混凝土接触面上的摩擦力;③钢筋表面与水泥胶体产生的机械咬合力。带肋钢筋与混凝土间的摩擦力和机械咬合力最大。

17. B

【解析】光圆钢筋与混凝土的黏结作用主要由三部分组成:①混凝土中水泥胶体与钢筋表面的化学胶着力;②钢筋与混凝土接触面上的摩擦力;③钢筋表面与水泥胶体产生的机械咬合力。

18. C

【解析】钢筋与混凝土间的黏结力与混凝土集料粒径的相关性很小。

19. D

【解析】钢筋与混凝土这两种力学性能不同的材料之所以能有效地结合在一起而共同工作,主要是由于:①混凝土和钢筋之间有着良好的黏结力,使两者能可靠地结合成一个整体,在荷载作用下能够很好地共同变形,完成其结构功能。②钢筋和混凝土的温度线膨胀系数也较为接近。③质量良好的混凝土,可以保护钢筋免遭锈蚀,保证钢筋与混凝土的共同作用。

20. C

【解析】《公路桥规》(JTG D60—2015)4.1.5条规定,作用频遇组合汽车荷载(不计汽车冲击力)频遇值系数取0.7。

21. B

【解析】《公路桥规》(JTG 3362—2018)3.1.1 条规定,混凝土强度等级的试件尺寸为150mm × 150mm × 150mm。

22. C

【解析】受混凝土极限压应变的制约,《公路桥规》(JTG 3362—2018)3.2.3 条规定,HRB400 钢筋的抗拉强度设计值 f_{sd} 和抗压强度设计值 f'_{sd} 在取值上相同。

23. A

【解析】《公路桥规》(JTG 3362—2018)3.1.2 条规定,预应力混凝土受力构件的最低混凝土强度等级是 C40。

24. D

【解析】一般来讲,工程设计在规定的设计使用年限内应该满足的安全性、适用性和耐久性的功能要求。

25. D

【解析】《公路桥规》(JTG 3362—2018)6.1.1 条规定,公路桥涵按正常使用极限状态要求进行的计算是对构件的抗裂、裂缝宽度和挠度进行验算。

26. D

【解析】《公路桥规》(JTG 3362—2018)中表 9.1.4 的规定值。

27. C

【解析】《公路桥规》(JTG 3362—2018)中表 9.1.4 的规定值。

28. D

【解析】《公路桥规》(JTG 3362—2018)中表 9.1.4 的规定值。

29. D

【解析】《公路桥规》(JTG D60—2015)4.1.1 条规定,永久作用中不包括温度作用。

30. A

【解析】《混凝土结构设计规范》[GB 50010—2010(2015 年版)]规定:混凝土立方体抗压强度标准值是指按照标准方法制作养护的边长为 150mm 的立方体标准试件,在 28d 龄期用标准试验方法测得的具有 95% 保证率的立方体抗压强度。混凝土立方体试件的强度比较稳定,我国以该值作为混凝土强度的基本指标。

31. D

【解析】《公路桥规》(JTG 3362—2018)5.1.1 条规定,公路桥涵按承载能力极限状态计算内容包括承载力计算、结构稳定计算,必要时尚应进行倾覆和滑移的验算。

32. A

【解析】《公路桥规》(JTG D60—2015)4.1.5 条规定,作为主要作用的汽车荷载效应(含汽车冲击力、离心力)的分项系数取值应为 1.4。

33. A

【解析】《公路桥规》(JTG D60—2015)4.1.5 条规定,对于混凝土结构重力,当考虑对结构承载能力不利的组合时,永久作用效应分项系数取值应为 1.2;对结构承载能力有利时,永久作用效应分项系数取 1.0。

34. A

【解析】《公路桥规》(JTG D60—2015)4.1.1 条规定,可变作用不包括混凝土收缩、徐变作用。

35. D

【解析】作用是指使结构产生内力、变形、应力和应变的所有原因,它分为直接作用和间接作用两种。直接作用是指施加在结构上的集中力或分布力,如汽车、人群、结构自重等,间接作用是指引起结构外加变形和约束变形的原因,如地震、基础不均匀沉降、混凝土收缩、温度变化等。

36. D

【解析】β 是失效概率和可靠概率的度量,β 与 P_f 或 P_r 具有一一对应的数量关系,β 越大,则失效概率 P_f 越小,可靠概率 P_r 越大。

37. C

【解析】电化学腐蚀和应力腐蚀主要影响钢筋混凝土结构中普通钢筋或预应力钢筋的耐久性。

第二节　受弯构件承载力计算

【考试纲要】

(1)全梁承载能力校核与构造要求;

(2)正截面受力过程和破坏特征;

(3)正截面抗剪承载力计算;

(4)斜截面的受力特点和破坏形态;

(5)斜截面抗剪承载力计算;

(6)斜截面抗剪力影响因素;

(7)斜截面抗弯承载力;

(8)连续梁的斜截面抗剪承载力。

【复习提示】

1. 复习要点

考生应了解和掌握单、双筋截面梁内受压钢筋的作用;T 形截面梁受压翼板有效宽度;受弯构件斜截面破坏机理及影响受弯构件斜截面抗剪承载力的主要因素、常用截面形式、钢筋的种类及各类钢筋的构造要求;适筋梁正截面受力全过程;受弯构件正截面的三种破坏形态、两种破坏性质及其影响因素;正截面承载力计算的基本假定和梁斜截面三种破坏形态及腹筋对斜截面破坏形态的影响等基本概念、原理和方法。能够熟练运用正截面承载力和斜截面承载力计算理论和方法设计钢筋混凝土受弯构件。

重点:

(1)钢筋混凝土受弯构件破坏形态。

(2)受弯构件的钢筋构造。

(3)受弯构件正截面承载力计算的基本假定和原理。

(4)矩形截面和T形截面梁截面设计和抗弯承载力计算方法。

(5)相对界限受压区高度。

(6)无腹筋简支梁斜截面破坏形态。

(7)钢筋混凝土受弯构件抗剪斜截面承载力计算方法。

难点：

钢筋混凝土受弯构件抗弯和抗剪承载力计算。

2. 规范提示

钢筋混凝土受弯构件的构造、破坏形态、正截面承载力和斜截面承载力计算等知识点涉及《公路钢筋混凝土及预应力混凝土桥涵设计规范》(JTG 3362—2018)和《公路桥涵设计通用规范》(JTG D60—2015)，以下统一简称为《公路桥规》。考生应掌握《公路桥规》中关于受弯构件的抗弯、抗剪承载力的计算方法及相应的构造要求。

习题精练

1. 下面哪种截面不是中小桥梁钢筋混凝土受弯构件常用的截面形式(　　)。

A. T形梁　　B. 实心矩形梁　　C. 箱形梁　　D. 空心板

2. 按照板的受力特性，可将板分为单向板和(　　)。

A. 双向板　　B. 悬臂版　　C. 空心板　　D. 铰接板

3. 混凝土保护层厚度是指(　　)到混凝土最近表面的近距离。

A. 最外层受力钢筋外表面　　B. 最外层箍筋外表面

C. 最外层受力钢筋中心　　D. 最外层分布钢筋外表面

4. 对于周边支承的桥面板，当长边与短边的比值大于或等于(　　)时，受力以短边方向为主，称为单向板。

A. 2　　B. 2.5　　C. 3　　D. 4

5. 以下(　　)不属于梁内箍筋作用。

A. 帮助混凝土抗剪　　B. 固定纵向钢筋位置

C. 与纵向钢筋、架立钢筋等组成骨架　　D. 减小混凝土裂缝宽度

6. 公路条规规定受弯构件中，受拉钢筋的最小配筋率应符合下列要求(　　)。

A. $\rho_{min} \geq 45 f_{td}/f_{sd}$(%)且不小于0.25%

B. $\rho_{min} \leq 45 f_{td}/f_{sd}$(%)且不小于0.25%

C. $\rho_{min} \geq 45 f_{td}/f_{sd}$(%)且不大于0.25%

D. $\rho_{min} \leq 45 f_{td}/f_{sd}$(%)且不大于0.25%

7. 受弯构件正截面工作时，裂缝即将出现发生在(　　)。

A. 第Ⅰ阶段　　B. 第Ⅱ阶段　　C. 第Ⅰ阶段末　　D. 第Ⅲ阶段

8. 受弯构件正截面工作时，(　　)发生纵向受拉钢筋屈服。

A. 第Ⅱ阶段　　B. 第Ⅱ阶段末　　C. 第Ⅲ阶段　　D. 第Ⅲ阶段末

9. 以下(　　)不是超筋梁破坏的特征。

A. 梁的挠度与截面曲率曲线没有明显的转折点

B. 受拉区的裂缝开展不宽、延伸不高

C. 破坏突然,没有明显征兆

D. 属于塑性破坏

10. 最大配筋率是(　　)的界限。

A. 少筋梁与适筋梁　　B. 适筋梁与超筋梁

C. 少筋梁与超筋梁　　D. 视情况而定

11. 受弯构件正截面工作分为三个阶段,(　　)不属于第Ⅱ阶段受力特征。

A. 拉区混凝土退出工作,拉力转到钢筋

B. 发生应力重分布

C. 中和轴位置上移

D. 压应力图呈明显的丰满曲线型

12. 界限破坏是(　　)的界限。

A. 适筋梁与超筋梁　　B. 少筋梁与适筋梁

C. 少筋梁与超筋梁　　D. 视经验而定

13. 在适筋梁的受弯构件正截面承载力计算过程中,(　　)为防止出现超筋梁与少筋梁的条件。

A. $x \leqslant \xi_b h_0$ 与 $\rho \geqslant \rho_{min}$　　B. $x \geqslant \xi_b h_0$ 与 $\rho \geqslant \rho_{min}$

C. $x \geqslant \xi_b h_0$ 与 $\rho \leqslant \rho_{min}$　　D. $x \leqslant \xi_b h_0$ 与 $\rho \leqslant \rho_{min}$

14.《公路桥规》规定,下列(　　)不属于T形截面梁的受压翼板的有效宽度 b_f 取值考虑因素。

A. 简支梁计算跨径的1/3　　B. 相邻两梁的平均间距

C. 单片梁的宽度　　D. $b + 2b_h + 12h'_f$

15. 弯起钢筋的弯起点至弯起筋强度充分利用截面的距离满足(　　),并且满足《公路桥规》关于弯起钢筋的构造要求,则可不进行斜截面抗弯承载力的计算。

A. $S_1 \geqslant 0.6h_0$　　B. $S_1 \geqslant 0.5h_0$　　C. $S_1 \leqslant 0.6h_0$　　D. $S_1 \leqslant 0.5h_0$

16. 弯矩抵抗图是指沿梁长各正截面按实际配置的(　　)面积能承受的弯矩图,即表示正截面所具有的抗弯承载力。

A. 总受拉钢筋　　B. 总弯起钢筋

C. 总箍筋　　D. 总架立钢筋

17. 截面的配筋率是指所配置的钢筋截面面积与规定的混凝土截面面积的比值,公式表达为 $\rho = \frac{A_S}{bh_0}$,h_0 的含义为(　　)。

A. 截面的总高度　　B. 截面的有效高度

C. 截面总高度的1/2　　D. 截面的重心高度

18. 不属于双筋截面梁内受压钢筋的作用是(　　)。

A. 协助混凝土承担压力　　B. 承受异号弯矩

C. 提高截面的延性　　D. 减小裂缝宽度

19. 限制箍筋最大间距的目的主要是(　　)。

A. 保证箍筋和斜裂缝相交　　B. 控制箍筋的配筋率

C. 保证箍筋与受拉钢筋相连　　D. 控制工程施工质量

20. 抵抗弯矩图包住设计弯矩图,就可保证(　　)。

A. 斜截面抗压承载力　　B. 斜截面抗剪承载力

C. 斜截面抗弯承载力　　D. 正截面抗弯承载力

21. 下列几种说法中,正确的是(　　)。

A. 单筋截面受弯构件的受压区不设置任何钢筋

B. 在单向板内,分布钢筋应布置在主钢筋的下部

C. 梁内箍筋是沿梁纵向按一定间距配置并箍住纵向钢筋的横向钢筋

D. 水平纵向钢筋不一定要固定在箍筋的外侧

22.《公路桥规》中对主筋的净距或层与层间的净距有一定的要求,其目的是(　　)。

A. 使纵向受拉钢筋可以充分发挥抗拉的作用

B. 使钢筋骨架具有一定的保护层厚度

C. 便于混凝土施工,使混凝土中的粗集料可以浇筑到构件的每一个角落

D. 便于箍筋与架立钢筋的布置

23. 在进行矩形截面受弯构件承载力计算时,验算结构是否需要采用双筋梁的条件是(　　)。

A. $M > M_u = f_{cd}bh_0^2\xi_b(1-0.5\xi_b)$　　B. $M < M_u = f_{cd}bh_0^2\xi_b(1-0.5\xi_b)$

C. $M > M_u = f_{cd}bh_0^2\xi_b(1-0.6\xi_b)$　　D. $M > M_u = f_{cd}bh_0^2\xi_b(1-0.7\xi_b)$

24. 在进行 T 形截面受弯构件承载力计算时,两种类型 T 形截面的界限条件是(　　)。

A. $x = \xi_b h_0$　　B. $x = 2a'_s$　　C. $x = h'_f$　　D. $M_j = f_{sd}A_s\left(h_0 - \frac{h'_f}{2}\right)$

25. 以下关于 T 形截面受压翼板有效宽度的描述中,错误的是(　　)。

A. 受压翼板有效宽度内的压应力是均匀的,在 b'_f 宽度范围内的翼板可以认为全部参与工作

B. 受压翼板有效宽度是根据最大应力值不变与合力相等的等效受力原则得到的

C. 受压翼板有效宽度一般取为相邻两梁间的距离

D. 在计算超静定梁内力时,T 形梁受压翼板有效宽度取实际全宽

26. 矩形截面梁,截面宽 400mm,高 600mm,纵向受拉钢筋的重心到受拉边缘的距离 a_s = 40mm,因外荷载较小,仅按最小配筋率 $\rho_{min} = 0.2\%$,则配纵筋 A_S 为(　　)。

A. $A_S = 400 \times 600 \times 0.2\% = 480$mm

B. $A_S = 400 \times (600-40) \times 0.2\% = 448$mm

C. $A_S = (400-40) \times 600 \times 0.2\% = 432$mm

D. $A_S = (400-40) \times (600-40) \times 0.2\% = 403.2$mm

27. 以下不属于钢筋混凝土构件正截面承载力计算的基本假定的是(　　)。

A. 平截面假定　　B. 不考虑混凝土的抗拉强度

C. 材料应力-应变物理关系　　D. 各向同性假定

28. 界限破坏是适筋截面和超筋截面的界限，当截面实际受压区高度为(　　)时，为超筋梁截面；当(　　)时，为适筋梁截面。

A. $x_c > \xi_b h_0$　　B. $x_c < \xi_b h_0$　　C. $x_c \geqslant \xi_b h_0$　　D. $x_c \leqslant \xi_b h_0$

29. 剪跨比是一个无量纲常数，当 $1 \leqslant m \leqslant 3$，无腹筋简支梁的破坏形态是(　　)。

A. 斜拉破坏　　B. 剪压破坏　　C. 斜压破坏　　D. 少筋破坏

30. 下面不影响有腹筋梁受弯构件斜截面抗剪承载力的因素是(　　)。

A. 剪跨比　　B. 混凝土强度　　C. 受拉钢筋配筋率　　D. 保护层厚度

31. 配有箍筋和架立钢筋的钢筋混凝土梁，当其发生剪压破坏时，下面哪一部分不提供抗剪力(　　)。

A. 混凝土　　B. 箍筋　　C. 架立钢筋　　D. 弯起钢筋

32. 适筋梁正截面由加载到破坏的各应力阶段中，说法错误的是(　　)。

A. 当构件不允许裂缝时，以整体工作阶段为计算依据

B. 正常使用极限状态以带裂缝工作阶段为计算依据

C. 承载能力极限状态以破坏阶段为计算依据

D. 正常使用极限状态以破坏阶段为计算依据

33. 在进行钢筋混凝土双筋截面受弯构件正截面抗弯承载力计算时，要求构件达到破坏时，受压区混凝土高度 $x \geqslant 2a'_s$ 是为了(　　)。

A. 充分发挥受压钢筋的作用以确保达到屈服强度

B. 避免发生超筋破坏

C. 不发生少筋破坏

D. 保证截面不开裂

34. 纯弯曲梁在荷载作用下的受力表现为：受压区混凝土被压坏，而受拉区钢筋应力尚未屈服。此梁属于(　　)。

A. 适筋梁　　B. 少筋梁　　C. 超筋梁　　D. 平衡界限破坏的梁

35. 对于双筋截面混凝土受弯构件，为了防止出现超筋梁情况，截面计算受压区高度应该满足(　　)。

A. $x \geqslant \xi_b h_0$　　B. $x \leqslant \xi_b h_0$　　C. $x \geqslant 2a'_s$　　D. $x \leqslant 2a'_s$

36. 等高度简支梁腹筋的初步设计中，《公路桥规》规定，混凝土、箍筋、弯起钢筋最大剪力计算值的承担比例为(　　)。

A. 混凝土承担不多于60%，箍筋承担不超过40%

B. 混凝土和箍筋共同承担不少于60%，弯起钢筋承担不超过40%

C. 混凝土和弯起钢筋共同承担不少于60%，箍筋承担不超过40%

D. 箍筋和弯起钢筋共同承担不少于60%，混凝土承担不超过40%

37. 根据《公路桥规》要求，当构造要求满足(　　)时，可不进行斜截面抗弯承载力验算。

A. 纵筋弯起点设在该钢筋充分利用点以外不小于 $0.5h$ 处

B. 纵筋弯起点设在该钢筋充分利用点以外不小于 $0.5h_0$ 处

C. 纵筋弯起点设在该钢筋不需要点以外不小于 $0.5h$ 处

D. 弯起钢筋与梁轴的交点设在充分利用点以外不小于 $0.5h_0$ 处

38.《公路桥规》规定截面最小尺寸应满足 $\gamma_0 V_d \leqslant (0.51\times10^{-3})\sqrt{f_{cu,k}}bh_0$(kN)，是为了避免梁发生(　　)。

A. 斜拉破坏　　B. 剪压破坏　　C. 斜压破坏　　D. 少筋破坏

39. 关于梁内箍筋的主要作用，以下说法不正确的是(　　)。

A. 抵抗斜截面上的剪力

B. 固定纵筋位置以形成钢筋骨架

C. 增强受压钢筋的稳定性

D. 使核心混凝土处于三向受压状态

40. 关于双筋矩形截面受弯构件，下面说法错误的是(　　)。

A. 梁截面尺寸受到使用条件限制而混凝土强度不宜提高，宜采用双筋截面

B. 当梁截面存在异号弯矩时，宜采用双筋截面

C. 受压钢筋的存在可以提高截面的延性，并可减少长期荷载作用下受弯构件的变形

D. 双筋截面构件可以采用开口式箍筋

41. 对于翼板位于受压区的 T 形梁截面，影响翼缘板有效宽度的主要因素不包括(　　)。

A. 截面与跨径的相对尺寸　　B. 腹板厚度

C. 翼缘板厚度　　D. 支承条件

42. 无腹筋梁斜截面的破坏形态根据剪跨比的不同主要有斜压破坏、剪压破坏、斜拉破坏三种，这三种破坏的性质是(　　)。

A. 均为延性破坏

B. 斜拉破坏是脆性破坏，其余均为延性破坏

C. 均为脆性破坏

D. 斜拉破坏是延性破坏，其余均为脆性破坏

43. 受弯构件适筋梁破坏时，受拉钢筋应变和受压区边缘混凝土应变为(　　)。

A. $\varepsilon_c=\varepsilon_{cu},\varepsilon_s>\varepsilon_y$　　B. $\varepsilon_c\leqslant\varepsilon_{cu},\varepsilon_s>\varepsilon_y$

C. $\varepsilon_c\leqslant\varepsilon_{cu},\varepsilon_s<\varepsilon_y$　　D. $\varepsilon_c=\varepsilon_{cu},\varepsilon_s<\varepsilon_y$

44. 超筋截面受弯构件破坏时，受拉钢筋应变和受压区边缘混凝土应变为(　　)。

A. $\varepsilon_c=\varepsilon_{cu},\varepsilon_s>\varepsilon_y$　　B. $\varepsilon_c\leqslant\varepsilon_{cu},\varepsilon_s>\varepsilon_y$

C. $\varepsilon_c\leqslant\varepsilon_{cu},\varepsilon_s<\varepsilon_y$　　D. $\varepsilon_c=\varepsilon_{cu},\varepsilon_s<\varepsilon_y$

45. 在进行斜截面抗剪承载力计算时，计算公式上限值取为(　　)。

A. $0.038f_{td}bh_0$　　B. $0.038\sqrt{f_{td}}bh_0$

C. $0.5\times10^{-3}\alpha_2 f_{td}bh_0$　　D. $(0.51\times10^{-3})\sqrt{f_{cu\cdot k}}bh_0$

46. 斜压破坏发生时，斜截面梁的破坏特征是(　　)。

A. 破坏荷载等于或略高于主要斜裂缝出现时的荷载，破坏面较整齐，无混凝土压碎现象

B. 随着荷载的增大，梁的剪弯段内出现几条斜裂缝，其中一条发展为临界斜裂缝。破坏时可见很多平行的斜向短裂缝和混凝土碎渣

C. 破坏时斜裂缝多而密，但没有主裂缝

D. 梁的受拉区钢筋达到屈服强度，其应力保持不变而应变显著增大，直到受压区边缘混凝土的应变显著地增大达到混凝土极限压应变时，混凝土压碎破坏

47. 条件相同的无腹筋梁，会发生斜压破坏、剪压破坏和斜拉破坏三种破坏形态其梁的斜截面承载力的大致关系是(　　)。

A. 剪压 < 斜拉 < 斜压　　B. 斜压 < 斜拉 < 剪压

C. 剪压 < 斜压 < 斜拉　　D. 斜拉 < 剪压 < 斜压

习题参考答案及解析

1. B

【解析】钢筋混凝土受弯构件常用的截面形式有空心板、T 形梁和箱形梁。

2. A

【解析】按照板的受力特性，可将板分为单向板和双向板。

3. B

【解析】混凝土保护层是具有足够厚度的混凝土层，取钢筋边缘至构件截面表面之间最短的距离。设置保护层是为了保护钢筋不直接受到大气的侵蚀和其他环境因素作用，也是为了保证钢筋和混凝土有良好的黏结。

4. A

【解析】对于周边支撑的板，当长边与短边的比值大于或等于 2 时，受力以短边方向为主，称为单向板，反之称为双向板。

5. D

【解析】梁内箍筋主要作用是帮助混凝土抗剪，在构造上固定纵向钢筋位置，并且与纵向钢筋、架立钢筋等形成钢筋骨架。

6. A

【解析】《公路桥规》(JTG 3362—2018)9.1.12 条规定，受弯构件受拉钢筋最小配筋百分率不应小于 $45f_{td}/f_{sd}$，同时不应小于 0.2。

7. C

【解析】适筋梁正截面受力全过程的第 Ⅰ 阶段是没有裂缝阶段，第 Ⅱ 阶段是带裂缝阶段。第 Ⅰ 阶段末裂缝即将出现，梁截面上的弯矩为开裂弯矩 M_{cr}。

8. B

【解析】适筋梁正截面受力全过程的第 Ⅱ 阶段是带裂缝阶段，第 Ⅱ 阶段末纵向受拉钢筋屈服。

9. D

【解析】超筋梁破坏属于脆性破坏。

10. B

【解析】最大配筋率是超筋梁和适筋梁的界限；最小配筋率是少筋梁和适筋梁的界限。

11. D

【解析】钢筋破坏达到第二阶段，在有裂缝的表面上，拉区混凝土退出工作，它原承担的拉力转给了钢筋，发生了明显的应力重分布。混凝土的压应力曲线不再是三角形分布，形成微曲的曲线形，中和轴向上移动。

12. A

【解析】界限破坏是适筋梁与超筋梁的界限。

13. A

【解析】$x \leqslant \xi_b h_0$ 与 $\rho \geqslant \rho_{min}$ 是分别防止出现超筋梁与少筋梁的条件。

14. C

【解析】《公路桥规》(JTG 3362—2018)4.3.3 条规定，T 形截面梁的受压翼板的有效宽度 b'_f 取值考虑简支梁计算跨径的 1/3、相邻两梁的平均间距、$b + 2b_h + 12h'_f$ 的最小值。

15. B

【解析】弯起钢筋的弯起点至弯起筋强度充分利用截面的距离满足 $S_1 \geq 0.5h_0$，满足《公路桥规》(JTG 3362—2018)9.3.10 条关于弯起钢筋的构造要求，则可不进行斜截面抗弯承载力的计算。

16. A

【解析】弯矩抵抗图是指沿梁长各正截面按实际配置的总受拉钢筋面积能承受的弯矩图，即表示正截面所具有的抗弯承载力。

17. B

【解析】h_0 为截面的有效高度，$h_0 = h - \alpha_s$。

18. D

【解析】双筋截面梁内受压钢筋的主要作用是用来协助混凝土承担压力、承受异号弯矩、提高截面的延性。

19. A

【解析】限制箍筋最大间距的最主要目的是保证箍筋和斜裂缝相交，防止发生斜拉破坏。《公路桥规》(JTG 3362—2018)9.3.12 条规定：箍筋的间距不应大于梁高的 1/2 且不大于 400mm；当所箍钢筋为按受力需要的纵向受压钢筋时，应不大于受压钢筋的 15 倍，且不应大于 400mm。

20. D

【解析】抵抗弯矩图是指沿梁长各个正截面按实际配置的总受拉钢筋面积能承受的弯矩图，即表示正截面所具有的抗弯承载力。

21. C

【解析】受弯构件的钢筋包括纵向受拉钢筋(主钢筋)、弯起钢筋或斜钢筋、箍筋、架立钢筋和水平纵向钢筋等。单筋截面受弯构件受压区虽然不需要配置受力纵筋，但仍需按构造要求配置箍筋、架立钢筋和水平纵向钢筋等钢筋；在单向板内，分布钢筋应该布置在主钢筋的上部；水平纵向钢筋必须固定在箍筋的外侧。

22. C

【解析】为避免由于钢筋间距太小导致混凝土集料无法通过，应对受弯构件主筋的最小间距加以限制。

23. A

【解析】当 $M>M_u=f_{cd}bh_0^2\xi_b(1-0.5\xi_b)$，需要按照双筋截面进行布置。

24. C

【解析】T形截面按照受压区高度不同分为两类：受压区高度在翼板厚度内，即 $x\leqslant h_f$，为第一类T形截面；反之，受压区已进入梁肋，为第二类T形截面。

25. C

【解析】在设计计算中，为了便于计算，根据等效受力原则，把与梁肋共同工作的翼板宽度限制在一定的范围内，称为受压翼板的有效宽度 b'_f。在 b'_f 宽度范围内的翼板可以认为全部参与工作，并假定其压应力是均匀分布的，而在这范围以外的翼板，则不考虑其参与受力。《公路桥规》(JTG 3362—2018)4.3.3条规定，T形截面梁的受压翼板的有效宽度 b'_f 取值考虑简支梁计算跨径的1/3、相邻两梁的平均间距、$b+2b_h+12h'_f$ 的最小值。

26. B

【解析】$\rho=\dfrac{A_s}{bh_0}$，其中 b 为矩形截面的梁肋宽度。h_0 为截面有效高度，最小配筋率是根据开裂后梁截面的抗弯承载力应等于同样截面的素混凝土梁抗弯承载力这一条件得出的。根据公式选B。

27. D

【解析】钢筋混凝土构件正截面承载力计算的基本假定的是平截面假定，不考虑混凝土的抗拉强度，材料应力-应变物理关系。

28. A,B

【解析】界限破坏是适筋截面和超筋截面的界限，当截面实际受压区高度为 $x_c>\xi_bh_0$ 时，为超筋梁截面；当 $x_c<\xi_bh_0$ 时，为适筋梁截面。

29. B

【解析】剪跨比是一个无量纲常数，当 $1\leqslant m\leqslant3$，无腹筋简支梁的破坏形态是剪压破坏；当 $m\geqslant3$，无腹筋简支梁的破坏形态是斜拉破坏；当 $m\leqslant1$，无腹筋简支梁的破坏形态是斜压破坏。

30. D

【解析】影响有腹筋梁受弯构件斜截面抗剪承载力的主要因素是剪跨比、混凝土强度、受拉钢筋配筋率和箍筋数量及强度等。

31. C

【解析】在钢筋混凝土结构中，主要由弯起钢筋、混凝土和箍筋共同承担剪力。架立钢筋与箍筋形成钢筋骨架，主要起构造作用。

32. D

【解析】正常使用极限状态是以带裂缝工作阶段为计算依据。

33. A

【解析】在进行钢筋混凝土双筋截面受弯构件正截面抗弯承载力时，要求构件达到破坏时，受压区混凝土高度 $x\geqslant2a'_s$ 是为了充分发挥受压钢筋的作用以确保达到屈服强度。

34. C

【解析】超筋梁的破坏特征是受压区混凝土被压碎，而受拉区钢筋尚未屈服。破坏前梁的挠度及截面曲率没有明显的转折点，受拉区的裂缝开展不宽、延伸不高，破坏是突然的，没有明显征兆，属于脆性破坏。

35. B

【解析】对于双筋截面混凝土受弯构件，为了防止出现超筋梁情况，截面计算受压区高度应该满足 $x \leqslant \xi_b h_0$。

36. B

【解析】等高度简支梁腹筋的初步设计中，《公路桥规》(JTG 3362—2018)5.2.13 条规定，最大剪力计算值的承担比例：混凝土和箍筋共同承担不少于 60%，弯起钢筋承担不超过 40%。

37. B

【解析】在进行弯起钢筋布置时，为满足斜截面抗弯承载力的要求，弯起钢筋的弯起点位置应设在按正截面抗弯承载力计算该钢筋的强度全部被利用的截面以外，其距离不小于 $0.5h_0$ 处。

38. C

【解析】《公路桥规》(JTG 3362—2018)5.2.11 条规定了截面最小尺寸的限制条件。这种限制是为了避免梁斜压破坏，同时也为了防止梁特别是薄腹梁在使用阶段裂缝开展过大。

39. D

【解析】梁内箍筋的主要作用是抵抗斜截面上的剪力、固定纵筋位置以形成钢筋骨架、增强受压钢筋的稳定性。

40. D

【解析】双筋截面构件必须选用闭口式箍筋。

41. B

【解析】对于翼板位于受压区的 T 形梁截面，影响翼缘板有效宽度的主要因素有截面与跨径的相对尺寸、翼缘板厚度、支承条件。

42. C

【解析】无腹筋简支梁斜截面的三种破坏形态虽有不同，但是荷载达到顶峰时梁的跨中挠度都不大，且破坏较为突然，均属于脆性破坏。

43. A

【解析】受弯构件适筋梁破坏于受拉钢筋屈服，经历一段变形过程后，受压区边缘混凝土达到极限压应变开始破坏，受拉区钢筋屈服。受拉钢筋应变和受压区边缘混凝土应变为 $\varepsilon_c = \varepsilon_{cu}$，$\varepsilon_s > \varepsilon_y$。

44. D

【解析】受弯构件超筋梁破坏于混凝土屈服破坏，经历一段变形过程后，受压区边缘混凝土达到极限压应变开始破坏，受拉钢筋未屈服，受压区边缘混凝土应变和受拉钢筋应变为 $\varepsilon_c = \varepsilon_{cu}$，$\varepsilon_s < \varepsilon_y$。

45. D

【解析】《公路桥规》(JTG 3362—2018)5.2.11 条规定，在进行斜截面抗剪承载力计算时，计算公式上限值取为$(0.51\times10^{-3})\sqrt{f_{cu,k}}bh_0$。

46. C

【解析】A 选项是斜拉破坏的特征，B 选项是剪压破坏的特征，D 选项是适筋梁破坏特征。

47. D

【解析】无腹筋梁三种斜截面破坏形态中，斜压破坏的梁腹发生类似混凝土棱柱体被压坏的情况，承载力最高；剪压破坏承载力次之；斜拉破坏承载能力最低。故选 D。

第三节　受压构件承载力计算

【考试纲要】

(1)轴心受压构件的特点；

(2)矩形截面偏心受压构件的特点；

(3)偏心受压构件的构造要求；

(4)偏心受压构件的纵向弯曲；

(5)I 字形截面受压构件；

(6)圆形截面受压构件。

【复习提示】

1. 复习要点

考生应理解轴心受压构件、偏心受压构件截面的破坏形态的特征及处于极限破坏形态时正截面上应力的分布；掌握受压构件正截面承载力计算公式的原理和方法；熟悉受压构件纵向钢筋与箍筋的构造要求。

重点：

(1)受压构件的破坏形态及截面上应力、应变的分布。轴心受压构件及偏心受压构件承载力计算公式及公式适用条件的得出会用到该知识点。

(2)长细比。长细比与轴心受压构件纵向弯曲系数及偏心受压构件偏心距增大系数紧密相关，在受压构件截面承载力的计算中均会用到该知识点。

(3)构件的构造要求。受压构件的承载力计算及复核会用到该知识点。

难点：

受压构件承载力的计算及复核。

2. 规范提示

受压构件截面承载力的计算、构件构造要求等知识点涉及《公路钢筋混凝土及预应力混凝土桥涵设计规范》(JTG 3362—2018)、《公路桥涵设计通用规范》(JTG D60—2015)，均为现行规范，以下统一简称为《公路桥规》。本节关于受压构件的设计原则、计算公式、计算方法及构造要求参照《公路钢筋混凝土及预应力混凝土桥涵设计规范》(JTG 3362—2018)编写。受压构件承载力计算所涉及的作用分类、取值及作用组合参照《公路桥涵设计通用规范》(JTG

D60—2015)编写。

习题精练

1. 受压柱中,配置螺旋箍筋的作用是(　　)。

A. 提高混凝土的强度和延性

B. 提高混凝土的强度,但延性不能提高

C. 提高混凝土的延性,但强度不能提高

D. 以上说法均不对

2. 钢筋混凝土轴心受压构件因混凝土徐变产生了混凝土和钢筋之间的应力重分布,下面说法正确的是(　　)。

A. 钢筋中压应力增大,混凝土截面压应力减小

B. 钢筋中压应力减小,混凝土截面压应力增大

C. 钢筋和混凝土中压应力均增大

D. 钢筋和混凝土中压应力均减小

3. 钢筋混凝土轴心受压构件,稳定系数主要与构件的 (　　)有关。

A. 混凝土强度　　B. 纵向钢筋的配筋率

C. 两端约束情况　　D. 长细比

4. 对于高度、截面尺寸、配筋完全相同的柱,以支承条件为(　　)时,其轴心受压承载力最大。

A. 两端嵌固　　B. 一端嵌固,一端不动铰支

C. 两端不动铰支　　D. 一端嵌固,一端自由

5.《公路桥规》规定,普通箍筋柱中的箍筋必须做成(　　),箍筋直径应(　　)纵向钢筋直径的 1/4,且(　　)8mm。

A. 开口式,不小于,不大于　　B. 开口式,不大于,不小于

C. 闭合式,不小于,不小于　　D. 闭合式,不大于,不大于

6. 有两个配有螺旋箍筋的轴心受压构件截面,一个截面直径大,另一个截面直径小,但螺旋箍筋的种类、直径和螺距都是相同的,则螺旋箍筋对(　　)轴心受压构件的承载能力提高得大些(指相对于该轴心受压构件本身)。

A. 直径大的　　B. 直径小的

C. 两者相同　　D. 不能确定

7. 规范规定按螺旋箍筋柱计算的承载力不得超过按普通柱计算所得承载力的 1.5 倍,这是为了(　　)。

A. 在正常使用阶段外层混凝土不致脱落

B. 不发生脆性破坏

C. 限制截面尺寸

D. 保证构件的延性

8. 两个仅配筋率不同的轴压柱，若混凝土的徐变值相同，柱Ⅰ配筋率大于柱Ⅱ，则引起的应力重分布程度是(　　)。

A. 柱Ⅰ = 柱Ⅱ　　B. 柱Ⅰ > 柱Ⅱ

C. 柱Ⅰ < 柱Ⅱ　　D. 不能确定

9. 较长细比大于48的轴心受压柱构件不宜采用螺旋箍筋，其原因是(　　)。

A. 长细比较大，比较容易失稳　　B. 施工难度大

C. 长细比较大，抗震性能不好　　D. 长细比较大，螺旋箍筋作用不能发挥

10. 与普通箍筋的轴心受压构件相比，螺旋箍筋的轴心受压构件的说法正确的是(　　)。

A. 破坏时，混凝土压碎，仅纵筋屈服

B. 破坏时，混凝土压碎，纵筋不屈服

C. 破坏时，保护层混凝土剥落，承载力较低

D. 螺旋箍筋达到屈服，构件才最终破坏

11. 在矩形截面偏心受压构件计算中，判断大偏心受压、小偏心受压的条件是(　　)。

A. $\eta e_0 < 0.3h_0$为小偏心，$\eta e_0 \geqslant 0.3h_0$为大偏心

B. $\eta e_0 > 0.3h_0$为小偏心，$\eta e_0 \leqslant 0.3h_0$为大偏心

C. $\xi \leqslant \xi_b$为大偏心，$\xi > \xi_b$为小偏心

D. $\xi < \xi_b$为小偏心，$\xi \geqslant \xi_b$为大偏心

12. 配有普通箍筋的钢筋混凝土轴心受压构件中，普通箍筋的作用主要是(　　)。

A. 承受剪力

B. 约束核心混凝土

C. 使混凝土密实

D. 形成钢筋骨架、约束纵筋、防止压屈外凸

13. 小偏心构件的破坏是由于受压区边缘混凝土达到其极限压应变而压碎，其破坏性质属于(　　)破坏。

A. 塑性破坏　　B. 脆性破坏

C. 受剪构件　　D. 受拉破坏

14. 关于钢筋混凝土偏心受压构件，下面说法正确的是(　　)。

A. 当偏心距较大时，一定是受压破坏

B. 当偏心距较大时，一般产生受拉破坏，也可能发生受压破坏

C. 当偏心距较小且受拉钢筋面积A_s很小时，产生受拉破坏

D. 当受拉钢筋面积A_s较大时，不会产生受拉破坏

15. 钢筋混凝土偏心受压构件发生材料破坏时，大、小偏心受压的界限状态是(　　)。

A. 受压区混凝土压碎　　B. 受拉区混凝土开裂同时A_s屈服

C. 受拉钢筋A_s屈服同时混凝土压碎　　D. A_s、A'_s均屈服

16. 与相对界限受压区高度ξ_b有关的因素为(　　)。

A. 钢筋等级及混凝土等级　　B. 钢筋等级

C. 钢筋等级、混凝土等级及截面尺寸　　D. 混凝土等级

17. 由N_u-M_u相关曲线可以看出，下面观点不正确的是(　　)。

A. 小偏心受压情况下,随着 N 的增加,正截面受弯承载力随之减小

B. 大偏心受压情况下,随着 N 的增加,正截面受弯承载力随之减小

C. 界限破坏时,正截面受弯承载力达到最大值

D. 对称配筋时,如果截面尺寸和形状相同,混凝土强度等级和钢筋级别也相同,但配筋数量不同,则在界限破坏时,它们的N_u是相同的

18. 一小偏心受压柱,如果分别作用两组荷载,已知 $M_1 < M_2$, $N_1 > N_2$,且 N_1、M_1 作用时柱将破坏,那么 N_2、M_2作用时( )。

A. 柱破坏　　B. 柱有可能破坏

C. 柱不破坏　　D. 不能确定

19. 一对称配筋的小偏心受压构件,承受的四组内力中,最不利的一组内力为( )。

A. 525kN·m ,N = 2050kN　　B. 520kN·m ,N = 3060kN

C. 524kN·m ,N = 3040kN　　D. 525kN·m ,N = 3090kN

20. 初始偏心距相同的偏心受压构件,对于矩形截面,当 $5 < l_0/h < 30$ 时,则 ( )。

A. 始终发生材料破坏　　B. 由失稳破坏转为材料破坏

C. 始终发生失稳破坏　　D. 由材料破坏转为失稳破坏

21. 在实际工程中,偏心受压柱设计成截面对称配筋,一个原因是( ),另一个原因是方便施工。

A. 可能会产生异号弯矩　　B. 降低造价

C. 节省计算工作量　　D. 增大承载力

22. 在荷载作用下,偏心受压构件的长柱,《公路桥规》采用一个偏心距增大系数 η 来考虑( )的影响。

A. 纵向挠曲　　B. 一阶效应

C. 弯矩　　D. 轴力

23. 下列构件不需考虑偏心距增大系数 η 的是( )。

A. $l_0/h < 5$ 的矩形截面构件　　B. 长细比 $l_0/d_1 > 4.4$ 的圆形截面

C. 小偏压构件　　D. 以上说法均不对

24. 在设计中,钢筋混凝土矩形截面偏压构件应以( )方向的截面主轴面为弯矩作用平面。

A. 短边　　B. 长边

C. 任意一边　　D. 以上说法都不对

25. 在偏压构件的正截面设计时,初步判断大小偏压的方法是 ( )。

A. 当 $\eta e_0 \leqslant 0.3h_0$ 时,可先按小偏压构件进行设计计算

B. 当 $\eta e_0 \geqslant 0.3h_0$ 时,可先按小偏压构件进行设计计算

C. 当 $\eta e_0 > 0.3h_0$ 时,可先按小偏压构件进行设计计算

D. 以上都不对

26. 矩形截面偏压构件的( )时,可直接用 x 判断大小偏心受压。

A. 截面设计的不对称配筋　　B. 截面设计

C. 截面复核　　D. 以上选项均不可

27. 在矩形截面大偏心受压构件正截面承载力计算中，当 $x<2a'_s$ 时，受拉钢筋截面面积 A_s 的求法是(　　)。

A. 对受压钢筋 A'_s 的形心取矩求得，即按 $x=2a'_s$ 求得

B. 要进行两种计算：一种是按上述 A 选项的方法求出 A_s；另一种是按 $A_s=0$，x 为未知，而求出 A_s，然后取这两个 A_s 值中的较大值

C. 要进行两种计算：一种是按上述 A 选项的方法求出 A_s；另一种是按 $A_s=0$，x 为未知，而求出 A_s，然后取这两个 A_s 值中的较小值

D. 按选项 C 方法取值，并应满足最小配筋率等条件

28. 小偏心受压构件承载力校核时，求出的截面的受压区情况是(　　)。

A. 全截面受压

B. 可能为全截面受压，也可能为部分截面受压、部分截面受拉

C. 截面部分受压、部分受拉

D. 以上都不对

29. 在 $A_s \neq A'_s$ 且均未知的大偏压构件截面设计中，令(　　)作为补充条件进行设计计算。

A. $x=\xi_b h_0$　　B. $A_s=A'_s$

C. $x=2a'_s$　　D. 以上都不对

30. 在 $A_s \neq A'_s$ 且均未知的小偏压构件的截面设计中，令(　　)计算偏压构件。

A. $x=2a'_s$　　B. $A_s=\rho_{min} b h_0$

C. $A_s=A'_s$　　D. 以上都不对

31. 下列对于钢筋沿圆周均匀布置的圆形截面偏心受压构件破坏时，各根钢筋的应变和应力的描述，错误的是(　　)。

A. 应力相同，应变相同　　B. 应力相同，应变不同

C. 应力不同，应变相同　　D. 应力不同，应变不同

32. 圆形截面偏心受压构件的纵向受力钢筋，通常沿圆周均匀布置，其根数不少于(　　)根，钢筋公称直径不小于(　　)mm。

A. 4，12　　B. 6，12

C. 8，14　　D. 10，14

33. 有一种偏压构件(不对称配筋)，计算得到所需受压钢筋 $A'_s=-4.92\text{cm}^2$，则(　　)。

A. A'_s 按 4.92cm^2 配置　　B. A'_s 按受拉钢筋最小配筋率配置

C. A'_s 按受压钢筋最小配筋率配置　　D. 按 $A'_s=0\text{cm}^2$ 配置

习题参考答案及解析

1. A

【解析】普通箍筋作用是防止纵向钢筋局部压屈，并与纵向钢筋形成钢筋骨架，便于施工。对于螺旋箍筋柱，螺旋箍筋的主要作用是约束核心混凝土，使截面核心混凝土处于三向受压状态，提高核心混凝土的强度和变形能力，从而间接提高螺旋箍筋柱的受压承载力和变形

能力。

2. A

【解析】不同配筋率的钢筋混凝土短柱,徐变引起的混凝土压应力变化幅度较钢筋应力变化幅度小,由于混凝土与钢筋之间仍存在黏结力,两者的变形必须协调,从而造成实际上混凝土受拉,而钢筋受压,从而徐变作用使得受压构件的混凝土截面压力减小,钢筋截面压力增加。

3. D

【解析】稳定系数为长柱失稳破坏时的临界承载力与短柱压坏时的轴心力的比值,表示长柱承载力降低的程度,主要与构件的长细比有关,混凝土的强度等级及配筋率对其影响较小。

4. A

【解析】同样条件下,长柱的轴向承载能力与稳定系数相关,稳定系数为长柱失稳破坏时的临界承载力与短柱压坏时的轴心力的比值,表示长柱承载力降低的程度,而柱的支承条件是影响其临界压力的重要因素。而两端嵌固的轴压构件计算长度最小,长细比最小,稳定系数也最大,因此承载力最大。

5. C

【解析】《公路桥规》(JTG 3362—2018)规定,普通箍筋柱中的箍筋必须做成闭合式,箍筋直径应不小于纵向钢筋直径的1/4,且不小于8mm。

6. A

【解析】螺旋箍筋柱正截面承载力计算公式为 $N_u = 0.9(f_{cd}A_{cor} + kf_{sd}A_{s0} + f'_{sd}A'_s)$,截面直径大的柱 A_{cor} 大,而其他参数相同,则其 N_u 大。

7. D

【解析】为了保证在使用荷载作用下螺旋箍筋混凝土保护层不致过早剥落,螺旋箍筋柱的承载力计算值不应比按普通箍筋柱计算的承载力大50%。

8. B

【解析】柱子在荷载长期持续作用下,混凝土发生徐变而引起应力重分布。此时,如果构件在持续荷载过程中突然卸载,则混凝土只能恢复其全部压缩变形中的弹性变形部分,其徐变变形大部分不能恢复,而钢筋将能恢复其全部压缩变形,这就引起二者之间变形的差异。当构件中纵向钢筋的配筋率越高,同时混凝土的徐变较大时,二者变形的差异也越大,引起的应力重分布程度也越高。

9. D

【解析】对轴心受压截面,长细比大于48,螺旋箍筋不能发挥其作用,不考虑螺旋箍筋的作用,按普通箍筋柱计算构件的承载力。

10. D

【解析】螺旋箍筋柱随着轴力不断增大,螺旋箍筋中的环向拉力也不断增大,直至螺旋箍筋达到屈服,不能再约束核心混凝土横向变形,混凝土被压碎,构件即告破坏。

11. C

【解析】判别大小偏心受压主要就是判别受拉钢筋是否屈服,受拉钢筋屈服为大偏心受压,受拉钢筋未屈服为小偏心受压。大偏心由于压力偏离构件轴心比小偏心要远,受压产生的弯矩比较大，构件就相当于是受弯破坏的；小偏心的偏心距比较小，距离轴心近，构件就是受压破坏的。在钢筋混凝土偏心受压构件中，通过计算相对受压区高度来判定大、小偏压。当受压区高度小于或等于相对受压区高度时，构件为大偏心受压；反之，则为小偏心受压。

12. D

【解析】普通箍筋作用是防止纵向钢筋局部压屈、与纵向钢筋形成钢筋骨架、便于施工。

13. B

【解析】小偏心受压构件的破坏一般是受压区边缘混凝土的应变达到极限压应变，受压区混凝土被压碎；同一侧的钢筋压应力达到屈服强度，而另一侧的钢筋不论受拉还是受压，其应力均达不到屈服强度，小偏心受压破坏属于脆性破坏。

14. B

【解析】偏心距较大而受拉钢筋较多时，可能发生受压破坏；纵向压力偏心距很小，但是离纵向压力较远，一侧钢筋数量 A_s 少而靠近纵向力一侧钢筋 A'_s 较多，发生受压破坏。

15. C

【解析】偏心受压构件在偏心作用下，受拉钢筋达到屈服应变时，受压边缘混凝土也刚好达到极限压应变值，这就是偏心受压构件的界限状态。

16. A

【解析】相对界限受压区高度 ξ_b 与钢筋及混凝土强度等级有关。

17. B

【解析】在小偏心受压情况下，随着轴向压力的增大，截面所能承担的弯矩随之减小；在大偏心受压情况下，随着轴向压力的增大，截面所能承担的弯矩反而随之提高。

18. D

【解析】从偏心受压构件 $N-M$ 相关曲线看出，当 $M_1 < M_2$、$N_1 > N_2$ 且 N_1、M_1 作用时，柱将破坏，那么 N_2、M_2 共同作用确定的点无法确定在曲线的哪个区域。

19. D

【解析】根据偏心受压构件 $M-N$ 曲线，在小偏心受压情况下，随着轴向压力的增大，截面所能承担的弯矩随之减小，在 M 相近情况下，N 越大越危险，故 D 为最不利组合。

20. A

【解析】对于长柱，偏心受压构件矩形截面，破坏时，钢筋和混凝土的应变均达到材料破坏时的极限值，即发生材料破坏。

21. A

【解析】在实际工程中，偏心受压构件在不同荷载作用下，可能会产生相反方向的弯矩，同时为了使构造简单及便于施工，宜采用对称配筋。

22. A

【解析】实际工程中最常遇到的是长柱，在设计计算中需考虑由于构件侧向变形（变位）而引起的二阶弯矩的影响，即考虑构件在弯矩作用平面内的变形（变位）对轴向力偏心距的影响，应将轴向力对截面重心轴的偏心距 e_0 乘以偏心距增大系数 η。

23. A

【解析】《公路桥规》（JTG 3362—2018）5.3.9 条规定，计算偏心受压构件正截面承载力时，对长细比 $l_0/i>17.5$（i 为构件截面回转半径）的构件或长细比 l_0/h（矩形截面）>5、长细比 l_0/d_1（圆形截面）>4.4 的构件，应考虑构件在弯矩作用平面内的变形（变位）对轴向力偏心距的影响。

24. B

【解析】在设计中，钢筋混凝土矩形截面偏压构件应以长边方向的截面主轴面为弯矩作用平面。

25. A

【解析】在偏压构件的正截面设计时，初步判断大小偏压的方法是：当 $\eta e_0 \leqslant 0.3h_0$ 时，可先按小偏压构件进行设计计算；当 $\eta e_0>0.3h_0$ 时，可先按大偏压构件进行设计计算。

26. C

【解析】矩形截面设计对称配筋的偏心受压构件计算仍依据基本公式进行。截面设计时，假定为大偏心受压，由于是对称配筋，$A_s=A'_s$，$f_{sd}=f'_{sd}$，相当于补充了一个设计条件，令轴向力计算值 $N=\gamma_0 Nd=f_{cd}bx$，则可算出 x，然后进行大、小偏心破坏判断。

截面复核中，因截面的钢筋布置已定，故采用 x 判断大小偏心受压。

27. A

【解析】当 $x<2a'_s$ 时，受压钢筋 A'_s 的应力可能达不到 f'_{sd}。与双筋截面受弯构件类似，这时，近似取 $x=2a'_s$，受压区混凝土所承担的压力作用位置与受压钢筋承担的压力 $f'_{sd}A'_s$ 作用位置重合。

28. B

【解析】当 $\xi>\xi_b$ 时，为小偏心受压构件。用基本公式求出的 ξ 有两种情况：当 $h/h_0>\xi>\xi_b$ 时，截面部分受压，部分受拉；当 $\xi>h/h_0$ 时，截面全部受压。

29. A

【解析】大偏心受压构件截面设计，A_s 和 A'_s 均未知时，与双筋矩形截面受弯构件截面设计相仿，从充分利用混凝土的抗压强度、使受拉和受压钢筋的总用量最少的原则出发，近似取 $\xi-\xi_b$，即 $x=\xi_b h_0$ 为补充条件。

30. B

【解析】小偏心受压构件截面设计，A_s 和 A'_s 均未知时，一般情况下，小偏心受压构件破坏形态是远离偏心压力一侧的纵向钢筋无论受拉还是受压，其应力一般均未达到屈服强度，A_s 可取受压构件截面一侧钢筋的最小配筋量对应的钢筋截面面积。

31. D

【解析】试验表明，钢筋沿圆周均匀布置的圆形截面偏心受压构件破坏时，各根钢筋的应变是不相等的，应力也不完全相同。

32. B

【解析】圆形截面偏心受压构件的纵向受力钢筋，通常是沿圆周均匀布置，其根数不少于6根，钢筋公称直径不小于12mm。

33. C

【解析】大偏心受压构件截面设计时，当计算的 $A'_s<\rho'_{min}bh$ 或为负值时，应按 $A'_s \geqslant \rho'_{min}bh$ 选择钢筋并布置 A'_s，然后按 A'_s 为已知的情况继续计算求 A_s。

第四节 钢筋混凝土受弯构件的应力、裂缝和变形计算

【考试纲要】

(1)换算截面;

(2)裂缝及最大裂缝宽度验算;

(3)变形验算。

【复习提示】

1. 复习要点

考生应掌握换算截面的定义和计算方法,《公路规范》中最大裂缝宽度计算方法、公式中各参数的物理意义和裂缝宽度限制值;截面抗弯刚度的定义及计算方法;竖向挠度的限制值和预拱度的设置方法;熟悉钢筋混凝土受弯构件正常使用极限状态的计算特点;了解钢筋混凝土受弯构件裂缝产生的原因。

重点:

(1)换算截面。在钢筋混凝土受弯构件正常使用阶段的变形验算和应力验算等内容会用到该知识点。

(2)最大裂缝宽度计算方法、计算公式中各参数的物理意义和裂缝宽度限制值。在钢筋混凝土受弯构件正常使用阶段的验算中会用到该知识点。

(3)截面抗弯刚度计算方法、变形验算方法及预拱度设置方法。在钢筋混凝土受弯构件正常使用阶段的变形验算中会用到该知识点。

难点:

变形验算方法和最大裂缝宽度计算方法。

2. 规范提示

钢筋混凝土受弯构件的应力、裂缝和变形计算等知识点涉及《公路钢筋混凝土及预应力混凝土桥涵设计规范》(JTG 3362—2018)和《公路桥涵设计通用规范》(JTG D60—2015)等现行规范,以下统一简称为《公路桥规》。《公路钢筋混凝土及预应力混凝土桥涵设计规范》(JTG 3362—2018)第6.1.1条规定:公路桥涵的持久状况设计应按正常使用极限状态的要求,采用作用频遇组合、准永久组合或频遇组合并考虑准永久组合的影响,对构件的抗裂、裂缝宽度和挠度进行验算,并使各项计算值不超过规范规定的各相应限值。在上述各种组合中,汽车荷载效应不计冲击作用。

习题精练

1. 针对混凝土梁第Ⅱ工作阶段的计算,下列哪一项假定不适用于该阶段( )。

A. 平截面假定　　B. 弹性体假定

C. 受拉区混凝土不能承受拉应力　　D. 不考虑混凝土的抗拉强度

2. 对于钢筋混凝土构件,《公路桥规》规定正常使用阶段必须进行(　　)验算。除此之外,还应进行施工阶段的钢筋和混凝土的(　　)验算。

A. 变形　　B. 最大裂缝宽度

C. 变形和裂缝宽度　　D. 应力

3. 在计算钢筋混凝土受弯构件的挠度时,所采用的刚度是(　　)。

A. 最大弯矩处的最小刚度

B. 最小弯矩处的最大刚度

C. 按照结构力学方法,按在两端部弯矩作用下构件转角相等的原则求出的等刚度构件的等效刚度

D. 最小弯矩处的最小刚度

4.《公路桥规》规定,当由作用频遇组合并考虑长期效应影响产生的长期挠度不超过(　　)时,可以不设置预拱度。

A. $l/1600$　　B. $l/1000$　　C. $l/600$　　D. $l/300$

5. 对于钢筋混凝土梁,在正常使用阶段的承载能力计算一般取梁破坏的哪个阶段(　　)。

A. 第Ⅲ阶段,构件破坏阶段

B. 第Ⅱ阶段,裂缝开展阶段

C. 第Ⅰ阶段,梁混凝土没有裂缝阶段

D. 第Ⅱ阶段末,纵向受拉钢筋屈服

6. 钢筋混凝土受弯构件截面的换算系数,下列公式描述正确的是(　　)。

A. $\alpha_{Es}=\dfrac{E_s}{E_c}$　　B. $\alpha_{Es}=\dfrac{A_s}{A_c}$　　C. $\alpha_{Es}=\dfrac{E_c}{E_s}$　　D. $\alpha_{Es}=\dfrac{A_c}{A_s}$

7.《公路桥规》规定,在Ⅲ类和Ⅳ类环境条件下的钢筋混凝土构件,算得的裂缝宽度不应超过(　　)。

A. 0.10mm　　B. 0.15mm　　C. 0.20mm　　D. 0.25mm

8. 钢筋混凝土产生的裂缝,按照其产生原因分类,下面(　　)不是主要原因。

A. 作用效应引起的裂缝

B. 外加变形或约束变形引起的裂缝

C. 钢筋锈蚀裂缝

D. 混凝土收缩徐变引起的裂缝

9. 控制混凝土结构裂缝的理由不包括(　　)。

A. 裂缝过多,宽度过大会引起使用者不安

B. 裂缝过大,结构的承载能力会受到影响

C. 裂缝过大,会使钢筋锈蚀,而影响结构的耐久性

D. 裂缝过大,会使结构的刚度降低,而产生过大变形

10. 减少因钢筋锈蚀引起的裂缝最有效的措施是(　　)。

A. 提高钢筋等级　　B. 提高混凝土强度

C. 加大混凝土保护层厚度　　D. 增加钢筋截面面积

11. 受弯构件在使用阶段应考虑作用长期效应的影响，乘以挠度长期增长系数。根据《公路桥规》，采用 C40 以下混凝土时，η_θ 的取值为(　　)。

A. 1.6　　B. 1.45　　C. 1.35　　D. 1.3

12. 为了减小混凝土梁裂缝宽度，最有效的手段是(　　)。

A. 减小梁截面尺寸　　B. 提高钢筋强度等级

C. 减少钢筋直径　　D. 提高混凝土强度

13.《公路桥规》规定，钢筋混凝土受弯构件预拱度值如何计算(　　)。

A. 结构自重和 1/2 可变荷载频遇值

B. 结构自重和可变荷载频遇值

C. 结构自重和 1/4 可变荷载频遇值

D. 1/2 结构自重和 1/2 可变荷载频遇值

14. 钢筋混凝土结构的裂缝，由其产生的原因可以分为三类，下面哪一类原因属于由作用效应引起的裂缝(　　)。

A. 弯、剪、扭作用引起的裂缝　　B. 地基的不均匀沉降

C. 混凝土的收缩　　D. 钢筋锈蚀引起的裂缝

15. 与承载能力极限状态相比，钢筋混凝土受弯构件在使用阶段的计算特点说法错误的是(　　)。

A. 使用阶段计算时按照构件使用条件对已设计的构件进行计算，以保证在正常使用状态下的裂缝宽度和变形小于规范规定的各项限值

B. 正常使用极限状态时，作用（或荷载）组合应取用作用的频遇组合和准永久组合，并且规定此时汽车荷载计入冲击系数

C. 受弯构件的承载能力极限状态是构件破坏阶段，而正常使用阶段则是梁带裂缝阶段

D. 承载能力计算决定了构件设计尺寸、材料、配筋数量及钢筋布置，计算内容分为截面设计和截面内容

16.《公路桥规》规定，在消除结构自重产生的长期挠度后，钢筋混凝土受弯构件的计算挠度不超过主梁最大挠度处的和梁式桥主梁悬臂端的(　　)。

A. $l/600$　　B. $l/1600$　　C. $l_1/300$　　D. $l_1/600$

17. 对于配筋率一定的钢筋混凝土构件，(　　)钢筋产生的裂缝最大。

A. 直径大的光圆钢筋　　B. 直径大的带肋钢筋

C. 直径小的光圆钢筋　　D. 直径小的带肋钢筋

18. 钢筋混凝土受弯构件的挠度值应该如何计算(　　)。

A. 应按作用准永久组合并考虑长期效应对刚度的影响进行计算

B. 应按作用频遇组合并考虑长期效应对刚度的影响进行计算

C. 应按作用准永久组合短期刚度进行计算

D. 应按作用频遇组合短期刚度进行计算

19.《公路桥规》规定的裂缝宽度限值是指(　　)。

A. 混凝土收缩引起的裂缝

B. 钢筋锈蚀引起的裂缝

C. 在作用频遇组合并考虑长期效应组合影响下的构件垂直裂缝

D. 以上都是

20. 钢筋锈蚀造成了混凝土耐久性损伤和结构破坏的主要原因是(　　)。

A. 钢筋锈蚀引起混凝土和钢筋之间的黏结性能退化和下降

B. 钢筋锈蚀造成钢筋截面减少

C. 钢筋混凝土的承载力减少

D. 以上全是

21. 采取下列哪种措施能有效控制由混凝土收缩引起的裂缝(　　)。

A. 严格控制混凝土的水灰比,保证混凝土的养护条件

B. 增加混凝土保护层厚度

C. 提高混凝土的强度等级

D. 减小纵向钢筋直径

22. 针对下图所示的T形全截面的换算截面公式,准确的是(　　)。

A. $A_0 = bh_0 + (b'_f - b)h'_f + (\alpha_{Es} - 1)A_s$

B. $A_0 = bh + (b'_f - b)h'_f + (\alpha_{Es} - 1)A_s$

C. $A_0 = bx + (b'_f - b)h'_f + (\alpha_{Es} - 1)A_s$

D. $A_0 = bx + (b'_f - b)h'_f + \alpha_{Es}A_s$

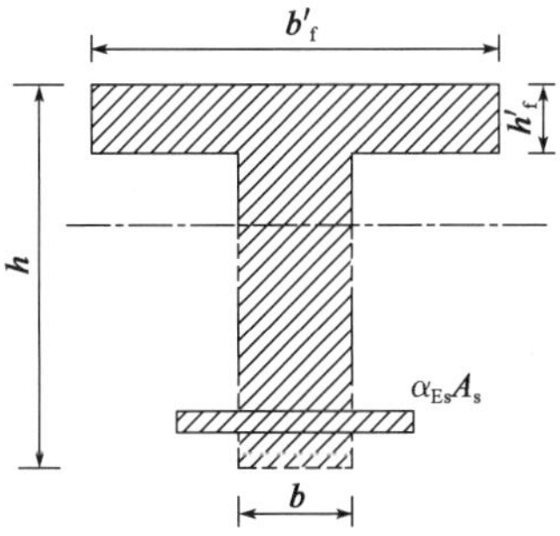

23. 公路桥涵耐久性应该根据设计使用年限、环境类别及其作用等级设计,耐久性设计应该不包含(　　)。

A. 确定结构和构件的设计使用年限

B. 确定结构和构件所处的环境类别及其作用等级

C. 采取适当的施工和养护措施,满足耐久性所需的施工和养护的基本要求

D. 决定桥梁构件尺寸、材料、配筋及钢筋布置

24. 混凝土结构耐久性损伤的主要现象有(　　)。

A. 混凝土劣化　　B. 桥梁承载力降低

C. 裂缝宽度变大　　D. 挠度增加

25. 矩形截面的简支梁施工时,根据等强度的原则,$f_{sd1}A_{s1} = f_{sd2}A_{s2}$,将原设计采用的纵向钢筋4$\phi$10(Ⅱ级)钢筋代换为3$\phi$14(Ⅰ级)钢筋,如果原设计中梁的承载力、挠度和裂缝宽度均满足要求,那么钢筋代换后(　　)。

A. 仅需验算承载力，不需要验算挠度、裂缝宽度

B. 仅需验算裂缝宽度，不需要验算挠度、承载力

C. 仅需验算挠度，不需要验算裂缝宽度、承载力

D. 三者都不必验算

26. 下面哪一项措施不能有效减少裂缝宽度(　　)。

A. 选择较细直径的钢筋

B. 增加钢筋截面面积，从而增大截面配筋率

C. 提高混凝土强度等级

D. 选择带肋钢筋

27. 针对受弯构件弯曲裂缝宽度问题，各国提出了不同的计算理论和方面，(　　)不属于裂缝宽度计算理论。

A. 黏结滑移理论法　　B. 概率极限法

C. 无滑移理论　　D. 综合理论

28. 根据受弯构件的刚度计算公式，(　　)能够提高受弯构件的抗弯刚度。

A. 选择抗弯能力较大的截面形式

B. 对钢筋混凝土受弯构件，增加受拉区钢筋截面面积

C. 提高混凝土等级

D. 以上三项全部都是

29. 下面关于换算截面说法正确的是(　　)。

A. 与原截面具有相同的受力特性

B. 换算截面不改变原来的变形条件

C. 换算截面其中心位于原受拉钢筋重心处

D. 以上全部都是

30. 受弯构件的抗弯刚度随荷载持续时间增加而(　　)。

A. 增加　　B. 减少

C. 先减少后增加　　D. 先增加后减少

31. 下面影响受弯构件长期刚度变化的主要原因不包括(　　)。

A. 混凝土发生徐变

B. 受压区与受拉区混凝土收缩不一致，构件曲率增大

C. 钢筋种类

D. 混凝土弹性模量降低

习题参考答案及解析

1. D

【解析】混凝土梁对于第Ⅱ工作阶段的计算，一般有平截面假定、弹性体假定、受拉区混凝土不能承受拉应力假定。D 选项属于承载能力极限状态假定。

2. C,D

【解析】对于钢筋混凝土构件,《公路桥规》(JTG 3362—2018)6.1.1 条规定正常使用阶段必须进行变形和裂缝宽度验算。除此之外,还应进行施工阶段的钢筋和混凝土的应力验算。

3. C

【解析】《公路桥规》(JTG 3362—2018)6.5.2 条在确定钢筋混凝土受弯构件的抗弯刚度时,既考虑了开裂对构件刚度的削弱,也考虑了未开裂截面对构件挠曲的有利影响,按在两端部弯矩作用下构件转角相等的原则,把带裂缝的变刚度构件等效为等刚度构件,求出带裂缝受弯构件等效抗弯刚度。

4. A

【解析】《公路桥规》(JTG 3362—2018)6.5.5 条规定,当由作用频遇组合并考虑长期效应影响产生的长期挠度不超过计算跨径的 1/1600 时,可以不设置预拱度。

5. B

【解析】对于钢筋混凝土梁,在正常使用阶段的承载能力计算一般取梁破坏的第Ⅱ阶段,裂缝开展阶段。

6. A

【解析】α_{ES}为钢筋与混凝土弹性模量之比,即 $\alpha_{ES}=E_s/E_c$。

7. B

【解析】《公路桥规》(JTG 3362—2018)6.4.2 条规定,在Ⅲ类和Ⅳ类环境条件下的钢筋混凝土构件,算得的裂缝宽度不应超过 0.15mm。

8. D

【解析】钢筋混凝土结构裂缝产生的原因大致可分为以下三类:①外加变形或约束变形(温差、收缩等)引起的裂缝;②钢筋锈蚀引起的裂缝;③荷载作用引起的裂缝。

9. B

【解析】钢筋混凝土构件除了可能由于材料强度破坏或失稳等原因达到承载能力极限状态以外,还可能由于构件变形或裂缝过大影响构件的适用性及耐久性,而达不到结构正常使用要求。

10. C

【解析】由于钢筋锈蚀引起的裂缝将降低结构的耐久性,危害性较大,故必须防止其出现。在实际工程中,应采取切实措施,在施工上保证混凝土的密实性。在设计上采用必要的混凝土保护层厚度,以防止裂缝的出现。

11. A

【解析】受弯构件在使用阶段应考虑作用长期效应的影响,乘以挠度长期增长系数。根据《公路桥规》(JTG 3362—2018),采用 C40 以下混凝土时,η_θ 的取值为 1.6。

12. C

【解析】由钢筋混凝土构件的最大裂缝宽度计算公式可知,梁裂缝宽度与钢筋直径、钢筋应力成正比。

13. A

【解析】《公路桥规》(JTG 3362—2018)6.5.5 条规定,钢筋混凝土受弯构件预拱度值取为结构自重和 1/2 可变荷载频遇值计算的长期挠度值之和。

14. A

【解析】B、C 选项是由于外加变形或约束变形引起的裂缝，D 选项是引起裂缝的原因。

15. B

【解析】正常使用极限状态时，作用（或荷载）组合应取用作用的频遇组合和准永久组合，并且规定此时汽车荷载不计入冲击系数。

16. A，C

【解析】《公路桥规》（JTG 3362—2018）6.5.3 条规定，在消除结构自重产生的长期挠度后，钢筋混凝土受弯构件的计算挠度不超过主梁最大挠度处的 $l/600$ 和梁式桥主梁悬臂端的 $l_1/300$。

17. A

【解析】当配筋率等其他条件相同时，C_1 和 d 的取值将影响最大裂缝宽度。C_1 为钢筋表面形状系数，对光圆钢筋 $C_1 = 1.4$，对带肋钢筋 $C_1 = 1.0$；d 为纵向受拉钢筋直径，d 越小，裂缝宽度越小。

18. B

【解析】在计算受弯构件的挠度时应考虑荷载长期效应的影响，即按荷载频遇组合计算的挠度值，并乘以挠度长期增长系数 η_θ。

19. C

【解析】《公路桥规》（JTG 3362—2018）6.4.2 条规定，裂缝宽度的限值是指在作用频遇组合并考虑长期效应的影响下构件的垂直裂缝，不包括施工中混凝土收缩过大、养护不当及渗入氯盐过多等引起的其他非受力裂缝。故选项中只有 C 符合规范要求。

20. D

【解析】钢筋锈蚀是一种随着时间而发生的渐进性病害，它造成混凝土结构耐久性损伤和结构破坏，主要有以下几个方面：钢筋锈蚀引起混凝土和钢筋之间的黏结性能退化和下降；钢筋锈蚀造成钢筋截面减少；钢筋混凝土的承载力减少。

21. A

【解析】混凝土收缩引起的裂缝往往发生在混凝土的结硬初期，因此，需要良好的初期养护条件和合适的混凝土水灰比设计才能有效控制收缩裂缝。

22. B

【解析】由题干图可知，换算截面面积 A_0：$A_0 = bh + (b'_f - b)h'_f + (\alpha_{Es} - 1)A_s$。

23. D

【解析】耐久性设计包括以下内容：

（1）确定结构和构件的设计使用年限；

（2）确定结构和构件所处的环境类别及其作用等级；

（3）提出对混凝土材料选控要求（适宜的原材料、合理的配合比、适当的耐久性指标），以确保混凝土的耐久性能；

（4）采用有助于耐久性的结构构造，便于施工、检修和维护管理；

（5）采取适当的施工和养护措施，满足耐久性所需的施工和养护的基本要求；

(6)对于严重腐蚀环境条件下的混凝土结构,除了对混凝土本身提出相关的耐久性要求外,还应实施可靠的防腐蚀附加措施。

24. A

【解析】桥梁混凝土结构和耐久性损伤的现象主要有钢筋锈蚀和混凝土劣化。

25. B

【解析】《公路桥规》(JTG 3362—2018)6.5.2 条规定,钢筋混凝土开裂构件的等效抗弯刚度 B 的计算公式为:

$$B = \frac{B_0}{\left(\frac{M_{cr}}{M_s}\right)^2 + \left[\left(1 - \frac{M_{cr}}{M_s}\right)^2\right]\frac{B_0}{B_{cr}}}$$

当纵向钢筋截面面积 A_s 变大时(原设计 $4\phi10$ HRB500 级钢筋截面面积为 $314mm^2$,替换为 $3\phi14$ HRB400 级钢筋截面面积为 $462mm^2$),会提高等效抗弯刚度 B,因此不用验算挠度。由最大裂缝宽度公式可知,若其他影响因素不变,纵向受拉钢筋直径 d 越大,最大裂缝宽度越大。因此将原设计采用的纵向钢筋直径增大,就必须要进行裂缝宽度的验算。

26. D

【解析】由于钢筋锈蚀引起的裂缝将降低结构的耐久性,危害性较大,故必须防止其出现。由钢筋混凝土构件的最大裂缝宽度计算公式可知,梁裂缝宽度与钢筋直径、钢筋应力成正比。

27. B

【解析】受弯构件弯曲裂缝宽度计算理论有三种:黏结滑移理论法、无滑移理论、综合理论。

28. D

【解析】《公路桥规》(JTG 3362—2018)6.5.2 条规定,计算变形时的开裂构件的抗弯刚度:

$$B = \frac{B_0}{\left(\frac{M_{cr}}{M_s}\right)^2 + \left[1 - \left(\frac{M_{cr}}{M_s}\right)^2\right]\frac{B_0}{B_{cr}}}$$

可以看出选 D。

29. D

【解析】换算截面:将钢筋和受压区混凝土两种材料组成的实际截面换算为一种拉压性能相同的假想材料组成的均质截面,即将实际截面看作是由均质弹性材料组成的截面。

30. B

【解析】随着时间的增长,钢筋混凝土受弯构件的刚度要降低。这是因为:受压区混凝土发生徐变;受拉区裂缝间混凝土与钢筋之间的黏结逐渐退化,钢筋平均应变增大;受压区与受拉区混凝土收缩不一致,构件曲率增大;上述原因将导致混凝土弹性模量降低。

31. C

【解析】结构构件长期刚度主要与时间因素有关,而钢筋种类与时间无关。

第五节 预应力混凝土结构

【考试纲要】

(1)预应力混凝土的特点；

(2)施加预应力的方法与常用设备；

(3)受弯构件的构造要求及承载力计算；

(4)预应力损失及有效预应力；

(5)抗裂计算；

(6)端部锚固区构造要求；

(7)局部承压；

(8)挠度计算；

(9)裂缝宽度验算。

【复习提示】

1. 复习要点

考生应掌握预应力混凝土的特点、施加预应力的方法及相关设备、受弯构件的承载力计算、预应力损失、有效应力、构件的抗裂验算、预应力混凝土梁的构造、局部承压、挠度计算及裂缝宽度验算等基本概念，能够熟练运用正截面承载力和斜截面承载力计算理论设计预应力混凝土受弯构件。

重点：

(1)预应力损失及有效预应力。在预应力混凝土受弯构件的承载力计算、应力验算及抗裂性验算中均会用到该知识点。

(2)受弯构件的承载力计算。对预应力混凝土构件的分类及抗弯承载力计算会用到该知识点。

(3)构件的抗裂验算。对先张法和后张法构件在施工阶段、使用阶段和破坏阶段的应力分析会用到该知识点。

(4)施加预应力的方法。在预应力损失、有效预应力的估算及预应力的传递中会用到该知识点。

难点：

受弯构件的承载力计算方法。

2. 规范提示

预应力损失、有效预应力、施加预应力的方法、受弯构件承载力计算、构件的抗裂性验算等知识点涉及《公路钢筋混凝土及预应力混凝土桥涵设计规范》(JTG 3362—2018)和《公路桥涵设计通用规范》(JTG D60—2015)，均为现行规范，以下统一简称为《公路桥规》。

《公路钢筋混凝土及预应力混凝土桥涵设计规范》(JTG 3362—2018)涉及预应力混凝土结构的内容为：混凝土和钢筋、结构构件设计的基本规定、持久状况承载能力极限状态计算、持久状况正常使用极限状态计算、持久状况和短暂状况构件的应力计算及构造要求。《公路桥涵设计通用规范》(JTG D60—2015)中复习的重点内容是作用分类、代表值和作用效应。

习题精练

1. 以下不属于配筋混凝土按预应力的大小划分等级的是(　　)。
   A. 全预应力　　B. 有限预应力　　C. 部分预应力　　D. 素混凝土
2. 与钢筋混凝土结构相比,以下不属于预应力混凝土结构主要优点的是(　　)。
   A. 提高构件的抗裂度和刚度
   B. 可以节省材料、减小自重
   C. 预应力上拱度容易控制
   D. 可以减小混凝土梁的竖向剪力与主拉应力
3. 锚具的类型繁多,以下不属于按其传力锚固的受力原理的是(　　)。
   A. 依靠摩阻力锚固的锚具　　B. 依靠挤压力锚固的锚具
   C. 依靠承压锚固的锚具　　D. 依靠黏结力锚固的锚具
4. 以下不属于《公路桥规》推荐使用的预应力筋是(　　)。
   A. 消除应力钢丝　　B. 带肋钢筋
   C. 钢绞线　　D. 预应力螺纹钢筋
5. 施加预应力的主要目的是(　　)。
   A. 提高构件的抗弯承载力　　B. 提高构件的抗裂度及刚度
   C. 提高构件的承载力和抗裂度　　D. 提高构件的抗剪承载力
6. 先张法是靠(　　)来传递并保持预加应力的。
   A. 张拉台座　　B. 黏结力
   C. 工作锚具　　D. 材料的相互挤压力
7. 以下不属于对预应力钢筋的要求的是(　　)。
   A. 强度高　　B. 有较好的脆性
   C. 与混凝土有良好的黏结性能　　D. 应力松弛损失小
8. 以下不属于预应力混凝土受弯构件的使用阶段的是(　　)。
   A. 加载至受拉边缘混凝土预压力为零
   B. 加载至受拉区裂缝即将出现
   C. 混凝土加载至压碎
   D. 带裂缝工作
9. 以下不属于预应力钢筋混凝土构件的持久状况承载力计算的是(　　)。
   A. 受弯构件的正截面承载力计算　　B. 受弯构件的斜截面承载力计算
   C. 端部锚固区承载力计算　　D. 受弯构件的抗裂性验算

10. 预应力钢筋混凝土结构构件,加载至受拉区裂缝即将出现时的理论临界弯矩称为开裂弯矩 M_{cr},公式为 $M_{cr}=M_0+M_{cr,c}$,其中,M_0 的含义为(　　)。
   A. 消压弯矩　　B. 抵抗弯矩
   C. 钢筋混凝土的开裂弯矩　　D. 等效弯矩

11. 为了防止出现超筋梁与脆性破坏,预应力混凝土梁的截面受压区高度 x 应该满足《公路桥规》的规定(　　)。

A. $x \leqslant \xi_b h_0$　　B. $x \geqslant \xi_b h_0$　　C. $x > \xi_b h_0$　　D. $x < \xi_b h_0$

12. 预应力混凝土梁的截面有效高度 $h_0 = h - a$，a 的含义为(　　)。

A. 受拉区钢筋 A_S 至受拉区边缘的距离

B. 受拉区钢筋 A_p 至受拉区边缘的距离

C. 受拉区钢筋 A_S 与 A_p 合力作用点至受拉区边缘的距离

D. 受拉区钢筋 A_S 与 A_p 的重心点至受拉区边缘的距离

13. 下列有关预应力钢筋张拉控制应力 σ_{con} 限值的论述，(　　)不正确。

A. 钢丝、钢绞线的 σ_{con} 比精轧螺纹钢筋小

B. 先张法还是后张法的钢丝、钢绞线的 σ_{con} 取值相同

C. 钢丝、钢绞线的 σ_{con} 比精轧螺纹钢筋大

D. 先张法与后张法的精轧螺纹钢筋的 σ_{con} 取值相同

14. 以下属于先张法预应力损失的是(　　)。

A. 弯道影响引起的摩擦力导致的预应力损失

B. 管道偏差引起的摩擦力导致的预应力损失

C. 管道内壁摩擦导致的预应力损失

D. 混凝土收缩与徐变引起的预应力损失

15. 以下属于先张法预应力损失，但不属于后张法预应力损失的是(　　)。

A. 混凝土弹性压缩导致的预应力损失

B. 钢筋与台座间的温差导致的预应力损失

C. 钢筋松弛导致的预应力损失

D. 混凝土收缩与徐变引起的预应力损失

16. 以下属于后张法预应力损失，但不属于先张法预应力损失的是(　　)。

A. 混凝土弹性压缩导致的预应力损失

B. 钢筋松弛导致的预应力损失

C. 预应力钢筋与管道壁间摩擦引起的预应力损失

D. 混凝土收缩与徐变引起的预应力损失

17. 钢筋的应力松弛是指钢筋受力后(　　)。

A. 钢筋应力保持不变的情况下，应变会随时间的增长而逐渐降低的现象

B. 钢筋长度保持不变的情况下，钢筋的应力会随时间的增长而逐渐增大的现象

C. 钢筋应力保持不变的情况下，应变会随时间的增长而逐渐增大的现象

D. 钢筋长度保持不变的情况下，钢筋的应力会随时间的增长而逐渐降低的现象

18. 先张法预应力损失的组合，传力锚固时的损失第一批表达式为(　　)。

A. $\sigma_{l2} + \sigma_{l3} + \sigma_{l4} + 0.5\sigma_{l5}$　　B. $\sigma_{l1} + \sigma_{l2} + \sigma_{l4}$

C. $\sigma_{l5} + \sigma_{l6}$　　D. $0.5\sigma_{l5} + \sigma_{l6}$

19. 后张法预应力损失的组合，传力锚固时的损失第二批表达式为(　　)。

A. $\sigma_{l2} + \sigma_{l3} + \sigma_{l4} + 0.5\sigma_{l5}$　　B. $\sigma_{l1} + \sigma_{l2} + \sigma_{l4}$

C. $\sigma_{l5} + \sigma_{l6}$　　D. $0.5\sigma_{l5} + \sigma_{l6}$

20. 在使用阶段，预应力钢筋中的有效预应力，即永存预应力为（　　）。

A. $\sigma_{pe}=\sigma_{con}-\sigma_{l\text{I}}$　　B. $\sigma_{pe}=\sigma_{con}-\sigma_{l\text{II}}$

C. $\sigma_{pe}=\sigma_{con}-\sigma_{l\text{I}}-\sigma_{l\text{II}}$　　D. $\sigma_{pe}=\sigma_{con}-\sigma_{l\text{I}}+\sigma_{l\text{II}}$

21.《公路桥规》通过规定的预拉区配筋率来阻止出现裂缝，当预拉区边缘混凝土的拉应力 $\sigma_{cc}^{t}\leqslant 0.7f'_{tk}$ 时，预拉区纵向钢筋的配筋率不应小于（　　）。

A. 0.3%　　B. 0.2%　　C. 0.3% ~0.4%　　D. 0.25%

22. 下列不属于预应力钢筋布置原则的是（　　）。

A. 预应力钢筋的布置，应使其重心线不超过束界范围

B. 预应力钢筋弯起的角度，应与所承受的剪力变化规律相配合

C. 预应力钢筋的布置应符合构造要求

D. 预应力钢筋弯起的曲线形状为圆弧线

23. 以下不属于预应力钢筋弯起的曲线形状为（　　）。

A. 圆弧线　　B. 折线　　C. 抛物线　　D. 悬链线

24. 预应力钢筋混凝土构件，正截面抗裂应对构件正截面混凝土的拉应力进行验算，并符合下列要求，全预应力混凝土构件在作用频遇组合下（　　）。

A. $\sigma_{st}-0.85\sigma_{pc}\leqslant 0$　　B. $\sigma_{st}-0.8\sigma_{pc}\leqslant 0$

C. $\sigma_{st}-\sigma_{pt}\leqslant 0.7f_{tk}$　　D. $\sigma_{lt}-\sigma_{pt}\leqslant 0$

25.《公路桥规》规定预拱度值 Δ 为（　　）。

A. 该荷载的挠度值与预加应力长期上拱度之差

B. 该荷载的挠度值与预加应力长期上拱度之和

C. 该荷载的挠度值与预加应力短期上拱度之差

D. 该荷载的挠度值与预加应力短期上拱度之和

26. 预应力钢筋从应力为零的端面至钢筋应力为 f_{pd} 的截面为止的这一长度 l_a 为（　　）。

A. 预应力钢筋的传递长度　　B. 锚固长度

C. 受力长度　　D. 充分利用长度

27. 对于全预应力混凝土和 A 类部分预应力混凝土构件，必须进行（　　）验算。

A. 正截面抗裂性　　B. 斜截面抗裂性

C. 正截面抗裂性与斜截面抗裂性　　D. 以上都不对

28. 预应力混凝土梁斜截面的抗裂性验算是通过梁体混凝土（　　）验算来实现的。

A. 正应力　　B. 剪应力

C. 主压应力　　D. 主拉应力

29. 预应力混凝土构件短暂状况的应力计算，实属构件（　　）的强度计算。

A. 弹性阶段　　B. 塑性阶段

C. 弹塑性阶段　　D. 以上三者都不对

30.《公路桥规》规定，在预应力和构件自重等施工荷载作用下预应力混凝土受弯构件截面边缘混凝土的法向压应力应满足（　　）。

A. $\sigma_{cc}^{t}\leqslant 0.70f'_{ck}$　　B. $\sigma_{cc}^{t}\geqslant 0.70f'_{ck}$

C. $\sigma_{cc}^{t}\leqslant 0.75f'_{ck}$　　D. $\sigma_{cc}^{t}\geqslant 0.75f'_{ck}$

31. 对于安全预应力混凝土和A类部分混凝土设计的受弯构件，《公路桥规》中对持久状况应力计算的限值规定如下：在使用阶段预应力混凝土受弯构件正截面混凝土的最大压应力应满足(　　)。

A. $\sigma_{pe}+\sigma_{p}\leqslant 0.65f_{pk}$　　B. $\sigma_{pe}+\sigma_{p}\leqslant 0.80f_{pk}$

C. $\sigma_{ke}+\sigma_{pt}\leqslant 0.5f_{ck}$　　D. $\sigma_{ke}+\sigma_{pt}\leqslant 0.65f_{ck}$

32.《公路桥规》关于使用阶段受拉区预应力钢筋的最大拉应力限值，关于钢绞线、钢丝、精轧螺纹钢筋的应力限值规定正确的是(　　)。

A. 规定的精轧螺纹钢筋的应力要大于钢丝、钢绞线

B. 对钢绞线、钢丝 $\sigma_{pe}+\sigma_{p}\leqslant 0.70f_{pk}$

C. 对精轧螺纹钢筋 $\sigma_{pe}+\sigma_{p}\leqslant 0.65f_{pk}$

D. 规定的精轧螺纹钢筋的应力要小于钢丝、钢绞线

33. 预应力混凝土受弯构件的挠度是由(　　)引起的上挠度和(　　)所产生的下挠度两部分组成的。

A. 外荷载，偏心预加力　　B. 偏心预加力，外荷载

C. 轴心预加力，外荷载　　D. 外荷载，轴心预加力

34. 无论哪类受弯构件均不希望出现斜裂缝，《公路桥规》都要求进行斜截面抗裂验算，对构件斜截面混凝土的主拉应力 σ_{tp} 进行验算，应符合下列要求：全预应力混凝土构件，在作用短期效应组合下，预制构件(　　)。

A. $\sigma_{tp}\leqslant 0.4f_{tk}$　　B. $\sigma_{tp}\leqslant 0.7f_{tk}$

C. $\sigma_{tp}\leqslant 0.6f_{tk}$　　D. $\sigma_{tp}\leqslant 0.5f_{tk}$

35. 预应力混凝土梁抗弯效率指标用 ρ 来表示，$\rho=\dfrac{K_u+K_b}{h}$，其中，K_u 与 K_b 的含义为(　　)。

A. 上束界距　下束界距　　B. 下束界距　上束界距

C. 下核心距　上核心距　　D. 上核心距　下核心距

36. 对于全预应力混凝土构件，只要 N_p 作用点的位置落在由 E_1 及 E_2 所围成的区域内，就能保证构件在最小外荷载和最不利荷载作用下，其上、下缘混凝土均不会出现(　　)。因此，把 E_1 和 E_2 所围成的布置预应力钢筋的钢筋重心界限称为(　　)。

A. 压应力，束界　　B. 拉应力，束界

C. 法向应力，束界　　D. 正应力，束界

37. 从减小曲线预应力钢筋张拉时摩阻应力损失出发，预应力钢筋弯起角度 θ_p 不宜大于(　　)。

A. 20°　　B. 25°　　C. 30°　　D. 15°

38. 全预应力混凝土构件在正常使用极限状态下，构件截面混凝土(　　)。

A. 不出现拉应力

B. 允许出现拉应力，但是不应该超过限值

C. 不出现压应力

D. 允许出现压应力

39. 减少由于锚具变形、钢筋回缩和接缝压缩引起的预应力损失方法为(　　)。

A. 选用$\sum \Delta l$值小的锚具　　B. 应提高张拉控制应力

C. 加强振捣与养护　　D. 采用两端张拉

40. 部分预应力B类混凝土构件在正常使用极限状态下,构件截面混凝土(　　)。

A. 不出现拉应力

B. 允许出现拉应力,但是不应该超过限值

C. 不出现压应力

D. 允许出现不超过限值的裂缝宽度

41. 以下不属于预应力钢筋松弛的特点的是(　　)。

A. 钢筋初拉应力越高,其应力越松弛

B. 钢筋松弛与时间有关

C. 钢筋松弛量与钢筋的品质无关

D. 钢筋松弛与温度变化有关

42. 当预加应力产生的长期上拱度值小于按荷载频遇组合计算的长期挠度时,应设置预拱度,预拱度值Δ按(　　)采用。

A. 该项荷载的挠度值与预加应力长期上拱度之差

B. 预加应力长期上拱度与该项荷载的挠度值之差

C. 该项荷载的挠度值与预加应力长期上拱度之和

D. 该项荷载的挠度值与预加应力短期上拱度之差

43. 全预应力混凝土及A类部分预应力混凝土构件的抗裂验算与持久状况应力验算的计算方法相同,只是所用(　　)不同,截面应力限值不同。

A. 作用代表值与作用频遇系数

B. 作用代表值与作用组合系数

C. 作用代表值与作用准永久系数

D. 作用设计值与作用组合系数

44. 预应力度λ的含义是指(　　)。

A. 预加应力大小确定的消压弯矩M_0与外荷载产生的弯矩M_S的比值

B. 预加应力作用下产生的弯矩与外荷载产生的弯矩M_S的比值

C. 构件的开裂弯矩M_{Cr}与消压弯矩M_0的比值

D. 构件的开裂弯矩M_{Cr}与外荷载产生的弯矩M_S的比值

45. 对于B类预应力混凝土构件,采用了预应力高强钢筋与非预应力普通钢筋的混合配筋,就具有两种钢筋的优点,又基本排除了两者的缺点。非预应力钢筋的主要作用不包括(　　)。

A. 协助受力

B. 承受意外荷载

C. 有利于分散裂缝和约束裂缝宽度

D. 改善梁的正常使用性能和不提高梁的承载力

46. 实现部分预应力,可行的方法不包括(　　)。

A. 全部采用高强钢筋,将其中的一部分张拉到最大容许张拉应力,保留一部分作为非预应力钢筋

B. 将全部预应力钢筋都张拉到一个较低的应力水平

C. 全部采用高强钢筋,将其中的一部分张拉到较低张拉应力,另一部分不张拉作为非预应力钢筋

D. 用普通钢筋来代替一部分预应力高强钢筋

47. 对构件的纵向钢筋施加预拉应力后,下列论述中(　　)是不正确的。

A. 可提高构件斜截面受剪承载力,并不提高构件正截面受弯承载力

B. 可提高构件正截面受弯承载力,并不提高构件斜截面受剪承载力

C. 可提高剪扭构件的受剪承载力和受扭承载力

D. 可改善构件的正常使用性能,提高构件的刚度,限制裂缝的宽度

习题参考答案及解析

1. D

【解析】预应力钢筋混凝土构件根据预应力度可以分为全预应力混凝土($\lambda \geqslant 1$)、部分预应力混凝土构件($1 > \lambda > 0$)和钢筋混凝土构件($\lambda = 0$)。

2. C

【解析】预应力混凝土结构的缺点有:①预应力上拱度不容易控制;②预应力混凝土结构的开工费用较大。

3. B

【解析】锚具的种类繁多,按其传力锚固的受力原理可分为:①依靠摩阻力锚固的锚具;②依靠承压锚固的锚具;③依靠黏结力锚固的锚具。

4. B

【解析】《公路桥规》(JTG 3362—2018)3.2.2 条推荐使用的预应力钢筋有消除应力钢丝、钢绞线、预应力螺纹钢筋。

5. B

【解析】对构件施加预应力,可控制构件在使用荷载作用下不出现裂缝,或使裂缝推迟出现,有效改善构件的使用性能,提高构件的刚度,增加结构的耐久性。

6. B

【解析】先张法预应力混凝土构件是在台座上张拉预应力筋后浇筑混凝土并通过黏结力传递而建立预加应力的混凝土构件。

7. B

【解析】预应力混凝土结构对预应力钢筋的要求:①强度高;②有良好的塑性;③与混凝土具有良好的黏结力;④应力松弛损失小。

8. C

【解析】预应力混凝土构件的使用阶段是指桥梁建成运营通车整个工作阶段,包括加

载至受拉边缘混凝土预压应力为零,加载至受拉区裂缝即将出现,带裂缝工作。

9. D

【解析】《公路桥规》(JTG 3362—2018)规定预应力混凝土受弯构件持久状况承载力计算包括:受弯构件的正截面承载力计算、受弯构件的斜截面承载力计算、端部锚固区承载力计算。

10. A

【解析】当构件加载至某一特定荷载,其下边缘混凝土的预应力 σ_{PC} 恰好被抵消为零,此时在控制截面上产生的弯矩 M_0 称为消压弯矩。

11. A

【解析】《公路桥规》(JTG 3362—2018)5.2.2 条规定,为防止出现超筋梁与脆性破坏,预应力混凝土梁的截面受压高度应满足 $x \leq \xi_b h_0$。

12. C

【解析】a 为受拉区钢筋 A_S 与 A_p 合力作用点至受拉区边缘的距离,当不配置非预应力受力钢筋时,则以 a_p 代替 a,a_p 为受拉区预应力钢筋 A_p 的合力作用点至截面最近边缘的距离。

13. C

【解析】张拉控制应力的大小与预应力钢筋的钢种有关,而与张拉方法无关。不同性质的预应力筋应分别确定其 σ_{con} 值。

14. D

【解析】预应力钢筋与管道壁间摩擦引起的应力损失 σ_{l1} 是后张法才有的预应力损失,摩擦损失主要由管道的弯曲和管道位置偏差引起的,包括弯道影响引起的摩擦力导致的预应力损失、管道偏差引起的摩擦力导致的预应力损失、管道内壁摩擦导致的预应力损失。

15. B

【解析】因为先张法是通过张拉台座实现预应力的张拉,钢筋与台座间温差引起的应力损失 σ_{l3} 是先张法才有的应力损失。

16. C

【解析】预应力钢筋与管道壁间摩擦引起的应力损失 σ_{l1} 是后张法才有的预应力损失。

17. D

【解析】钢筋在一定拉应力值下,将其长度固定不变,则钢筋中的应力将随时间延长而降低,一般称这种现象为钢筋的松弛或应力松弛。

18. A

【解析】《公路桥规》(JTG 3362—2018)6.2.8 条规定预应力损失值组合,先张法第一阶段传力锚固时的损失 $\sigma_{l\,\mathrm{I}}$ 为 $\sigma_{l2}+\sigma_{l3}+\sigma_{l4}+0.5\sigma_{l5}$。

19. C

【解析】《公路桥规》(JTG 3362—2018)6.2.8 条规定预应力损失值组合,后张法第二阶段传力锚固时的损失 $\sigma_{l\,\mathrm{II}}$ 为 $\sigma_{l5}+\sigma_{l6}$。

20. C

【解析】在使用阶段，预应力筋中的有效预应力，即永存预应力为 $\sigma_{pe}=\sigma_{con}-\sigma_{lI}-\sigma_{lII}$。

21. B

【解析】《公路桥规》(JTG 3362—2018)7.2.8 条规定，当 $\sigma'_{ct}\leqslant 0.7f'_{tk}$ 时，预拉区应配置配筋率不小于 0.2% 的纵向非预应力钢筋；当 $\sigma'_{ct}=1.15f'_{tk}$ 时，预拉区应配置配筋率不小于 0.4% 的纵向非预应力钢筋；当 $0.7f'_{tk}<\sigma'_{ct}<1.15f'_{tk}$ 时，预拉区应配置配筋率按以上两者直线内插取用。

22. D

【解析】预应力钢筋的布置原则有以下三点：①预应力钢筋的布置，应使其重心线不超过束界范围；②预应力钢筋弯起的角度，应与所承受的剪力变化规律相配合；③预应力钢筋的布置应符合构造要求。

23. B

【解析】预应力钢筋弯起的曲线形状可以为圆弧线、悬链线、抛物线。

24. A

【解析】正截面抗裂应对正截面混凝土的拉应力进行验算，并符合下列要求，全预应力混凝土构件在作用频遇组合下：$\sigma_{st}-0.85\sigma_{pc}\leqslant 0$。

25. A

【解析】《公路桥规》规定预拱度值 Δ 为该荷载的挠度值与预加应力长期上拱度之差。

26. B

【解析】根据锚固长度的定义，预应力钢筋从应力为零的端面至钢筋应力为 f_{pd} 的截面为止的这一长度 l_a 为锚固长度。

27. C

【解析】《公路桥规》(JTG 3362—2018)6.3.1 条规定，对于全预应力混凝土和 A 类部分预应力混凝土构件必须进行正截面抗裂性与斜截面抗裂性验算。

28. D

【解析】《公路桥规》(JTG 3362—2018)6.3 节规定，预应力混凝土梁斜截面的抗裂性验算是通过梁体混凝土主拉应力验算来实现的。

29. A

【解析】预应力混凝土构件短暂状况的应力计算，实属构件弹性阶段的强度计算。除非有特殊要求，短暂状况翼板不进行正常使用极限状态计算。

30. A

【解析】《公路桥规》(JTG 3362—2018)7.2.8 条规定，在预应力和构件自重等施工荷载作用下，预应力混凝土受弯构件截面边缘混凝土的法向压应力应满足 $\sigma^t_{cc}\leqslant 0.70f'_{ck}$，$f'_{ck}$ 为制作、运输、安装各施工阶段的混凝土轴心抗压强度标准值。

31. C

【解析】《公路桥规》(JTG 3362—2018)7.1.5 条中对持久状况应力计算的限值规定：在使用阶段预应力混凝土受弯构件正截面混凝土的最大压应力应满足 $\sigma_{ke}+\sigma_{pt}\leqslant 0.5f_{ck}$。

32. A

【解析】《公路桥规》(JTG 3362—2018)7.1.5 条规定，对钢绞线、钢 $\sigma_{pe}+\sigma_p \leq 0.65f_{pk}$，对预应力螺纹钢筋 $\sigma_{pe}+\sigma_p \leq 0.75f_{pk}$。

33. B

【解析】预应力混凝土受弯构件的挠度是由偏心预加力 N_p 引起的上挠度和外荷载所产生的下挠度两部分组成的。

34. C

【解析】《公路桥规》(JTG 3362—2018)6.3.1 条规定，全预应力混凝土构件，在作用短期效应组合下，预制构件 $\sigma_{tp} \leq 0.6f_{tk}$。

35. D

【解析】在保证上、下缘混凝土不产生拉应力的条件下，内力偶臂 Z 可能变化的最大范围只能在上核心距 K_u 与下核心距 K_b。

36. B

【解析】对于全预应力混凝土构件，只要 N_p 作用点的位置落在由 E_1 及 E_2 所围成的区域内，就能保证构件在最小外荷载和最不利荷载作用下，其上、下缘混凝土均不会出现拉应力。因此，把 E_1 和 E_2 所围成的布置预应力钢筋的钢筋重心界限称为束界。

37. A

【解析】从减小曲线预应力钢筋张拉时摩阻应力损失出发，预应力钢筋弯起角度 θ_p 不宜大于 20°。

38. A

【解析】全预应力混凝土构件在作用(效应)短期组合下控制的正截面受拉边缘不允许出现拉应力(不得消压)，即 $\lambda>1$。

39. A

【解析】减小 σ_{l2} 值的方法有：①采用超张拉；②选用 $\sum\Delta l$ 值小的锚具。

40. D

【解析】《公路桥规》(JTG 3362—2018)6.1.2 条规定，部分预应力混凝土 B 类构件在作用(效应)短期组合下控制的正截面受拉边缘允许出现不超过限值的裂缝宽度。

41. C

【解析】预应力钢筋松弛的特点有：①钢筋初拉应力越高，其应力越松弛；②钢筋松弛与时间有关；③钢筋松弛量与钢筋的品质有关；④钢筋松弛与温度变化无关。

42. A

【解析】当预加应力产生的长期上拱度值小于按荷载频遇组合计算的长期挠度时，应设置预拱度，预拱度值 Δ 按该项荷载的挠度值与预加应力长期上拱度之差采用，即 $\Delta=\eta_{\theta,MS}\omega_{MS}-\eta_{\theta,pe}\omega_{pe}$。

43. B

【解析】全预应力混凝土及 A 类部分预应力混凝土构件的抗裂验算与持久状况应力验算的计算方法相同，只是所用代表值与作用组合系数不同，截面应力限值不同。

44. A

【解析】受弯构件的预应力度 λ 定义为预加应力大小确定的消压弯矩 M_0 与外荷载产

生的弯矩 M_S 的比值，即 $\lambda = \frac{M_0}{M_S}$。

45. C

【解析】非预应力钢筋的主要作用包括：①协助受力；②承受意外荷载；③改善梁的正常使用性能和不提高梁的承载力。

46. D

【解析】实现部分预应力，可行的方法有三种：①全部采用高强钢筋，将其中的一部分张拉到最大容许张拉应力，保留一部分作为非预应力钢筋；②将全部预应力钢筋都张拉到一个较低的应力水平；③全部采用高强钢筋，将其中的一部分张拉到较低张拉应力，另一部分不张拉作为非预应力钢筋。

47. B

【解析】对混凝土构件施加预应力的目的是改善构件的正常使用性能，提高构件的刚度，限制裂缝的宽度。

第六节 圬工结构

【考试纲要】

(1)砌体结构设计的要素；

(2)砌体的抗拉、抗弯、抗剪强度；

(3)轴心受压构件；

(4)偏心受压构件；

(5)强度及稳定验算方法。

【复习提示】

1. 复习要点

考生应掌握砌体在压、拉、弯和剪的作用下的破坏特征及强度，轴心受压构件、偏心受压构件正截面承载能力计算及偏心距计算方法；熟悉砌体结构设计的要求，砌体受压构件承载力的主要因素；了解块材、砂浆以及砌体的类型和选择原则。

重点：

(1)砌体结构设计的要素。圬工材料种类、性能要求和砌体的受力性能。

(2)砌体的抗拉、抗弯、抗剪强度。砌体在拉、弯和剪的作用下的破坏特征及强度。

(3)受压构件正截面承载力计算。轴心受压构件、偏心受压构件正截面承载能力计算方法及偏心距的计算方法。

难点：

受压构件及偏压砌体构件的承载力计算方法。

2. 规范提示

砖、石及混凝土砌体结构相关知识点涉及《公路圬工桥涵设计规范》(JTG D61—2005)(以下简称《圬工规范》)和《公路桥涵设计通用规范》(JTG D60—2015)，均为现行规范。

习题精练

1. 下列哪种结构比较适合采用圬工结构(　　)。

A. 桥梁的基础　B. 系杆拱桥的系杆　C. 桁架拱　D. 简支梁

2. 圬工结构通常是指(　　)。

A. 石材和砂浆　B. 砖石结构和混凝土结构

C. 混凝土和砂浆　D. 砌体结构

3. 下列关于圬工结构的描述错误的是(　　)。

A. 圬工结构取自天然石料、砂等,原料分布广,易于就地取材

B. 圬工结构有较强的耐久性、良好的耐火性及稳定性,维修养护费用低

C. 圬工结构一般体积较大,重量大,刚度大,抗冲击能力强

D. 圬工结构砌体强度高,特别是抗拉、抗剪强度高

4. 现行《圬工规范》中关于石材强度等级的试件尺寸规定为(　　)。

A. 70mm×70mm×70mm　B. 70.7mm×70.7mm×70.7mm

C. 100mm×100mm×100mm　D. 150mm×150mm×150mm

5.《圬工规范》中规定,修建(预制施工)拱桥的拱圈混凝土最低强度等级是(　　)。

A. C15　B. C20　C. C25　D. C30

6. (　　)属于《圬工规范》中规定的砂浆强度等级。

A. MU80　B. M80　C. MU20　D. M20

7. 现行《圬工规范》中关于砂浆强度等级的试件尺寸规定为(　　)。

A. 70.7mm×70.7mm×70.7mm　B. 100mm×100mm×100mm

C. 150mm×150mm×150mm　D. 200mm×200mm×200mm

8. 砂浆按其胶结料的不同,主要可以分为几类,不包括以下哪类(　　)。

A. 无塑性掺料的(纯)水泥砂浆　B. 有塑性掺料的混合砂浆

C. 细卵石砂浆　D. 石灰(石膏、黏土)砂浆

9. 砌体的抗压强度与块材的形状和尺寸的关系是(　　)。

A. 块材表面越不平整,砌体强度高;

B. 块材形状不规则,砌体强度越低;

C. 块材厚度越大,砌体强度越低;

D. 块材表面越平整,砌体强度越高。

10. 砌体按照选用块材的不同通常可以分为以下哪些类(　　)。

①片石砌体 ②块石砌体 ③粗料石砌体 ④半细料石砌体 ⑤细料石砌体 ⑥混凝土预制块砌体

A. ①②③⑤　B. ①②③⑤⑥　C. ①②③④⑤　D. ①②③④⑤⑥

11.《圬工规范》规定的砌体结构设计原则是(　　)。

Ⅰ. 采用以概率理论为基础的极限设计方法;

Ⅱ. 按承载能力极限状态设计,进行变形验算满足正常使用极限状态要求;

Ⅲ. 按承载能力极限状态设计,采取相应构造措施来满足正常使用极限状态要求;

Ⅳ. 由于截面尺寸较大,不必考虑结构重要性系数。

A. Ⅰ、Ⅱ　B. Ⅱ、Ⅳ　C. Ⅲ、Ⅳ　D. Ⅰ、Ⅲ

12. 以下关于砌体的抗拉、抗弯与抗剪强度叙述不正确的是(　　)。

A. 砌体的抗拉、抗弯、抗剪强度低于其抗压强度

B. 砌体的受拉、受弯及受剪破坏一般发生于砂浆与块材的连接面上

C. 砌体沿竖向裂缝和块材破坏,其强度主要取决于砌缝与块材间的黏结强度

D. 对规则块材,砌体的齿缝抗剪强度主要取决于块材的抗剪强度,不计灰缝的抗剪作用

13. 砌体受压的短柱,当承受轴心压力的时候,下面说法正确的是(　　)。

A. 砌体全截面上产生不均匀的压应力　B. 失稳破坏

C. 材料压碎破坏　D. 都不是

14. 砌体受压的短柱,当承受偏心压力的时候,下面说法正确的是(　　)。

A. 砌体全截面上产生不均匀的压应力

B. 偏心距较小的时候,砌体截面的压应力均匀分布

C. 砌体截面全截面受压

D. 随着偏心距的增大,砌体截面的应力不会发生变化。

15. 对于偏心受压砌体结构,下列说法正确的是(　　)。

A. 偏心距的制定应考虑正常使用极限状态

B. 当偏心距增大时,截面上离轴向力较远一侧边缘的压应力也随之增大

C. 当偏心距增大时,截面上离轴向力较近一侧边缘的压应力有所提高

D. 砌体结构偏心受压构件的设计由偏心距控制

16. 影响砌体偏心受压构件承载力影响系数的因素有(　　)。

A. 构件截面面积及偏心距　B. 偏心距及构件长细比

C. 构件截面面积及长细比　D. 截面面积、长细比及偏心距

17.《圬工规范》将圬工桥涵结构设计安全等级共分为(　　)。

A. 一级　B. 二级　C. 三级　D. 四级

18. 砌体轴向受拉时,当拉力方向与水平砌缝垂直时,砌体可能发生(　　)的破坏,其抗拉强度,主要由(　　)决定。

A. 沿通缝截面,砌缝与块材的法向黏结强度

B. 沿砌体齿缝截面,块材的抗拉强度

C. 砂浆和块体的强度

D. 砌筑质量

19. 在进行混凝土偏心受压构件的承载力计算时,认为其进入了(　　)。

A. 弹性状态　B. 弹塑性状态　C. 塑性状态　D. 都不是

20. 砌体的抗压强度总是(　　)单块块材的抗压强度。

A. 低于　B. 高于　C. 等于　D. 都有可能

21. 对于砌体受压时的应力状态,表述正确的是(　　)。

A. 砌体中块材处于压、弯、剪复合受力状态

B. 砌体中块材无水平拉应力

C. 砌体中砂浆承受横向拉应力

D. 均匀压力作用下,砌体中的块材是处于均匀受压状态

22. 关于砌体的受压弹性模量说法正确的是(　　)。

A. 不能用原点初始弹性模量表示

B. 砌体受压后,弹性模量是一个定值

C. 取 $\sigma=0.43f_m$ 时的割线模量作为设计中取用的砌体弹性模量

D. $\sigma=0.43f_m$ 时的切线模量作为设计中取用的砌体弹性模量

23. 关于砌体材料的温度变形下列说法正确的是(　　)。

A. 砌体材料对温度变形的敏感性比较大,计算静定结构,必须考虑温度变化引起的附加内力

B. 砌体材料对温度变形的敏感性比较小,但计算超静定结构,必须考虑温度变化引起的附加内力

C. 温度变形的大小与块材的种类无关

D. 以上说法都正确

24. 如下图所示,一轴心受压柱,截面尺寸为 370mm × 620mm,安全等级为一级,采用 MU40 细料石、M7.5 水泥砂浆砌筑,柱高 5m,两端铰支,该柱承受纵向计算力 $N_d=720$kN。该柱的长细比修正系数为(　　)。

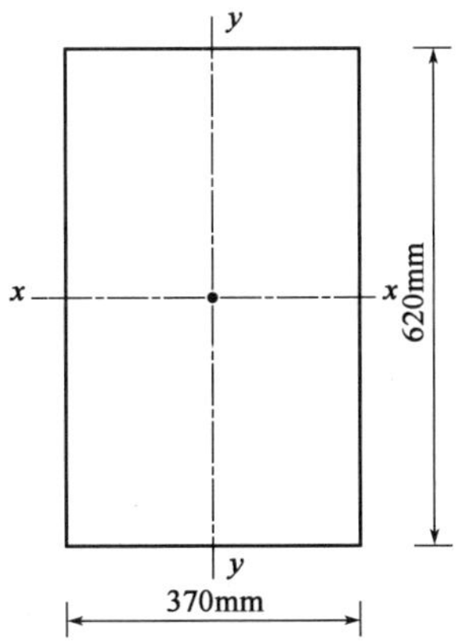

A. 1.0　　B. 1.1　　C. 1.2　　D. 1.3

25. 24 题中,该受压柱在 x 方向的长细比为(　　)。

A. 14.69　　B. 15.38　　C. 17.36　　D. 18.36

26. 24 题中,该受压构件承载力影响系数为(　　)。

A. 0.7444　　B. 0.6921　　C. 0.6064　　D. 0.8792

27. 24 题中,该受压柱的承载力为(　　)。

A. 525.12kN　　B. 550.25kN　　C. 575.69kN　　D. 735.89kN

28. 某现浇矩形混凝土立柱，安全等级为一级，截面尺寸为500mm×680mm，如下图所示，采用C25混凝土，柱高6m，两端铰支。作用效应基本组合的轴向力设计值N_d=900kN，弯矩设计值M_{xd}=0kN·m，M_{yd}=1500 kN·m，在基本组合作用下，该柱的最大允许偏心距为(　　)。

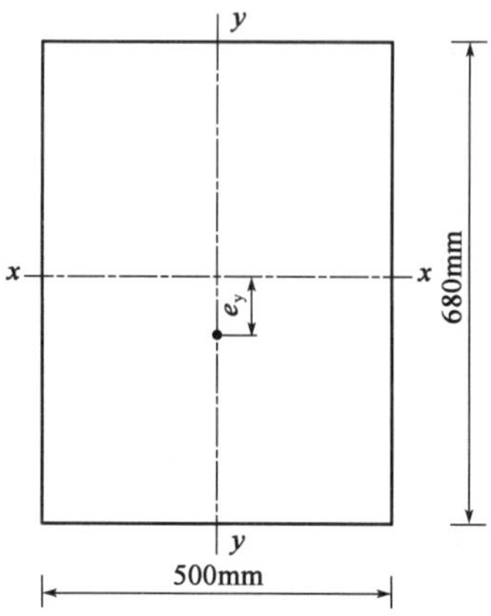

A. 167mm　　B. 186mm　　C. 204mm　　D. 272mm

29. 28题中，该受压柱在弯矩作用平面的长细比为(　　)。

A. 8.75　　B. 9.75　　C. 10.90　　D. 30.60

30. 28题中，该受压柱截面混凝土受压区高度为(　　)。

A. 284　　B. 480　　C. 346　　D. 543

31. 28题中，该偏心受压柱的承载力为(　　)。

A. 895kN　　B. 955kN　　C. 1553kN　　D. 1508kN

习题参考答案及解析

1. A

【解析】公路桥涵的基础、墩台、拱圈等，一般采用石材或混凝土结构，这样可以充分利用材料的抗压能力强和便于就地取材等优点。而简支梁等受弯构件跨中截面上缘受压、下缘受拉，系杆以及桁架拱为受拉构件，没有充分利用圬工结构的抗压性能，所以不适合采用圬工结构。

2. B

【解析】砖石结构与混凝土结构通常称为圬工结构。

3. D

【解析】选项A、B、C中所描述的均为圬工结构的优点；选项D描述错误，圬工结构砌体的强度不高，特别是抗拉、抗剪强度很低，故构件截面尺寸大，造成结构自重大。

4. A

【解析】《圬工规范》(JTG D61—2005)第3.1.1条规定，石材的强度等级用边长70mm

的含水饱和的立方体试件的抗压强度表示。

5. D

【解析】《圬工规范》(JTG D61—2005)第 3.2.1 条规定,修建(预制施工)拱桥的拱圈混凝土最低强度等级是 C30。

6. D

【解析】《圬工规范》(JTG D61—2005)第 3.1.1 条规定,砂浆强度等级应按下列规定采用:M20、M15、M10、M7.5、M5。

7. A

【解析】《圬工规范》(JTG D61—2005)第 3.1.1 条规定,砂浆的强度等级用边长 70.7mm 的标准立方体试件 28d 的抗压强度表示。

8. C

【解析】砂浆是由一定比例的胶结料(水泥、石灰等)、细集料(砂)及水配制而成的砌筑材料。砂浆按其胶结料不同,主要分为:①无塑性掺料的水泥砂浆(由一定比例的水泥和砂加水配制而成的砂浆,强度较高);②有塑性掺料的混合砂浆(由一定比例的水泥、石灰和砂加水配制而成的砂浆,又称水泥石灰砂浆);③石灰(石膏、黏土)砂浆(胶结料为石灰或石膏、黏土,强度较低)。

9. D

【解析】块材表面不平整,形状不规则,则会造成砌缝厚度不均匀,从而降低砌体的抗压强度;砌体强度随块材厚度的增大而增大。

10. D

【解析】工程中,根据选用块材的不同,常用的砌体可分为以下几类:①片石砌体;②块石砌体;③粗料石砌体;④半细料石砌体;⑤细料石砌体;⑥混凝土预制块砌体。

11. D

【解析】《圬工规范》(JTG D61—2005)第 4.0.1 条规定,圬工结构采用以概率理论为基础的极限状态设计方法,采用分项系数的设计表达式进行计算。第 4.0.2 条规定,圬工结构应按承载能力极限状态设计,并应根据桥涵的结构特点,采取相应的构造措施来保证正常使用极限状态的要求。

12. C

【解析】选项 A 砌体的抗拉、抗弯和抗剪强度远低于其抗压强度,因此,应尽可能使圬工砌体主要用于承受压力为主的结构中,正确;选项 B,试验证明,在多数情况下,砌体的受拉、受弯及受剪破坏一般发生于砂浆与块材的连接面上,因此其强度取决于砌缝强度,亦取决于砌缝间块材与砂浆的连接强度,正确;选项 C 砌体沿竖向裂缝和块材破坏其强度取决于块材的抗拉强度,错误;选项 D 说法正确。

13. C

【解析】大量试验资料,砌体受压短柱在承受轴心压力的时候,砌体全截面上产生均匀的压应力,截面最大压应力达到砌体轴心抗压极限强度时,砌体发生材料压碎破坏。

14. A

【解析】大量试验资料,砌体受压短柱在承受偏心压力的时候,偏心受压砌体截面上的压应力分布是不均匀的，偏心距较小的时候，砌体全截面受压，随着偏心距的增大，截面远离偏心压力作用的边缘，由受压逐步变成受拉。

15. C

【解析】偏心距的制定应考虑承载能力极限状态。当偏心距较小时，由于圬工的弹塑性性能，截面应力呈曲线分布，但全截面受压；当偏心距增大时，截面上离轴向力较远一侧边缘的压应力减小，并由受压逐步过渡到受拉；在近轴向力侧边缘，则压应力有所提高。

16. B

【解析】砌体偏心受压构件承载力影响系数是同时考虑偏心距和构件长细比影响，采用混凝土构件半经验半理论公式经转换后确定的，B 选项正确。

17. C

【解析】《圬工规范》(JTG D61—2005)第 4.0.3 条规定，圬工桥涵结构设计安全等级共分为三级。

18. A

【解析】砌体轴向受拉时，当拉力方向与水平砌缝垂直时，砌体可能沿通缝截面发生破坏，其抗拉强度，主要由砌缝与块材的法向黏结强度决定。

19. C

【解析】混凝土偏心受压构件承载力计算时，认为其进入了塑性状态。

20. A

【解析】砌体是由单块块材用砂浆黏结砌筑而成，其受压工作性能与单块块材有较大差异，而且砌体的抗压强度明显低于单块块材的抗压强度。

21. A

【解析】砌体是由单块块材用砂浆黏结砌筑而成，其受压工作性能与单块块材有较大差异。砌体受压时的应力状态如下：①砌体中块材处于压、弯、剪复合受力状态；②砌体中块材承受水平拉应力；③竖向灰缝应力集中。

22. C

【解析】与混凝土一样，砌体的受压弹性模量一般也有三种表示方法，即初始弹性模量、割线模量和切线模量。砌体受压后，由于塑性变形的发展，砌体割线模量及切线模量是变量，它们随应力的增大而减小。但在工程设计中，需要能反映砌体的受力性能而取值标准又明确的弹性模量，可采用较为简化的结果，即取应力为 $0.43f_m$ 的割线模量作为设计取用的砌体弹性模量。

23. B

【解析】虽然砌体材料对温度变形的敏感性比较小，但计算超静定结构由于温度变化引起的附加内力必须予以考虑。温度变形的大小是随砌筑块材种类的不同而不同的。

24. B

【解析】根据《圬工规范》(JTG D61—2005)表 4.0.7-1 可得细料石长细比修正系数 $\gamma_\beta=1.1$。

25. A

【解析】根据《圬工规范》(JTG D61—2005)第 4.0.6 条可计算得到该受压柱回转

半径：

$i_x = h/\sqrt{12} = 620/\sqrt{12} = 179(\text{mm})$

$i_y = b/\sqrt{12} = 370/\sqrt{12} = 107(\text{mm})$

根据《圬工规范》表 4.0.7 - 2 可查得两端铰支的构件计算长度 $l_0 = 1.0l = 1.0 \times 5 = 5.0$(m)。根据第 4.0.7 条公式可得构件长细比：

$$\beta_x = \frac{\gamma_\beta l_0}{3.5\, i_y} = \frac{1.1 \times 5.0 \times 10^3}{3.5 \times 107} = 14.69$$

$$\beta_y = \frac{\gamma_\beta l_0}{3.5\, i_x} = \frac{1.1 \times 5.0 \times 10^3}{3.5 \times 179} = 8.78$$

故答案选 A。

26. B

【解析】 根据《圬工规范》(JTG D61—2005)第 4.0.6 条可计算得到受压构件承载力影响系数。其中，$e_x = e_y = 0$，M7.5 砂浆，$\alpha = 0.002$。则有 x 方向受压构件承载力影响系数：

$$\varphi_x = \frac{1 - \left(\frac{e_x}{x}\right)^m}{1 + \left(\frac{e_x}{i_y}\right)^2} \cdot \frac{1}{1 + \alpha\beta_x(\beta_x - 3)\left[1 + 1.33\left(\frac{e_x}{i_y}\right)^2\right]}$$

$$= \frac{1}{1 + 0.002 \times 14.69 \times (14.69 - 3)} = 0.7444$$

y 方向受压构件承载力影响系数：

$$\varphi_y = \frac{1 - \left(\frac{e_y}{y}\right)^m}{1 + \left(\frac{e_y}{i_x}\right)^2} \cdot \frac{1}{1 + \alpha\beta_y(\beta_y - 3)\left[1 + 1.33\left(\frac{e_y}{i_x}\right)^2\right]}$$

$$= \frac{1}{1 + 0.002 \times 8.78 \times (8.78 - 3)} = 0.9079$$

该受压构件承载力影响系数为：

$$\varphi = \frac{1}{\frac{1}{\varphi_x} + \frac{1}{\varphi_y} - 1} = \frac{1}{\frac{1}{0.7444} + \frac{1}{0.9079} - 1} = 0.6921$$

故答案选 B。

27. D

【解析】 根据《圬工规范》(JTG D61—2005)表 3.3.3 - 2 可查得采用 MU40 细料石、M7.5 水泥砂浆砌筑的粗料石砂浆砌体的轴心抗压强度设计值 $f_{cd} = 3.09 \times 1.5 = 4.635$(MPa)。桥梁安全等级为一级，则 $\gamma_0 = 1.1$。根据《圬工规范》第 4.0.5 条计算受压构件承载力为：

$N_u = \varphi A f_{cd} = 0.6921 \times 370 \times 620 \times 4.635/10^3 = 735.89(\text{kN})$

故答案选 D。

28. C

【解析】《圬工规范》(JTG D61—2005)第4.0.9条规定,在基本组合作用下,受压偏心距不应超过0.6s(s为截面或换算截面重心轴至偏心方向截面边缘的距离),即该偏心受压柱的偏心距不应超过$0.6\times0.5\times680\text{mm}=204\text{mm}$。

故答案选C。

29. D

【解析】根据《圬工规范》(JTG D61—2005)第4.0.6条可计算得到该受压柱回转半径:

$$i_x=h/\sqrt{12}=680/\sqrt{12}=196(\text{mm})$$

$$i_y=b/\sqrt{12}=500/\sqrt{12}=144(\text{mm})$$

根据《圬工规范》表4.0.7-2可查得两端铰支的构件计算长度$l_0=1.0l=1.0\times6=6.0\text{m}$。可得立柱的计算长细比为$l_0/i=6000/196=30.6$。

故答案选D。

30. C

【解析】根据混凝土截面受压区压应力的合力作用点与轴向力作用点重合的原则,可得到,截面混凝土受压区高度为$h_c=h-2e=680-2\times167=346\text{mm}$。

故答案选C。

31. D

【解析】《圬工规范》(JTG D61—2005)表3.3.2可查得采用C25混凝土轴心抗压强度设计值$f_{cd}=9.78\text{MPa}$。桥梁安全等级为一级,则$\gamma_0=1.1$。根据《圬工规范》第4.0.8条计算受压构件承载力为:

$$N_u=\varphi_e A_c f_{cd}=0.891\times500\times346\times9.78=1507.52(\text{kN})$$

故选择答案D。

第六章 职业法规

【考试纲要】

(1)我国有关工程基本建设的法律法规,即公路法、建筑法、森林法、民法典合同编、招标投标法、安全生产法、建设工程安全生产管理条例、建设工程质量管理条例、建设工程勘察设计管理条例中与工程建设密切相关的要求。

(2)勘察设计从业人员职业道德准则规范。

【复习提示】

1. 法律概述

了解法的概念以及我国法的表现形式。

2. 我国有关工程基本建设的法律法规

(1)公路法:掌握该法中有关公路规划的具体规定;熟悉该法中有关公路建设的具体规定;了解该法的一般规定。

(2)建筑法:掌握建筑施工许可以及建筑工程发承包的主要内容;了解该法中关于勘察设计单位法律责任的规定。

(3)森林法:熟悉该法中有关占用或征用林地的相关规定及其法律责任。

(4)民法典合同编:掌握合同的有关概念、建设工程合同的具体规定;熟悉合同的担保形式。

(5)招标投标法:掌握招标投标法的基本原则,招标投标法关于招标的主要规定,招标投标法关于投标的主要规定、投标的禁止性规定,招标投标法关于开标、评标和中标的主要规定;熟悉中标通知书的有关规定;了解违反招标投标法的有关法律责任规定。

(6)安全生产法:掌握安全生产法的立法目的、安全生产"三同时"制度及其有关规定;熟悉安全生产中从业人员的权利和义务;了解生产安全事故应急救援与调查处理的法律规定。

(7)建设工程安全生产管理条例:掌握该条例的立法目的及适用范围、建设工程安全生产管理的方针与基本制度、勘察设计单位的安全责任;熟悉建设单位安全生产管理的责任与义务;了解该条例对勘察设计单位法律责任的规定。

(8)建设工程质量管理条例:掌握该条例的立法目的与适用范围、建设工程质量管理的基本制度、勘察设计单位的质量责任和义务;熟悉建设单位质量管理的责任和义务;了解该条例对勘察设计单位法律责任的规定。

(9)建设工程勘察设计管理条例:掌握该条例关于资质资格管理以及建设工程勘察设计文件编制与实施的相关规定;熟悉建设工程勘察、设计的概念及其发包与承包规定;了解该条例对勘察设计单位法律责任的规定。

3. 掌握勘察设计从业人员职业道德准则规范的具体内容

习题精练

1. 我国法的表现形式不包括(　　)。

A. 国际公约　　B. 行政法规　　C. 合同条款　　D. 部门规章

2.《公路水运工程安全生产监督管理办法》属于(　　)。

A. 法律　　B. 行政法规　　C. 部门规章　　D. 地方法规

3.《安全生产许可证条例》的直接上位法是(　　)。

A. 宪法　　B. 安全生产法

C. 建筑法　　D. 建设工程安全生产管理条例

4. 同一机关制定的新的一般规定与旧的特别规定不一致时,交由裁决的部门是(　　)。

A. 国务院　　B. 制定机关　　C. 地方政府　　D. 全国人大常委会

5. 部门规章之间、部门规章与地方政府规章之间对同一事项的规定不一致时,交由裁决的部门是(　　)。

A. 国务院　　B. 制定机关　　C. 地方政府　　D. 全国人大常委会

6. 下列有关公路规划的表述中,不符合《中华人民共和国公路法》(简称《公路法》)规定的是(　　)。

A. 国道规划由国务院交通主管部门会同国务院有关部门并商国道沿线省、自治区、直辖市人民政府编制,报国务院批准

B. 省道规划由省、自治区、直辖市人民政府并商省道沿线下一级人民政府编制,报省、自治区、直辖市人民政府批准,并报国务院交通主管部门备案

C. 县道规划由县级人民政府交通主管部门会同同级有关部门编制,经本级人民政府审定后,报上一级人民政府批准

D. 专用公路规划由专用公路的主管单位编制,经其上级主管部门审定后,报县级以上人民政府交通主管部门审核

7. 下列有关公路规划的表述中,不符合《公路法》规定的是(　　)。

A. 国道规划的局部调整由原编制机关决定

B. 国道规划需要作重大修改的,由原编制机关提出修改方案,报国务院批准

C. 省道规划需要修改的,由原编制机关提出修改方案,报原批准机关批准

D. 省道的命名和编号,由国务院交通主管部门确定;县道的命名和编号,由省、自治区、直辖市人民政府交通主管部门按照有关规定确定

8. 下列关于筹集公路建设资金的方式中,不符合《公路法》规定的是(　　)。

A. 政府财政拨款　　B. 发行股票或债券

C. 向国外银行或外国政府贷款　　D. 拍卖公路所有权

9. 下列有关公路建设的表述中,不符合《公路法》规定的是(　　)。

A. 承担公路建设项目的勘察设计单位必须持有国家规定的资质证书

B. 公路建设项目施工须按有关规定报请省级以上地方人民政府交通主管部门批准

C. 承担公路建设项目的设计单位应依照有关法律、法规、规章以及公路工程技术标准

的要求和合同约定进行设计

D. 县级以上地方人民政府应当确定公路两侧边沟(截水沟、坡脚护坡道)外缘起不少于1m的公路用地

10. 根据《公路法》,县级以上地方人民政府确定公路两侧用地侧用地自边沟(截水沟、坡脚护坡道)外缘起应不少于(　　)。

A. 5m　　B. 2m　　C. 1m　　D. 0.5m

11. 有权决定进行国道规划的局部调整的部门是(　　)。

A. 国务院交通运输主管部门　　B. 省级交通运输主管部门

C. 原批准机关　　D. 原编制机关

12. 县道规划由县级人民政府交通主管部门会同同级有关部门编制,经本级人民政府审定后,报(　　)批准。

A. 国务院　　B. 本级人民政府　　C. 交通运输部　　D. 上一级人民政府

13. 公路建设用地规划应当符合土地利用总体规划,当年建设用地应当纳入(　　)。

A. 国家用地规划　　B. 省级用地规划

C. 总体建设用地规划　　D. 年度建设用地计划

14. 根据《公路法》的规定,公路的发展应当遵循全面规划、合理布局、确保质量、保障畅通、保护环境、(　　)的原则。

A. 建设为主兼顾养护　　B. 先规划建设后考虑养护

C. 建设与养护分离　　D. 建设改造与养护并重

15. 根据《公路法》,按技术等级可将公路分为(　　)。

A. 一级公路、二级公路和等外公路

B. 高速公路、一级公路、二级公路、三级公路和等外公路

C. 高速公路、一级公路、二级公路、三级公路、四级公路和等外公路

D. 高速公路、一级公路、二级公路、三级公路、四级公路

16. 根据《中华人民共和国建筑法》(简称《建筑法》)的规定,建筑许可不包含的制度是(　　)。

A. 从事建筑活动单位资质制度　　B. 建筑工程承发包制度

C. 从事建筑活动个人资格制度　　D. 建筑工程施工许可制度

17. 下列关于建筑工程施工许可及从业资格的表述中,不符合《建筑法》规定的是(　　)。

A. 建筑工程开工前,施工单位应当按有关规定向工程所在地县级以上建设主管部门申请领取施工许可证

B. 建设单位应当自领取施工许可证之日起三个月内开工

C. 从事建筑活动的施工企业、勘察单位、设计单位和工程监理单位经资质审查合格,取得相应等级的资质证书后,方可在其资质等级许可的范围内从事建筑活动

D. 从事建筑活动的专业技术人员,应当依法取得相应的执业资格证书,并在执业资格证书许可的范围内从事建筑活动

18. 根据《建筑法》,某建设单位领取了施工许可证,下列情节中,可能不会导致施工许可证废止的是(　　)。

A. 领取施工许可证之日起三个月内因故不能按期开工，也未申请延期

B. 领取施工许可证之日起按期开工后又中止施工

C. 向发证机关申请延期开工一次，延期之日起三个月内，因故仍不能按期开工，也未申请延期

D. 向发证机关申请延期开工两次，超过六个月因故不能按期开工，继续申请延期

19. 建筑工程开工前，建设单位应当按照国家有关规定申请领取施工许可证。颁发施工许可证的单位应是（　　）。

A. 县级以上人民政府建设行政主管部门

B. 工程所在地县级以上人民政府建设工程监督部门

C. 工程所在地省级以上人民政府建设行政主管部门

D. 工程所在地县级以上人民政府建设行政主管部门

20. 根据《建筑法》，建设单位申请领取施工许可证，应当具备的条件之一是（　　）。

A. 拆迁工作已经完成　　B. 已经确定监理企业

C. 有保证工程质量和安全的具体措施　　D. 建设资金全部到位

21. 根据《建筑法》，从事建筑活动的勘察设计单位应当具备的条件不包括（　　）。

A. 有符合国家规定的注册资本

B. 有从事相关建筑活动所应有的技术装备

C. 有从事相关建筑活动所应有的经历与经验

D. 有与其从事建筑活动相适应的具有法定执业资格的专业技术人员

22. 根据《建筑法》，不属于建筑从业单位资质条件的是（　　）。

A. 注册资本　　B. 专业技术人员　　C. 社会信誉　　D. 建筑工程业绩

23. 根据《建筑法》，对从事建筑业的单位实行资质管理制度，将从事建筑活动的工程监理单位，划分为不同的资质等级，监理单位资质等级的划分条件可以不考虑（　　）。

A. 注册资本　　B. 法定代表人

C. 已完成的建筑工程业绩　　D. 专业技术人员

24. 根据《建筑法》，下列叙述中正确的是（　　）。

A. 设计文件选用的建筑材料、建筑构配件和设备，不得注明其规格和型号

B. 设计文件选用的建筑材料、建筑构配件和设备，不得指定生产厂和供应商

C. 设计单位应按照建设单位提出的质量要求进行设计

D. 设计单位对施工过程中发现的质量问题应当按照监理单位的要求进行改正

25. 下列关于建筑工程发包的表述中，不符合《建筑法》规定的是（　　）。

A. 提倡对建筑工程实行总承包，禁止将建筑工程肢解发包

B. 发包单位可以将建筑工程的勘察、设计、施工、设备采购一并发包给一个工程总承包单位

C. 发包单位可以将建筑工程的勘察、设计、施工、设备采购的一项或者多项发包给一个工程总承包单位

D. 发包单位可以将应当由一个承包单位完成的建筑工程肢解成若干部分发包给几个承包单位

26. 下列关于建筑工程承包的表述中,不符合《建筑法》规定的是(　　)。

A. 承包建筑工程的单位应当持有依法取得的资质证书,并在其资质等级许可的业务范围内承揽工程

B. 禁止建筑施工企业超越本企业资质等级许可的业务范围或者以任何形式用其他建筑施工企业的名义承揽工程

C. 大型建筑工程或者结构复杂的建筑工程,可以由两个以上的承包单位联合共同承包。共同承包的各方对承包合同的履行承担连带责任

D. 两个以上不同资质等级的单位实行联合共同承包的,应当按照资质等级高的单位的业务许可范围承揽工程

27. 下列关于建筑工程分包的表述中,不符合《建筑法》规定的是(　　)。

A. 禁止承包单位将其承包的全部建筑工程转包给他人;禁止承包单位将其承包的全部建筑工程肢解以后以分包的名义分别转包给他人

B. 建筑工程总承包单位可以将承包工程中的部分工程发包给具有相应资质条件的分包单位。建筑工程主体结构的施工可以由总承包单位自行完成,也可以由分包单位完成

C. 建筑工程总承包单位按照总承包合同的约定对建设单位负责;分包单位按照分包合同的约定对总承包单位负责

D. 禁止总承包单位将工程分包给不具备相应资质条件的单位。禁止分包单位将其承包的工程再分包

28. 根据《建筑法》的规定,勘察设计单位超越本单位资质等级承揽工程的,应(　　)。

A. 吊销资质证书、处以罚款

B. 责令停业整顿、降低资质等级

C. 责令停业整顿、降低资质等级或者吊销资质证书

D. 责令停止违法行为,处以罚款,可以责令停业整顿、降低资质等级

29. 根据《建筑法》的规定,勘察设计单位超越本单位资质等级承揽工程,情节严重的,应(　　)。

A. 降低资质等级　　B. 责令改正,处以罚款

C. 吊销资质证书　　D. 责令停业整顿

30. 根据《建筑法》的规定,勘察设计单位未取得资质证书承揽工程的,应(　　)。

A. 责令改正,处以罚款　　B. 予以取缔,并处罚款

C. 责令停业整顿,并处罚款　　D. 承担赔偿责任,并追究刑事责任

31. 根据《建筑法》,承包单位将承包的工程转包的,或者违法进行分包的,应(　　)。

A. 责令改正,并处罚款

B. 责令停业整顿,并处罚款

C. 责令改正,没收违法所得,并处罚款,可以责令停业整顿,降低资质等级

D. 吊销资质证书,处以罚款,并依法追究刑事责任

32. 根据《建筑法》,承包单位将承包的工程转包的,或者违法进行分包,情节严重的,应(　　)。

A. 责令停业整顿,并处罚款　　B. 吊销资质证书

C. 责令改正,并处罚款　　D. 降低资质等级

33. 根据《建筑法》,建筑设计单位不按照建筑工程质量、安全标准进行设计的,应(　　)。

A. 降低资质等级　　B. 承担赔偿责任

C. 吊销资质证书　　D. 责令改正,处以罚款

34. 根据《建筑法》,建筑设计单位不按照建筑工程质量、安全标准进行设计,造成工程质量事故的,应(　　)。

A. 责令停业整顿,降低资质等级

B. 责令停业整顿,降低资质等级,并处罚款

C. 责令停业整顿,降低资质等级或者吊销资质证书

D. 责令停业整顿,降低资质等级或者吊销资质证书,没收违法所得,并处罚款

35. 根据《中华人民共和国森林法》(简称《森林法》),工程建设必须占用或者征用林地的,经有关林业主管部门审核同意后,依照有关规定办理建设用地审批手续,并由用地单位依照国务院有关规定缴纳(　　)。

A. 森林植被恢复费　　B. 林地征用费

C. 树木砍伐费　　D. 树木所有人补偿费

36. 违反《森林法》规定,进行开垦、采石、采砂、采土等活动,致使森林、林木受到毁坏的,依法赔偿损失;由林业主管部门责令停止违法行为,补种毁坏株数(　　)的树木,可以处毁坏林木价值(　　)的罚款。

A. 一倍以上五倍以下;一倍以上三倍以下

B. 一倍以上三倍以下;一倍以上五倍以下

C. 一倍以上五倍以下;一倍以上二倍以下

D. 一倍以上六倍以下;一倍以上五倍以下

37. 我国《中华人民共和国民法典》(简称《民法典》)合同编中所称的合同是指(　　)。

A. 物权合同　　B. 身份合同　　C. 债权合同　　D. 劳动合同

38. 根据《民法典》合同编,合同的基本条款不包含(　　)。

A. 数量、质量　　B. 价款或者报酬

C. 当事人的经济状况　　D. 解决争议的方法

39. 按照《民法典》合同编,招标人在招标时,招标公告属于合同订立过程中的(　　)。

A. 要约　　B. 承诺　　C. 要约邀请　　D. 以上都不是

40. 根据《民法典》合同编,要约可以撤回和撤销。下列要约,不得撤销的是(　　)。

A. 要约到达受要约人　　B. 要约人确定了承诺期限

C. 受要约人未发出承诺通知　　D. 受要约人即将发出承诺通知

41. 根据《民法典》合同编,下列行为不属于要约邀请的是(　　)。

A. 某建设单位发布招标公告　　B. 某招标单位发出中标通知书

C. 某上市公司发出招股说明书　　D. 某商场寄送的价目表

42. 按照《民法典》合同编,下列情形中,要约不失效的是(　　)。

A. 拒绝要约的通知到达要约人

B. 要约人依法撤销要约

C. 承诺期限届满，受要约人未作出承诺

D. 受要约人对要约的内容作出非实质性变更

43.《民法典》合同编规定的合同形式中不包括(　　)。

A. 书面形式　　B. 口头形式　　C. 特定形式　　D. 其他形式

44. 下列合同中，(　　)不一定是无效合同。

A. 当事人意思表示不真实的合同

B. 以合法形式掩盖非法目的的合同

C. 损害社会公共利益的合同

D. 一方以欺诈、胁迫的手段订立的损害国家利益的合同

45. 某公路工程施工合同在履行中，发现某单位工程价款约定不明确，合同双方经协商未能达成补充协议，也无法按交易习惯确定，此时应当(　　)。

A. 按订立合同时承包人所在地的市场价格支付

B. 按订立合同时工程所在地的市场价格结算

C. 按照履行合同时工程所在地的市场价格结算

D. 按照履行合同时国家造价管理部门发布的价格支付

46. 某合同履行方式约定不明确，合同双方当事人经协商未能达成补充协议，也无法按交易习惯确定，此时应当(　　)。

A. 宣告合同无效　　B. 按照有利于债权人的方式履行

C. 按照有利于债务人的方式履行　　D. 按照有利于实现合同目的方式履行

47. 某合同履行费用的负担约定不明确，合同双方当事人经协商未能达成补充协议，也无法按交易习惯确定，此时应当(　　)。

A. 宣告合同无效　　B. 由享有权利的一方负担

C. 由双方分担　　D. 由履行义务的一方负担

48. 根据《民法典》合同编，建设工程项目执行政府定价或者政府指导价的，在合同约定的交付期限内政府价格调整时，按照交付时的价格计价。逾期交付标的物的，遇价格上涨时，执行(　　)。

A. 新价格　　B. 原价格

C. 商议确定的价格　　D. 新价格与原价格的平均值

49. 某建设项目甲建设单位与乙施工单位签订施工总承包合同后，乙施工单位经甲建设单位认可，将打桩工程分包给丙专业承包单位，丙专业承包单位又将劳务作业分包给丁劳务单位，由于丙专业承包单位从业人员责任心不强，导致该打桩工程部分出现了质量缺陷。对于该质量缺陷的责任承担，以下说法正确的是(　　)。

A. 乙单位和丙单位承担连带责任　　B. 丙单位和丁单位承担连带责任

C. 丙单位向甲单位承担全部责任　　D. 乙、丙、丁三单位共同承担责任

50. 根据《民法典》合同编的规定，下列不能导致合同终止的情形是(　　)。

A. 债务人依法将标的物提存　　B. 债务相互抵销

C. 债务人履行合同不符合约定　　D. 债权人免除债务

51. 根据《民法典》合同编的规定，不属于建设工程合同的是(　　)。

A. 工程勘察合同　　B. 工程设计合同

C. 施工监理合同　　D. 施工承包合同

52. 建设工程勘察、设计的质量不符合要求或者未按照期限提交勘察、设计文件拖延工期，造成发包人损失的，勘察人、设计人应当(　　)。

A. 立即停止任何勘察、设计活动

B. 承担行政法律责任

C. 解除或终止合同

D. 继续完善勘察、设计，减收或者免收勘察、设计费并赔偿损失

53. 因发包人变更计划，提供的资料不准确，或者未按照期限提供必需的勘察、设计工作条件而造成勘察、设计的返工、停工或者修改设计，发包人应当(　　)。

A. 承担行政法律责任

B. 向勘察人、设计人支付相当于勘察费、设计费的补偿金

C. 解除或终止合同

D. 按照勘察人、设计人实际消耗的工作量增付费用

54. 下列各单位，可以做合同保证人的是(　　)。

A. 长安大学　　B. 西安市中心医院

C. 中国工商银行西安分行　　D. 西安市交通运输局

55. 下列财产，可以作为抵押物的是(　　)。

A. 土地所有权　　B. 长安大学第二教学楼

C. 压路机和摊铺机　　D. 被法院依法查封的房屋

56. 质押是合同担保的一种形式。下列权利中，不可以质押的是(　　)。

A. 支票、债券、存款单　　B. 依法可以转让的股份、股票

C. 土地所有权、房屋产权　　D. 依法可以转让的商标专用权

57. 留置是合同担保的形式之一。下列合同，不可以采用留置担保的是(　　)。

A. 保管合同　　B. 工程设计合同　　C. 运输合同　　D. 加工承揽合同

58. 根据《民法典》合同编规定，定金的数额应由当事人约定，但不得超过主合同标的额的(　　)。

A. 20%　　B. 25%　　C. 30%　　D. 35%

59. 下列关于定金罚则的表述中，不正确的是(　　)。

A. 债务人履行债务后，定金应当抵作价款或者收回

B. 给付定金的一方不履行债务的，无权要求返还定金

C. 收受定金的一方不履行债务的，应当返还定金

D. 收受定金的一方不履行债务的，应当双倍返还定金

60. 下列属于《中华人民共和国招标投标法》(简称《招标投标法》)规定的招标方式的是(　　)。

A. 公开招标和直接招标　　B. 公开招标和邀请招标

C. 公开招标和协议招标　　D. 公开招标和非公开招标

61. 某工程项目招标文件规定,只有近三年以来获得国家优质工程奖项的省外企业才有资格参加该项目的投标。根据《招标投标法》,这种规定违反了(　　)原则。

A. 公开　　B. 公平　　C. 公正　　D. 诚信

62. 某工程项目在评标时,对省外投标人采用了相对于本省投标人更为苛刻的评标标准。这种行为违反了(　　)原则。

A. 公开　　B. 公平　　C. 公正　　D. 诚信

63. 某施工企业资质等级不符合招标文件中有关投标人资格的要求,于是该企业租借其他单位的资质证书参加投标。这种行为违反了(　　)原则。

A. 公开　　B. 公正　　C. 公平　　D. 诚信

64. 在资格预审过程中,对符合资格预审条件的潜在投标人,因人数过多而采用抽签或摇号确定有限的最终通过资格预审投标人的方法,这种做法违背了招标投标活动基本原则中的(　　)原则。

A. 公开　　B. 公平　　C. 公正　　D. 诚信

65. 根据《招标投标法》,某工程项目委托监理服务的招标活动应当遵循的原则是(　　)。

A. 公开、公平、公正、诚实信用　　B. 公平、公正、科学、择优、诚实信用

C. 公正、科学、独立、诚实信用　　D. 全面、有效、合理、诚实信用

66. 根据《招标投标法》,下列事项包含在招标公告中的是(　　)。

A. 招标项目的性质、数量　　B. 招标项目的技术要求

C. 对投标人资格的审查标准　　D. 拟签订合同的主要条款

67. 下列各类工程建设项目中,必须进行招标的是(　　)。

A. 施工单项合同估算价为 260 万元

B. 设备采购单项合同估算价为 145 万元

C. 工程设计单项合同估算价为 150 万元

D. 监理服务单项合同估算价为 80 万元

68. 招标代理机构是依法设立的,从事招标代理业务并提供相关服务的(　　)。

A. 工程咨询机构　　B. 建设行政主管部门的派出机构

C. 社会中介组织　　D. 国家事业单位

69. 根据招标投标活动的公开原则,(　　)等信息应当公开。

A. 投标人名单　　B. 标底

C. 评标委员会成员　　D. 评标标准和方法

70. 根据《招标投标法》的规定,发售招标文件后,招标人要做的工作应当是(　　)。

A. 对潜在投标人进行资格审查　　B. 办理招标备案手续

C. 接受投标人递交的投标文件　　D. 组织投标人踏勘现场,并对招标文件答疑

71. 下列各项条件中,不属于招标代理机构必须具备的条件是(　　)。

A. 具有法人营业执照

B. 具有从事招标代理业务的营业场所和相应资金

C. 有能够编制招标文件的相应专业力量

D. 有能够组织评标的相应专业力量

72. 根据《招标投标法》，某建设工程依法必须进行招标，招标人委托了招标代理机构办理招标事宜，招标代理机构的下列行为合法的是（　　）。

A. 编制投标文件和组织评标

B. 在招标人委托的范围内办理招标事宜

C. 遵守《招标投标法》关于投标人的规定

D. 可以作为评标委员会成员参与评标

73. 根据《招标投标法》，招标人对已发出的招标文件进行必要的澄清或修改的，应当以书面形式通知所有招标文件收受人，通知的时间应当在招标文件要求提交投标文件截止时间至少（　　）。

A. 20 日前　B. 15 日前　C. 7 日前　D. 5 日前

74. 根据《招标投标法》，招标人和中标人按照招标文件和中标人的投标文件订立书面合同的时间要求是（　　）。

A. 自中标通知书发出之日起 30 日内

B. 自中标单位收到中标通知书之日起 30 日内

C. 自中标通知书发出之日起 28 日内

D. 自中标单位收到中标通知书之日起 28 日内

75. 下列关于联合体投标的表述中，不正确的是（　　）。

A. 联合体投标是指两个以上法人或者其他组织可以组成一个联合体，以一个投标人的身份共同投标

B. 联合体各方均应当具备承担招标项目的相应能力；由同一专业的单位组成的联合体，按照资质等级较低的单位确定资质等级

C. 联合体各方应当签订共同投标协议，明确约定各方拟承担的工作和责任，并将共同投标协议连同投标文件一并提交给招标人

D. 联合体中标的，联合体各方应当分别单独与招标人签订合同，就中标项目向招标人承担连带责任

76. 下列表述的各种行为中，不属于投标人之间串通投标的是（　　）。

A. 投标者之间相互约定，一致抬高或者压低投标价

B. 非法挂靠或借用其他企业的资质证书参加投标

C. 投标者之间相互约定，在招标项目中轮流以高价位或低价位中标

D. 投标者之间进行内部竞价，内定中标人，然后再参加投标

77. 下列表述的各种行为中，不属于投标人与招标人串通投标的是（　　）。

A. 招标人向投标人泄露标底

B. 招标人预先内定中标人，在确定中标人时以此决定取舍

C. 投标人向招标人或者评标委员会成员行贿以谋取中标

D. 投标人与招标人商定，在招标投标时压低或者抬高标价，中标后再给投标人或者招标人额外补偿

78. 下列表述的各种行为中，不属于投标人以非法手段骗取中标的是（　　）。

A. 非法挂靠或借用其他企业的资质证书参加投标

B. 投标时递交虚假的业绩证明文件和虚假的资格文件

C. 投标人向招标人或者评标委员会成员行贿以谋取中标

D. 投标人故意在商务文件和技术文件中采用模糊的语言骗取中标，中标后提供低档劣质的货物、工程或服务

79.《招标投标法》规定，投标人不得以低于成本的报价竞标。这里的成本是指（　　）。

A. 个别企业的成本　　B. 行业平均的企业成本

C. 所有投标人的平均成本　　D. 招标人编制的标底价

80.《招标投标法》中关于投标的禁止性规定不包括（　　）。

A. 投标人未提交投标保证金　　B. 投标人与招标人之间串通投标

C. 投标人以低于成本的报价竞标　　D. 投标人以行贿的手段谋取中标

81. 根据《招标投标法》，开标应当在招标文件确定的（　　）公开进行。

A. 提交投标文件的同一时间　　B. 提交投标文件截止时间的同一时间

C. 提交投标文件后的最短时间　　D. 提交投标文件截止时间后的一段时间

82.《招标投标法》规定，评标委员会应由（　　）负责组建。

A. 招标人　　B. 招标人与投标人共同

C. 公证机构　　D. 行政主管部门

83. 下列关于评标定标的表述中，不正确的是（　　）。

A. 评标委员会可以要求投标人对投标文件中含义不明确的内容作必要的澄清或者说明

B. 评标委员会完成评标后，应当向招标人提出书面评标报告，并推荐合格的中标候选人

C. 招标人根据评标委员会提出的书面评标报告和推荐的中标候选人确定中标人。招标人也可以授权评标委员会直接确定中标人

D. 在确定中标人前，招标人可以与投标人就投标价格、投标方案等实质性内容进行谈判

84.《招标投标法》规定，中标人确定后，招标人应当向中标人发出中标通知书。中标通知书对（　　）具有法律效力。

A. 招标人　　B. 中标人

C. 招标人和所有投标人　　D. 招标人和中标人

85. 下列关于《中华人民共和国安全生产法》（简称《安全生产法》）立法目的的表述中，不正确的是（　　）。

A. 强迫生产经营单位加强安全生产管理

B. 防止和减少生产安全事故

C. 为了加强安全生产监督管理

D. 保障人民群众的生命和财产安全

86. 生产经营单位新建、改建、扩建工程项目的安全设施，必须（　　）。

A. 单独设计、单独施工、单独投入生产和使用

B. 单独设计、与主体工程同时施工并同时投入生产和使用

C. 单独设计、单独施工、与主体工程同时投入生产和使用

D. 与主体工程同时设计、同时施工、同时投入生产和使用

87. 根据《安全生产法》,安全生产中从业人员不具有(　　)。

A. 知情权和建议权　　B. 拒绝权和紧急避险权

C. 选择权和组合权　　D. 批评权和检举权

88. 下列关于安全生产中从业人员义务的表述中,不正确的是(　　)。

A. 自律遵规的义务　　B. 危险报告义务

C. 自觉学习安全生产知识的义务　　D. 不计报酬与无私奉献的义务

89. 下列安全生产中从业人员的权利不包括(　　)。

A. 遇到紧急情况时撤离　　B. 对本单位的安全生产工作提出建议

C. 遇到危险时要报告　　D. 拒绝违章作业指挥

90. 某工程项目施工现场发生安全事故死亡 3 人、重伤 49 人,该事故属于(　　)。

A. 一般事故　　B. 较大事故　　C. 重大事故　　D. 特大事故

91. 根据《安全生产法》,生产经营单位使用危险性较大的特种设备的条件不包括(　　)。

A. 该设备应由专业生产单位生产

B. 该设备应进行安全条件论证和安全评价

C. 该设备需经取得专业资质的检测、检验机构检测、检验合格

D. 该设备需取得安全使用证或者安全标志

92. 根据《安全生产法》,某建筑施工单位是一个有 185 名职工的三级施工资质的企业,该企业下列行为合法的是(　　)。

A. 只配备兼职的安全生产管理人员

B. 安全生产管理人员经企业考核后即任职

C. 设置安全生产管理机构

D. 委托具有国家规定相关专业技术资格的工程技术人员提供安全生产管理服务,由其负责承担保证安全生产的责任

93. 根据《安全生产法》,生产经营单位使用的涉及人身安全、危险性较大的特种设备,必须按照国家有关规定,由专业生产单位生产,并经具有专业资质的检测、检验机构检测、检验合格,取得(　　),方可投入使用。

A. 安全使用证和安全标志　　B. 安全使用证或安全标志

C. 生产许可证和安全使用证　　D. 生产许可证或安全使用证

94. 生产经营单位未对安全设备进行经常性维护、保养和定期检测的,责令限期改正,可以处(　　)的罚款。

A. 5 万元以下　　B. 5 万元以上 10 万元以下

C. 1 万元以上 5 万元以下　　D. 3 万元以下

95. 下列工程中,不适用《建设工程安全生产管理条例》的是(　　)。

A. 线路管道和设备安装工程　　B. 土木工程和建筑工程

C. 设备安装工程及装修工程　　D. 抢险救灾和农民自建低层住宅

96. 根据《建设工程安全生产管理条例》,建设工程安全生产管理基本制度包括(　　)。

A. 工程监理制度　　　　　　　　　B. 群防群治制度

C. 从业人员资格管理制度　　　　　D. 招标投标制度

97. 根据《建设工程安全生产管理条例》,下列关于设计单位安全责任的说法,不正确的是(　　)。

A. 设计单位应当考虑施工安全操作和防护的需要,对涉及施工安全的重点部位和环节在设计文件中注明,并对防范生产安全事故提出指导意见

B. 采用新结构、新材料、新工艺的建设工程和特殊结构的建设工程,设计单位应当在设计中提出保障施工作业人员安全和预防生产安全事故的措施建议

C. 设计单位应当按照建设单位的要求和标准进行设计,防止因设计不合理导致生产安全事故的发生

D. 设计单位和注册建筑师等注册执业人员应当对其设计负责

98. 根据《建设工程安全生产管理条例》,工程监理单位在实施监理过程中,发现存在安全事故隐患的应当要求施工单位整改;情况严重的应当要求施工单位暂停施工,并报告(　　)。

A. 施工单位　　B. 监理单位　　C. 建设单位　　D. 有关主管部门

99. 根据《建设工程安全生产管理条例》的规定,工程勘察、设计单位未按照法律、法规和工程建设强制性标准进行勘察、设计的,应(　　)。

A. 责令限期改正,处 10 万元以上 30 万元以下的罚款

B. 责令停业整顿,降低资质等级,并处 10 万元以上罚款

C. 责令改正,降低资质等级,并处 5 万元以上罚款

D. 责令限期改正,并依法追究直接责任人的刑事责任

100. 根据《建设工程安全生产管理条例》的规定,工程勘察、设计单位未按照法律、法规和工程建设强制性标准进行勘察、设计,情节严重的,应(　　)。

A. 责令停业整顿,降低资质等级,并处 10 万元以上罚款

B. 责令改正,降低资质等级,并承担损害赔偿责任

C. 责令停业整顿,降低资质等级,直至吊销资质证书

D. 责令限期改正,并依法追究直接责任人的刑事责任

101. 根据《建设工程安全生产管理条例》,采用特殊结构的建设工程,设计单位未在设计中提出保障施工作业人员安全和预防生产安全事故的措施建议的,应(　　)。

A. 责令限期改正,处 10 万元以上 30 万元以下的罚款

B. 责令停业整顿,处 10 万元以上 30 万元以下的罚款

C. 责令停业整顿,降低资质等级,直至吊销资质证书

D. 责令停业整顿,处 5 万元以上 10 万元以下的罚款

102. 根据《建设工程安全生产管理条例》,下列达到一定规模的分部分项工程,应编制专项施工方案的不包括(　　)。

A. 基坑支护与降水工程　　　　　B. 土方开挖工程

C. 模板工程　　　　　　　　　　D. 路基填筑与碾压工程

103. 根据《建设工程安全生产管理条例》,下列工程的专项施工方案,施工单位应当组织专家进行论证、审查的是(　　)。

A. 脚手架工程　　B. 高大模板工程

C. 拆除、爆破工程　　D. 起重吊装工程

104. 根据《建设工程安全生产管理条例》，注册执业人员未执行法律、法规和工程建设强制性标准的，应(　　)。

A. 责令改正，并处罚款　　B. 责令停止执业 3 个月以上 1 年以下

C. 吊销执业资格证书　　D. 重新考取执业资格证书

105. 根据《建设工程安全生产管理条例》的规定，注册执业人员未执行法律、法规和工程建设强制性标准，情节严重的，应(　　)。

A. 责令改正，3 年内不准执业　　B. 吊销执业资格证书，5 年内不予注册

C. 责令改正，终身不予注册　　D. 责令停止执业 3 个月以上 1 年以下

106. 根据《建设工程安全生产管理条例》，注册执业人员未执行法律、法规和工程建设强制性标准，造成重大安全事故的，应(　　)。

A. 责令改正，并处罚款　　B. 吊销执业资格证书，5 年内不予注册

C. 终身不予注册　　D. 责令停止执业 1 年以上 3 年以下

107. 根据《建设工程安全生产管理条例》，不属于建设工程安全生产管理基本制度的是(　　)。

A. 安全生产责任制度　　B. 工程监理制度

C. 群防群治制度　　D. 伤亡事故处理报告制度

108. 下列工程中，不适用《建设工程质量管理条例》的是(　　)。

A. 线路管道和设备安装工程　　B. 土木工程和建筑工程

C. 设备安装工程及装修工程　　D. 抢险救灾和农民自建低层住宅

109. 根据《建设工程质量管理条例》，不属于建设工程质量管理基本制度的是(　　)。

A. 工程质量监督管理制度　　B. 工程竣工验收备案制度

C. 工程招标投标制度　　D. 工程质量检举、控告、投诉制度

110. 根据《建设工程质量管理条例》，不属于建设单位质量管理责任和义务的是(　　)。

A. 建设单位应当将工程发包给具有相应资质等级的单位，不得将工程肢解发包

B. 建设单位可以对承包单位的建设活动进行指导和干预

C. 施工图设计文件未经审查批准的，建设单位不得使用

D. 涉及建筑主体和承重结构变动的装修工程，建设单位要有设计方案

111. 下列关于勘察、设计单位质量责任和义务的表述中，不符合《建设工程质量管理条例》规定的是(　　)。

A. 勘察、设计单位应在资质等级许可的范围内承揽工程

B. 勘察、设计单位必须按照工程建设强制性标准进行勘察、设计，并对其勘察、设计的质量负责

C. 设计单位出具的设计文件应当符合国家规定的设计深度要求，注明工程合理使用年限

D. 设计单位在设计文件中选用的建筑材料、建筑构配件和设备，应当注明规格、型号、性能等技术指标，并指定生产厂、供应商

112. 根据《建设工程质量管理条例》，下列关于设计单位的质量责任和义务的说法，正确的是(　　)。

A. 设计单位提供的地质、测量、水文等勘察成果必须真实、准确

B. 设计单位必须向有关的施工、工程监理等单位提供与建设工程有关的原始资料。原始资料必须真实、准确、齐全

C. 设计单位应当参与建设工程质量事故分析，并对因设计造成的质量事故，提出相应的技术处理方案

D. 设计单位应当建立、健全教育培训制度，加强对职工的教育培训；未经教育培训或者考核不合格的人员，不得上岗作业

113. 根据《建设工程质量管理条例》，建设工程竣工验收应具备的条件不包括(　　)。

A. 施工单位已提交质量保证金

B. 有工程使用的主要建筑材料、建筑构配件和设备的进场试验报告

C. 有勘察、设计、施工、工程监理等单位分别签署的质量合格文件

D. 有完整的技术档案和施工管理资料

114. 根据《建设工程质量管理条例》，建设单位应当将施工图设计文件报(　　)审查批准。

A. 县级以上人民政府建设行政主管部门

B. 县级以上人民政府工程规划主管部门

C. 县级以上人民政府工程设计主管部门

D. 县级以上人民政府建设工程质量监督部门

115. 根据《建设工程质量管理条例》，施工人员对涉及结构安全的试块、试件以及有关材料，进行现场取样时应当(　　)。

A. 在设计单位监督下现场取样

B. 在质量监督机构或监理单位监督下现场取样

C. 在施工单位质量管理人员监督下现场取样

D. 在建设单位或监理单位监督下现场取样

116. 根据《建设工程质量管理条例》，建设工程发生质量事故后，有关单位向当地建设行政管理部门和其他有关部门报告的时间应不大于(　　)。

A. 4 小时　　B. 8 小时　　C. 24 小时　　D. 48 小时

117. 根据《建设工程质量管理条例》规定，勘察、设计单位超越其资质等级许可的范围承揽工程的，应(　　)。

A. 责令限期改正，并处罚款

B. 责令停业整顿，降低资质等级

C. 责令停止违法行为，处合同约定的勘察费、设计费 1 倍以上 2 倍以下的罚款

D. 处合同约定的勘察费、设计费 25% 以上 50% 以下的罚款

118. 根据《建设工程质量管理条例》规定，勘察、设计单位允许其他单位或者个人以本单位名义承揽工程的，应(　　)。

A. 责令停业整顿，并处罚款

B. 责令改正，并处合同约定的勘察费、设计费25%以上50%以下的罚款

C. 责令改正，降低资质等级

D. 责令改正，没收违法所得，并处合同约定的勘察费、设计费1倍以上2倍以下的罚款

119. 根据《建设工程质量管理条例》，勘察、设计单位将其承包的工程转包或者违法分包的，应（　　）。

A. 责令限期整改，没收违法所得

B. 责令改正，没收违法所得，并处合同约定的勘察费、设计费25%以上50%以下的罚款

C. 责令改正，降低资质等级，并处没收违法所得5倍以下的罚款

D. 责令改正，降低资质等级或者吊销资质证书

120. 根据《建设工程质量管理条例》规定，勘察、设计单位未按照工程建设强制性标准进行勘察、设计的，应（　　）。

A. 责令改正，并处10万元以下的罚款

B. 责令停业整改，处合同约定的勘察费、设计费1倍以上2倍以下的罚款

C. 责令改正，处10万元以上30万元以下的罚款

D. 责令限期整改，降低资质等级或者吊销资质证书

121. 根据《建设工程质量管理条例》规定，勘察、设计单位未按照工程建设强制性标准进行勘察、设计，造成工程质量事故的，应（　　）。

A. 责令停业整顿，降低资质等级

B. 责令改正，并处30万元以下的罚款

C. 责令改正，降低资质等级

D. 责令限期整改，降低资质等级或者吊销资质证书

122. 根据《建设工程质量管理条例》规定，注册建筑师、注册结构工程师等注册执业人员因过错造成质量事故的，应（　　）。

A. 责令改正，并处5万元以下的罚款　　B. 责令停止执业1年

C. 责令停止执业5年　　D. 责令改正，并处1万元以下的罚款

123. 根据《建设工程质量管理条例》规定，注册建筑师、注册结构工程师等注册执业人员因过错造成重大质量事故的，应（　　）。

A. 责令停止执业3年　　B. 责令停止执业，并处10万元以下的罚款

C. 终身不予注册　　D. 吊销执业资格证书，5年以内不予注册

124. 根据《建设工程质量管理条例》，勘察、设计单位未按照工程建设强制性标准进行勘察、设计的，对单位直接负责的主管人员和其他直接责任人员的处罚正确的是（　　）。

A. 处10万元以上30万元以下的罚款

B. 处合同约定的勘察费、设计费1倍以上2倍以下的罚款

C. 处0.5万元以上3万元以下的罚款

D. 责令改正，没收违法所得，并处违法所得2倍以上5倍以下的罚款

125. 根据《建设工程勘察设计管理条例》，不属于编制建设工程勘察、设计文件依据的

是(　　)。

A. 项目批准文件　　B. 建设单位的要求

C. 工程建设强制性标准　　D. 城市规划

126. 下列关于建设工程资质资格管理的表述中,不符合《建设工程勘察设计管理条例》规定的是(　　)。

A. 国家对从事建设工程勘察、设计活动的单位,实行资质管理制度

B. 国家对从事建设工程勘察、设计活动的专业技术人员,实行执业资格注册管理制度

C. 禁止勘察、设计单位允许其他单位或者个人以本单位的名义承揽建设工程勘察、设计业务

D. 勘察、设计注册执业人员最多只能受聘于两个勘察、设计单位;未受聘于勘察、设计单位的,不得从事勘察、设计活动

127. 根据《建设工程勘察设计管理条例》,建设工程勘察、设计发包依法实行(　　)。

A. 招标发包或者直接发包　　B. 公开发包或者非公开发包

C. 公开发包或者协议发包　　D. 公开发包或者邀请发包

128. 根据《建设工程勘察设计管理条例》,下列关于工程勘察、设计单位和人员执业规定的说法,正确的是(　　)。

A. 建设工程勘察、设计注册执业人员和其他专业技术人员一般要受聘于一个建设工程勘察、设计单位

B. 未受聘于建设工程勘察、设计单位的执业人员在单位特许情况下可以从事特许建设工程的勘察、设计活动

C. 国家对从事建设工程勘察、设计活动的专业技术人员,实行执业资格管理制度

D. 建设工程勘察、设计单位不得允许具有执业资格的个人以本单位的名义承揽建设工程勘察、设计业务

129. 根据《建设工程勘察设计管理条例》,建设工程勘察、设计方案的评标一般不考虑(　　)。

A. 投标人资质　　B. 勘察、设计方案的优劣

C. 勘察、设计人员的能力　　D. 投标人的业绩

130. 根据《建设工程勘察设计管理条例》,下列建设工程的勘察、设计可以直接发包的是(　　)。

A. 工程规模大、技术复杂的　　B. 建筑艺术造型有特殊要求的

C. 有特殊技术要求的　　D. 工程规模小、技术简单的

131. 根据《建设工程勘察设计管理条例》,建设工程勘察、设计的招标人认为评标委员会推荐的候选方案不能最大限度满足招标文件规定的要求的,应当(　　)。

A. 在评标委员会推荐的候选方案以外确定中标方案

B. 直接发包

C. 与投标人谈判以确定中标方案

D. 依法重新招标

132. 根据《建设工程勘察设计管理条例》，工程勘察单位编制的建设工程勘察文件应当(　　)。

A. 满足编制施工招标文件的需要

B. 满足编制设备材料采购和施工的需要

C. 满足建设工程规划、选址、设计、岩土治理和施工的需要

D. 满足标准设备与非标准设备制作的需要

133. 根据《建设工程勘察设计管理条例》，编制初步设计文件，应当(　　)。

A. 满足编制方案设计文件和控制概算的需要

B. 满足编制施工招标文件、主要设备材料订货和编制施工图设计文件的需要

C. 满足设备材料采购和施工的需要

D. 满足非标准设备制作，并注明建设工程合理使用年限

134. 根据《建设工程勘察设计管理条例》，下列关于修改建设工程勘察、设计文件的说法，不正确的是(　　)。

A. 建设单位、施工单位、监理单位不得修改建设工程勘察、设计文件

B. 确需修改建设工程勘察、设计文件的，应当由原建设工程勘察、设计单位修改

C. 建设单位可以随意委托其他具有相应资质的建设工程勘察、设计单位修改

D. 修改单位对修改的勘察、设计文件承担相应责任

135. 根据《建设工程勘察设计管理条例》，监理单位发现建设工程勘察、设计文件不符合工程建设强制性标准、合同约定的质量要求的，应当(　　)。

A. 对勘察、设计文件进行补充、修改

B. 要求勘察、设计单位对勘察、设计文件进行补充、修改

C. 报告建设单位

D. 报告建设单位和勘察、设计单位

136. 根据《建设工程勘察设计管理条例》，建设工程勘察、设计文件内容需要作重大修改的，建设单位应当(　　)。

A. 要求勘察、设计单位对勘察、设计文件进行修改

B. 要求工程监理单位对勘察、设计文件进行修改

C. 委托其他具有相应资质的勘察、设计单位对勘察、设计文件进行修改

D. 报经原审批机关批准后，方可修改

137. 根据《建设工程勘察设计管理条例》，建设工程勘察、设计文件中规定采用的新技术、新材料，可能影响建设工程质量和安全，又没有国家技术标准的，应当(　　)。

A. 由国家认可的检测机构进行试验、论证，出具检测报告，确认不影响建设工程质量和安全后方可使用

B. 由建设单位组织专家审查、论证，确认不影响建设工程质量和安全后方可使用

C. 由工程监理单位组织监理单位、施工单位有关技术人员进行试验、论证，确认不影响建设工程质量和安全后方可使用

D. 由国家认可的检测机构进行试验、论证，出具检测报告，并经国务院有关部门或者省、自治区、直辖市人民政府有关部门组织的建设工程技术专家委员会审定后，方

可使用

138. 下列有关设计文件编制与实施的表述中，不符合《建设工程勘察设计管理条例》规定的是（　　）。

A. 编制施工图设计文件，应当满足设备材料采购、非标准设备制作和施工的需要，并注明建设工程合理使用年限

B. 设计文件中选用的材料、构配件、设备，应当注明其规格、型号、性能等技术指标，但设计单位不得指定生产厂、供应商

C. 设计文件中规定采用的新技术、新材料，可能影响建设工程质量和安全，又没有国家技术标准的；应由建设单位委托检测机构进行试验、论证，出具检测报告，经上级主管部门审定后，方可使用

D. 设计单位应当在工程施工前，向施工单位说明工程设计意图，解释设计文件

139. 下列关于建设工程勘察、设计发包与承包的表述中，不符合《建设工程勘察设计管理条例》规定的是（　　）。

A. 建设工程勘察、设计发包依法实行招标发包或者直接发包

B. 采用特定的专利或者专有技术的建设工程可以直接发包

C. 建筑艺术造型有特殊要求的建设工程不得直接发包

D. 建设工程勘察、设计单位不得将所承揽的建设工程勘察、设计转包

140. 下列关于建设工程勘察、设计发包与承包的表述中，不符合《建设工程勘察设计管理条例》规定的是（　　）。

A. 发包方可以将整个建设工程的勘察、设计发包给一个勘察、设计单位

B. 发包方不得将建设工程的勘察、设计分别发包给几个勘察、设计单位

C. 建设工程勘察、设计单位不得将所承揽的建设工程勘察、设计转包

D. 经发包方书面同意，承包方可将建设工程非主体部分的勘察、设计再分包给其他具有相应资质等级的勘察、设计单位

141. 根据《建设工程勘察设计管理条例》的规定，未经注册，擅自以注册建设工程勘察、设计人员的名义从事建设工程勘察、设计活动的，应（　　）。

A. 责令停止违法行为，没收违法所得

B. 责令停止违法行为，没收违法所得，处违法所得 2 倍以上 5 倍以下的罚款

C. 责令停止违法行为，没收违法所得，给予行政处分

D. 责令停止违法行为，没收违法所得，并处 5 万元以下的罚款

142. 根据《建设工程勘察设计管理条例》的规定，建设工程勘察、设计注册执业人员和其他专业技术人员未受聘于一个建设工程勘察、设计单位或者同时受聘于两个以上建设工程勘察、设计单位，从事建设工程勘察、设计活动的，应（　　）。

A. 责令停止违法行为，没收违法所得，给予行政处分

B. 责令停止违法行为，没收违法所得，处违法所得 2 倍以上 5 倍以下的罚款

C. 责令停止违法行为，没收违法所得，停止执行业务，并处 1 万元以下的罚款

D. 责令停止违法行为，没收违法所得，吊销执业资格证书

143. 根据《建设工程勘察设计管理条例》的规定，建设工程勘察、设计注册执业人员和其

他专业技术人员未受聘于一个建设工程勘察、设计单位或者同时受聘于两个以上建设工程勘察、设计单位,从事建设工程勘察、设计活动,情节严重的,应(　　)。

A. 责令停止执行业务或者吊销执业资格证书

B. 责令停止违法行为,没收违法所得,给予行政处分

C. 责令停止违法行为,没收违法所得,处违法所得 2 倍以上 5 倍以下的罚款

D. 没收违法所得,停止执行业务,并处 1 万元以下的罚款

144. 根据《建设工程勘察设计管理条例》,发包方将建设工程勘察、设计业务发包给不具有相应资质等级的建设工程勘察、设计单位的,应(　　)。

A. 责令改正,处 50 万元以上 100 万元以下的罚款

B. 责令停业整顿,处 10 万元以上 50 万元以下的罚款

C. 没收违法所得,停止执行业务,并处 1 万元以下的罚款

D. 责令停止违法行为,没收违法所得,处违法所得 2 倍以上 5 倍以下的罚款

145. 根据《建设工程勘察设计管理条例》,建设工程勘察、设计单位将所承揽的建设工程勘察、设计转包的,应(　　)。

A. 处合同约定的勘察费、设计费 10% 以上 30% 以下的罚款

B. 处合同约定的勘察费、设计费 25% 以上 50% 以下的罚款

C. 处 10 万元以上 30 万元以下的罚款

D. 处 30 万元以上 50 万元以下的罚款

146. 根据《建设工程勘察设计管理条例》,建设工程勘察、设计单位未依据国家规定的建设工程勘察、设计深度要求编制建设工程勘察、设计文件,逾期不改正的,应(　　)。

A. 处 10 万元以上 30 万元以下的罚款

B. 处 30 万元以上 50 万元以下的罚款

C. 处合同约定的勘察费、设计费 25% 以上 50% 以下的罚款

D. 处合同约定的勘察费、设计费 30% 以上 50% 以下的罚款

147. 下列有关勘察设计从业人员职业道德准则规范的表述中,不正确的是(　　)。

A. 搞好团结协作,树立集体观念,甘当配角,艰苦奋斗,无名奉献

B. 可同时受聘于两个或者两个以上工程勘察、设计单位,在规定范围内从事建设工程勘察、设计业务活动

C. 合法经营,不搞无证勘察设计,不搞越级勘察设计,不搞私人勘察设计,不出卖图签图章

D. 平等竞争,严格按规定收费,不超收、不压价,勇于抵制行业不正之风,不因收取"回扣""介绍费"等而选用价高质次的材料设备,不贬低别人,抬高自己

习题参考答案及解析

1. C

【解析】法的形式是指法的存在和表现形式,即由国家制定和认可的法律规范的各种

表现形式。法的形式实质是法的效力等级问题。根据宪法和立法法及有关规定，我国法的形式主要包括：①宪法；②法律；③行政法规；④地方性法规；⑤行政规章（包括部门规章和地方政府规章）；⑥最高人民法院司法解释规范性文件；⑦国际公约。

2. C

【解析】《公路水运工程安全生产监督管理办法》是交通运输部部务会议通过并由部长签发颁布的用于规范公路水运工程安全生产管理活动的规范性文件，在交通运输部管辖的业务范围内产生法律效力，属于部门规章。

3. B

【解析】《安全生产许可证条例》是由国务院颁发的行政法规，其上位法是法律而且是安全生产法。

4. B

【解析】立法法第八十七条规定，同一机关制定的新的一般规定与旧的特别规定不一致时，由制定机关裁决。

5. A

【解析】立法法第八十七条规定，部门规章之间、部门规章与地方政府规章之间对同一事项的规定不一致时，由国务院裁决。

6. B

【解析】公路法规定：省道规划由省、自治区、直辖市人民政府交通主管部门会同同级有关部门并商省道沿线下一级人民政府编制，报省自治区、直辖市人民政府批准，并报国务院交通主管部门备案。

7. D

【解析】公路法规定：国道的命名和编号，由国务院交通主管部门确定；省道、县道、乡道的命名和编号，由省、自治区、直辖市人民政府交通主管部门按照国务院交通主管部门的有关规定确定。

8. D

【解析】根据《公路法》的相关规定，筹集公路建设资金的方式主要包括以下几种：①各级人民政府的财政拨款；②依法向国内外金融机构或者外国政府贷款；③国内外经济组织对公路建设直接投资；④开发、经营公路的公司依法发行股票、公司债券；⑤出让公路收费权；⑥向企业和个人集资；⑦以符合法律或者国务院规定的其他方式筹集。

9. B

【解析】《公路法》规定：公路建设项目的施工，须按国务院交通主管部门的规定报请县级以上地方人民政府交通主管部门批准。

10. C

【解析】根据《公路法》第三十四条，县级以上地方人民政府应当确定公路两侧边沟（截水沟、坡脚护坡道，下同）外缘起不少于一米的公路用地。

11. D

【解析】《公路法》第十六条规定，国道规划的局部调整由原编制机关决定。

12. D

【解析】《公路法》第十四条规定,县道规划由县级人民政府交通主管部门会同同级有关部门编制,经本级人民政府审定后,报上一级人民政府批准。

13. D

【解析】《公路法》第十三条规定,公路建设用地规划应当符合土地利用总体规划,当年建设用地应当纳入年度建设用地计划。

14. D

【解析】《公路法》第三条规定:公路的发展应当遵循全面规划、合理布局、确保质量、保障畅通、保护环境、建设改造与养护并重的原则。

15. D

【解析】《公路法》第六条规定:公路按其在公路路网中的地位分为国道、省道、县道和乡道,并按技术等级分为高速公路、一级公路、二级公路、三级公路和四级公路。具体划分标准由国务院交通主管部门规定。

16. B

【解析】根据《建筑法》第二章规定:建筑许可包含了三种制度,即建筑工程施工许可制度(即施工许可证)、从事建筑活动单位资质制度(即资质证书)、从事建筑活动个人资格制度(即执业资格证书)。

17. A

【解析】《建筑法》规定:①建筑工程开工前,建设单位应当按有关规定向工程所在地县级以上人民政府建设行政主管部门申请领取施工许可证。②建设单位应当自领取施工许可证之日起三个月内开工。因故不能按期开工的,应当向发证机关申请延期;延期以两次为限,每次不超过三个月。既不开工又不申请延期或者超过延期时限的,施工许可证自行废止。

18. B

【解析】《建筑法》第九、十条规定,①建设单位应当自领取施工许可证之日起三个月内开工。因故不能按期开工的,应当向发证机关申请延期;延期以两次为限,每次不超过三个月。既不开工又不申请延期或者超过延期时限的,施工许可证自行废止。②在建的建筑工程因故中止施工的,建设单位应当自中止施工之日起一个月内,向发证机关报告,并按照规定做好建筑工程的维护管理工作。建筑工程恢复施工时,应当向发证机关报告。中止施工满一年的工程恢复施工前,建设单位应当报发证机关核验施工许可证。

19. D

【解析】《建筑法》第七条规定,建筑工程开工前,建设单位应当按照国家有关规定向工程所在地县级以上人民政府建设行政主管部门申请领取施工许可证。

20. C

【解析】《建筑法》第八条规定,建设单位申请领取施工许可证,应当具备下列条件:①已经办理建筑工程用地批准手续;②依法应当办理建设工程规划许可证的,已经取得建设工程规划许可证;③需要拆迁的,其拆迁进度符合施工要求;④已经确定建筑施工企业;⑤有满足施工需要的资金安排、施工图纸及技术资料;⑥有保证工程质量和安全的具体措施。

21. C

【解析】《建筑法》规定:从事建筑活动的建筑施工企业、勘察单位、设计单位和工程监理单位应当具备四个方面的条件:①有符合国家规定的注册资本;②有与其从事建筑活动相适应的具有法定执业资格的专业技术人员;③有从事相关建筑活动所应有的技术装备;④法律、行政法规规定的其他条件,如有单位名称、组织机构、固定的生产经营场所等。

22. C

【解析】《建筑法》规定:从事建筑活动的建筑施工单位、勘察单位、设计单位和工程监理单位,按照其拥有的注册资本、专业技术人员、技术装备和已完成的建筑工程业绩、管理水平等资质条件,划分为不同的资质等级,经资质审查合格,取得相应等级的资质证书后,方可在其资质等级许可的范围内从事建筑活动。

23. B

【解析】《建筑法》第十三条规定,从事建筑活动的工程监理单位须经过建设行政主管部门对其拥有的注册资本、专业技术人员、技术装备和已完成的建筑工程业绩、管理水平等进行审查,以确定其承担任务的范围,并发给相应的资质证书,并须在其资质等级许可的范围内从事建筑活动。

24. B

【解析】《建筑法》第五十六条规定,建筑工程的勘察、设计单位必须对其勘察、设计的质量负责。勘察、设计文件应当符合有关法律、行政法规的规定和建筑工程质量、安全标准、建筑工程勘察、设计技术规范以及合同的约定。设计文件选用的建筑材料、建筑构配件和设备,应当注明其规格、型号、性能等技术指标,其质量要求必须符合国家规定的标准。《建筑法》第五十七条规定,建筑设计单位对设计文件选用的建筑材料、建筑构配件和设备,不得指定生产厂、供应商。

25. D

【解析】《建筑法》规定:提倡对建筑工程实行总承包,禁止将建筑工程肢解发包。建筑工程的发包单位可以将建筑工程的勘察、设计、施工、设备采购一并发包给一个工程总承包单位,也可以将建筑工程勘察、设计、施工、设备采购的一项或者多项发包给一个工程总承包单位;但是,不得将应当由一个承包单位完成的建筑工程肢解成若干部分发包给几个承包单位。

26. D

【解析】《建筑法》规定:①承包建筑工程的单位应当持有依法取得的资质证书,并在其资质等级许可的业务范围内承揽工程。②大型建筑工程或者结构复杂的建筑工程,可以由两个以上的承包单位联合共同承包。共同承包的各方对承包合同的履行承担连带责任。两个以上不同资质等级的单位实行联合共同承包的,应当按照资质等级低的单位的业务许可范围承揽工程。

27. B

【解析】《建筑法》规定:总承包单位可以将承包工程中的部分工程发包给具有相应资质条件的分包单位;施工总承包的,建筑工程主体结构的施工必须由总承包单位自行完成。建筑工程总承包单位按照总承包合同的约定对建设单位负责;分包单位按照分包合同的约定对总承包单位负责。总承包单位和分包单位就分包工程对建设单位承担连带责任。禁止分包单位将其承包的工程再分包。

28. D

【解析】《建筑法》规定：超越本单位资质等级承揽工程的，责令停止违法行为，处以罚款，可以责令停业整顿，降低资质等级；情节严重的，吊销资质证书；有违法所得的，予以没收。

29. C

【解析】《建筑法》规定：超越本单位资质等级承揽工程的，责令停止违法行为，处以罚款，可以责令停业整顿，降低资质等级；情节严重的，吊销资质证书；有违法所得的，予以没收。

30. B

【解析】《建筑法》规定：勘察设计单位未取得资质证书承揽工程的，予以取缔，并处罚款；有违法所得的，予以没收。以欺骗手段取得资质证书的，吊销资质证书，处以罚款；构成犯罪的，依法追究刑事责任。

31. C

【解析】《建筑法》规定：承包单位将承包的工程转包的，或者违反本法规定进行分包的，责令改正，没收违法所得，并处罚款，可以责令停业整顿，降低资质等级；情节严重的，吊销资质证书。

32. B

【解析】《建筑法》规定：承包单位将承包的工程转包的，或者违反本法规定进行分包，情节严重的，吊销资质证书。

33. D

【解析】《建筑法》规定：建筑设计单位不按照建筑工程质量、安全标准进行设计的，责令改正，处以罚款；造成工程质量事故的，责令停业整顿，降低资质等级或者吊销资质证书，没收违法所得，并处罚款；造成损失的，承担赔偿责任；构成犯罪的，依法追究刑事责任。

34. D

【解析】《建筑法》规定：建筑设计单位不按照建筑工程质量、安全标准进行设计，造成工程质量事故的，责令停业整顿，降低资质等级或者吊销资质证书，没收违法所得，并处罚款；造成损失的，承担赔偿责任；构成犯罪的，依法追究刑事责任。

35. A

【解析】《森林法》规定：进行各项建设工程，应当不占或者少占林地；必须占用或者征用林地的，经县级以上人民政府林业主管部门审核同意后，依照有关土地管理的法律、行政法规办理建设用地审批手续，并由用地单位依照国务院有关规定缴纳森林植被恢复费。

36. B

【解析】违反《森林法》规定，进行开垦、采石、采砂、采土等活动，致使森林、林木受到毁坏的，依法赔偿损失；由林业主管部门责令停止违法行为，补种毁坏株数一倍以上三倍以下的树木，可以处毁坏林木价值一倍以上五倍以下的罚款。

37. C

【解析】民法中的合同有广义和狭义之分。广义的合同是指两个以上的民事主体之间设立、变更、终止民事权利义务关系的协议；狭义的合同是指债权合同，即两个以上的民事主体之间设立、变更、终止债权关系的协议。广义的合同除了民法中债权合同之外，还包括物权合同、身份合同，以及行政法中的行政合同和劳动法中的劳动合同等。我国《民法典》合同编中所称的合同是指狭义上的合同。

38. C

【解析】《民法典》合同编第四百七十条规定,合同的内容由当事人约定,一般包括以下条款:①当事人的名称或者姓名和住所;②标的;③数量;④质量;⑤价款或者报酬;⑥履行期限、地点和方式;⑦违约责任;⑧解决争议的方法。

39. C

【解析】《民法典》合同编第四百七十三条规定:要约邀请是希望他人向自己发出要约的表示。拍卖公告、招标公告、招股说明书、债券募集办法、基金招募说明书、商业广告和宣传、寄送的价目表等为要约邀请。商业广告和宣传的内容符合要约条件的,构成要约。

40. B

【解析】《民法典》合同编第四百七十六条规定,要约可以撤销,但是有下列情形之一的除外:①要约人已确定承诺期限或者其他形式明示要约不可撤销;②受要约人有理由认为要约是不可撤销的,并已经为履行合同做了合理准备工作。

41. B

【解析】要约邀请是希望他人向自己发出要约的表示。通常情况下,拍卖公告、招标公告、招股说明书、债券募集办法、基金招募说明书、商业广告和宣传、寄送的价目表等为要约邀请。招标单位发出中标通知书属于合同订立过程中的承诺。

42. D

【解析】《民法典》合同编第四百七十八条规定,有下列情形之一的,要约失效:①要约被拒绝;②要约被依法撤销;③承诺期限届满,受要约人未作出承诺;④受要约人对要约的内容作出实质性变更。

43. C

【解析】《民法典》合同编第四百六十九条规定,当事人订立合同,可以采用书面形式、口头形式或者其他形式。书面形式是合同书、信件、电报、电传、传真等可以有形地表现所载内容的形式。以电子数据交换、电子邮件等方式能够有形地表现所载内容,并可以随时调取查用的数据电文,视为书面形式。

44. A

【解析】当事人意思表示不真实,通常构成可变更或可撤销合同,当事人可以向法院申请要求变更或撤销合同。如果申请变更合同,则变更后的合同是有效的合同。选项B、C、D均为无效合同的情形。

45. B

【解析】《民法典》合同编第五百一十条和第五百一十一条规定,合同生效后,当事人就质量、价款或者报酬、履行地点等内容没有约定或者约定不明确的,可以协议补充;不能达成补充协议的,按照合同有关条款或者交易习惯确定。当事人就有关合同内容约定不明确,依照第五百一十一条的规定仍不能确定的,适用下列规定:价款或者报酬不明确的,按照订立合同时履行地市场价格履行;依法应当执行政府定价或者政府指导价的,按照规定履行。

46. D

【解析】《民法典》合同编第五百一十条和第五百一十一条规定,合同生效后,当事人就质量、价款或者报酬、履行地点等内容没有约定或者约定不明确的,可以协议补充;不能达成补充协议的，按照合同有关条款或者交易习惯确定。当事人就有关合同内容约定不明确，依照第五百一十一条的规定仍不能确定的，适用下列规定：履行方式不明确的，按照有利于实现合同目的的方式履行。

47. D

【解析】《民法典》合同编第五百一十条和五百一十一条规定，合同生效后，当事人就质量、价款或者报酬、履行地点等内容没有约定或者约定不明确的，可以协议补充；不能达成补充协议的，按照合同有关条款或者交易习惯确定。当事人就有关合同内容约定不明确，依照第五百一十一条的规定仍不能确定的，适用下列规定：履行费用的负担不明确的，由履行义务一方负担。

48. B

【解析】根据《民法典》合同编第五百一十三条，执行政府定价或者政府指导价的，在合同约定的交付期限内政府价格调整时，按照交付时的价格计价。逾期交付标的物的，遇价格上涨时，按照原价格执行；价格下降时，按照新价格执行。逾期提取标的物或者逾期付款的，遇价格上涨时，按照新价格执行；价格下降时，按照原价格执行。

49. A

【解析】《民法典》合同编第七百九十一条规定，总承包人或者勘察、设计、施工承包人经发包人同意，可以将自己承包的部分工作交由第三人完成。第三人就其完成的工作成果与总承包人或者勘察、设计、施工承包人向发包人承担连带责任。

50. C

【解析】《民法典》合同编第五百五十七条规定，有下列情形之一的，债权债务终止：①债务已经履行；②债务相互抵销；③债务人依法将标的物提存；④债权人免除债务；⑤债权债务同归于一人；⑥法律规定或者当事人约定终止的其他情形。

51. C

【解析】《民法典》合同编规定，建设工程合同是承包人进行工程建设，发包人支付价款的合同。建设工程合同包括工程勘察、设计、施工合同。建设工程合同应当采用书面形式。

52. D

【解析】《民法典》合同编第八百条规定，勘察、设计的质量不符合要求或者未按照期限提交勘察、设计文件拖延工期，造成发包人损失的，勘察人、设计人应当继续完善勘察、设计，减收或者免收勘察、设计费并赔偿损失。

53. D

【解析】《民法典》合同编第八百零五条规定，因发包人变更计划，提供的资料不准确，或者未按照期限提供必需的勘察、设计工作条件而造成勘察、设计的返工、停工或者修改设计，发包人应当按照勘察人、设计人实际消耗的工作量增付费用。

54. C

【解析】合同保证人须是具有代为清偿债务能力的人，既可以是法人，也可以是其他组织或公民。但下列单位不可以做保证人：①国家机关不得做保证人，但经国务院批准为使用外国政府或国际经济组织贷款而进行的转贷除外。②学校、幼儿园、医院等以公益为目的的事业单位、社会团体不得做保证人。③企业法人的分支机构、职能部门不得做保证人，但有法人书面授权的，可在授权范围内提供保证。公路工程施工合同通常采用保证担保。

55. C

【解析】禁止抵押的财产有：①土地所有权。②耕地、宅基地、自留地、自留山等集体所有的土地使用权；抵押人依法承包并经发包方同意抵押的荒山、荒沟、荒丘、荒滩等荒地的土地使用权，以乡镇村企业厂房等建筑抵押的除外。③学校、幼儿园、医院等以公益为目的的事业单位、社会团体的教育设施、医疗设施和其他社会公益设施。④所有权、使用权不明确或有争议的财产。⑤依法被查封、扣押、监管的财产。⑥依法不得抵押的其他财产。

56. C

【解析】质押包括动产质押和权利质押两种。法律规定下列权利可以质押：①汇票、支票、本票、债券、存款单、仓单、提单；②依法可以转让的股份、股票；③依法可以转让的商标专用权、专利权、著作权中的财产权。

57. B

【解析】留置，是指合同当事人一方依据法律规定或合同约定，占有合同中对方的财产，有权留置以保护自身合法利益的法律行为。用来做留置担保的留置物一般是合同标的物，而且是动产。法律规定，因保管合同、运输合同、加工承揽合同发生的债权，债务人不履行债务的，债权人有留置权。因此，留置担保是一种法定的担保形式，通常不能由当事人约定。

58. A

【解析】定金，是指合同当事人一方为了证明合同的成立和担保合同的履行，在按合同规定应给付的款额内，向对方预先给付一定数额的货币。定金的数额由当事人约定，但不得超过主合同标的额的20%。按照有关规定，建设工程的勘察合同、设计合同通常采用定金担保。

59. C

【解析】《民法典》合同编第五百八十七条规定：债务人履行债务后，定金应当抵作价款或者收回；给付定金的一方不履行债务或者履行债务不符合约定，致使不能实现合同目的的，无权要求返还定金；收受定金的一方不履行债务或者履行债务不符合约定，致使不能实现合同目的的，应当双倍返还定金。

60. B

【解析】《招标投标法》第十条规定，招标分为公开招标和邀请招标。公开招标，是指招标人以招标公告的方式邀请不特定的法人或者其他组织投标。邀请招标，是指招标人以投标邀请书的方式邀请特定的法人或者其他组织投标。

61. B

【解析】公平原则的基本观点就是反对歧视和特权。它要求招标人严格按照规定的条件和程序办事，同等地对待每一个投标竞争者，给所有参与竞争的投标人同样的机会、同样的待遇，适用于同样的资格审查标准，提供同样的信息。招标人不得以任何方式限制或者排斥本地区、本系统以外的法人或者其他组织参加投标。

62. C

【解析】公正原则主要体现在评标定标的过程中，招标人行为应当公正，对所有的投标竞争者都应平等对待，不能有特殊。应当按照统一的标准衡量每一个投标人的优劣；在评标和定标的过程中，要按已在招标文件中公开了的评标标准和授标条件，使最符合条件的投标人能够中标。

63. D

【解析】诚实信用原则要求当事人在招标投标过程中，应当忠实于事实真相，不得欺骗他人，损人利己；应当遵守法律，尊重社会公德。

64. B

【解析】该题要求准确理解公平原则和公正原则的含义。公平原则，就是要求招标人严格按照规定的条件和程序办事，同等地对待每一个投标竞争者，不得对不同的投标竞争者采用不同的标准。抽签或摇号就不能同等对待符合资格预审条件的潜在投标人，所以不公平。而公正原则就是要平等对待所有的投标竞争者，不能有特殊，特别是在评标时尤其要显示评标过程的公正性。

65. A

【解析】《招标投标法》第五条规定，招标投标活动应当遵循公开、公平、公正和诚实信用的原则。

66. A

【解析】《招标投标法》第十六条规定，招标人采用公开招标方式的，应当发布招标公告。依法必须进行招标的项目的招标公告，应当通过国家指定的报刊、信息网络或者其他媒介发布。招标公告应当载明招标人的名称和地址、招标项目的性质、数量、实施地点和时间以及获取招标文件的办法等事项。选项 B、C、D 都是招标文件应载明的事项。

67. C

【解析】各类工程建设项目，包括项目的勘察、设计、施工、监理以及与工程建设有关的重要设备、材料等的采购，达到下列标准之一时，必须进行招标：①施工单项合同估算价在 400 万元人民币以上的；②重要设备、材料等货物的采购，单项合同估算价在 200 万元人民币以上的；③勘察、设计、监理等服务的采购，单项合同估算价在 100 万元人民币以上的；同一项目中可以合并进行的勘察、设计、施工、监理以及与工程建设有关的重要设备、材料等的采购，合同估算价合计达到上述规定标准的，必须招标。

68. C

【解析】《招标投标法》规定，招标代理机构是依法设立、从事招标代理业务并提供相关服务的社会中介组织。招标代理机构与行政机关和其他国家机关不得存在隶属关系或者其他利益关系。

69. D

【解析】招标投标活动的公开原则，首先要求进行招标活动的信息要公开。无论是招标公告、资格预审公告，还是投标邀请书，都应当载明能大体满足投标人决定是否参加投标竞争所需要的信息。此外，开标的程序、评标的标准和方法、评标程序、中标结果等都应当公开。按照《招标投标法》的有关规定，投标人名单和标底在开标前是保密的，评标委员会成员在中标结果确定前是保密的。

70. D

【解析】按照招标程序，发售招标文件后，招标人应当组织投标人踏勘现场、召开标前会议,之后才接受投标文件。资格审查或在发售招标文件之前进行(即资格预审)或在开标之后进行(即资格后审)。招标备案在发售招标文件之前进行。

71. A

【解析】根据《招标投标法》的规定,招标代理机构应当具备下列两个条件:①有从事招标代理业务的营业场所和相应资金。②有能够编制招标文件和组织评标的相应专业力量。

72. B

【解析】《招标投标法》第十五条规定,招标代理机构应当在招标人委托的范围内办理招标事宜,并遵守本法关于招标人的规定。

73. B

【解析】《招标投标法》第二十三条规定,招标人对已发出的招标文件进行必要的澄清或者修改的,应当在招标文件要求提交投标文件截止时间至少十五日前,以书面形式通知所有招标文件收受人。该澄清或者修改的内容为招标文件的组成部分。

74. A

【解析】《招标投标法》第四十六条规定,招标人和中标人应当自中标通知书发出之日起三十日内,按照招标文件和中标人的投标文件订立书面合同。招标人和中标人不得再行订立背离合同实质性内容的其他协议。

75. D

【解析】《招标投标法》规定,联合体各方应当签订共同投标协议,明确约定各方拟承担的工作和责任,并将共同投标协议连同投标文件一并提交招标人。联合体中标的,联合体各方应当共同与招标人签订合同,就中标项目向招标人承担连带责任。

76. B

【解析】投标人之间串通投标的行为主要表现为下列几种形式:①投标者之间相互约定,一致抬高或者压低投标价。②投标者之间相互约定,在招标项目中轮流以高价位或低价位中标。③投标者之间进行内部竞价,内定中标人,然后再参加投标。④投标者之间其他串通投标行为。

77. C

【解析】投标人与招标人串通投标的行为主要有以下几种表现形式:①招标者在公开开标前,开启标书,并将投标情况告知其他投标者,或者协助投标者撤换标书,更改报价。②招标者向投标者泄露标底。③投标者与招标者商定,在招标投标时压低或者抬高标价,中标后再给投标者或者招标者额外补偿。④招标者预先内定中标者,在确定中标者时以此决定取舍。⑤招标者和投标者之间其他串通招标投标行为(如通过贿赂等不正当手段),使招标人在审查、评选投标文件时,对投标文件实行歧视待遇;招标人在要求投标人就其投标文件澄清时,故意作引导性提问,以使其中标等。

78. C

【解析】在工程实践中,投标人以非法手段骗取中标的行为主要表现在以下几方面:①非法挂靠或借用其他企业的资质证书参加投标。②投标文件中故意在商务上和技术上采用模糊的语言骗取中标,中标后提供低档劣质货物、工程或服务。③投标时递交虚假业绩证明、资格文件。④假冒法定代表人签名,私刻公章,递交假的委托书等。

79. A

【解析】《招标投标法》第三十三条规定，投标人不得以低于成本的报价竞标。这里的成本应指个别企业的成本。投标人的报价一般由成本、税金和利润三部分组成。当报价为成本价时，企业利润为零。很显然，投标人以低于成本的报价竞标，其目的主要是为了排挤其他对手。

80. A

【解析】《招标投标法》中关于投标的禁止性规定包括：①投标人之间串通投标；②投标人与招标人之间串通投标；③投标人以低于成本的报价竞标；④投标人以行贿的手段谋取中标；⑤投标人以非法手段骗取中标。

81. B

【解析】开标应当在招标文件确定的提交投标文件截止时间的同一时间公开进行；开标地点应当为招标文件中预先确定的地点。开标由招标人主持，邀请所有投标人参加。开标时，由投标人或者其推选的代表检查投标文件的密封情况，也可以由招标人委托的公证机构检查并公证。

82. A

【解析】《招标投标法》第三十七条规定，评标由招标人依法组建的评标委员会负责。评标委员会由招标人的代表和有关技术、经济等方面的专家组成，成员人数为五人以上单数，其中技术、经济等方面的专家不得少于成员总数的三分之二。

83. D

【解析】《招标投标法》规定：招标人应根据评标委员会提出的书面评标报告和推荐的中标候选人确定中标人。招标人也可以授权评标委员会直接确定中标人。在确定中标人前，招标人不得与投标人就投标价格、投标方案等实质性内容进行谈判。

84. D

【解析】中标通知书对招标人和中标人具有法律效力。

85. A

【解析】《安全生产法》的立法目的主要有以下两点：①为了加强安全生产监督管理，防止和减少生产安全事故；②保障人民群众的生命和财产安全，促进经济发展。与此类似，《建设工程安全生产管理条例》的立法目的有三点：①贯彻《建筑法》和《安全生产法》；②为了加强建设工程安全生产监督管理；③保障人民群众的生命和财产安全。

86. D

【解析】《安全生产法》规定，生产经营单位新建、改建、扩建工程项目（以下统称建设项目）的安全设施，必须与主体工程同时设计、同时施工、同时投入生产和使用。安全设施投资应当纳入建设项目概算。

87. C

【解析】安全生产中从业人员的权利包括：①知情权，即有权了解其作业场所和工作岗位存在的危险因素、防范措施和事故应急措施。②建议权，即有权对本单位的安全生产工作提出建议。③批评权和检举、控告权，即有权对本单位安全生产管理工作中存在的问题提出批评、检举、控告。④拒绝权，即有权拒绝违章作业指挥和强令冒险作业。⑤紧急避险权，即发现直接危及人身安全的紧急情况时，有权停止作业或者在采取可能的应急措施后撤离作业场所。⑥赔偿权，依法向本单位提出要求赔偿的权利。⑦劳动保护权，获得符合国家标准或者行业标准劳动防护用品的权利。⑧教育、培训权，获得安全生产教育和培训的权利。

88. D

【解析】 安全生产中从业人员的义务主要包括：①自律遵规的义务，即从业人员在作业过程中，应当遵守本单位的安全生产规章制度和操作规程，服从管理，正确佩戴和使用劳动防护用品。②自觉学习安全生产知识的义务，要求掌握本职工作所需的安全生产知识，提高安全生产技能，增强事故预防和应急处理能力。③危险报告义务，即发现事故隐患或者其他不安全因素时，应当立即向现场安全生产管理人员或者本单位负责人报告。

89. C

【解析】 应正确区分安全生产中从业人员的权利和义务。选项 C 属于《安全生产法》第五十六条规定的从业人员的危险报告义务。选项 A、B、D 分别为《安全生产法》规定的从业人员的紧急避险权、建议权和拒绝权。

90. B

【解析】 根据《生产安全事故报告和调查处理条例》，较大事故，是指造成 3 人以上 10 人以下死亡，或者 10 人以上 50 人以下重伤，或者 1000 万元以上 5000 万元以下直接经济损失的事故。注意上述规定中，以上包括本数，以下不包括本数。

91. B

【解析】《安全生产法》第三十四条规定，生产经营单位使用的危险物品的容器、运输工具，以及涉及人身安全、危险性较大的海洋石油开采特种设备和矿山井下特种设备，必须按照国家有关规定，由专业生产单位生产，并经具有专业资质的检测、检验机构检测、检验合格，取得安全使用证或者安全标志，方可投入使用。

92. C

【解析】《安全生产法》第二十一条规定，矿山、金属冶炼、建筑施工、道路运输单位和危险物品的生产、经营、储存单位，应当设置安全生产管理机构或者配备专职安全生产管理人员。矿山、金属冶炼、建筑施工、道路运输单位和危险物品的生产、经营、储存单位的主要负责人和安全生产管理人员，应当由有关主管的负有安全生产监督管理职责的部门对其安全生产知识和管理能力考核合格后方可任职。

93. B

【解析】《安全生产法》第三十四条规定，生产经营单位使用的危险物品的容器、运输工具，以及涉及人身安全、危险性较大的海洋石油开采特种设备和矿山井下特种设备，必须按照国家有关规定，由专业生产单位生产，并经具有专业资质的检测、检验机构检测、检验合格，取得安全使用证或者安全标志，方可投入使用。

94. A

【解析】《安全生产法》第九十六条规定，生产经营单位有下列行为之一的，责令限期改正，可以处 5 万元以下的罚款；逾期未改正的，处 5 万元以上 10 万元以下的罚款，对其直接负责的主管人员和其他直接责任人员处 1 万元以上 2 万元以下的罚款；情节严重的，责令停产停业整顿；构成犯罪的，依照刑法有关规定追究刑事责任：①未在有较大危险因素的生产经营场所和有关设施、设备上设置明显的安全警示标志的。②安全设备的安装、使用、检测、改造和报废不符合国家标准或者行业标准的。③未对安全设备进行经常性维护、保养和定期检测的。④未为从业人员提供符合国家标准或者行业标准的劳动防护用品的。⑤危险物品的容器、运输工具，以及涉及人身安全、危险性较大的海洋石油开采特种设备和矿山井下特种设备未经具有专业资质的检测、检验机构检测、检验合格，取得安全使用证或者安全标志，投入使用的。⑥使用应当淘汰的危及生产安全的工艺、设备的。

95. D

【解析】《建设工程安全生产管理条例》的适用范围包括土木工程、建筑工程、线路管道和设备安装工程及装修工程。抢险救灾和农民自建低层住宅的安全生产管理不适用本条例。

96. B

【解析】《建设工程安全生产管理条例》规定的建设工程安全生产管理基本制度包括：①安全生产责任制度；②群防群治制度；③安全生产教育培训制度；④安全生产检查制度；⑤伤亡事故处理报告制度；⑥安全责任追究制度。

97. C

【解析】《建设工程安全生产管理条例》第十三条规定：设计单位应当按照法律、法规和工程建设强制性标准进行设计，防止因设计不合理导致生产安全事故的发生。设计单位应当考虑施工安全操作和防护的需要，对涉及施工安全的重点部位和环节在设计文件中注明，并对防范生产安全事故提出指导意见。采用新结构、新材料、新工艺的建设工程和特殊结构的建设工程，设计单位应当在设计中提出保障施工作业人员安全和预防生产安全事故的措施建议。设计单位和注册建筑师等注册执业人员应当对其设计负责。

98. C

【解析】《建设工程安全生产管理条例》第十四条规定，工程监理单位在实施监理过程中，发现存在安全事故隐患的，应当要求施工单位整改；情况严重的，应当要求施工单位暂时停止施工，并及时报告建设单位。施工单位拒不整改或者不停止施工的，工程监理单位应当及时向有关主管部门报告。

99. A

【解析】《建设工程安全生产管理条例》规定：勘察单位、设计单位未按照法律、法规和工程建设强制性标准进行勘察、设计的，或者采用新结构、新材料、新工艺的建设工程和特殊结构的建设工程，设计单位未在设计中提出保障施工作业人员安全和预防生产安全事故的措施建议的，责令限期改正，处10万元以上30万元以下的罚款；情节严重的，责令停业整顿，降低资质等级，直至吊销资质证书；造成重大安全事故，构成犯罪的，对直接责任人员，依照刑法有关规定追究刑事责任；造成损失的，依法承担赔偿责任。

100. C

【解析】《建设工程安全生产管理条例》规定：勘察单位、设计单位未按照法律、法规和工程建设强制性标准进行勘察、设计，情节严重的，责令停业整顿，降低资质等级，直至吊销资质证书。

101. A

【解析】《建设工程安全生产管理条例》第五十六条规定,勘察单位、设计单位有下列行为之一的,责令限期改正,处10万元以上30万元以下的罚款;情节严重的,责令停业整顿,降低资质等级,直至吊销资质证书;造成重大安全事故,构成犯罪的,对直接责任人员,依照刑法有关规定追究刑事责任;造成损失的,依法承担赔偿责任:①未按照法律、法规和工程建设强制性标准进行勘察、设计的;②采用新结构、新材料、新工艺的建设工程和特殊结构的建设工程,设计单位未在设计中提出保障施工作业人员安全和预防生产安全事故的措施建议的。

102. D

【解析】《建设工程安全生产管理条例》第二十六条规定,施工单位应当在施工组织设计中编制安全技术措施和施工现场临时用电方案,对下列达到一定规模的危险性较大的分部分项工程应编制专项施工方案,并附具安全验算结果,经施工单位技术负责人、总监理工程师签字后实施,由专职安全生产管理人员进行现场监督:①基坑支护与降水工程;②土方开挖工程;③模板工程;④起重吊装工程;⑤脚手架工程;⑥拆除、爆破工程;⑦国务院建设行政主管部门或者其他有关部门规定的其他危险性较大的工程。

103. B

【解析】《建设工程安全生产管理条例》第二十六条规定,对前款所列工程中涉及深基坑、地下暗挖工程、高大模板工程的专项施工方案,施工单位还应当组织专家进行论证、审查。

104. B

【解析】注册执业人员未执行法律、法规和工程建设强制性标准的,责令停止执业3个月以上1年以下;情节严重的,吊销执业资格证书,5年内不予注册;造成重大安全事故的,终身不予注册;构成犯罪的,依照刑法有关规定追究刑事责任。

105. B

【解析】《建设工程安全生产管理条例》规定:注册执业人员未执行法律、法规和工程建设强制性标准,情节严重的,吊销执业资格证书,5年内不予注册。

106. C

【解析】《建设工程安全生产管理条例》规定:注册执业人员未执行法律、法规和工程建设强制性标准,造成重大安全事故的,终身不予注册;构成犯罪的,依照刑法有关规定追究刑事责任。

107. B

【解析】根据《建设工程安全生产管理条例》的规定,应建立以下建设工程安全生产管理基本制度:①安全生产责任制度;②群防群治制度;③安全生产教育培训制度;④安全生产检查制度;⑤伤亡事故处理报告制度;⑥安全责任追究制度。本题选项B应是工程建设项目管理基本制度。

108. D

【解析】《建设工程质量管理条例》的适用范围包括土木工程、建筑工程、线路管道和设备安装工程及装修工程。抢险救灾和农民自建低层住宅的安全生产管理不适用本条例。

109. C

【解析】根据《建设工程质量管理条例》的规定,应建立以下建设工程质量管理基本制度:①工程质量监督管理制度;②工程竣工验收备案制度;③工程质量事故报告制度;④工程质量检举、控告、投诉制度。本题选项C应是工程建设项目管理基本制度。

110. B

【解析】《建设工程质量管理条例》规定:①建设单位应当将工程发包给具有相应资质等级的单位,不得将工程肢解发包。②建设单位不得对承包单位的建设活动进行不合理干预。③施工图设计文件未经审查批准的,建设单位不得使用。

111. D

【解析】《建设工程质量管理条例》规定:设计单位在设计文件中选用的建筑材料、建筑构配件和设备,应当注明规格、型号、性能等技术指标,其质量要求必须符合国家规定的标准。除有特殊要求的建筑材料、专用设备、工艺生产线等外,设计单位不得指定生产厂、供应商。

112. C

【解析】根据《建设工程质量管理条例》,设计单位的质量责任和义务包括:①设计单位应当依法取得相应的等级的资质证书,并在其资质等级许可的范围内承揽工程。设计单位不得转包或者违法分包所承揽的工程。②设计单位必须按照工程建设强制性标准进行设计、并对设计的质量负责。注册建筑师、注册结构工程师等注册执业人员应当在文件上签字,对设计文件负责。③设计单位应当根据勘察成果文件进行建设工程设计。设计文件应当符合国家规定的设计深度要求,注明工程合理使用年限。④设计单位在设计文件中选用的建筑材料、建筑构配件和设备,应当注明规格、型号、性能等技术指标,其质量要求必须符合国家规定的标准。除有特殊要求的建筑材料、专用设备、工艺生产线等外,设计单位不得指定生产厂、供应商。⑤设计单位应当就审查合格的施工图设计文件向施工单位作出详细说明。⑥设计单位应当参与建设工程质量事故分析,并对因设计造成的质量事故,提出相应的技术处理方案。

113. A

【解析】《建设工程质量管理条例》第十六条规定,建设单位收到建设工程竣工报告后,应当组织设计、施工、工程监理等有关单位进行竣工验收。建设工程竣工验收应当具备下列条件:①完成建设工程设计和合同约定的各项内容;②有完整的技术档案和施工管理资料;③有工程使用的主要建筑材料、建筑构配件和设备的进场试验报告;④有勘察、设计、施工、工程监理等单位分别签署的质量合格文件;⑤有施工单位签署的工程保修书。

114. A

【解析】《建设工程质量管理条例》第十一条规定,建设单位应当将施工图设计文件报县级以上人民政府建设行政主管部门或者其他有关部门审查。施工图设计文件未经审查批准的,不得使用。

115. D

【解析】《建设工程质量管理条例》第三十一条规定,施工人员对涉及结构安全的试块、试件以及有关材料,应当在建设单位或者工程监理单位监督下现场取样,并送具有相应资质等级的质量检测单位进行检测。

116. C

【解析】根据《建设工程质量管理条例》第五十二条,建设工程发生质量事故,有关单位应当在24小时内向当地建设行政主管部门和其他有关部门报告。

117. C

【解析】《建设工程质量管理条例》规定：勘察、设计单位超越本单位资质等级承揽工程的，责令停止违法行为，处合同约定的勘察费、设计费1倍以上2倍以下的罚款；情节严重的，吊销资质证书；有违法所得的，予以没收。

118. D

【解析】《建设工程质量管理条例》规定：勘察、设计单位允许其他单位或者个人以本单位名义承揽工程的，责令改正，没收违法所得，并处合同约定的勘察费、设计费1倍以上2倍以下的罚款；情节严重的，吊销资质证书；有违法所得的，予以没收。

119. B

【解析】《建设工程质量管理条例》规定：勘察、设计单位将其承包的工程转包或者违法分包的，责令改正，没收违法所得，并处合同约定的勘察费、设计费25%以上50%以下的罚款；情节严重的，吊销资质证书。

120. C

【解析】《建设工程质量管理条例》规定：有下列行为之一的，责令改正，处10万元以上30万元以下的罚款，造成工程质量事故的，责令停业整顿，降低资质等级；情节严重的，吊销资质证书；造成损失的，依法承担赔偿责任。①勘察单位未按照工程建设强制性标准进行勘察的。②设计单位未根据勘察成果文件进行工程设计的。③设计单位指定建筑材料、建筑构配件的生产厂、供应商的。④设计单位未按照工程建设强制性标准进行设计的。

121. A

【解析】《建设工程质量管理条例》规定：勘察、设计单位未按照工程建设强制性标准进行勘察、设计，造成工程质量事故的，责令停业整顿，降低资质等级；情节严重的，吊销资质证书；造成损失的，依法承担赔偿责任。

122. B

【解析】《建设工程质量管理条例》规定：注册建筑师、注册结构工程师、监理工程师等注册执业人员因过错造成质量事故的，责令停止执业1年。

123. D

【解析】《建设工程质量管理条例》规定：注册建筑师、注册结构工程师等注册执业人员因过错造成重大质量事故的，吊销执业资格证书，5年以内不予注册；情节特别恶劣的，终身不予注册。

124. C

【解析】根据《建设工程质量管理条例》第六十二条规定，勘察、设计单位未按照工程建设强制性标准进行勘察、设计的，处以10万元以上30万元以下的罚款。第七十三条规定，依照本条例规定，给予单位罚款处罚的，对单位直接负责的主管人员和其他直接责任人员处单位罚款百分之五以上百分之十以下的罚款。综合上述两个条款的规定，对责任人的罚款范围为：$10 \times 5\% = 0.5$ 万元以上，$30 \times 10\% = 3$ 万元以下。

125. B

【解析】《建设工程勘察设计管理条例》规定：编制建设工程勘察、设计文件，应当以下列规定为依据:①项目批准文件。②城市规划。③工程建设强制性标准。④国家规定的建设工程勘察、设计深度要求。另外,对于铁路、交通、水利等专业建设工程,还应当以专业规划的要求为依据。

126. D

【解析】《建设工程勘察设计管理条例》规定:勘察、设计注册执业人员和其他专业技术人员只能受聘于一个勘察、设计单位;未受聘于勘察、设计单位的,不得从事勘察、设计活动。

127. A

【解析】《建设工程勘察设计管理条例》第十二条规定,建设工程勘察、设计发包依法实行招标发包或者直接发包。

128. D

【解析】《建设工程勘察设计管理条例》第十条规定,建设工程勘察、设计注册执业人员和其他专业技术人员只能受聘于一个建设工程勘察、设计单位;未受聘于建设工程勘察、设计单位的,不得从事建设工程的勘察、设计活动。故选项A、B错误。第九条规定,国家对从事建设工程勘察、设计活动的专业技术人员,实行执业资格注册管理制度。故选项C错误。第八条规定,禁止建设工程勘察、设计单位允许其他单位或者个人以本单位的名义承揽建设工程勘察、设计业务。故选项D正确。

129. A

【解析】《建设工程勘察设计管理条例》第十四条规定,建设工程勘察、设计方案评标,应当以投标人的业绩、信誉和勘察、设计人员的能力以及勘察、设计方案的优劣为依据,进行综合评定。

130. B

【解析】《建设工程勘察设计管理条例》第十六条规定,下列建设工程的勘察、设计,经有关主管部门批准,可以直接发包:(1)采用特定的专利或者专有技术的;(2)建筑艺术造型有特殊要求的;(3)国务院规定的其他建设工程的勘察、设计。

131. D

【解析】《建设工程勘察设计管理条例》第十五条规定,建设工程勘察、设计的招标人应当在评标委员会推荐的候选方案中确定中标方案。但是,建设工程勘察、设计的招标人认为评标委员会推荐的候选方案不能最大限度满足招标文件规定的要求的,应当依法重新招标。

132. C

【解析】《建设工程勘察设计管理条例》第二十六条规定,编制建设工程勘察文件,应当真实、准确,满足建设工程规划、选址、设计、岩土治理和施工的需要。

133. B

【解析】《建设工程勘察设计管理条例》第二十六条规定:①编制方案设计文件,应当满足编制初步设计文件和控制概算的需要。②编制初步设计文件,应当满足编制施工招标文件、主要设备材料订货和编制施工图设计文件的需要。③编制施工图设计文件,应当满足设备材料采购、非标准设备制作和施工的需要,并注明建设工程合理使用年限。

134. C

【解析】《建设工程勘察设计管理条例》第二十八条规定,建设单位、施工单位、监理单位不得修改建设工程勘察、设计文件;确需修改建设工程勘察、设计文件的,应当由原建设工程勘察、设计单位修改。经原建设工程勘察、设计单位书面同意,建设单位也可以委托其他具有相应资质的建设工程勘察、设计单位修改。修改单位对修改的勘察、设计文件承担相应责任。

135. C

【解析】《建设工程勘察设计管理条例》第二十八条规定,施工单位、监理单位发现建设工程勘察、设计文件不符合工程建设强制性标准、合同约定的质量要求的,应当报告建设单位,建设单位有权要求建设工程勘察、设计单位对建设工程勘察、设计文件进行补充、修改。

136. D

【解析】《建设工程勘察设计管理条例》第二十八条规定,建设工程勘察、设计文件内容需要作重大修改的,建设单位应当报经原审批机关批准后,方可修改。

137. D

【解析】《建设工程勘察设计管理条例》第二十九条规定,建设工程勘察、设计文件中规定采用的新技术、新材料,可能影响建设工程质量和安全,又没有国家技术标准的,应当由国家认可的检测机构进行试验、论证,出具检测报告,并经国务院有关部门或者省、自治区、直辖市人民政府有关部门组织的建设工程技术专家委员会审定后,方可使用。

138. C

【解析】《建设工程勘察设计管理条例》规定:设计文件中规定采用的新技术、新材料,可能影响建设工程质量和安全,又没有国家技术标准的,应当由国家认可的检测机构进行试验、论证,出具检测报告,并经国务院有关部门或者省、自治区、直辖市人民政府有关部门组织的建设工程技术专家委员会审定后,方可使用。

139. C

【解析】《建设工程勘察设计管理条例》规定:①建设工程勘察、设计发包依法实行招标发包或者直接发包。②下列建设工程的勘察、设计,经有关主管部门批准,可以直接发包:a. 采用特定的专利或者专有技术的;b. 建筑艺术造型有特殊要求的;c. 国务院规定的其他建设工程的勘察、设计。

140. B

【解析】《建设工程勘察设计管理条例》规定:①发包方可以将整个建设工程的勘察、设计发包给一个勘察、设计单位;也可以将建设工程的勘察、设计分别发包给几个勘察、设计单位。②除建设工程主体部分的勘察、设计外,经发包方书面同意,承包方可以将建设工程其他部分的勘察、设计再分包给其他具有相应资质等级的建设工程勘察、设计单位。

141. B

【解析】《建设工程勘察设计管理条例》规定:未经注册,擅自以注册建设工程勘察、设计人员的名义从事建设工程勘察、设计活动的,责令停止违法行为,没收违法所得,处违法所得 2 倍以上 5 倍以下罚款;给他人造成损失的,依法承担赔偿责任。

142. B

【解析】《建设工程勘察设计管理条例》规定:建设工程勘察、设计注册执业人员和其他专业技术人员未受聘于一个建设工程勘察、设计单位或者同时受聘于两个以上建设工程勘察、设计单位,从事建设工程勘察、设计活动的,责令停止违法行为,没收违法所得,处违法所得2倍以上5倍以下的罚款。

143. A

【解析】《建设工程勘察设计管理条例》规定:建设工程勘察、设计注册执业人员和其他专业技术人员未受聘于一个建设工程勘察、设计单位或者同时受聘于两个以上建设工程勘察、设计单位,从事建设工程勘察、设计活动,情节严重的,可以责令停止执行业务或者吊销资格证书;给他人造成损失的,依法承担赔偿责任。

144. A

【解析】《建设工程勘察设计管理条例》第三十八条规定,发包方将建设工程勘察、设计业务发包给不具有相应资质等级的建设工程勘察、设计单位的,责令改正,处50万元以上100万元以下的罚款。

145. B

【解析】《建设工程勘察设计管理条例》第三十九条规定,建设工程勘察、设计单位将所承揽的建设工程勘察、设计转包的,责令改正,没收违法所得,处合同约定的勘察费、设计费25%以上50%以下的罚款,可以责令停业整顿,降低资质等级;情节严重的,吊销资质证书。

146. A

【解析】《建设工程勘察设计管理条例》第四十条规定,勘察、设计单位未依据项目批准文件,城乡规划及专业规划,国家规定的建设工程勘察、设计深度要求编制建设工程勘察、设计文件的,责令限期改正;逾期不改正的,处10万元以上30万元以下的罚款;造成工程质量事故或者环境污染和生态破坏的,责令停业整顿,降低资质等级;情节严重的,吊销资质证书;造成损失的,依法承担赔偿责任。

147. B

【解析】勘察设计从业人员职业道德准则规范规定,勘察设计从业人员应:①认真贯彻勘察设计的各项方针政策,合法经营,不搞无证勘察设计,不搞越级勘察设计,不搞私人勘察设计,不出卖图签图章。②遵守市场管理,平等竞争,严格按规定收费,不超收、不压价,勇于抵制行业不正之风,不因收取"回扣""介绍费"等而选用价高质次的材料设备,不贬低别人,抬高自己。③信守勘察设计合同,以高速、优质的服务,为行业赢得信誉。④搞好团结协作,树立集体观念,甘当配角,艰苦奋斗,无名奉献。⑤服从单位法人管理,有令则行,有禁必止。

附录 《专业基础知识》模拟试卷

模拟试卷一

说明:1.本模拟试卷共60题,每题只有一个备选项最符合题意,每题2分;模拟考试时间为4小时。

2.本模拟试卷仅供考生进行模拟测试用。

1.下列岩类中,与沥青黏附性相对较好的是( )。

A.玄武岩 B.花岗岩 C.片麻岩 D.石灰岩

2.硅酸盐水泥的运输和储存应按国家标准规定进行,超过( )的水泥须重新试验。

A.1个月 B.3个月 C.6个月 D.1年

3.生石灰的主要成分是( )。

A. $CaCO_3$ B. CaO C. $Ca(OH)_2$ D. $CaSO_4$

4.随着击实功的增加,石灰稳定土的最大干密度( )。

A.增大 B.减小 C.无变化 D.先变大后减小

5.普通水泥混凝土配合比设计中,经过工作性调整的配合比称为( )。

A.初步配合比 B.基准配合比 C.试验室配合比 D.工地配合比

6.某构件截面的最小尺寸为240mm,钢筋间净距为45mm,宜选用粒径范围为( )mm的集料。

A.5~10 B.5~31.5 C.5~40 D.5~60

7.沥青的针入度指数可作为沥青胶体结构的评价标准,当PI值在( )区间时,其胶体结构属溶-凝胶型。

A. < -2.0 B. $-2 \sim +2$ C. $-3 \sim +3$ D. $> +2.0$

8.关于沥青混合料骨架-密实结构的特点,下列说法有误的是( )。

A.密实度大 B.具有较高黏聚力

C.具有较高内摩阻角 D.和易性好,不易离析

9.当采用水泥、石灰等作沥青混合料填料时,其用量不宜超过矿料总量的( )。

A.1% B.2% C.3% D.4%

10.钢材的屈强比越大,则( )。

A.安全性与有效利用率越高

B.安全性越高、有效利用率越低

C.安全性越低、有效利用率越高

D.安全性与有效利用率越低

11. 评价土工织物阻止土颗粒通过能力的重要指标是（　　）。

A. 垂直渗透系数　B. 透水率　C. 水头差　D. 孔径

12. 某土样液限 $w_L = 24.3\%$，塑限 $w_P = 15.4\%$，含水率 $w = 20.7\%$，可以得到其塑性指数 I_P 为（　　）。

A. 0.089　B. 8.9　C. 0.053　D. 5.3

13. 关于土的密实程度，下列说法正确的是（　　）。

A. 同一种土，土的孔隙比越大，表明土越密实

B. 同一种土，土的干密度越大，表明土越密实

C. 同一种土，土的相对密度越小，表明土越密实

D. 同一种土，标准贯入试验的锤击数越小，表明土越密实

14. 标准贯入试验时，最初打入土层不计锤击数的土层厚度为（　　）。

A. 15cm　B. 30cm　C. 63.5cm　D. 50cm

15. 地基附加应力沿深度的分布是（　　）。

A. 逐渐减小，直线变化　B. 逐渐减小，曲线变化

C. 逐渐增大，曲线变化　D. 均匀分布

16. 当（　　）时，基底压力呈三角形分布。

A. $e < b/6$　B. $e = b/6$　C. $e > b/6$　D. $e < b/2$

17. 某中心受压条形基础，宽 2m，埋深 1m，室内外高差 0.4m，埋深范围内土的重度 $\gamma = 18\text{kN/m}^3$，若上部结构传来荷载 $F = 500\text{kN/m}$，基底附加应力 p_0 为（　　）kPa。

A. 205　B. 216　C. 256　D. 263kPa

18. 若土的压缩系数为 0.3MPa^{-1}，则该土属于（　　）。

A. 低压缩性土　B. 中压缩性土

C. 高压缩性土　D. 低灵敏土

19. 土的直剪试验中，在剪切破坏面上（　　）。

A. 剪应力最大，正应力不一定最大　B. 正应力最大，剪应力不一定最大

C. 剪应力及正应力均为最大　D. 剪应力及正应力均不一定最大

20. 如图所示，一厚度为 6m 的黏土层，上面为排水砂层，下面为不透水层。已知黏土层孔隙比 $e = 0.7$，压缩系数 $a = 2.5\text{MPa}^{-1}$，渗透系数 $k = 2.0\text{cm/年}$，地表瞬时施加一无限分布均布荷载 $p = 150\text{kPa}$。则加荷半年后地基的沉降量为（　　）。

A. 6.51　B. 3.26　C. 13.03　D. 9.77

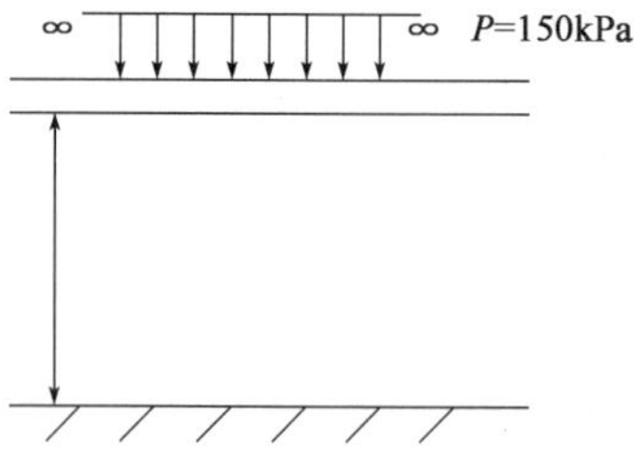

透水砂层 $\alpha=1$ 时的 U_t-T_v 关系表

α	固结度 U_t			
	0.3	0.4	0.5	0.6
1.0	0.071	0.126	0.20	0.29

21. 无限均布荷载分别作用于两个黏土层,在以下条件可以达到相同的固结度(　　)。

A. 黏土层固结系数相同　　B. 黏土层排水条件相同

C. 荷载作用时间相同　　D. 以上都是

22. 一均质无黏性土土坡,其内摩擦角 $\varphi=32°$,设计要求稳定安全系数 $K>1.25$,则坡角设计取(　　)较为合理。

A. 20°　　B. 25°　　C. 30°　　D. 35°

23. 简化毕肖普法忽略了(　　)。

A. 土条间的作用力　　B. 土条间的法向作用力

C. 土条间的竖向剪切力 X_i 及 X_{i+1} 作用　　D. 滑动面上的切向力

24. 根据其形成的物理环境,岩浆岩可分为(　　)。

A. 花岗岩、玄武岩、流纹岩　　B. 深成岩、浅成岩、喷出岩

C. 酸性岩、碱性岩、基性岩　　D. 侵入岩、喷出岩、火山岩

25. 沉积岩的物质组成主要包括(　　)等。

A. 石英、云母、长石和黏土矿物

B. 各种风化产物及河流冲积物

C. 各种碎屑物质、黏土矿物及各种堆积物

D. 碎屑物质、黏土矿物、化学沉积矿物、有机质及生物残骸

26. 岩石的工程地质性质主要包括(　　)。

A. 力学性质、空隙性质、胀缩性质　　B. 物理性质、化学性质、力学性质

C. 地质性质、工程性质、力学性质　　D. 物理性质、水理性质、力学性质

27. 岩层产状的三要素是指(　　)。

A. 成分、结构、构造　　B. 厚度、宽度、高度

C. 时间、空间、走向　　D. 走向、倾向、倾角

28. 褶曲要素反映了褶曲的空间形态特征。褶曲要素包括(　　)。

A. 范围、形态、核部、轴面、方向、岩性等

B. 核部、翼、轴面、轴、枢纽、转折端等

C. 类型、岩性、空间、范围、方向、核部等

D. 核部、翼部、轴面、形态、方向、产状等

29. 在地质平面图中,当断层走向与褶皱轴线垂直或斜交时,断层线两侧褶曲翼部和轴部岩层变化表现为(　　)。

A. 褶曲翼部岩层缺失或重复、岩性发生变化,轴部岩层无变化

B. 褶曲翼部岩层顺走向不连续、褶曲轴部岩层宽窄发生变化

C. 褶曲翼部岩层年代发生变化、岩层顺走向不连续,轴部岩层无变化

D. 褶曲翼部岩性发生变化、褶曲轴部岩层宽窄发生变化

30. 某硬质岩石风化后，结构构造已部分破坏，矿物成分基本未变化，仅裂隙面出现次生矿物。风化裂隙发育，岩体被切割成 20 ~ 50cm 的岩块。则该岩石风化程度为（　　）。

A. 微风化　　B. 中等风化　　C. 强风化　　D. 全风化

31. 下列不属于坡积层工程地质特征的是（　　）。

A. 主要由碎石和黏土组成，其成分与下伏基岩无关

B. 未经长途搬运，故层理不明显，碎石棱角清楚

C. 组成物分选差，大小颗粒混杂在一起，孔隙发育

D. 厚度往往较均匀，变化不大，一般与地形条件无关

32. 根据组成物质的不同，河流阶地可分为（　　）。

A. 侵蚀阶地、堆积阶地、基座阶地

B. 构造阶地、风化阶地、侵蚀阶地

C. 基岩阶地、黏土阶地、堆积层阶地

D. 坡积层阶地、洪积层阶地、残积层阶地

33. 一般情况下，潜水的（　　）可造成潜水矿化度升高、形成地表土壤的盐渍化。

A. 径流排泄　　B. 蒸发排泄

C. 水平排泄和垂直排泄　　D. 所有排泄方式

34. 影响滑坡形成和发展的因素不包括（　　）。

A. 地层岩性　　B. 水的作用　　C. 地质构造　　D. 岩石的透水性

35. 公路工程地质勘察可分为（　　）等阶段。

A. 初步勘察和详细勘察两个阶段

B. 初步勘察、技术勘察和详细勘察三个阶段

C. 预可勘察、初步勘察和详细勘察三个阶段

D. 预可勘察、工可勘察、初步勘察和详细勘察四个阶段

36. 岩溶形成的基本条件有（　　）。

A. 岩石的可溶性、水的流动性

B. 岩石的透水性、水的溶蚀性

C. 岩石的可溶性、水的溶蚀性、水的流动性

D. 岩石的可溶性、岩石的透水性、水的溶蚀性、水的流动性

37. 数字地面模型应用于公路施工测图阶段时，DTM 高程插值中误差应不大于（　　）m。

A. ±0.1　　B. ±0.2　　C. ±0.3　　D. ±0.4

38. 已知 A 点坐标为（12345.7，437.8），B 点坐标为（12322.7，461.3），则 AB 边的坐标方位角 α_{AB} 为（　　）。

A. 45°　　B. 135°　　C. 225°　　D. 315°

39. 三角高程测量要求对向观测垂直角，计算往返高差，其主要目的是（　　）。

A. 有效抵偿或消除球差和气差的影响

B. 有效抵偿或消除仪器高和觇标高测量误差的影响

C. 有效抵偿或消除垂直角读数误差的影响

D. 有效抵偿或消除读盘分划误差的影响

40. 四等水准测量中，平均高差的计算公式是(　　)。

A. (黑面高差 + 红面高差)/2

B. [黑面高差 + (红面高差 ±0.1m)]/2

C. [黑面高差 + (红面高差 +0.1m)]/2

D. [黑面高差 + (红面高差 −0.1m)]/2

41. 一般情况下，下列哪种高程测量方法的精度最高(　　)。

A. 水准测量　　B. 三角高程测量

C. GNSS 高程测量　　D. 气压测高程

42. 测量地物、地貌特征点并进行绘图的工作通常称为(　　)。

A. 控制测量　　B. 水准测量　　C. 导线测量　　D. 碎部测量

43. 在比例尺为 1∶2000、等高距为 2m 的地形图上，如果按照指定坡度 $i=5\%$，从坡脚 A 到坡顶 B 来选择路线，其通过相邻等高线时在图上的长度为(　　)mm。

A. 10　　B. 20　　C. 25　　D. 30

44. 若地形点在图上的最大距离不能超过 3cm，对于比例尺为 1/500 的地形图，相应地形点在实地的最大距离应为(　　)m。

A. 15　　B. 20　　C. 30　　D. 35

45. 下列关于路线初测阶段的控制测量的叙述，正确的是(　　)。

A. 二级及二级以上公路必须进行平面与高程控制测量

B. 所有等级公路必须进行平面与高程控制测量

C. 二级以下公路必须进行平面控制测量，可不做高程控制测量

D. 二级以下公路可不做平面控制测量，必须进行高程控制测量

46. 一次定测适用于方案明确、地质条件比较简单的(　　)公路的勘测。

A. 一、二级　　B. 二、三级　　C. 二、三、四级　　D. 三、四级

47. 缓和曲线的参数方程，所建立的坐标系的 X 轴正向是指向缓和曲线的(　　)。

A. 直缓点　　B. 缓直点　　C. 交点　　D. 曲中点

48. 高速公路初测阶段现场踏勘过程中，应根据项目特点及自然、地理、社会环境调整并确定(　　)。

A. 勘测方法与勘测方案　　B. 起终点及中间控制点

C. 工程规模及技术等级　　D. 路线比较方案

49. 桥梁的设计基准期是指(　　)。

A. 桥梁的设计寿命

B. 桥梁的使用寿命

C. 桥梁活载作用的年限

D. 可变荷载随机过程的时域(或基准时间参数)

50. 下列关于剪跨比概念的描述中，错误的是(　　)。

A. 剪跨比是一个无量纲的常数

B. 剪跨比是梁中某截面弯矩和剪力之比

C. 对于集中荷载下的简支梁，剪跨比是 a/h_0

D. 剪跨比是 $M/(Vh_0)$

51. 对于高度、截面尺寸、配筋完全相同的轴心受压构件，以支承条件为（　　）时，其轴心受压承载力最大。

A. 两端嵌固　　B. 一端嵌固，一端不动铰支

C. 两端不动铰支　　D. 一端嵌固，一端自由

52. 对于矩形截面偏心受压构件，当 $\eta e_0 > 0.3h_0$ 时，可初判为大偏心受压；当 $\eta e_0 \leqslant 0.3h_0$ 时，可初判为小偏心受压，这种初判方法主要用于（　　）。

A. 非对称配筋和对称配筋截面设计时　　B. 非对称配筋截面设计时

C. 对称截面配筋时　　D. 以上说法都不对

53. 对于下图所示单筋矩形截面梁开裂截面的换算截面面积公式，描述正确的是（　　）。

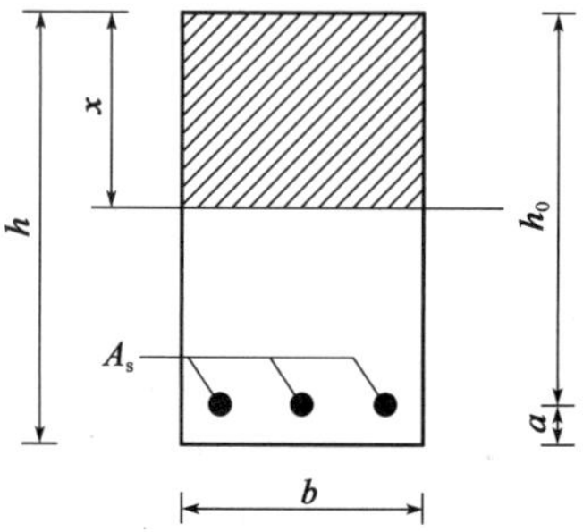

A. $A_0 = bx + \alpha_{ES}A_c$　　B. $A_0 = bx + \alpha_{ES}A_s$

C. $A_0 = bh + (\alpha_{ES} - 1)A_s$　　D. $A_0 = bh_0 + (\alpha_{ES} - 1)A_s$

54. 对于后张法构件，当混凝土法向应力等于0（截面下边缘处于消压状态）时，受拉区全部纵向预应力钢筋和非预应力钢筋的合力 N_{p0} 为（　　）。

A. $N_{p0} = (\sigma_{con} - \sigma_l + \alpha_{Ep}\sigma_{pc})A_p - \sigma_{l6}A_s$

B. $N_{p0} = (\sigma_{con} - \sigma_l)A_p - \sigma_{l6}A_s$

C. $N_{p0} = (\sigma_{con} - \sigma_l + \alpha_{Ep}\sigma_{pc})A_p + \sigma_{l6}A_s$

D. 0

55. 一偏心受压柱，截面尺寸为480mm × 620mm，在作用（荷载）基本组合下，弯矩沿截面长边作用，该柱的最大允许偏心距为（　　）mm。

A. 147　　B. 186　　C. 233　　D. 372

56. 下列关于公路规划的表述中，不正确的是（　　）。

A. 国道公路规划由交通运输部会同国务院有关部门并商国道沿线省、自治区、直辖市人民政府编制，报国务院批准

B. 省道公路规划由省级交通运输主管部门会同同级有关部门并商省道沿线下一级人民政府编制，报省级人民政府批准

C. 县道公路规划由县级交通运输主管部门会同同级有关部门编制，报县级人民政府

批准

D. 乡道公路规划由县级交通运输主管部门协助乡(镇)人民政府编制,报县级人民政府批准

57. 根据建筑法,从事建筑活动的勘察单位、设计单位,应具备的条件不包括(　　)。

A. 有符合国家规定的注册资本

B. 有从事相关建筑活动所应有的技术装备

C. 有从事相关建筑活动所应有的经历与经验

D. 有与其从事建筑活动相适应的具有法定执业资格的专业技术人员

58. 根据《建筑法》,建筑设计单位不按照建筑工程质量、安全标准进行设计,造成工程质量事故的,应(　　)。

A. 责令停业整顿,降低资质等级

B. 责令停业整顿,降低资质等级,并处罚款

C. 责令停业整顿,降低资质等级或者吊销资质证书

D. 责令停业整顿,降低资质等级或者吊销资质证书,没收违法所得,并处罚款

59. 下列有关勘察、设计单位质量责任和义务的表述中,不符合《建设工程质量管理条例》规定的是(　　)。

A. 勘察、设计单位应在资质等级许可的范围内承揽工程

B. 勘察、设计单位必须按照工程建设强制性标准进行勘察、设计,并对其勘察、设计的质量负责

C. 设计单位出具的设计文件应当符合国家规定的设计深度要求,注明工程合理使用年限

D. 设计单位在设计文件中选用的建筑材料、建筑构配件和设备,应当注明规格、型号、性能等技术指标,并指定生产厂、供应商

60. 下列关于建设工程勘察、设计文件编制要求的表述中,不正确的是(　　)。

A. 编制建设工程勘察文件,应当真实、准确,满足建设工程规划、选址、设计、岩土治理和施工的需要

B. 编制方案设计文件,应当满足编制初步设计文件,施工图设计文件和控制概、预算的需要

C. 编制初步设计文件,应当满足编制施工招标文件、主要设备材料订货和编制施工图设计文件的需要

D. 编制施工图设计文件,应当满足设备材料采购、非标准设备制作和施工的需要,并注明建设工程合理使用年限

模拟试卷一参考答案

1. D

【解析】集料的酸碱性是由 SiO_2 含量决定的,SiO_2 含量越低,集料碱性越强,则其与沥青

的黏附性越好。通常 SiO_2 含量为：石灰岩 < 玄武岩 < 片麻岩 < 花岗岩。

2. B

【解析】水泥是一种细粉状的活性材料，因此在运输或储存时，一定要注意防潮。因为受潮后，水泥发生水化作用，凝结成块，严重时全部凝结就不能使用。尽管如此，在其运输与储存过程中也会吸收空气中的水分和碳酸气，使得表面缓慢水化而降低强度。一般水泥储存 3 个月后，其强度就会降低 10% ~20%，因此，水泥在运输和储存超过 3 个月时就应该重新试验。

3. B

【解析】石灰是由碳酸盐类岩石（石灰石、白云石等），经过 900 ~1300℃ 的高温煅烧，分解出二氧化碳后所得到的一种胶凝材料，其主要成分为氧化钙（CaO）和氧化镁（MgO）。生石灰的主要成分为氧化钙。

4. A

【解析】石灰土的击实试验就是指石灰土在一定的击实功作用下，石灰土颗粒克服粒间阻力，产生位移，重新排列，使其中的孔隙减小，密实度增大的过程。击实功是指每单位体积石灰土所消耗的能量，因此，击实功越大，相应的最大干密度就越高。

5. B

【解析】在水泥混凝土配合比设计时，根据初步配合比，采用施工实际材料，进行试拌，测定混凝土拌合物的工作性，调整材料用量，提出一个满足工作性要求的基准配合比。

6. B

【解析】为保证混凝土的施工质量，保证混凝土构件的完整性和密实性，最大粒径不得超过结构截面最小尺寸的 1/4 和钢筋间最小净距的 3/4。

7. B

【解析】沥青针入度指数 $PI < -2$ 时其胶体结构为溶胶型，$-2 < PI < +2$ 时为溶-凝胶型，$PI > +2$ 时为凝胶型。

8. D

【解析】骨架-密实结构沥青混合料属于间断级配，既有较多的粗集料可形成空间骨架，同时又有相当数量的细集料可填充骨架的空隙，形成较高的密实度，不仅具有较高的黏聚力，而且具有较高的内摩擦角。

9. B

【解析】为提高沥青混合料的水稳定性，可使用水泥、石灰代替部分填料，但总量不宜超过矿料总量的 2%。

10. C

【解析】屈强比能反映钢材的利用率和结构安全可靠程度。屈强比越大，钢材强度的有效利用率越高，其结构的安全可靠程度越低。

11. D

【解析】孔径反映了土工织物的过滤性能和透水性能，是评价材料阻止土颗粒通过能力的重要水力学指标，以有效孔径表征。

12. B

【解析】$I_P = w_L - w_P = 24.3 - 15.4 = 8.9$。

13. B

【解析】一般土的干密度越大，孔隙比、孔隙率均越小，标准贯入试验的锤击数越高，土体越密实。

14. A

【解析】标准贯入试验时，最初打入土层不计锤击数的土层厚度为15cm，认为其下土不受扰动。

15. B

【解析】在集中力作用线上，附加应力的分布是随深度的增加而递减。深度等于零时，附加应力也等于零，随着深度的增加附加应力逐渐增大，至一定深度后又随着深度的增加而逐渐减小。在深度为常数的水平面上的分布，附加应力的值在集中力作用线上最大，并随 r 的增大逐渐减小。随着深度的增加，集中力作用线上的附加应力减小，而水平面上的应力分布趋于均匀。因此，集中力在地基中引起的附加应力的分布是逐渐减小，曲线变化。

16. B

【解析】①当 $e<b/6$ 时，$p_{\min}>0$，基底压力呈梯形分布；②当 $e=b/6$ 时，$p_{\min}=0$，基底压力呈三角形分布；③当 $e>b/6$ 时，$p_{\min}<0$，也即产生拉力，但基底与土之间不能承受拉应力，此时产生拉力部分的基底与土脱开，而不能传递荷载，基底压力将重新分布。

17. C

【解析】基底附加应力 $p_0=p-\gamma d$。式中，p 为基底压力，$p=(F+G)/b$（对条形基础，通常取 $l=1\text{m}$），F 为上部结构传来荷载；G 为基础及上覆土自重，$G=\gamma_{\text{m}}bd_{\text{m}}$；$\gamma_{\text{m}}$ 为基础及上覆土平均重度，一般取 20kN/m^3，但在地下水位以下部分取 10kN/m^3；d_{m} 为基础平均埋深；b 为基础宽度；γ 为埋深范围内土的加权平均重度，d 为基础埋深，从天然地面起算。故 $p_0=\dfrac{500+20\times2\times1.2}{2}-18=256\text{kPa}$。

18. B

【解析】工程中一般采用压力间隔 $p_1=100\text{kPa}$ 至 $p_2=200\text{kPa}$ 时对应的压缩系数 a_{1-2} 来评价土的压缩性：$a_{1-2}<0.1\text{MPa}^{-1}$ 时，属低压缩性土；$0.1\leqslant a_{1-2}<0.5\text{MPa}^{-1}$ 时，属中压缩性土；$a_{1-2}\geqslant0.5\text{MPa}^{-1}$ 时，属高压缩性土。

19. D

【解析】直剪试验的剪切面限定在上下盒之间的平面，而不是沿土样最薄弱的面剪切破坏，三轴压缩试验中试样破坏时的破裂面是在最薄弱处，所以在直剪试验中，在剪切破坏面上剪应力及正应力均不一定最大。

20. A

【解析】总沉降量：

$$s=\frac{a}{1+e}\sigma_z h=\frac{0.25/1000}{1+0.7}\times150\times6\times100=13.2\text{cm}$$

$$\alpha=1$$

$$T_{\text{v}}=\frac{C_{\text{v}}t}{H^2}=\frac{k(1+e)t}{a\gamma_{\text{w}}H^2}=\frac{2\times10^{-2}\times(1+0.7)}{2.5\times10^{-3}\times6^2}\times0.5=0.19$$

查表：$U_t = 0.493$

$S_t = 0.493 \times 13.2 = 6.51\text{cm}$

21. D

【解析】根据固结度 U_t 和时间因数 T_v 的关系，只要时间因数 T_v 相同，固结度也相同。而 $T_v = \frac{C_v t}{H^2}$，故只要固结系数、荷载作用时间相同、最大排水距离相同（即排水条件相同），则时间因数相同，亦即固结度相同。

22. B

【解析】$K = \frac{\tan\alpha}{\tan\beta}$，$32 \div 1.25 = 25.6°$

23. C

【解析】由于瑞典条分法没有考虑土条间的相互作用力，计算的稳定安全系数偏低，毕肖普进行了改进计算，提出的假定忽略了土条间的竖向剪切力 X_i 及 X_{i+1} 作用。

24. B

【解析】岩浆上升侵入围岩，在地壳深处结晶形成的岩石，称为深成岩；在地面以下较浅处形成的岩石，称为浅成岩，两者统称为侵入岩。由喷出地面的岩浆凝固形成的岩石，称为喷出岩。侵入岩和喷出岩由于形成时的物理环境不同，因而具有不同的结构和构造。

25. D

【解析】沉积岩的物质组成包括碎屑物质、黏土矿物、化学沉积矿物、有机质及生物残骸。另外，在有些沉积岩（如碎屑岩）中还含有胶结物。

26. D

【解析】岩石的工程性质通常包括物理性质、水理性质及力学性质三个主要方面。

27. D

【解析】岩层在空间的展布状态（分布状态）称为岩层的产状。岩层产状一般用岩层在空间的水平延伸方向、倾斜方向和倾斜程度进行描述，分别称为走向、倾向和倾角，三者也称为产状三要素。

28. B

【解析】褶曲的各个组成部分称为褶曲要素，它包括核部、翼、轴面、轴、枢纽、转折端等。

29. B

【解析】断层在地质图上用断层线表示。由于断层走向和岩层走向、褶皱轴线关系的不同，在断层线两侧存在有岩层中断错动、岩层缺失或重复、岩层宽窄变化等现象。当断层与褶皱轴线垂直或斜交时，在断层线两侧不仅表现为翼部岩层顺走向不连续，而且还表现为褶曲轴部（或核部）岩层的宽窄发生变化。

30. B

【解析】按风化程度由弱到强，岩石风化程度可分为五级：未风化、微风化、中等风化、强风化、全风化。其中，中等风化的特征是：岩石表面和裂隙大部分已变色，结构构造已部分破坏，矿物成分基本未变化，仅裂隙面出现次生矿物。风化裂隙发育，岩体被切割成 20 ~ 50cm

的岩块。

31. D

【解析】坡积层厚度不均匀、变化较大,一般中下部较厚,向山坡上部及远离山脚方向均逐渐变薄尖灭;多由碎石和黏性土组成,其成分与下伏基岩无关,而与山坡上部基岩成分有关;层理不明显,颗粒磨圆差,碎石棱角清楚;组成物分选差,大小混杂在一起;结构松散,孔隙发育,透水性强,储水能力大;强度低、稳定性差,易压缩,变形大。因此,作为建筑物地基时承载力较差且易产生不均匀沉降变形,作为路堑边坡时可能会出现坍塌和冲刷等。

32. A

【解析】根据物质组成,河流阶地可分为三种基本类型:①侵蚀阶地(也称基岩阶地);②堆积阶地(也称冲积阶地或沉积阶地);③基座阶地(也称侵蚀-堆积阶地)。

33. B

【解析】潜水的排泄方式有两种:径流排泄(也称水平排泄)和蒸发排泄(也称垂直排泄)。由于水平排泄可使溶解在水中的盐分随水一同带走,不容易引起矿化度的显著变化。而垂直排泄时,只有水分蒸发,盐分并不会蒸发,水中的盐分便留下来,结果导致水量消耗,矿化度升高,形成地表土壤盐渍化。

34. D

【解析】影响滑坡形成和发展的因素概括起来主要有以下几个方面:①地层岩性;②地质构造;③水的作用;④地形地貌;⑤地震、风化、降雨以及人为因素等。

35. D

【解析】公路工程地质勘察可分为预可行性研究阶段工程地质勘察(简称预可勘察)、工程可行性研究阶段工程地质勘察(简称工可勘察)、初步设计阶段工程地质勘察(简称初步勘察)和施工图设计阶段工程地质勘察(简称详细勘察)四个阶段。

36. D

【解析】岩溶的形成(发育)是由于水对岩石溶蚀的结果。因而其形成条件:一是必须有可溶于水而且是透水的岩石;二是水在其中是流动的且具有溶蚀能力的。

37. B

【解析】见《公路勘测规范》(JTG C10—2007)关于 DTM 高程内插精度的相关规定。

38. B

【解析】本题主要是考查,方位角的计算:$\alpha_{AB} = \arctan \dfrac{\Delta y_{AB}}{\Delta x_{AB}}$,取值范围为 0° ~ 360°。①当$\Delta x_{AB} > 0$且$\Delta y_{AB} \geqslant 0$时,$\alpha_{AB} = \arctan \dfrac{\Delta y_{AB}}{\Delta x_{AB}}$;②当$\Delta x_{AB} < 0$时,$\alpha_{AB} = 180° + \arctan \dfrac{\Delta y_{AB}}{\Delta x_{AB}}$;③当$\Delta x_{AB} > 0$且$\Delta y_{AB} < 0$时,$\alpha_{AB} = 360° + \arctan \dfrac{\Delta y_{AB}}{\Delta x_{AB}}$。

39. A

【解析】三角高程测量要求对向观测垂直角,计算往返高差,主要目的是有效抵偿或消除球差和气差的影响。

40. B

【解析】四等水准测量中，平均高差的计算公式是：[黑面高差 +（红面高差 ±0.1m）]/2。

41. A

【解析】一般情况下，水准测量精度较高。

42. D

【解析】测量地物、地貌特征点并进行绘图的工作是碎部测量。

43. B

【解析】地形图上等高距与水平距离（实地距离）之比为坡度，并用百分比表示。根据给定的等高距及坡度，可以计算水平距离（实地距离），再将实地距离换算成图上距离。

44. A

【解析】地形点在图上的最大距离不能超过3cm，对于比例尺为1/500的地形图，相应地形点在实地的最大距离应为15m。

45. A

【解析】二级及二级以上公路必须进行平面与高程控制测量；二级以下公路应进行平面控制测量，宜进行高程控制测量。

46. C

【解析】一次定测适用于方案明确、地质条件比较简单的二、三、四级公路的勘测。

47. C

【解析】缓和曲线的参数方程，所建立的坐标系是以ZH点为坐标原点，切线方向为X轴正向，即指向缓和曲线的交点方向，法线方向为Y轴正向。

48. A

【解析】见《公路勘测规范》（JTG C10—2007）关于初测的相关规定。

49. D

【解析】根据《公路桥规》，设计基准期是指为确定可变作用的取值而选用的时间参数。

50. B

【解析】剪跨比是一个无量纲常数，用$m = M(Vh_0)$来表示，此处M和V分别为剪弯区段中某个竖直截面的弯矩和剪力，h_0为截面有效高度。对于集中荷载下的简支梁，剪跨比$m = a/h_0$。

51. A

【解析】稳定系数主要与构件的长细比有关。长细比越大，稳定系数值越小。选项中两端嵌固构件的计算长度最小，则其长细比最小，稳定系数值最大。由普通箍筋柱的轴心受压构件正截面承载力计算式$N_u = 0.9\varphi(f_{cd}A + f'_{sd}A'_s)$可知其承载力最大。

52. B

【解析】在偏心受压构件非对称配筋截面设计时，可采用下述方法来初步判定大、小偏心受压：当$\eta e_0 \leqslant 0.3h_0$时，可先按小偏心受压构件进行设计计算；当$\eta e_0 > 0.3h_0$时，则可按大偏心受压构件进行设计计算。对称配筋时，可直接用x判断大小偏心受压。

53. B

【解析】单筋矩形截面梁开裂截面的换算截面图示如下：

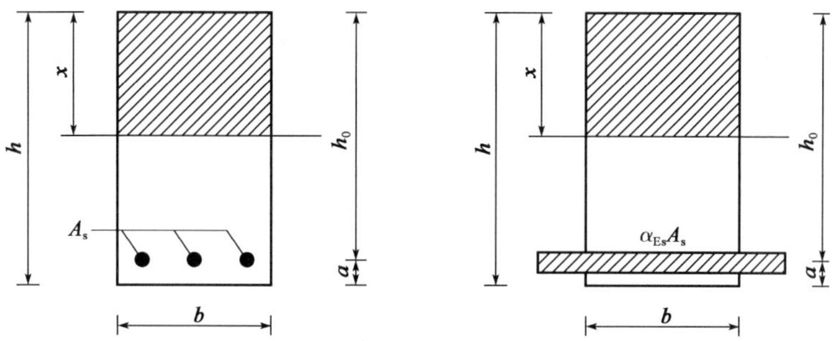

换算截面面积(A_0)：$A_0 = bx + \alpha_{ES}A_s$，故应选择 B。

54. A

【解析】根据后张法施加预应力的方法可知，预应力钢筋与普通钢筋在消压状态下的合力为 $N_{p0} = (\sigma_{con} - \sigma_l + \alpha_{Ep}\sigma_{pc})A_p - \sigma_{l6}A_s$。

55. B

【解析】《公路圬工桥涵设计规范》(JTG D61—2005)第 4.0.9 条规定，在基本组合作用下，受压偏心距不应超过 $0.6s$(s 为截面或换算截面重心轴至偏心方向截面边缘的距离)，即该偏心受压柱的偏心距不应超过 $0.6 \times (0.5 \times 620) = 186$(mm)。

56. C

【解析】《公路法》规定：县道规划由县级交通运输主管部门会同同级有关部门编制，经县级人民政府审定后，报上一级人民政府批准，并报上一级交通运输主管部门备案。

57. C

【解析】根据《建筑法》第十二条的规定，从事建筑活动的建筑施工企业、勘察单位、设计单位和工程监理单位应当具备以下四个方面的条件：①有符合国家规定的注册资本；②有与其从事的建筑活动相适应的具有法定执业资格的专业技术人员；③有从事相关建筑活动所应有的技术装备；④法律、行政法规规定的其他条件。如，有公司名称，建立符合要求的组织机构；有固定的生产经营场所和必要的生产经营条件等。

58. D

【解析】《建筑法》规定，建筑设计单位不按照建筑工程质量、安全标准进行设计，造成工程质量事故的，责令停业整顿，降低资质等级或者吊销资质证书，没收违法所得，并处罚款；造成损失的，承担赔偿责任；构成犯罪的，依法追究刑事责任。

59. D

【解析】《建设工程质量管理条例》规定：设计单位在设计文件中选用的建筑材料、建筑构配件和设备，应当注明规格、型号、性能等技术指标，其质量要求必须符合国家规定的标准。除有特殊要求的建筑材料、专用设备、工艺生产线等外，设计单位不得指定生产厂、供应商。

60. B

【解析】《建设工程勘察设计管理条例》规定：①编制建设工程勘察文件，应当真实、准确，满足建设工程规划、选址、设计、岩土治理和施工的需要；②编制方案设计文件，应当满足编制初步设计文件和控制概算的需要。

模拟试卷二

说明：1. 本模拟试卷共 60 题，每题只有一个备选项最符合题意，每题 2 分；模拟考试时间为 4 小时。

2. 本模拟试卷仅供考生进行模拟测试用。

1. 集料级配曲线的横坐标是颗粒粒径，通常采用(　　)。

A. 等坐标　B. 对数坐标　C. 指数坐标　D. 以上均不对

2. 在测定水泥凝结时间时，若养护环境温度高于规范要求，则凝结时间将(　　)。

A. 缩短　B. 延长　C. 不变化　D. 以上均不对

3. 石灰碳化作用是在(　　)条件下进行的。

A. 干燥空气　B. 潮湿空气

C. 有水　D. 与空气隔绝的环境

4. 无机结合料稳定土无侧限抗压强度试验时，试件的标准养生温度为(　　)。

A. 20℃ ±1℃　B. 20℃ ±2℃　C. 25℃ ±1℃　D. 20℃ ±2℃

5. 普通水泥混凝土的强度等级是以具有(　　)保证率的 28d 立方体抗压强度代表值来确定的。

A. 90%　B. 95%　C. 97%　D. 99%

6. 配制混凝土时，限制最大水灰比和最小水泥的用量是为了满足(　　)的要求。

A. 流动性　B. 强度　C. 耐久性　D. 和易性

7. 关于沥青软化点试验，若升温速度过快，软化点测值会(　　)。

A. 偏大　B. 偏小　C. 无影响　D. 以上说法均不对

8. SMA 沥青混合料采用(　　)来限定其最小沥青用量。

A. 车辙试验　B. 马歇尔试验　C. 析漏试验　D. 飞散试验

9. 一般而言，随沥青黏度的增加，沥青混合料高温稳定性(　　)。

A. 减小　B. 增加

C. 先减小后增加　D. 先增加后减小

10. 钢材随着其含碳量的提高，其延性和冲击韧性呈现(　　)。

A. 降低　B. 提高

C. 不变　D. 以上说法均不对

11. 用于路堤加筋的土工合成材料应具有足够的(　　)。

A. 摩擦性能　B. 抗拉强度　C. 渗透性能　D. 耐久性能

12. 有效粒径为一特定粒径，即小于该粒径的土粒质量累计为(　　)。

A. 10%　B. 30%　C. 50%　D. 60%

13. 计算土的不均匀系数的参数是下列中的哪几项(　　)。

①粒组平均粒径；②有效粒径；③限制粒径；④界限粒径

A. ①②　B. ②③　C. ②④　D. ③④

14. 同一土样，其重度指标 γ_{sat}、γ_d、γ、γ'大小存在的关系是(　　)。

A. $\gamma_{sat} > \gamma_d > \gamma > \gamma'$　　B. $\gamma_{sat} > \gamma > \gamma_d > \gamma'$

C. $\gamma_{sat} > \gamma > \gamma' > \gamma_d$　　D. $\gamma_{sat} > \gamma' > \gamma > \gamma_d$

15. 当地下水位从地表处下降至基底平面处，对土中附加应力的影响是(　　)。

A. 附加应力增大　B. 附加应力减小　C. 附加应力不变　D. 无影响

16. 矩形面积上作用三角形分布荷载时，地基中竖向附加应力系数 K_t是 l/b、z/b 的函数，b 指的是(　　)。

A. 矩形短边　　B. 矩形长边

C. 矩形短边与长边的平均值　　D. 三角形分布荷载方向基础底面的边长

17. 均布矩形荷载角点下的竖向附加应力系数当 $l/b=1$、$z/b=1$ 时，$k_c=0.1752$；当 $l/b=1$、$z/b=2$ 时，$k_c=0.084$。若基底附加应力 $p_0=100\text{kPa}$，基底边长 $l=b=2\text{m}$，基底中心点下 $z=2\text{m}$ 处的竖向附加应力为(　　)。

A. 10.6kPa　B. 18.6kPa　C. 20.4kPa　D. 33.6kPa

18. 下列说法中正确的是(　　)。

A. 土的抗剪强度与该面上的总正应力成正比

B. 土的抗剪强度与该面上的有效正应力成正比

C. 剪切破裂面发生在最大剪应力作用面上

D. 破裂面与小主应力作用面的夹角为 $45° + \varphi/2$

19. 直剪试验土样的破坏面在上下剪切盒之间，三轴试验土样的破坏面是(　　)。

A. 与试样顶面夹角成 45°　　B. 与试样顶面夹角成 $45° + \varphi/2$

C. 与试样顶面夹角成 $45° - \varphi/2$　　D. 以上都有可能

20. 对同一个基础，下列荷载中数值最大的是(　　)。

A. 临塑荷载 p_{cr}　　B. 极限荷载 p_u

C. 临界荷载 $p_{\frac{1}{4}}$　　D. 临界荷载 $p_{\frac{1}{3}}$

21. 计算地基承载力时，对于地下水位以下的土层，土的重度应当选用(　　)。

A. 饱和重度　B. 天然重度　C. 有效重度　D. 加权平均重度

22. 无黏性土坡在稳定状态下(不含临界稳定)坡角 β 与土的内摩擦角 φ 之间的关系是(　　)。

A. $\beta<\varphi$　B. $\beta=\varphi$　C. $\beta>\varphi$　D. $\beta\geqslant\varphi$

23. 根据《公路路基设计规范》(JTG D30—2015)，路堤堤身稳定性，路堤和地基的整体稳定性计算推荐采用(　　)。

A. 瑞典条分法　　B. 简化毕肖普法

C. 杨布非圆弧普遍条分法　　D. 泰勒图表法

24. 根据 SiO_2的含量，岩浆岩可分为(　　)。

A. 酸性岩、碱性岩、中性岩、基性岩　　B. 酸性岩、中性岩、基性岩、超基性岩

C. 超酸性岩、酸性岩、碱性岩、基性岩　　D. 酸性岩、碱性岩、基性岩、超基性岩

25. 胶结物是碎屑沉积岩物质组成中的一种特殊的物质。按成分，沉积岩中常见的胶结物主要有(　　)等。

A. 铁质、铝质、泥质、有机质　　B. 钙质、硅质、砂质、泥质
C. 硅质、铁质、钙质、泥质　　D. 泥质、粉砂质、砂质、砾质

26. 影响岩石工程地质性质的因素，主要包括(　　)。
A. 岩石的成因及类型、岩石的矿物成分
B. 岩石的地质特征、岩石形成后所受外部因素的影响
C. 岩石形成的年代、岩石的矿物成分
D. 岩石的类型、岩石形成后所受外部因素的影响

27. 根据断层两盘相对位移的情况，断层可分为(　　)。
A. 纵断层、横断层、斜断层　　B. 正断层、逆断层、平推断层
C. 张断层、剪断层、平推断层　　D. 正断层、冲断层、逆掩断层

28. 地质构造的两大基本类型是(　　)。
A. 水平构造、倾斜构造　　B. 褶皱构造、断裂构造
C. 直立构造、不整合构造　　D. 倾斜构造、直立构造

29. 在地质平面图中，当断层走向与背斜褶曲轴线垂直或斜交时，在断层两盘褶曲轴部岩层宽窄变化表现为(　　)。
A. 上升盘轴部岩层相对变宽，下降盘轴部岩层相对变窄
B. 上升盘轴部岩层相对变窄，下降盘轴部岩层相对变宽
C. 上升盘与下降盘褶曲轴部岩层宽窄不发生变化
D. 上升盘与下降盘褶曲轴部岩层可能变宽，也可能变窄

30. 某松散堆积层的特征为主要由碎石和黏土组成，不具有层理，无分选，碎屑物质大小不均匀、无磨圆，棱角显著；与下伏基岩没有明显界限，而是逐渐过渡的；厚度变化大，孔隙度大，裂隙发育，结构松散，强度低，稳定性差。则该松散堆积层为(　　)。
A. 坡积层　　B. 冲积层　　C. 残积层　　D. 洪积层

31. 下列各组松散堆积物中，均为由暂时性流水地质作用形成的是(　　)。
A. 冲积层、坡积层　　B. 洪积层、残积层
C. 冲积层、洪积层　　D. 坡积层、洪积层

32. 在单斜岩层山区，沟谷两侧山坡一侧为顺向坡，另一侧为逆向坡。山区公路布设在顺向坡一侧的原因中，合理的是(　　)。
A. 顺向坡基岩裸露或松散堆积层较薄
B. 顺向坡坡度较缓，坡脚堆积层较厚，地形相对平坦
C. 顺向坡坡度较陡，堆积层较薄，稳定性较好
D. 顺向坡稳定性好，不易发生滑坡、崩塌等现象

33. 根据地下水的埋藏条件，地下水可分为(　　)。
A. 孔隙水、裂隙水、岩溶水　　B. 气态水、固态水、结合水
C. 结合水、毛细水、重力水　　D. 上层滞水、潜水、承压水

34. 滑坡形成的基本条件包括(　　)。
A. 总下滑力(力矩)大于总抗滑力(力矩)斜坡由软弱岩层构成
B. 坡体要具备临空面、切割面和贯通的滑动面，受水的作用明显

C. 斜坡要具备一定的高度和坡度,工程活动不当

D. 坡体要具备临空面、切割面和滑动面,总下滑力(力矩)大于总抗滑力(力矩)

35. 下列措施中,不属于崩塌防治措施的是(　　)。

A. 坡面加固　　B. 危岩支顶　　C. 绿化坡面　　D. 拦截防御

36. 软土不具有的工程性质是(　　)。

A. 孔隙比大、透水性小、含水率高　　B. 固结缓慢、压缩性高、强度低

C. 具有多裂隙性、湿陷性　　D. 具有触变性、流变性

37. 关于勘测记录的叙述,错误的是(　　)。

A. 公路勘测的各种记录,应采用专用记录簿

B. 测量数据记录不得涂改、擦改和转抄

C. 角度记录中的分位的读记错误可在实地更改

D. 距离和水准记录中的厘米位的读记错误可在实地更改

38. 导线的布置形式有(　　)。

A. 一级导线、二级导线、图根导线　　B. 单向导线、往返导线、多边形导线

C. 闭合导线、附合导线、支导线　　D. 经纬仪导线、电磁波导线、视距导线

39. 导线全长闭合差f_D的计算公式是(　　)。

A. $f_D = f_X + f_Y$　　B. $f_D = f_X - f_Y$

C. $f_D = \sqrt{f_X^2 + f_Y^2}$　　D. $f_D = \sqrt{f_X^2 - f_Y^2}$

40. 四等水准测量中,每一站的前后视距差不得超过(　　)。

A. 3m　　B. 5m　　C. 3mm　　D. 5mm

41.《公路勘测规范》(JTG C10—2007)规定,高速公路路线平面控制测量的等级不得低于(　　)。

A. 三等　　B. 四等　　C. 一级　　D. 二级

42. 某地图的比例尺为 1∶1000,则图上 6.82cm 代表的实地距离为(　　)。

A. 6.82m　　B. 68.2m　　C. 682m　　D. 6.82cm

43. 在地形图上,量得 A 点高程为 21.17m,B 点高程为 16.84m,AB 距离为 279.50m,则直线 AB 的坡度为(　　)。

A. 6.8%　　B. 1.5%　　C. −1.5%　　D. −6.8%

44. 关于图根控制测量的叙述,错误的是(　　)。

A. 图根点计算可采用近似平差方法,最终坐标和高程应取至毫米

B. 图根点平面控制测量可采用交会法、导线、GNSS-RTK 等满足精度要求的方法

C. 图根点的密度应根据测图比例尺和地物、地貌复杂程度以及测图方法而定

D. 图根点高程可采用水准测量、光电测距三角高程测量或 GNSS-RTK 测量等满足精度要求的各种方法

45. 初测阶段关于隧道勘测与调查的叙述,错误的是(　　)。

A. 应专门布设隧道平面和高程控制网

B. 应在实地放出洞口附近的中线,并现场核查和测绘洞口纵、横断面

C. 隧道洞身段应根据地质勘察及钻探需要现场放桩

D. 应在拟定的概略隧址范围内，对初拟各隧道轴线、不同洞口位置及相应连接线进行勘测与调查

46. 公路中线测量中，测得某交点的右角为130°，则其转角为(　　)。

A. $\alpha_{左}=130°$　　B. $\alpha_{右}=130°$　　C. $\alpha_{左}=50°$　　D. $\alpha_{右}=50°$

47. 路线中平测量的观测顺序是(　　)，转点的高程读数读到毫米位，中桩点的高程读数读到厘米位。

A. 沿路线前进方向按先后顺序观测

B. 先观测中桩点高程后观测转点高程

C. 先观测转点高程后观测中桩点高程

D. 以上观测顺序都可以

48. 公路定测路线敷设中线时，路线中桩间距不大于10m的线形条件是(　　)。

A. 圆曲线半径大于60m曲线上　　B. 不设超过的曲线上

C. 平原、微丘区直线上　　D. 圆曲线半径大于30m、小于60m曲线上

49. 桥梁结构设计的偶然组合中，偶然作用应取(　　)。

A. 频遇值　　B. 设计值　　C. 准永久值　　D. 标准值

50. 有两根材料强度等级相同、截面尺寸相同的混凝土受弯构件，正截面受拉钢筋的配筋率ρ一根大，另一根小，均在适筋范围内，M_{cr}是正截面开裂弯矩，M_u是正截面极限弯矩，则(　　)。

A. ρ大的M_{cr}/M_u大　　B. ρ小的M_{cr}/M_u大

C. 两者的M_{cr}/M_u相同　　D. 无法确定

51. 判别大偏心受压破坏的本质条件是(　　)。

A. $\eta e_0>0.3h_0$　　B. $\eta e_0<0.3h_0$　　C. $\xi\leqslant\xi_b$　　D. $\xi>\xi_b$

52. 有A、B两根情况相同的钢筋混凝土简支梁，且都是适筋梁，A梁的纵向受拉钢筋为4ϕ16mm，B梁的纵向受拉钢筋为2ϕ16mm，以下四种说法中(　　)的说法是正确的。

A. 与B梁相比，A梁的正截面抗弯承载力大，在使用阶段的裂缝宽度小

B. 与B梁相比，A梁的正截面抗弯承载力大，在使用阶段的裂缝宽度大

C. 与B梁相比，A梁的正截面抗弯承载力大，在使用阶段的裂缝宽度与B梁相同

D. 与B梁相比，A梁的正截面抗弯承载力小，在使用阶段的裂缝宽度小

53. 受弯构件张拉(或放松)预应力钢筋锚固时，混凝土的预压应力应符合$\sigma_{cc}^{t}\leqslant0.70f'_{ck}$，其中$\sigma_{cc}^{t}$等于(　　)。

A. 先张法$\sigma_{cc}^{t}=\dfrac{N_{p0}}{A_0}+\dfrac{N_{p0}e_{p0}}{W_{0b}}-\dfrac{M_{G1}}{W_{0b}}$，$N_{p0}=(\sigma_{con}-\sigma_{l1}+\sigma_{l4})A_p$

后张法$\sigma_{cc}^{t}=\dfrac{N_p}{A_n}+\dfrac{N_pe_{pn}}{W_{nb}}-\dfrac{M_{G1}}{W_{nb}}$，$N_p=(\sigma_{con}-\sigma_{l1})A_p$

B. 先张法$\sigma_{cc}^{t}=\dfrac{N_{p0}}{A_0}+\dfrac{N_{p0}e_{p0}}{W_{0b}}$，$N_{p0}=(\sigma_{con}-\sigma_{l1}+\sigma_{l4})A_p$

后张法$\sigma_{cc}^{t}=\dfrac{N_p}{A_n}+\dfrac{N_pe_{pn}}{W_{nb}}$，$N_p=(\sigma_{con}-\sigma_{l1})A_p$

C. 先张法$\sigma_{cc}^{t}=\frac{N_{p0}}{A_0}-\frac{N_{p0}e_{p0}}{W_{0b}}+\frac{M_{G1}}{W_{0b}}$，$N_{p0}=(\sigma_{con}-\sigma_{l1}+\sigma_{l4})A_p$

后张法$\sigma_{cc}^{t}=\frac{N_p}{A_n}-\frac{N_pe_{pn}}{W_{nb}}+\frac{M_{G1}}{W_{nb}}$，$N_p=(\sigma_{con}-\sigma_{l1})A_p$

D. 先张法$\sigma_{cc}^{t}=\frac{N_{p0}}{A_0}-\frac{N_{p0}e_{p0}}{W_{0u}}+\frac{M_{G1}}{W_{0u}}$，$N_{p0}=(\sigma_{con}-\sigma_{l1}+\sigma_{l4})A_p$

后张法$\sigma_{cc}^{t}=\frac{N_p}{A_n}-\frac{N_pe_{pn}}{W_{nu}}+\frac{M_{G1}}{W_{nu}}$，$N_p=(\sigma_{con}-\sigma_{l1})A_p$

54. 在进行预应力混凝土构件抗裂性验算时，下列说法正确的是(　　)。

A. 作用(荷载)用标准值，汽车荷载不考虑冲击系数

B. 作用(荷载)用标准值，汽车荷载考虑冲击系数

C. 作用(荷载)短期效应频遇组合，汽车荷载不考虑冲击系数

D. 作用(荷载)用标准值

55. 下列哪项不属于圬工结构的特点(　　)。

A. 耐久性、耐火性及稳定性强，维修养护费用低

B. 施工周期短，机械化程度高

C. 易于就地取材，价格低廉

D. 具有较强的抗冲击性能及较大的超载性能

56. 下列有关公路规划的表述中，正确的是(　　)。

A. 国道公路规划需要做重大修改的，由原编制机关提出修改方案，报国务院批准

B. 省道公路规划需要修改的，由原编制机关提出修改方案，报交通运输部批准

C. 县道、乡道公路规划需要修改的，由原编制机关提出修改方案，报原批准机关批准

D. 省道、县道、乡道的命名和编号，由省、自治区、直辖市人民政府交通主管部门按照交通运输部的有关规定确定

57. 根据《建设工程安全生产管理条例》的规定，注册执业人员未执行法律、法规和工程建设强制性标准的，应(　　)。

A. 责令改正，并处罚款

B. 责令停止执业三个月以上一年以下

C. 吊销执业资格证书

D. 责令停止执业一年以上三年以下

58. 下列关于设计单位安全责任的表述中，不正确的是(　　)。

A. 设计单位应当考虑施工安全操作和防护的需要，对涉及施工安全的重点部位和环节在设计文件中注明，并对防范生产安全事故提出指导意见

B. 采用新结构、新材料、新工艺的建设工程和特殊结构的建设工程，设计单位应当在设计中提出保障施工作业人员安全和预防生产安全事故的措施建议

C. 设计单位在设计作业时，应当严格执行操作规程，采取措施保证各类管线、设施和周边建筑物、构筑物的安全

D. 设计单位和注册建筑师等注册执业人员应当对其设计负责

59. 勘察、设计单位的工作人员因调动工作、退休等原因离开该单位后，被发现在该单位工作期间违反国家有关建设工程质量管理规定，造成重大工程质量事故的，(　　)。

A. 应当依法给予行政处分　　B. 应当依法给予刑事处罚

C. 应当依法追究法律责任　　D. 应当免于追究其法律责任

60. 下列关于建设工程勘察、设计文件编制与实施的表述中，不正确的是(　　)。

A. 设计文件中选用的材料、建筑构配件和设备，应当注明其规格、型号、性能等技术指标，其质量要求必须符合国家规定的标准

B. 设计文件中选用的材料、建筑构配件和设备，应当注明其规格、型号、性能等技术指标，但设计单位不得指定材料、建筑构配件和设备的生产厂、供应商

C. 勘察、设计文件中规定采用的新技术、新材料，可能影响工程质量和安全，又没有国家技术标准的，应当由建设单位委托具有资质的检测机构进行试验论证，并经建设单位审定后方可使用

D. 勘察、设计单位应当在建设工程施工前，向施工单位和监理单位说明建设工程勘察、设计意图，解释建设工程勘察、设计文件

模拟试卷二参考答案

1. B

【解析】级配曲线图通常采用半对数坐标，即纵坐标的通过率为算数坐标，横坐标的粒径为对数坐标，按 $p=100(d/D)^n$ 所绘出的级配范围中值为曲线。

2. A

【解析】在测定水泥凝结时间时，按规定应采用标准稠度的水泥净浆，试验室温度应为20℃ ±2℃，如果养护温度高于试验要求，则会加速水泥的水化反应，缩短凝结时间；如果养护温度低于试验要求，则会减缓水泥的水化反应，延长凝结时间。

3. C

【解析】石灰的碳化作用只有在有水的条件下才能进行。

4. B

【解析】按照无机结合料稳定材料的标准养生方法，无机结合料稳定材料的标准养生温度为 20℃ ±2℃，相对湿度为≥95%。

5. B

【解析】水泥混凝土的强度等级是根据立方体抗压强度标准值确定的。混凝土立方体抗压强度标准值是按照标准方法制作和养护的边长为 150mm 的立方体试件，在 28d 龄期用标准试验方法测定的抗压强度总体分布中的一个值，用 $f_{cu,k}$ 表示，强度低于该值的百分比不超过5%（即具有 95% 保证率的抗压强度），以 MPa 计。

6. C

【解析】水泥混凝土的耐久性很大程度上取决于它的密实程度，而密实度的高低又在于混凝土的水灰比和水泥用量。当水灰比偏大或水泥用量偏少时，都有可能在硬化后的混凝土构件内部产生过多的毛细孔隙，为日后引起混凝土耐久性不良现象留下隐患。因此，为了保证混凝土的耐久性，在混凝土配合比设计时，须对最大水灰比和最小水泥用量进行限制。

7. A

【解析】软化点测定，是将沥青试样装入规定尺寸的铜环内，试样上放置标准钢球在水或甘油中，以规定的升温速度加热，使沥青软化下垂至规定距离时的温度，以℃表示。如果试验中升温速度太快，则沥青在钢球的重力作用下达到标准方法下的温度时，由于钢球作用时间短，仍不会下垂至规定距离，因此测定值会偏大。

8. D

【解析】SMA 混合料配合比设计流程与普通沥青混合料相同，都采用马歇尔试验，只是在确定沥青混合料最佳沥青用量之后的性能检验阶段，增加了谢伦堡沥青析漏试验和肯塔堡飞散试验，分别用于限定最大沥青用量和最小沥青用量。

9. B

【解析】沥青黏度越大，则其黏滞性越大，黏聚力越强，因此，沥青混合料的高温稳定性（主要取决于矿料颗粒间的内摩阻力和材料的黏聚力）也就越好。

10. A

【解析】碳是决定钢材性能的最重要元素。在一定含碳量范围（$<0.8\%$）内，钢材的含碳量越高，钢材的强度和硬度越高，塑性（延性）和冲击韧性越低。

11. B

【解析】用于路堤加筋时选用的土工合成材料应具有足够的抗拉强度，并满足刺破强度、撕裂强度、顶破强度等要求。

12. A

【解析】有效粒径即 d_{10} 粒径。

13. B

【解析】不均匀系数 $C_u = d_{60}/d_{10}$，d_{10} 为有效粒径，d_{60} 为限制粒径。

14. B

【解析】根据含水的多少及有无浮力作用判断，土的重度指标，从小到大依次为：饱和重度、天然重度、干重度、有效重度。

15. B

【解析】地下水位下降时，水中土体部分减少，该部分重度由 γ' 增大为 γ，因此会引起有效自重应力增加，从而使基底附加应力（$p_0 = p - \gamma z$）减小，基底下土中附加应力减小。

16. D

【解析】矩形面积上作用三角形分布荷载时，地基中竖向附加应力系数 K_t 是 l/b、z/b 的函数，b 指的是三角形分布荷载方向基础底面的边长。

17. D

【解析】基础中心处可分为四个矩形，且每个矩形 $l/b = 1$、$z/b = 2$，$k_c = 0.084$，故自重应力 $\sigma = 4p_0k_c = 4 \times 100 \times 0.084 = 33.6\text{kPa}$。

18. B

【解析】根据有效应力原理，土中某点的总应力包括有效应力与水压力，土的抗剪强度与土的有效应力有关，与孔隙水压力无关，故 A 错；当土的内摩擦角 $\varphi = 0$ 时，土样的剪切破裂面发生在最大剪应力作用面上（$\alpha = 45°$），否则，破裂面发生在与大主应力作用面成 $\alpha =$

$45°+\varphi/2$ 的平面上，故 C 表述不准确；破裂面与小主应力作用面的夹角为 $45°-\varphi/2$，故 D 错。

19. B

【解析】在三轴试验下，土样是沿其最薄弱的面剪切破坏，即是与试样顶面夹角成 $45°+\varphi/2$。

20. B

【解析】临塑荷载 p_{cr}——基础边缘地基中刚要出现塑性区时基底单位面积上所承担的荷载，它相当于地基从压缩阶段过渡到剪切阶段时的界限荷载，即 $P-S$ 曲线上第一个转折点所对应的荷载；

临界荷载 $p_{\frac{1}{4}}$——若地基中允许塑性区的深度等于基底宽度的 1/4，此时的荷载称为临界荷载 $p_{\frac{1}{4}}$；

临界荷载 $p_{\frac{1}{3}}$——若地基中允许塑性区的深度等于基底宽度的 1/3，此时的荷载称为临界荷载 $p_{\frac{1}{3}}$；

极限荷载 p_u——地基不致失稳时地基土单位面积上所能承受的最大荷载称为极限承载力，它相当于地基从剪切阶段过渡到破坏阶段的界限荷载，即 P-S 曲线上第二个转折点所对应的荷载。

从以上定义可见，对同一个基础，极限荷载最大。

21. C

【解析】根据《公路桥涵地基与基础设计规范》(JTG 3363—2019)，地基承载力的修正公式为：$[f_a]=[f_{a0}]+k_1\gamma_1(b-2)+k_2\gamma_2(h-3)$，式中，$2m\leq b\leq 10m$，$3m\leq h\leq 4b$；$\gamma_1$ 为基底持力层土的天然重度，若持力层在水面以下且透水时，应取有效重度；γ_2 为基底以上土层的加权平均重度，换算时若持力层在水面以下，且不透水时，不论基底以上土的透水性质如何，一律取饱和重度，当透水时，水中部分则应取有效重度。

22. A

【解析】无黏性土坡处于稳定状态时，稳定性系数应大于 1。$K=\frac{\tan\alpha}{\tan\beta}>1$，故 $\beta<\varphi$。

23. B

【解析】根据《公路路基设计规范》(JTG D30—2015)，路堤堤身稳定性，路堤和地基的整体稳定性计算推荐采用简化毕肖普法，即选 B。

24. B

【解析】按 SiO_2 含量的不同，岩浆岩可分为酸性岩（SiO_2 含量 >65%）、中性岩（SiO_2 含量 52% ~65%）、基性岩（SiO_2 含量 45% ~52%）和超基性岩（SiO_2 含量 <45%）。

25. C

【解析】沉积岩中的胶结物常见的有以下几种：硅质（主要成分为石英及其他二氧化硅。颜色浅，强度高，抗风化能力强）、铁质（主要成分为铁的氧化物及氢氧化物。颜色深，常呈棕红色，强度高，但抗风化能力弱）、钙质（主要成分为碳酸钙类物质。颜色浅，强度较低，具有可溶性）、泥质（主要成分为黏土。多呈黄褐色，强度低，稳定性差，易软化，遇水易崩解，抗风化能力弱）。

26. B

【解析】影响岩石工程地质性质的因素是多方面的,但归纳起来,主要有两个方面:一是岩石本身的地质特征,二是岩石形成后所受外部因素的影响。

27. B

【解析】根据断层两盘相对位移的情况,断层可分为三种基本类型,即正断层、逆断层、平推断层(或平移断层)。

28. B

【解析】地质构造可分为水平构造、倾斜构造、直立构造、褶皱构造、断裂构造、不整合构造等6种基本类型。其中,最典型、在地壳表层广泛发育、对地貌的形成影响最大的是褶皱构造与断裂构造这两类。

29. A

【解析】无论是正断层还是逆断层,当断层走向与褶曲轴线垂直或斜交时,褶曲轴部岩层的宽窄在断层线两侧(或在断层两盘)发生变化。对背斜而言,上升盘轴部岩层相对变宽,下降盘轴部岩层相对变窄。向斜的情况与背斜相反,上升盘轴部岩层相对变窄,下降盘轴部岩层相对变宽。平推断层两盘轴部岩层的宽度不发生变化,在断层线两侧仅表现为褶曲轴线及岩层错开。

30. C

【解析】岩石经过长期风化作用以后,形成了碎屑物质、黏土物质和易溶物质,其中易溶物质随水流失,而碎屑物质和黏土物质残留在原地,这样就形成了残积层(物)。残积层主要由碎石和黏土组成,物质没有经过搬运,与下伏基岩没有明显界限,而是逐渐过渡的,物质没有分选,无磨圆,碎屑物质大小不均匀,棱角显著,厚度变化大,孔隙度大,裂隙发育,结构松散,强度低,稳定性差。

31. D

【解析】在常见的第四纪松散堆积物中,冲积层由河流地质作用形成,残积层由风化作用所形成,洪积层由山洪急流地质作用形成,坡积层由坡面细流地质作用所形成。

32. B

【解析】坡面倾斜方向与岩层倾向相同的山坡称为顺(倾)向坡,相反时则为逆(倾)向坡。顺向坡坡度较缓,坡脚松散堆积物较厚,稳定性较差,易出现沿基岩顶面或堆积层内部的滑坡。但由于顺向坡坡度较缓,地形相对平坦,有利于争取较好的线形和其他技术指标,有利于减少工程量,同时也利于布设必要的防护设施。逆向坡相对较陡,基岩裸露或松散堆积物较薄,稳定性较好,但会出现崩塌、坠石等现象。

33. D

【解析】根据地下水的埋藏条件,可以把地下水划分为三类:上层滞水、潜水和承压水。按含水层空隙性质(含水介质)的不同,可以把地下水划分为孔隙水、裂隙水和岩溶水。

34. D

【解析】滑坡的发生是坡体岩土体平衡条件遭到破坏的结果。其发生需同时具备以下条件:①坡体要具备临空面、切割面和贯通的滑动面;②下滑力(力矩)大于抗滑力(力矩)。

35. C

【解析】防治崩塌常用的措施包括:①清除坡面危岩;②加固坡面;③危岩支顶;④拦

截防御；⑤调整水流。

36. C

【解析】软土具有孔隙比大（一般大于1.0，高的可达5.8），含水率高（最大可达300%），透水性小和固结慢，压缩性高，强度低且具有触变性、流变性等工程性质。多裂隙性是膨胀土的性质，湿陷性是黄土的性质。

37. D

【解析】距离和水准记录中的厘米位及厘米以下位数不得涂改，必须重测。

38. C

【解析】导线的布置形式有闭合导线、附合导线和支导线。

39. C

【解析】导线全长闭合差f_D的计算公式为$f_D = \sqrt{f_X^2 + f_Y^2}$。

40. B

【解析】四等水准测量中，每一站的前后视距差，不得超过5m。

41. C

【解析】《公路勘测规范》(JTG C10—2007)规定，高速公路路线平面控制测量的等级不得低于一级。

42. B

【解析】地形图比例尺的基本概念。

43. C

【解析】高差与水平距离之比称为坡度，用百分比表示。

44. A

【解析】图根点计算可采用近似平差方法，角度计算应取位至秒，边长、坐标和高程计算应取位至毫米，最终坐标和高程应取至厘米。

45. A

【解析】初测阶段可不专门布设隧道平面和高程控制网。

46. D

【解析】当右角$\beta < 180°$时，为右转角；当右角$\beta > 180°$时，为左转角，即$\begin{cases}\alpha_y = 180° - \beta \\ \alpha_z = \beta - 180°\end{cases}$，故公路中线测量中，测得某交点的右角为130°，则其转角为$\alpha_{右} = 50°$。

47. C

【解析】路线中平测量的观测顺序是先观测转点高程后观测中桩点高程，转点的高程读数读到毫米位，中桩点的高程读数读到厘米位。

48. D

【解析】详见《公路勘测规范》(JTG C10—2007)定测相关内容要求。

49. B

【解析】现行《公路桥规》规定，偶然组合中偶然作用取其设计值。

50. B

【解析】根据承载力计算公式,ρ 小的梁的极限承载力比 ρ 大的极限承载力要小,而两种梁的开裂弯矩 M_{cr} 是一样的,因此,ρ 小的 M_{cr}/M_u 大。

51. C

【解析】与受弯构件正截面承载力计算相同,可用受压区界限高度 x_b 或相对界限受压区高度 ξ_b 来判别两种不同偏心受压破坏形态:当 $\xi \leq \xi_b$ 时,截面为大偏心受压破坏;当 $\xi > \xi_b$ 时,截面为小偏心受压破坏。

52. A

【解析】根据钢筋混凝土梁正截面抗弯承载力公式可知,受拉钢筋面积越大,梁的正截面抗弯承载力越大;根据钢筋混凝土梁裂缝宽度计算公式可知,相同钢筋直径,配筋率越高,裂缝宽度越小。

53. A

【解析】预应力混凝土受弯构件按短暂状况计算时,应计算其在制作、运输及安装等施工阶段,由预应力作用、构件自重和施工荷载等引起的正截面和斜截面的应力,并不应超过规定的应力限值。

54. C

【解析】预应力混凝土构件进行抗裂性验算按照作用频遇组合和准永久组合两种情况进行。频遇组合和准永久组合时,汽车荷载效应均不计入冲击系数。

55. B

【解析】A、C、D 三个选项描述的内容都是圬工结构的典型特点,而由于圬工结构的自重大,砌筑工作相当繁重,操作主要靠手工方式,故选项 B 中“施工周期短,机械化程度高”不属于圬工结构的特点。

56. B

【解析】《中华人民共和国公路法》规定:省道、县道、乡道公路规划需要修改的,由原编制机关提出修改方案,报原批准机关批准。

57. B

【解析】注册执业人员未执行法律、法规和工程建设强制性标准的,责令停止执业 3 个月以上 1 年以下;情节严重的,吊销执业资格证书,5 年内不予注册;造成重大安全事故的,终身不予注册;构成犯罪的,依照刑法有关规定追究刑事责任。

58. C

【解析】《建设工程安全生产管理条例》第十三条规定:①设计单位应当考虑施工安全操作和防护的需要,对涉及施工安全的重点部位和环节在设计文件中注明,并对防范生产安全事故提出指导意见。②采用新结构、新材料、新工艺的建设工程和特殊结构的建设工程,设计单位应当在设计中提出保障施工作业人员安全和预防生产安全事故的措施建议。设计单位和注册建筑师等注册执业人员应当对其设计负责。选项 C 应是勘察单位的安全责任。

59. C

【解析】《建设工程质量管理条例》规定:勘察、设计单位的工作人员因调动工作、退休等原因离开该单位后,被发现在该单位工作期间违反国家有关建设工程质量管理规定,造成重大工程质量事故的,仍应当依法追究法律责任。

60. C

【解析】《建设工程勘察设计管理条例》规定：勘察、设计文件中规定采用的新技术、新材料，可能影响工程质量和安全，又没有国家技术标准的，应当由国家认可的检测机构进行试验、论证，出具检测报告，并经国务院有关部门或者省、自治区、直辖市人民政府有关部门组织的工程技术专家委员会审定后，方可使用。

模拟试卷三

说明:1. 本模拟试卷共 60 题,每题只有一个备选项最符合题意,每题 2 分;模拟考试时间为 4 小时。

2. 本模拟试卷仅供考生进行模拟测试用。

1. 集料的毛体积密度是指集料矿质实体质量与(　　)的比值。

A. 集料实体与闭口空隙体积

B. 集料实体与开口空隙体积

C. 集料实体、开口空隙与闭口空隙体积

D. 集料实体、开口空隙、闭口空隙与集料间空隙体积

2. 以水泥熟料矿物中,对水泥早期强度贡献较小,但对水泥后期强度起重要作用的是(　　)。

A. C_3S　　B. C_2S　　C. C_3A　　D. C_4AF

3. 石灰浆的硬化过程不包括(　　)。

A. 干燥硬化　　B. 结晶作用　　C. 碳化作用　　D. 消化作用

4. 土的类别和性质是影响水泥稳定土强度的重要因素,以下(　　)用水泥稳定效果最好。

A. 砂砾土　　B. 砂土　　C. 粉性土　　D. 黏性土

5. 路面水泥混凝土配合比设计以(　　)为指标。

A. 抗压强度　　B. 抗弯拉强度　　C. 抗弯强度　　D. 抗劈裂强度

6. 在给定水泥、水和集料用量时,随着集料最大粒径的增大,水泥混凝土的流动性(　　)。

A. 增加　　B. 降低　　C. 先增加后降低　　D. 先降低后增加

7. 石油沥青老化后,其延度将(　　)。

A. 保持不变　　B. 变小　　C. 变大　　D. 先变小后变大

8. 表干法适用于测定吸水率不大于(　　)的各种沥青混合料的毛体积密度。

A. 1%　　B. 2%　　C. 3%　　D. 4%

9. 拌和沥青混合料时,一般矿料本身的温度应(　　)。

A. 高于拌和温度　　B. 低于拌和温度

C. 与拌和温度相同　　D. 以上说法均不对

10. 钢结构设计时,以(　　)强度作为设计计算取值的依据。

A. 屈服强度　　B. 抗拉强度　　C. 抗压强度　　D. 弹性极限

11. 用于路面裂缝防治的土工合成材料宜采用(　　)。

A. 土工格栅　　B. 土工网　　C. 玻纤网　　D. 土工加筋带

12. 用粒径级配曲线法表示土样的颗粒组成情况时,若曲线越陡,则表示土的(　　)。

A. 颗粒级配越好　　B. 颗粒级配越差

C. 颗粒大小越不均匀　　D. 不均匀系数越大

13. 在毛细带范围内,土颗粒会受到一个附加应力。这种附加应力性质主要表现

为(　　)。

A. 浮力　　B. 张力　　C. 压力　　D. 拉力

14. 已知某种土的密度 $\rho = 1.8\text{g/cm}^3$，土粒相对密度 $d_s = 2.70$，土的含水率 $w = 18\%$，土的孔隙比为(　　)。

A. 0.48　　B. 0.77　　C. 0.16　　D. 0.28

15. 某场地表层为4m厚的粉质黏土，天然重度为18kN/m³，其下为饱和重度 $\gamma_{sat} = 19\text{kN/m}^3$ 的很厚的黏土层，地下水位在地表下4m处，经计算地表以下2m处土的竖向自重应力为(　　)。

A. 16kPa　　B. 36kPa　　C. 38kPa　　D. 72kPa

16. 关于附加应力，下列说法正确的是(　　)。

A. 土中的附加应力会引起地基的压缩，但不会引起地基的失稳

B. 土中附加应力除了与基础底面压力有关外，还与基础埋深等有关

C. 土中附加应力主要发生在竖直方向，水平方向上则没有附加应力

D. 土中附加应力一般小于土的自重应力

17. 关于有效应力原理，下列说法正确的是(　　)。

A. 土中的自重应力属于有效应力

B. 土中的自重应力属于总应力

C. 地基土层中水位上升不会引起有效应力的变化

D. 地基土层中水位下降不会引起有效应力的变化

18. 土一点发生剪切破坏时，破裂面与小主应力作用面的夹角为(　　)。

A. $45° + \varphi$　　B. $45° + \varphi/2$　　C. $45°$　　D. $45° - \varphi/2$

19. 通常，欠固结土的地基沉降主要由(　　)产生。

A. 自重应力　　B. 自重应力及附加应力

C. 附加应力　　D. 自重应力及附加应力之差

20. 有一地基土层厚 m，其下为不可压缩土层。已知该土层在天然状态下的平均孔隙比为0.91，平均压缩系数 $a = 0.6 \times 10^{-3}\text{kPa}$，有一无限均布荷载 $q = 150\text{kPa}$ 作用于地面上，则该土层在荷载作用下发生的最终沉降量估算值为(　　)。

A. 14cm　　B. 20cm　　C. 10cm　　D. 30cm

21. 某土层压缩系数为 0.50MPa^{-1}，天然孔隙比为0.8，土层厚1m，已知该土层受到的平均附加应力 $\bar{\sigma}_z = 60\text{kPa}$，则该土层的沉降量为(　　)。

A. 1.67mm　　B. 16.7mm　　C. 15mm　　D. 1.5mm

22. 砂性土坡稳定性分析中假定滑动面是(　　)。

A. 平面　　B. 折线　　C. 不规则面　　D. 曲面

23. 确定最危险滑动面圆心的方法有(　　)。

①费伦纽斯法；②泰勒分析法；③简布法；④理论假设法

A. ①②　　B. ①③　　C. ③④　　D. ②③

24. 根据物质组成，沉积岩的结构可分为(　　)。

A. 结晶质结构、非晶质结构、有机质结构、泥质结构

B. 砾状结构、砂质结构、粉砂质结构、泥质结构

C. 砾状结构、角砾状结构、火山碎屑结构、生物结构

D. 碎屑结构、泥质结构、结晶结构、生物结构

25. 岩浆岩中常见的矿物主要有(　　)等。

A. 石英、正长石、斜长石、角闪石、黑云母、辉石和橄榄石

B. 石英、黑云母、方解石、绿泥石、滑石、角闪石和正长石

C. 正长石、白云母、方解石、高岭石、滑石、石英和黑云母

D. 绿泥石、方解石、石膏、滑石、石英、斜长石和角闪石

26. 常用来反映岩石水理性质的指标包括(　　)等。

A. 透水性、溶解性、软化性、抗冻性　　B. 吸水性、泊松比、黏聚力、溶解度

C. 孔隙率、饱水率、软化系数、溶解度　　D. 相对密度、溶解性、孔隙率、抗冻性

27. 断层的基本特征可以用断层要素来描述。断层要素主要有(　　)。

A. 断层线、断层面、产状、规模　　B. 断层面、断盘、轴线、产状

C. 断层面和破碎带、断层线、断盘、断距　　D. 核部、轴面、断盘、断距

28. 褶皱构造的基本形态是(　　)。

A. 背斜和向斜　　B. 水平褶皱和倾伏褶皱

C. 直立褶皱和倾斜褶皱　　D. 倾伏褶皱和平卧褶皱

29. 通常情况下，一幅完整的地质图应包括(　　)。

A. 平面图、地层分布图、地形图　　B. 平面图、剖面图、综合地层柱状图

C. 平面图、剖面图、地形图　　D. 平面图、水文地质图、地层分布图

30. 下列表述的各种因素中，对坡积层稳定性影响最小的因素是(　　)。

A. 下伏基岩顶面的倾斜程度　　B. 下伏基岩与坡积层接触带的含水情况

C. 坡积层物质的厚度　　D. 坡积层本身的性质

31. 在河流的河湾处，河流地质作用的特点是(　　)。

A. 凹岸和凸岸同时产生冲刷　　B. 凹岸和凸岸同时发生堆积

C. 凹岸产生冲刷、凸岸发生堆积　　D. 凹岸发生堆积、凸岸产生冲刷

32. 下列关于构造型垭口工程地质条件的描述中，不正确的是(　　)。

A. 断层破碎带型垭口岩体破碎严重，工程地质条件差，一般不宜采用隧道方案通过

B. 背斜张裂带型垭口岩石裂隙发育、岩层破碎，但工程地质条件较断层破碎带型好，当采用路堑通过时，一般可采用较陡的边坡坡度

C. 单斜软弱层型垭口岩性松软、风化严重，稳定性差，故不宜深挖，否则须放缓边坡并采取防护措施；穿越这一类垭口，宜优先考虑隧道方案

D. 背斜张裂带型垭口构造裂隙发育，岩石破碎，工程地质条件与水文地质条件都很差，不宜采用隧道方案通过

33. 地下水的富集必须具备的条件有(　　)。

A. 有较多的储水空间，有充足的补给水源，有良好的汇水条件

B. 有较厚的松散堆积层，有丰富的大气降雨，有良好的地形条件

C. 有良好的岩性条件，有良好的地形条件，有良好的气候条件

D. 有良好的构造条件，有良好的岩性条件，有良好的地形条件

34. 影响滑坡形成的主要因素有（　　）。

A. 岩性、构造、水、地震　　B. 地形地貌、堆积层厚度、水文气象

C. 岩石结构、水文气象、地震　　D. 地质构造、地形地貌、堆积层类型

35. 根据泥石流的流体性质，泥石流可划分为（　　）。

A. 泥石流、水石流　　B. 稀性泥石流、黏性泥石流

C. 沟谷型泥石流、山坡型泥石流　　D. 岩质型泥石流、土质型泥石流

36. 桥渡工程地质勘察一般应包括两项内容，分别是（　　）。

A. 确定合理的桥位；对基础的位置及埋深进行工程地质勘察

B. 查明地表水的分布；确定地下水位

C. 对各桥位比较方案进行调查；对选定的桥位进行工程地质勘察

D. 确定桥梁设计方案；确定桥梁施工方案

37. 高等级公路的线路勘测设计，一般分为可行性研究、初测和（　　）三个阶段。

A. 复测　　B. 定测　　C. 实测　　D. 检测

38. 在测量等级为二级的平面控制测量中，测得某 AB 长度应为（　　）。

A. 302.4m　　B. 302.43m　　C. 302.433m　　D. 302.4329m

39. 下面是四个小组丈量距离的结果，只有（　　）这一组测量的相对误差不低于 1/5000 的要求。

A. 100m ±0.025m　　B. 250m ±0.060m　　C. 150m ±0.035m　　D. 200m ±0.040m

40. 高差闭合差的分配原则为（　　）成正比例反符号进行分配。

A. 与测站数　　B. 与高差的大小

C. 与距离　　D. 与距离或测站数

41. 两不同高程的点，其坡度应为两点（　　）之比，再乘以 100%。

A. 高差与其平距　　B. 高差与其斜距

C. 平距与其斜距　　D. 斜距与其高差

42. 下列关于等高线的叙述，错误的是（　　）。

A. 所有高程相等的点在同一等高线上

B. 等高线必定是闭合曲线，即使本幅图没闭合，则在相邻的图幅闭合

C. 等高线不能分叉、相交或合并

D. 等高线经过山脊与山脊线正交

43. 航摄比例尺的选择应考虑的因素是（　　）。

A. 地形图成图比例尺及相应的精度要求

B. 摄区地形条件

C. 成图所用方法及仪器性能

D. 选项 ABC 都需考虑

44. 航测的外业主要包括相片控制测量与（　　）两大部分。

A. 航片扫描　　B. 相片定向　　C. 相片联测　　D. 相片调绘

45. 初测阶段关于路线交叉的勘测叙述，正确的是（　　）。

A. 公路与铁路交叉应测量交叉点铁路轨顶高程、交叉角度及路基宽度

B. 公路与公路交叉应测量交叉角度、交叉点高程、纵坡坡度、路基宽度、路面宽度和厚度

C. 公路与管线交叉应测量交叉位置、交叉角度、交叉点悬空高或埋置深度、杆塔高度以及受影响的长度

D. 选项 ABC 都正确

46. 公路中线里程桩的加桩分为地形加桩、地物加桩、曲线加桩和(　　)。

A. 转点桩　　B. 关系加桩　　C. 交点桩　　D. 百米桩

47. 高速公路勘测定测阶段,中桩高程两次测量之差应小于或等于(　　)。

A. 3cm　　B. 5cm　　C. 8cm　　D. 10cm

48. 公路勘测图根控制测量中,图根点的点位中误差应不大于所测比例尺地形图上(　　)。

A. 0.05mm　　B. 0.1mm　　C. 0.15mm　　D. 0.2mm

49. 现行《公路桥规》中针对桥梁结构混凝土的耐久性提出了基本要求,下列具体指标中(　　)是错误的。

A. 最大水灰比和最大碱含量　　B. 最小水泥用量和最大氯离子含量

C. 最低混凝土强度等级和抗冻等级　　D. 最大配筋率和最大碱含量

50. 正截面受弯承载力计算中,不考虑受拉区混凝土的作用是因为下列的(　　)项。

A. 受拉区混凝土部分开裂

B. 受拉区混凝土已全部开裂

C. 混凝土抗拉强度比抗压强度要低得多

D. 受拉区混凝土承担的拉力很小,且靠近中和轴,内力臂小,故承担的内力矩也小

51. 进行斜截面抗剪设计时,弯起钢筋承担的剪力值按现行《公路桥规》规定应采用(　　)。

A. 支点处计算剪力的 40%

B. 距支点 $h_0/2$ 处计算剪力的 40%

C. 距支点 $h/2$ 处计算剪力的 40%

D. 距支点 $h/2$ 处计算剪力的 60%

52. 在钢筋混凝土大偏心受压构件截面设计中,适用条件 $x \leqslant \xi_b h_0$ 与 $x \geqslant 2a'_s$ 是为了保证构件在破坏时(　　)。

A. 受拉钢筋应力达到 f_{sd},受压钢筋应力达不到 f'_{sd}

B. 受拉钢筋应力达到 f'_{sd},受压钢筋应力达不到 f'_{sd}

C. 受拉、受压钢筋应力均达不到钢筋强度设计值

D. 受拉钢筋、受压钢筋应力均达到钢筋强度设计值

53. 在进行钢筋混凝土构件的变形和裂缝宽度计算时,下列说法正确的是(　　)。

A. 作用(荷载)应取频遇组合,其中,汽车荷载应计入冲击系数

B. 作用(荷载)应取准永久组合,其中,汽车荷载应计入冲击系数

C. 作用(荷载)应取频遇组合、准永久组合,或频遇组合并考虑准永久组合的影响,其

中，汽车荷载可不计入冲击系数

D. 以上说法都不正确

54. 对于A类部分预应力混凝土构件在作用（或荷载）的短期效应组合下，混凝土拉应力的限值为（ ）。

A. $\sigma_{st}-0.85\sigma_{pc}\leqslant 0$

B. $\sigma_{st}-\sigma_{pc}\leqslant 0.7f_{tk}$，$\sigma_{lt}-\sigma_{pc}\leqslant 0$

C. $\sigma_{lt}-\sigma_{pc}\leqslant 0.7f_{tk}$，$\sigma_{st}-\sigma_{pc}\leqslant 0$

D. $\sigma_{st}-\sigma_{pc}\leqslant 0.7f_{tk}$，$\sigma_{lt}-\sigma_{pc}>0$

55. （ ）不属于砌体受拉时的典型破坏形式。

A. 沿水平通缝破坏

B. 单块块材开裂破坏

C. 沿齿缝破坏

D. 沿块体和竖向灰缝破坏

56. 下列关于公路规划的表述中，不正确的是（ ）。

A. 公路建设用地规划应当符合土地利用总体规划，当年建设用地应当纳入年度建设用地计划

B. 省道规划应当与国道规划相协调，县道规划应当与省道规划相协调，乡道规划应当与县道规划相协调

C. 县级以上人民政府交通主管部门发现专用公路规划与国道、省道、县道、乡道规划有不协调的地方，应当提出修改意见并做出相应的修改

D. 规划和新建村镇、开发区，应当与公路保持规定的距离并避免在公路两侧对应进行，防止造成公路街道化，影响公路的运行安全与畅通

57. 违反森林法规定，进行开垦、采石、采砂、采土等活动，致使森林、林木受到毁坏的，依法赔偿损失；由林业主管部门责令停止违法行为，补种毁坏株数（ ）的树木，可以处毁坏林木价值（ ）的罚款

A. 一倍以上五倍以下；一倍以上三倍以下

B. 一倍以上三倍以下；一倍以上五倍以下

C. 一倍以上五倍以下；一倍以上二倍以下

D. 一倍以上六倍以下；一倍以上五倍以下

58. 下列关于建设工程勘察、设计发包与承包的表述中，不符合《建设工程勘察设计管理条例》规定的是（ ）。

A. 建设工程勘察、设计发包依法实行招标发包或者直接发包

B. 采用特定的专利或者专有技术的建设工程可以直接发包

C. 建筑艺术造型有特殊要求的建设工程不得直接发包

D. 建设工程勘察、设计单位不得将所承揽的建设工程勘察、设计转包

59. 根据《建设工程安全生产管理条例》的规定，工程勘察、设计单位未按照法律、法规和工程建设强制性标准进行勘察、设计的，应（ ）。

A. 责令限期改正，处10万元以上30万元以下的罚款

B. 责令停业整顿，降低资质等级，并处10万元以上罚款

C. 责令改正，降低资质等级，并处5万元以上罚款

D. 责令限期改正，并依法追究直接责任人的刑事责任

60. 建设工程勘察设计从业人员职业道德准则规范不包括（ ）。

A. 发扬爱国、爱岗、敬业精神，既对国家负责同时又为企业服好务；珍惜国家资金、土地、能源、材料设备，力求取得更大的经济、社会和环境效益

B. 坚持质量第一，遵守各项勘察设计标准、规范、规程，防止重产值、轻质量的倾向，确保公众人身及财产安全，对工程质量负责到底

C. 树立正派学风，不搞技术封锁，不剽窃他人成果，采用他人成果要标明出处，尊重他人的正当技术、经济权利

D. 不得经营或参与经营承包施工，也不得参与采购、营销工程设备和材料，也不得在政府部门、施工单位和设备、材料供应单位任职或兼职

模拟试卷三参考答案

1. C

【解析】集料毛体积密度是指矿质集料实体的质量与实体体积＋闭口空隙体积＋开口空隙体积的比值。

2. B

【解析】C_2S 也是硅酸盐水泥中主要的矿物组分，其含量通常为 10% ~40%，遇水时对水反应速度较慢，水化热很低，水化产物对水泥早期强度贡献较小，但对水泥后期强度起重要作用。

3. D

【解析】石灰的硬化过程包括干燥、结晶和碳化三个交错进行的过程，可以概括为干燥硬化和碳化硬化两个过程。

4. A

【解析】土的类别和性质是影响水泥稳定土强度的重要因素，各类砂砾土、砂土、粉土和黏土均可用水泥稳定，但稳定效果不同。效果最好的是级配良好的碎（砾）石和砂砾，其次是砂性土，再次之是粉性土和黏性土。

5. B

【解析】普通水泥混凝土配合比设计时以配制强度为指标，而道路水泥混凝土配合比设计时以抗弯拉强度为指标。

6. A

【解析】在给定水泥、水和集料用量时，随着集料最大粒径的增大，集料总比表面积减小，水泥混凝土的流动性增加。

7. B

【解析】沥青老化后，沥青中轻质组分变少，沥青黏稠性增大，黏度增加，针入度值减小，软化点升高，延度变差。

8. B

【解析】现行试验规程规定，表干法适用于测定吸水率不大于2%的各种沥青换回来的时间的毛体积密度。但是当沥青混合料的空隙很大，即开口孔隙较多时，沥青混合料的饱和面

干状态很难形成，因此不能再用表干法测定，宜改用蜡封法。

9. A

【解析】沥青混合料拌和过程中，矿料温度应该高于拌和温度，因为拌和过程中会有温度损失。

10. A

【解析】钢材达到屈服极限后，其已经进入破坏阶段，故在结构设计时，均以屈服极限强度作为其设计强度。

11. C

【解析】用于路面裂缝防治的土工合成材料宜采用玻纤网和土工织物。

12. B

【解析】用粒径级配曲线法表示土样的颗粒组成情况时，若曲线越平缓，表示土的颗粒级配越好；若曲线越陡，表示土的颗粒级配越差。

13. C

【解析】两个土粒的接触面间有毛细水存在，由于土粒表面的湿润作用，使毛细水形成弯面。在水和空气的分界面上产生的表面张力是沿着弯液面切线方向作用的，它促使两个土粒互相靠拢，在土粒的接触面上就产生一个压力，称为毛细压力。

14. B

【解析】根据孔隙比推导公式得 $e = \frac{d_s(1+w)\rho_w}{\rho} - 1 = \frac{2.70 \times (1+0.18)}{1.8} - 1 = 0.77$。

15. B

【解析】$\sigma_{cz} = \gamma h = 2 \times 18 = 36\text{kPa}$。

16. B

【解析】A 项，土中附加应力是使地基产生变形、导致土体强度破坏和失去稳定的重要原因；C 项，土的附加应力不只发生在竖直方向，还有作用在水平方向；D 项，当上部荷载过大时，土中的附加应力将大于土的自重应力。

17. A

【解析】B 项，饱和土体中的总应力包括孔隙水压力和有效应力；C、D 项，在计算有效应力时通常采用浮重度，故水位的上升、下降会引起有效应力的变化。

18. D

【解析】由土体中一点达到极限平衡状态时的莫尔圆可求得破裂面与小主应力作用面之间的夹角为 $1/2(90° - \varphi)$，即夹角为 $45° - \varphi/2$。

19. C

【解析】无黏性土的黏聚力为 0，由库仑定律知无黏性土的抗剪强度表达式为 $\tau_f = \sigma\tan\varphi$。

20. A

【解析】$s_\infty = \frac{a}{1+e}\sigma_z H = \frac{0.6 \times 10^{-3}}{1+0.91} \times 150 \times 300 = 14.14\text{cm}$

21. B

【解析】$\Delta_{si}=\frac{a_i}{1+e_{1i}}\bar{\sigma}_{zi}h_i=\frac{0.5\times60\times10^{-3}}{1+0.8}\times1000\text{mm}=16.7\text{mm}$，也可以先求出该土层的压缩模量 $E_s=\frac{1+e_1}{a}=\frac{1+0.8}{0.5}=3.6\text{MPa}$，计算 $\Delta_{si}=\frac{\bar{\sigma}_{zi}}{E_{si}}h_i=\frac{60}{3.6}\times1=16.7\text{mm}$。

22. A

【解析】砂性土坡稳定性分析基本假定有：①假定滑动面是平面；②滑体为刚性体；③滑面处于极限平衡。

23. A

【解析】确定最危险滑动面圆心的方法有费伦纽斯法与泰勒分析法，简布法是一种将圆弧滑动面土坡稳定性分析的条分法加以推广，应用于滑动面为任意形状的土坡计算的方法。故选 A。

24. D

【解析】按物质组成，颗粒大小及形状等，沉积岩的结构可分为四种：碎屑结构（主要由碎屑物质和胶结物组成）、泥质结构（主要由黏土矿物组成）、化学结晶结构（主要由化学结晶矿物组成）、生物结构（主要由生物遗体或碎片组成）。

25. A

【解析】组成岩浆岩的矿物为原生矿物，主要包括石英、正长石、斜长石、角闪石、黑云母、辉石和橄榄石等。

26. A

【解析】岩石的水理性质常用的指标包括吸水性（用吸水率和饱水率表示）、透水性（用渗透系数表示）、溶解性（用溶解度表示）、软化性（用软化系数表示）、抗冻性（用抗压强度降低率表示）等。其中，吸水性有人认为是物理性质指标。

27. C

【解析】断层的基本组成部分称为断层要素。断层要素主要包括断层面和破碎带、断层线、断盘、断距等。

28. A

【解析】褶皱构造是岩层受构造应力作用形成的连续弯曲变形。褶皱的基本形态（或形式、类型）有两种，即背斜和向斜。褶皱构造中的任一弯曲称为褶曲，褶曲是组成褶皱的基本单元。也可以说，褶曲的基本形态是背斜和向斜。

29. B

【解析】通常情况下，一幅完整的地质图应包括地质平面图、地质剖面图和综合地层柱状图三部分，并标明图名、比例尺、图例和接图等。

30. C

【解析】一般情况下，影响坡积层稳定性的因素主要有三个方面：①下伏基岩顶面的倾斜程度；②下伏基岩与坡积层接触带的含水情况；③坡积层本身的性质。

31. C

【解析】河水流入河湾后，受离心力作用，河水以很高的流速冲向凹岸，对凹岸产生强烈冲刷，使凹岸岸壁不断坍塌后退，并将冲刷下来的物质由河流底层水流带向凸岸堆积下来。

32. D

【解析】背斜张裂带型垭口虽然构造裂隙发育，岩层破碎，但工程地质条件相对于断层破碎带型好一些，主要是水文地质条件好，有利于边坡稳定性。一般可采用路堑、低路堤通过。当采取路堑方案通过时，一般可采用较陡的边坡坡度。如果采用隧道方案，也是一种较好的垭口类型。

33. A

【解析】地下水的富集必须具备三个条件：①有较多的储水空间；②有充足的补给水源；③有良好的汇水条件。

34. A

【解析】凡是引起改变斜坡外形和使岩土性质恶化的因素，都将是影响滑坡形成的因素。概括起来，影响滑坡形成的因素主要有岩性、构造、水和地震等。

35. B

【解析】根据泥石流的流体性质，泥石流可分为以下两种：①稀性泥石流（包括泥流、水石流、泥石流）；②黏性泥石流（包括泥流、泥石流）。

36. C

【解析】大桥桥位影响路线方案的选择，大、中桥桥位多是路线布设的控制点，常有比较方案，因此，桥渡工程地质勘察一般应包括两项内容：一是对各桥位比较方案进行调查，选择地质条件比较好的桥位；二是对选定的桥位进行详细的工程地质勘察，为桥梁及其附属工程的设计和施工提供所需的地质资料。

37. B

【解析】高等级公路的线路勘测设计，一般分为可行性研究、初测和定测三个阶段。

38. C

【解析】二级平面控制测量中，长度应取至0.001m。

39. D

【解析】0.025/100 = 1/4000；0.06/250 = 1/4100；0.035/150 = 1/4200；0.04/200 = 1/5000。（相对误差分母的个位、十位均为零）

40. D

【解析】高差闭合差的分配原则为：与距离或测站数成正比例反符号进行分配。

41. A

【解析】两不同高程的点，其坡度应为两点高差与其平距之比，再乘以100%。

42. C

【解析】等高线一般是闭合曲线，非特殊地貌不得相交或重叠。等高线在悬崖处可以相交，在陡壁处可以重叠。

43. D

【解析】航摄比例尺的选择应综合考虑地形图成图比例尺及相应的精度要求、摄区地形条件及成图所用方法及仪器性能。

44. D

【解析】航测的外业主要包括相片控制测量与相片调绘两大部分。

45. D

【解析】详见《公路勘测规范》(JTG C10—2007)。

46. B

【解析】公路中线里程桩的加桩分为地形加桩、地物加桩、曲线加桩和关系加桩。

47. B

【解析】公路定测阶段,公路等级不同,其高程测量的精度要求也不同。

48. B

【解析】详见《公路勘测规范》(JTG C10—2007)。

49. D

【解析】现行《公路桥规》中,针对桥梁结构混凝土的耐久性提出的基本要求与最大配筋率无关。

50. D

【解析】在裂缝截面处,受拉区混凝土已大部分退出工作,但在靠近中和轴附近,仍有一部分混凝土承担着拉应力。由于其拉应力较小,且内力偶臂也不大,因此,所承担的内力矩是不大的,故在计算中可忽略不计。

51. C

【解析】现行《公路桥规》规定:最大剪力计算值取用距支座中心 $h/2$(梁高一半)处截面的数值(记做 V'),其中混凝土和箍筋共同承担不少于60%,即 $0.6V'$的剪力计算值;弯起钢筋(按45°弯起)承担不超过40%,即 $0.4V'$的剪力计算值。

52. D

【解析】适用条件 $x \leqslant \xi_b h_0$ 保证构件受拉钢筋应力均达到钢筋强度设计值,适用条件 $x \geqslant 2a'_s$ 保证构件受压钢筋应力均达到钢筋强度设计值。

53. C

【解析】现行《公路桥规》第6.1.1条规定:公路桥涵的持久状况设计应按正常使用极限状态的要求,采用作用(或荷载)的频遇组合、准永久组合或频遇组合并考虑长期效应的影响,对构件的裂缝宽度和挠度进行验算,并使各项计算值不超过本规范规定的各相应限值。

54. B

【解析】预应力混凝土构件的抗裂性验算都是以构件混凝土拉应力是否超过规定的限值来表示的,属于结构正常使用极限状态计算的范畴。

55. B

【解析】试验表明,在多数情况下,砌体的受拉、受弯及受剪破坏一般发生于砂浆与块材的连接面上,而选项A、C、D都是砌体受拉时的典型破坏形式(见下图),只有选项B不是。

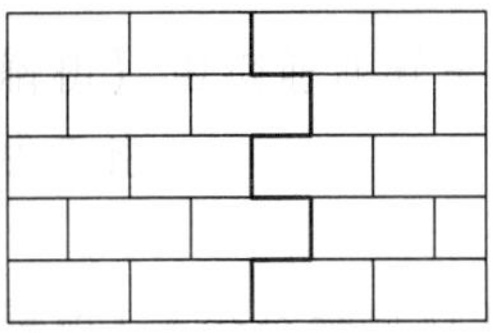

沿齿缝破坏

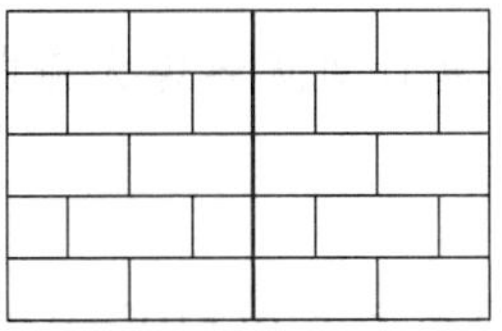

沿块体和竖向灰缝破坏

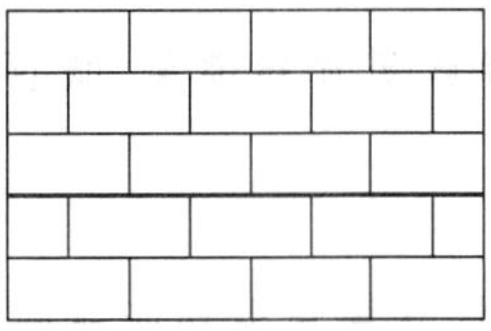

沿水平通缝破坏

56. C

【解析】《中华人民共和国公路法》规定：专用公路规划由专用公路的主管单位编制，经其上级主管部门审定后，报县级以上人民政府交通主管部门审核。专用公路规划应当与公路规划相协调。县级以上人民政府交通主管部门发现专用公路规划与国道、省道、县道、乡道规划有不协调的地方，应当提出修改意见，专用公路主管部门和单位应当做出相应的修改。

57. B

【解析】违反森林法规定，进行开垦、采石、采砂、采土等活动，致使森林、林木受到毁坏的，依法赔偿损失；由林业主管部门责令停止违法行为，补种毁坏株数一倍以上三倍以下的树木，可以处毁坏林木价值一倍以上五倍以下的罚款。

58. C

【解析】《建设工程勘察设计管理条例》规定：①建设工程勘察、设计发包依法实行招标发包或者直接发包。②下列建设工程的勘察、设计，经有关主管部门批准，可以直接发包：a. 采用特定的专利或者专有技术的；b. 建筑艺术造型有特殊要求的；c. 国务院规定的其他建设工程的勘察、设计。

59. A

【解析】《建设工程安全生产管理条例》规定：勘察单位、设计单位未按照法律、法规和工程建设强制性标准进行勘察、设计的，或者采用新结构、新材料、新工艺的建设工程和特殊结构的建设工程，设计单位未在设计中提出保障施工作业人员安全和预防生产安全事故的措施建议的，责令限期改正，处10万元以上30万元以下的罚款；情节严重的，责令停业整顿，降低资质等级，直至吊销资质证书；造成重大安全事故，构成犯罪的，对直接责任人员，依照刑法有关规定追究刑事责任；造成损失的，依法承担赔偿责任。

60. D

【解析】勘察设计从业人员职业道德准则规范规定，勘察设计从业人员应：①发扬爱国、爱岗、敬业精神，既对国家负责同时又为企业服好务。珍惜国家资金、土地、能源、材料设备，力求取得更大的经济、社会和环境效益。②坚持质量第一，遵守各项勘察设计标准、规范、规程，防止重产值、轻质量的倾向、确保公众人身及财产安全，对工程质量负责到底。③钻研科学技术，不断采用新技术、新工艺，推动行业技术进步；树立正派学风，不搞技术封锁，不剽窃他人成果，采用他人成果要标明出处，尊重他人的正当技术、经济权利。④认真贯彻勘察设计的各项方针政策，合法经营，不搞无证勘察设计，不搞越级勘察设计，不搞私人勘察设计，不出卖图签图章。⑤遵守市场管理，平等竞争，严格按规定收费，不超收、不压价，勇于抵制行业不正之风，不因收取“回扣”“介绍费”等而选用价高质次的材料设备，不贬低别人，抬高自己。⑥信守勘察设计合同，以高速、优质的服务，为行业赢得信誉。⑦搞好团结协作，树立集体观念，甘当配角，艰苦奋斗，无名奉献。⑧服从单位法人管理，有令则行，有禁必止。

第五节　预应力混凝土结构

【考试纲要】

(1)预应力混凝土的特点；

(2)施加预应力的方法与常用设备；

(3)受弯构件的构造要求及承载力计算；

(4)预应力损失及有效预应力；

(5)抗裂计算；

(6)端部锚固区构造要求；

(7)局部承压；

(8)挠度计算；

(9)裂缝宽度验算

【复习提示】

1.复习要点

考生应掌握预应力混凝土的特点、施加预应力的方法及相关设备、受弯构件的承载力计算、预应力损失、有效应力、构件的抗裂验算、预应力混凝土梁的构造、局部承压、挠度计算及裂缝宽度验算等基本概念，能够熟练运用正截面承载力和斜截面承载力计算理论设计预应力混凝土受弯构件。

重点：

(1)预应力损失及有效预应力：在预应力混凝土受弯构件的承载力计算、应力验算及抗裂性验算中均会用到该知识点。

(2)受弯构件的承载力计算：对预应力混凝土构件的分类及抗弯承载力计算会用到该知识点。

(3)构件的抗裂验算：对先张法和后张法构件在施工阶段、使用阶段和破坏阶段的应力分析会用到该知识点。

(4)施加预应力的方法：在预应力损失、有效预应力的估算及预应力的传递中会用到该知识点。

难点：

受弯构件的承载力计算方法。

2.规范提示

预应力损失、有效预应力、施加预应力的方法、受弯构件承载力计算、构件的抗裂性验算等知识点涉及《公路钢筋混凝土及预应力混凝土桥涵设计规范》(JTG 3362—2018)和《公路桥涵设计通用规范》(JTG D60—2015)，均为现行规范，以下统一简称为《公路桥规》。

《公路钢筋混凝土及预应力混凝土桥涵设计规范》(JTG 3362—2018)涉及预应力混凝土结构的内容为：混凝土和钢筋、结构构件设计的基本规定、持久状况承载能力极限状态计算、持久状况正常使用极限状态计算、持久状况和短暂状况构件的应力计算及构造要求。《公路桥涵设计通用规范》(JTG D60—2015)中复习的重点内容是作用分类、代表值和作用效应。